中 華 書 局

香港

法律文化

研究

何志輝
／主編

□責任編輯：陳思思
□封面設計：胡春輝
□排　版：朱文慧
□印　務：劉漢舉

香港法律文化研究

□
主編
何志輝

□
出版
中華書局（香港）有限公司
香港北角英皇道 499 號北角工業大廈一樓 B
電話：（852）21372338 傳真：（852）27138202
電子郵件：info@chunghwabook.com.hk
網址：http://www.chunghwabook.com.hk

□
發行
香港聯合書刊物流有限公司
香港新界大埔汀麗路 36 號
中華商務印刷大廈 3 字樓
電話：（852）21502100 傳真：（852）24073062
電子郵件：info@suplogistics.com.hk

□
印刷
美雅印刷製本有限公司
香港觀塘榮業街 6 號海濱工業大廈 4 樓 A 室

□
版次
2017 年 7 月初版
©2017 中華書局（香港）有限公司

□
規格
16 開（238mm×170mm）

□
ISBN：978-988-8488-09-4

本書繁體字版由社會科學文獻出版社授權出版

目　錄

四　時代：秩序與價值

附　錄

導　讀

香港法律文化：概念解析與研究維度

何志輝

一　概念解析：要素及關聯

研究香港法律文化之首要任務，在於如何界定香港法律文化的內涵與範疇。由於這一概念容易被視為不證自明的話語，各方在具體言說時卻又往往各有指涉，這種狀況亟待通過關聯元素的概念解析來加以辨識。

（一）文化

所謂「文化」源出 19 世紀英國人類學家愛德華‧泰勒（Edward Tylor），其被視為一種使社會賴以存在的觀念和能力，一種包括知識、信仰、藝術、道德、法律、習慣以及作為社會一分子所獲得的任何其他能力的「複合的整體」①。自此往後，人類學者往往將文化視為人類知識、信仰和行止融合而成的範式，因此在最普遍意義上涵蓋了語言、理念、信仰、習俗、機制和科學；至於文化的發展，則主要依賴於人類學習並將知識傳輸給後代的能力②。受泰勒影響而不滿足其過於寬泛的定義，後繼者從更新的角度繼續探究「文化」。隨着實體性的文化現象被更多地觸及，研究性的方法論也在不斷翻新，由此導致「文化」概念的層出不窮。

歷史哲學家對文化的探討，為文化概念增添了文明多樣性元素。受維柯（G. Vico）歷史哲學影響的德國浪漫民族主義思想家赫爾德（J. G. Herder），率

---

① 〔英〕愛德華‧泰勒：《原始文化》，連樹聲譯，桂林：廣西師範大學出版社，2005，第 1 頁。
② 〔荷蘭〕施舟人：《中國文化基因庫》，北京：北京大學出版社，2002，第 10 頁。

先開始正視多元性的文明觀。在文化哲學領域，他一方面揭示了文化在人類歷史中的作用，強調社會發展的原因是內部因素和外部因素的交互作用，在承認自然環境對人類影響的同時，更認為社會內部的有機力量起着決定的作用，指出文化是人們活動的產物，同時又是人們活動的刺激物，文化的進步乃是歷史的規律；另一方面對文化進步的動力問題作了極為透闢的分析，指出「需要、情勢、機會」是推動人們沿着文明大道前進的動力，從而透過社會結構的諸層面而觸及到歷史—文化變遷的根本動因。基於此，赫爾德第一次提出了關於文化發展中的繼承性問題，指出各族人民的發展彷彿構成統一的鏈條，每個民族都利用前輩的成就並為繼承者準備基礎。他還認為文化傳統從一個民族傳到另一個民族，一切時代的一切民族都為建立人類文化大廈而進行過勞動，並特別強調拋棄文化史研究中的歐洲中心論，指出亞洲人民對人類文明作出了巨大貢獻，因此格外強調每個民族都有自身的獨特文明，各民族文明並非同出一源，尤其是不能以歐洲文明作為衡量其他文明的普遍標準。[①]

時至今日，文化概念仍是見仁見智，但在指涉範疇達成一些共識。文化概念有狹義和廣義之分，前者主要是指思想觀念（即精神文化），包括體現這種思想觀念及與其相適應的典章制度、組織機構；後者則不僅包括思想觀念，還將其範圍擴及在此基礎上進行的物質生產活動及其產品，亦即前者被物化的外在形式（即物質文化）。本文對文化持廣義理解，且認為「文化」必然同時包含着人類在社會歷史發展過程中創造的物質財富和精神財富，是特定民族與社會中的物質文化、制度文化與精神文化三個維度的有機統一。[②]

（二）法律文化

由文化概念衍生的法律文化概念，亦可分解為物質、制度與精神三個維度，且兼具實體性與方法性的意義。法律是人類文明中用以規範人類社會生活、調整人類社會關係的一種必不可少的手段，自身即構成人類文化的重要組

---

① 關於赫爾德的文化史學及相關思想介紹，參見〔美〕唐納德·R. 凱利：《多面的歷史：從希羅多德到赫爾德的歷史探詢》，陳恒、宋立宏譯，北京：三聯書店，2006。
② 何志輝：《華洋共處與法律多元》，北京：法律出版社，2014，第 1-3 頁。

成部分。就法學界對此所作的種種解釋而言，繁雜程度並不亞於前述關於文化的定義。相對而言，比較法律文化學者的觀點值得參考。有西方學者認為，法律文化是關於法律的性質，關於法律在社會與政治體中的地位，關於法律制度的專有組織和應用，以及關於法律實際或應該被如何制定、適用、研究、完善及教授的一整套植根深遠、並為歷史條件所制約的觀念，而法律傳統將法律制度與它只是其中一部分的文化聯繫起來①。東方學者則認為，法律文化表示的內容雖然主要是法律制度、設施等，但基本精神根植於人們的觀念、意識中；東西方法律制度之所以不同，是由於法律所得以產生、發揮社會功能的文化背景不同。而這種文化背景的一個重要的、也可以說是基本的因素，就是人們的法律意識或法律觀念②。正是在這個意義上，人們理解法律的社會意識背景時往往將其稱為法律意識，或者有時就稱為法律文化。

綜觀各種關於「法律文化」概念的解析，可歸納其中已基本達成共識的核心內容，即法律文化是特定民族在長期的共同生活過程中所認同的、相對穩定的、與法和法律現象有關的制度和意識觀念的全部內容，包含了作為民族社會或國家據以規範其社會生活及社會關係的思想觀念，以及體現此種思想觀念的制度和機構設置的所有層面③。就淵源而言，法律文化發端於人們的社會行為與主觀創造，是在人類社會歷史實踐過程中所創造出的一種精神財富；其產生、發展和影響無不帶有濃厚的主觀痕跡，無不是人們在特定環境與階段的一種文化選擇，在認同與歸附的基礎上再加以創新和發展。就範疇而言，法律文化則是社會群體關於權利與義務的價值選擇、思維模式、情感模式和行為模式的總稱，既包括內在的法律心理、法律意識、法律思想體系等意識形態，也包括人類創造的法律規範、法律制度、法律組織機構等外顯的制度形態。在此意義上，考察特定民族、特定地區、特定階段的法律文化，就既需要關注法律文化自身的價值形態，也要關注它賴以生存發展的制度因素。

---

① 〔美〕埃爾曼：《比較法律文化》，賀衛方等譯，北京：三聯書店，1990，第 20 頁。
② 劉作翔：《法律文化理論》，北京：商務印書館，2004，第 52 頁。
③ 米也天：《澳門法制與大陸法系》，北京：中國政法大學出版社，1996，第 2 頁。

（三）香港文化

由文化概念衍生的香港文化概念，則是從地域文化層面作出的一種綜合理解。香港地處中國東南邊陲，位居東亞中心地帶，由香港島、九龍半島、新界及 262 個離島組成，土地總面積約 1104 平方公里。因緣獨特的地理位置，香港歷來是南中國海對外交往的重要通道，如今更是馳名四海的國際航運中心、國際貿易中心、國際金融中心，有着中西文明長期碰撞、滲透、交融的獨特發展歷程，形成了自由開放、融匯中西、崇尚商業的國際化都市文化體系。學界關於香港文化的概念界定各執一端，但在其發展歷程方面仍有若干共識。如從歷史階段及所涉關聯因素看，香港文化發展大致可分為以下階段：

其一是香港文化之早期發展，深受中華傳統文化之影響。香港地區原為古代越族聚居之地，戰國時期併於楚國，秦漢時期建制更有史籍可考，自秦漢至東晉初共 500 餘年歸番禺縣管轄，東晉初至唐末共 400 餘年屬寶安縣管轄，唐肅宗至明隆慶共 800 餘年歸東莞縣管轄，明萬曆至 19 世紀英國逐步佔領香港地區期間歸新安縣管轄[①]。在此漫長的早期歷史上，香港地區越族土著文化受中原文化的深刻影響。即使香港島及九龍半島先後被割讓、新界地區被強租，這裏的居民仍以祖籍東莞、新安等縣的本地人和來自嶺南各地的移民為主，其文化繁衍仍在嶺南文化這一歷史脈絡中。

其二是香港文化之近代發展，飽受西方殖民文化之浸染。英國自 1841 年侵佔香港島以來，通過軍事征服、政治控制和經濟掠奪，以及宗教活動、奴化教育、新聞傳媒乃至日常生活教化等多種途徑，對香港華人社會輸入近代西方殖民主義的思想文化。這一過程延至「二戰」結束才發生調整。在此期間，英國以宗主國身份對香港以絕對強制的方式進行殖民管治，輸入的殖民文化在階級和種族歧視方面表現得尤為明顯。有學者研究香港社會史時指出，近代香港歷史實際就是一部「殖民地時代華人血淚史」[②]，其中所述種種殖民文化狀況及其貽害，至今令人掩卷深思。

---

① 劉蜀永主編：《簡明香港史》（新版），香港：三聯書店，2009，第 7 頁。
② 翁靜晶：《百年賣身的回憶——殖民地時代華人血淚史》，香港：天地圖書有限公司，2011。

其三是香港文化之現代發展，再受西方商業文化之熏染。步入 20 世紀以來，西方商業文化的全球擴展，在香港社會各個領域留下烙印。尤其在「二戰」之後，伴隨國際局勢之劇變，港英政府在時代潮流壓力之下，調整懷柔管治政策，淡化殖民文化色彩，放寬自由貿易幅度，推行西式文化教育，傳播現代法治意識，由此締造出高度繁榮的商業社會，文化發育也沾染了現代商業氣息。

據此可見，近代以來香港文化發展受其獨特歷史條件之影響，中華傳統文化與西方近代文化在此交織、互滲、融匯、並存，以至脈絡繁複、主義雜陳，既有封建主義與資本主義的對壘或糾纏，亦有愛國主義與殖民主義的抵牾與角力，在華人社會與管治階層之間形成無往不在的張力，卻又共同型塑和構建着多元文化的面貌，對香港現代文化發展規模及趨向皆有巨大的影響。

（四）香港法律文化

分別辨識「文化」、「法律文化」與「香港文化」諸概念後，不難理解所謂「香港法律文化」既是一種兩棲於法律與文化之間的知識 / 學科存在，亦是一套具有開放性、交互性與綜合性的話語 / 實踐體系。一方面，它可以界定為香港文化中涉及法律制度、法律體系、法律觀念等方面的特殊文化內容；另一方面，它又可以界定為香港法律中涉及文化情感、文化認知、文化體察等方面的特殊法律內容。對香港法律文化研究而言，前者意味着它必然是香港法律研究的內在構成，後者意味着它也會是香港文化研究的有機部分，二者共同統攝於跨學科而具綜合性的「香港學」。

需要指出的是，「香港學」在中國起步甚晚。1980 年之前中國學界僅有少數學者涉足此地，遑論專題性質的香港法律文化研究[1]。隨着中英談判解決香港

---

[1] 以「香港法律文化」為題的中文專著，截至目前檢索僅見一部，即冼偉文、朱耀偉《以法之名：後殖民香港法律文化研究》（台北學生書局，2000）。該書旨趣在於：法律作為控制所有個人及社會行為的制度，可說是當代社會最具影響力的文化機制，有關西方法律在非西方社會如何運作的研究主要集中於施行上的實際問題，西方法律對當地社會的文化和道德價值的影響一直少有深入探討。本書以後殖民論述為主要理論框架，並採跨學科—批判法律研究、社會學、文化研究等角度審視這個課題，嘗試帶出法理、道德、公義等觀念所可能牽涉的問題，不但可以揭示殖民法制對本土文化的宰制，為香港法律研究帶來新視點，亦可補後殖民論述（多以社會文化為研究對象）不足之處。鑑於其研究範疇及旨趣在於「後殖民」，故不列入本文探討的典型文本。

問題及《中英聯合聲明》的簽署，因應回歸政治需要而使香港備受各界關注，與此相關的研究議題也不斷拓展，「香港學」因緣際會而得以蓬勃發展。時至今日，該領域湧現更多的生力軍，他們以更新的研究方法、更專的研究素材、更大的研究視野，精耕細作於各有所好的領域，形成百花齊放的繁榮局面[①]。其中與法律文化有直接或間接關聯者，在中國內地學界以余繩武、劉存寬、劉蜀永、金應熙、劉澤生等為代表的文史學者，以李昌道、張學仁、董立坤、蘇亦工、尤韶華等為代表的法政學者；在香港及海外學界以羅香林、王賡武、蕭國健、丁新豹、呂大樂等為代表的文史學者，以劉兆佳、陳弘毅、顧敏康、朱國斌等為代表的法政學者，各有相關著述問世，產生不同程度影響；但就整體而言仍顯單薄，亟待學界同仁通力協作。

有鑑於此，編者從上述「香港學」成果中採擷有關論述，匯總為不同維度的香港法律文化研究，冀望方便學界參考，促成更多同仁關注。本書以文章品質為基本標準，編選過程輔以如下規則：一是選材範圍必須專事或旁涉法律文化領域，二是遴選對象為中文論文或著述節選（譯文編選另行結集），三是每位作者僅擇取一篇為代表，四是作者身份（學歷背景及工作單位）兼顧內地及境外 / 海外情況，五是作者群體覆蓋老中青三代，由此凸顯研究領域的獨特性與多元性，展現研究隊伍的專業化與國際化。據此遴選二十篇相關文章，依據編者對法律文化的理解，分別從制度、規範、司法、時代四個維度進行編排，茲予以簡要導讀。

二　制度：建構與發展

本書第一輯所選五篇文章，均出自香港學領域知名學者之手，所述內容關涉 1840 年代英佔香港島至香港回歸以來的香港政制文化及其變遷，尤其側重關注港英殖民管治時期的政制架構、政法制度及民間規約，期望從中管窺香港法

[①] 關於「香港學」所涉研究成果，詳見本書附錄〈主要論著目錄索引〉。需要指出的是，索引所涉僅有少數篇目研究香港法律文化；但從廣義的法律文化研究角度看，上述論著各有不同的參考價值。

律文化在制度層面的發展狀況。

（一）「二元化法制」與香港政制文化之端緒

在中國內地法學界，蘇亦工教授關於香港法律文化（史）的研究素為學界稱道，其代表作除堪稱經典的《中法西用：中國傳統法律及習慣在香港》之外[①]，還有後續系列論文結集收入氏著《西瞻東顧：固有法律及其嬗變》[②]。蘇氏對香港法律史的研究，以近代中西文化之接觸與碰撞、尤其是東西方法律文化交流史為背景，着重探討清代法律及習慣在近代香港的保留、適用與演變，重新界定中國傳統法律與習慣在香港法律體系中的地位和作用。

蘇亦工教授的論文〈香港殖民地時期二元化法制之確立〉[③]，旨在通過兩份「義律公告」追溯香港史上聚訟紛紜的「二元化法律體系」問題，即一端在引進英國法基礎上建立的佔主導的普通法體系，另一端在保留香港割讓給英國以前適用的中國清代法律和習慣。該文首先梳理了圍繞義律公告的相關爭論，指出其對香港法制史產生了意義深遠的影響，以致長期被人視為香港政制和法制史上極為重要的憲法性文件。兩道公告的效力問題（尤其是以義律當時的身份是否有權發出那樣的公告，以及兩道公告是否得到英國政府的承認）歷來多有爭議，學界觀點大致可歸納為「權宜之計說」、「自始無效說」兩派。由於兩派皆從西方人的角度、從港英當局的立場出發，未從中國人的角度、特別是當地華人的處境和感情觀察，亦忽視了它們在當時首先是一個外交問題和政治問題，因此應從當時和現時的角度再作觀察，分析兩個公告的特定歷史背景以及它們實際產生的影響。

鑑於此，該文第二部分致力於分析義律公告與中國人的憲法觀念，先以相關中文史料考辨了中國官方最初對義律公告的反應相當強烈，進而依常理推斷普通中國人見到義律公告後通常可能的反應，認為中國人不會懷疑義律是否有

---

① 蘇亦工：《中法西用：中國傳統法律及習慣在香港》，北京：社會科學文獻出版社，2002。
② 蘇亦工：《西瞻東顧：固有法律及其嬗變》，北京：法律出版社，2015。
③ 蘇亦工：〈香港殖民地時期二元化法制之確立〉，《二十一世紀》，2000 年 8 月號，總第 60 期。

資格代表英國當局發佈這樣的公告，當地華人居民很可能會將義律公告視為安民告示甚或是類似於「約法」一類的正式文件，因此它在許多華人眼裏就是港英政府對華民的一種承諾或約法，因之而在一些重要案件中被用作支持中國法律及習慣的依據而反覆加以討論，據此可見其在香港法律史上確實發揮着某種憲法性的作用。

該文第三部分由此繼續拓展，分析義律公告與香港二元化法制的命運，認為該公告不僅是法律文件，同時也是歷史文件，有必要結合歷史解釋的方法並把它作為歷史問題來看待。根據蘇氏關於公告發佈前後背景的分析以及香港開埠早期英國對華政策的論證，可見英國當局不僅從未否認過義律公告所作的承諾，而且在相當長時間裏執行公告設定的華洋法律分治政策。因為義律承諾的內容並非他本人一時的心血來潮，而是反映了當時英國官方的普遍立場。但隨着英國在華勢力的日漸強大和穩定，中國法律及習慣的存在空間在一步步萎縮，二元化法制逐漸向一元化法制靠攏。基於此，香港殖民地法制史可以被簡單地描述為英國法的逐漸擴張和中國法律及習慣日益萎縮的過程。

（二）近代香港政法制度之概貌

義律公告開啟 1840 年代以來香港二元化法制之端緒，那麼 19 世紀中後期香港法制建設整體狀況究竟如何？以研究香港近代史著稱的歷史學者劉蜀永教授主編的《簡明香港史》撰有專章〈19 世紀香港政法制度〉予以概述[①]。該章開篇明確指出，19 世紀中期以來英國政府在香港採用的是權力集中、控制嚴密的直轄殖民地制度，進而分別從政治體制、法律體制和警務體制三方面展開。

關於 19 世紀香港政治體制問題，首先要了解香港總督的職權與特點。維多利亞女王頒佈的《英王制誥》（Letters Patent，即「香港憲章」）確定了香港的地位和政權性質，該份文件亦明確規定英國有權派駐香港總督並授予其廣泛的統治權力，對設立行政局、立法局也作了原則規定。但具體規範行政局和立法局的組成、權力和運作程序，以及港督在兩局中的地位和作用、議員的任免、

---

① 劉蜀永主編：《簡明香港史》（新版），第 44-58 頁。

如何作出決議和制定法律等，則是以英王名義頒發給第一任港督璞鼎查的指示《王室訓令》（*Royal Instructions*）。依據上述文件，總督作為英國國王派駐香港的代表而擁有極大的權力，但只能在英國政府規定的範圍內為維護英國的殖民利益而行使。至於最早的四名港督也有若干共同特點，例如同時兼任駐華全權使臣和商務監督，把對華事務當做他們的首要任務，保護鴉片走私則是另一重要任務，且無不推行種族歧視政策。

至於行政局（舊譯議政局）和立法局（舊譯定例局），其是香港總督的高級諮詢機構，1844 年開始進行工作。前者的主要任務是就各種重大決策向港督提供意見，並具有某種立法職能；後者的任務是協助港督制訂法律和管理政府的財政開支。但港督對法律的制訂有決定性的影響。《英王制誥》頒佈以後，香港政府還先後設置了各種職官。依據《英王制誥》規定，如港督死亡、離港或由於其他原因不能行使職權時，由副總督代理；如尚未任命副總督，則由輔政司代行總督職權。歷任副總督一般由駐港英軍司令兼任，1902 年英日同盟成立後不再設置副總督一職。輔政司是港督在行政管理方面的主要助手，也是全體文職人員的首腦。華民政務司最初任務主要是負責全港人口登記，後因被授予撫華道、太平紳士和兼任警察司等頭銜而擴大職權。因此要了解香港法律體制和警務體制，需從以下方面加以認識。

其一是香港法律的依據與特點。由於香港長期處於英國殖民統治之下，香港法律基本上照搬英國普通法法系模式。香港的成文法包括三個部分：英國政府為香港制訂的法律，適用於香港的英國本土法律，以及港英當局制訂的法例。早期香港法律具有不同於英國法律的特點，相對而言更注重經濟立法，以便更好地適應商業發展的需要；一些明顯的犯罪行為，在香港不但不被視為有罪，反而得到法律的庇護；政府頻頻通過頒佈法例強化殖民壓迫，一些法例明顯歧視華人，卻又注重用「華律」治華人。

其二是香港法院的設立。1841 年 1 月英軍侵佔香港島後即在此設置巡理府法院，以便審理香港華人的案件；駐華刑事和海事法院在 1843 年 1 月遷到香港，負責審理港島、中國大陸和沿海 100 英里範圍內英國臣民的刑事案件；1844 年 10 月正式成立香港高等法院，撤銷駐華刑事和海事法院，原來的巡理

府法院改而負責審理較輕微的刑事案件。

　　其三是監獄制度。港英當局 1841 年在港島興建域多利監獄，初期監獄實行嚴格的種族主義制度，華囚和外國囚犯分開監禁並區別對待；濫捕華人的現象十分嚴重，造成監獄擁擠不堪。關於警務體制，香港警察制度在許多方面效法英國警察，部分重要的警察官員來自倫敦警察廳。早期香港警察由英警、印警和華警組成，皆由警察司指派英國警官統領。英警地位最高，印警次之，華警地位最低，物質待遇也高低懸殊。整體而言，早期香港警察的主要職能是威懾和管制廣大華人，編制擴充特別迅速，基本素質普遍低劣，至 20 世紀中期以來迭經整頓才扭轉局面。

（三）新界管理架構之特殊面相

　　19 世紀末英國租借「新界」後，港英政府在當地設置了理民府官，在香港政府管治新界中扮演着舉足輕重的角色。黃文江教授的論文〈新界理民府官：沿革與職權〉[1]，通過查閱相關歷史檔案對此予以詳細考證。

　　該文首先考溯理民府官之沿革。1899 年 5 月至 7 月，新界的行政總部設於大埔，駱克集各種大權於一手。駱克離職後，管理新界的官僚系統漸漸出現，巡理府及助理警察司兩項職能最初由一人負責，在北、南約分設助理田土官，與助理警察司合作徵收新界內的地稅。1907 年 9 月，巡理府及助理警察司在殖民地大臣指示下改名理民府官，北約助理田土官改稱助理理民府官，南約助理田土官改稱副理民府官。1920 年，副理民府官改名南約理民府官。1920 年至 1941 年間，北、南兩約分別由兩位理民府官管理。二戰結束後，港督楊慕琦重掌香港，重新啟動文官體系管治機制。官員缺乏管治經驗及人手經常調動，使新界地區的管治情況甚為嚴重，政府於是合併兩約理民府職能，稱為新界理民府官。1948 年，新界理民府官改名新界民政署署長，成為管理新界地區的最高官員。從 1948 年起，在新界民政署署長一職之下，復設三位由助理理民府官擢

---

[1] 黃文江：〈新界理民府官：沿革與職權〉，劉智鵬主編：《展拓界址：英治新界早期歷史探索》，香港：中華書局，2010，第 64-70 頁。

升而成的理民府官。1957 年 11 月增設第四位理民府官，1958 年中旬至 1959
年初增設第五位理民府官。1974 年，新界民政署由新界政務司掌管，新設屯門
及沙田理民府，理民府官增至七位。1982 年 11 月，政府行政改組而成立政務
總署，新界事務改由新界政務署長管理，各區理民府亦因應改為政務處。

該文對理民府官之職權亦有詳細介紹。理民府官（1948 年後改為新界民政
署署長）成為香港政府管治新界的最重要官員，到 1974 年才出現改變。這套
地方行政制度與香港其他地方大相徑庭，由於理民府官在地方上擁有家長式的
政治權力，更需要融入中國傳統習俗文化，妥善履行照顧鄉村習俗及利益的職
責，而非強行套用西方法律。理民府官除擔當地方上太平紳士的職能之外，還
負責包括收集地稅、土地管理、地區發展、生死註冊、平衡香港法律與中國傳
統社會習俗中的矛盾，以及聯絡地區內各大氏族的工作。日治時期後香港政府
在新界的管理走向專門化，新界民政署署長（或其部下理民府官）的職權漸漸
由其他政府部門所取代。隨着香港整體地方行政制度的改革，新界理民府亦逐
步轉向與市區民政處看齊，理民府與民政主任的制度於 1981 年後開始合二為
一，1982 年 11 月理民府與民政主任正式改組合併為政務處，理民府官的歷史
角色告一段落。

（四）新界鄉事組織及鄉約文化

關於新界的鄉事組織及鄉約，是早期香港歷史文化的重要內容，也是香港
法律文化所涉區域文化及基層治理的特殊內容。例如阮志博士的《中港邊界的
百年變遷：從沙頭角蓮麻坑村説起》[①]，即對香港新界變遷中的鄉約習慣等民間法
律文化予以初步研究。在此領域卓有成就的蕭國健教授的新著《探本索微：香
港早期歷史論集》，亦有兩節文字〈香港新界的鄉事組織及鄉約〉簡述新界鄉事
組織及鄉約文化[②]，值得特別關注。

該文首先考溯了新界鄉事組織的變遷。1898 年以前，香港及新界等地區

---

① 阮志：《中港邊界的百年變遷：從沙頭角蓮麻坑村説起》，香港：三聯書店，2012。
② 蕭國健：《探本索微：香港早期歷史論集》，香港：中華書局，2015，第 214-222 頁。

分鄉、都、圖及村等地方自治團體，由官諭選舉區內紳耆或族中德高望重者掌事。推行保甲制，設地保及總理各一人，皆紳耆推舉並獲官諭。地保為地方警察之一種，總理負責協辦鄉村聯盟、冬防及團練等事務，村務由耆老及族長管理。勢力較弱之家族或村莊組成鄉村聯盟（鄉約），對抗鄰近較強者。此為地方自治團體性質，官方不予規定，任由鄉民自定呈報。該聯盟無成文法根據，但有習慣鄉規，合約由鄉保及總理等執行。1899 年後新界轉歸英治，初期行村代表制。各區父老或鄉紳於非正式聚會商討區內事務，處理與當局有關事情，父老被公認為地方領袖。二戰之後，初期改行村代表制，各鄉事委員會有其組織章程，執行委員會委員由各村代表互選，擔任鄉事委員會各項要職。1959 年訂立鄉議局條例，鄉議局（前身是新界農工商業研究總會）成為政府之法定諮詢機構，與新界政務署（前民政署）經常保持密切聯繫。1977 年新界鄉事委員會與市區組織合併為地區諮詢委員會，1981 年改地區諮詢委員會稱區議會，1985 年成立臨時區域議局。

　　該文隨後簡介了新界鄉約的功能與組織，進一步呈現香港法律文化的多元性、地方性與獨特性。鄉約為一依血緣關係或地緣關係並訂有規約的民眾組織，目的為禦敵衛鄉，勸善懲惡，廣教化，厚風俗，護山林，或應付差徭等。鄉約組織主要以地區範圍為主，以宗族血緣範圍為輔，城市以坊里相近者為一約，鄉村以一圖或一族為一約。清末新界地區勢力較弱的家族或村莊，常會組織聯盟，抗拒鄰近較強者，聯防互衛。此等自治團體所包括之區域，任由鄉民自願組合。此類聯盟無成文法之根據，但有鄉規習例之約束，且有訂立合約，由鄉民自選之總理及地保等維持執行，並獲官方認可監督。此類鄉村聯盟因有合約管束，故稱鄉約，可分兩類：其一為小地區內村落之聯盟，以保區內治安太平為主；另一為由數小地區之聯盟，合組一較大區域之聯盟。小區域內由數村落合組鄉約，以保境安民、聯防互助為目的。大地域合組之鄉約，較著者有沙田九約及大埔七約。上述鄉約組織合組之聯盟，除保境安民、聯防互助外，亦起改善區內之社會環境之作用，並經營墟市貿易，舉辦宗教慶典。

（五）香港憲制文化之整體發展

本輯壓軸之作是陳弘毅教授的論文〈香港的憲政發展：從殖民地到特別行政區〉[①]。在 1980 年代以前，作為英國殖民地的香港在經濟發展上取得可觀的成績，但在政治上沒有民主。英國在香港殖民統治的特色，包括引進法治制度，並在一定程度上保障人權和自由。1984 年中英兩國關於香港前途問題的《中英聯合聲明》簽署後，香港政治體制開始民主化。該文是其回顧香港回歸以來在法治、憲政等方面實踐並予以法理評析的香港法研究成果之一。

該文首先梳理了憲政主義在香港的源起及演變。憲政主義雖然是現代西方文明的產物，但因其具有普遍意義而獲得廣泛的接納，作為政治和法律的理論和實務的典範。香港的憲政主義的發展（特別是法治、司法獨立和人權保障）是英國殖民統治的產物。香港長期以來享有的一定程度的憲政（但不是民主憲政），建基於一部殖民地憲法和殖民地政府的實踐和慣例。香港回歸中國並成為特別行政區之後，其憲政基礎轉移為全國人大制訂的《香港基本法》。

該文首先回溯香港回歸前之憲制性法律發展史。自 1840 年代至 1980 年代，英國在香港殖民統治的法理依據，除清政府與大英帝國簽訂的三條不平等條約之外，還有英王頒佈的《英王制誥》（或譯《英皇制誥》）和《王室訓令》（或譯《皇室訓令》）兩部憲法性文件。後兩部文件與大英帝國在亞非等地區殖民地所用的憲法性文件類似，內容簡陋，既沒有明文保障人權，也沒有設立民主選舉的制度。雖然香港沒有一部符合民主憲政理念的憲法性文件，但到 1970 年代香港市民卻能享受到相當程度的公民權利，政府管治效率及其法治精神也在亞洲國家和地區之中名列前茅，這是 1980 年代以後香港民主化和憲政創新的起點。

進入 1980 年代以來，中英兩國政府就香港前途的問題展開談判，中方向英方提出「一國兩制」概念作為解決問題的關鍵。在 1990 年代，遵循《中英聯合聲明》的基本精神，《香港基本法》着力勾畫未來香港特區的政治體制，釐訂特

---

① 陳弘毅：《香港特別行政區的法治軌跡》，北京：中國民主法制出版社，2010，第 103-139 頁。

區政府與中央政府的關係，確保香港原有社會和經濟制度、法律、法治傳統、人權和公民自由得以延續下去，成為一部具有憲政主義色彩的憲法性文件。在此期間直至回歸前夕，除《香港基本法》的制訂和彭定康的政改方案外，香港另一項重大憲政發展是 1991 年《人權法案》的制訂與《英王制誥》的修改。香港回歸之後，特區進入一個以《香港基本法》為根基的新秩序，融新舊制度元素於一爐的新時代；《人權法案》則開啟了違憲審查的新時代，並出現一系列關於違憲審查的著名案例。《香港基本法》的實施實際上使違憲審查的空間更為廣闊，司法機關作為基本法監護者的角色有增無減。

該文隨後以《香港基本法》實施的總體情況為標準，把回歸後的香港法制史分為四階段。首先是初試、碰撞與適應階段（1997 至 1999 年），其時新法律秩序受到兩個關於如何理解和實施基本法問題（即「臨時立法會」合法性及港人內地所生子女的居港權問題）的困擾，1999 年終審法院「澄清」判詞事件和「人大釋法」事件可視為回歸初期兩地法制相互碰撞並開始相互適應的表現。隨之是權利保障體系的闡明階段（2000 至 2002 年），特區法院在一系列案例中闡明了回歸後香港新法律秩序的權利保障體系的架構。2003 至 2004 年「第 23 條立法震盪」是第三階段，由於國安條例被「反對派」人士強烈反對，香港爆發回歸以來最大規模的遊行示威，特區政府宣佈暫緩立法；「反對派」關於在 2007 年（第三屆特首選舉年）和 2008 年（第四屆立法會選舉年）「雙普選」的要求，全國人大常委會通過第二次解釋基本法和對選舉問題作出相關決定，表明在 2007 及 2008 年「雙普選」並非適當時機。至於 2005 至 2008 年，則被作者視為權利保障體系進一步發展和普選時間表制定的新階段，特區進一步民主化的前景得以明朗化，實行全面普選的時間表也得以確定。

該文據此總結，認為回溯香港回歸後憲制性法律的發展歷程，可見香港特區在「一國兩制」框架下和基本法基礎上的自治、法治、人權和自由都得到相當成功的實現，特區法院在此期間亦充分發揮其作為香港法治、憲政、人權和自由監護者的角色，《香港基本法》則正在發揮其作為規範性憲法性文件的生命力。

三　規範：承接與嬗變

　　本書第二輯所選五篇論文，則從規範維度探究香港法律文化之承接與嬗變，分別關注英美法系尤其是英國判例法在香港法中的主導地位，英國刑法傳統及其對香港刑事法制的文化影響，香港本地新聞立法在港英殖民管治下的因應與調適，日治時期香港消閒娛樂法規的特殊背景及其運行，以及中國傳統妻妾制度在戰後香港法律發展中的文化困境及其解體因緣。

（一）判例法文化之主導地位

　　談及香港法律文化尤其是港英政府時代的法律文化狀況及特質，必然需要追溯英國法律傳統及其在世界範圍的傳播與影響。這一議題在中國當代法學界廣受矚目，其中尤以從事外國法律史與比較法律文化的學者論述居多。董茂雲教授以研究比較法律文化（尤其側重法典法與判例法之比較）著稱，其論文〈論判例法在香港法中的主導地位〉簡明扼要地闡述了判例法傳統對香港法的影響①，是回歸前夕大陸學者論述香港法律文化的代表作品之一。

　　該文首先把英國法界定為分別由不同法院發展起來的普通法、衡平法、教會法以及商業習慣法（海商法）體系，且其大部分屬於判例法的範疇，從 1880 年代起開始由一個較為統一的法院系統地加以適用和發展。儘管「議會主權」原則促成制定法效力優於判例法的格局，但就整個英國法體系中的實際淵源地位及法律意識形態地位而言，判例法較之制定法仍是第一位的。在港英政府統治時期，香港地區採用源於英國的普通法和衡平法，在此實施的普通法和衡平法原則主要來源於英格蘭和威爾士法院的判例。

　　在此背景之下觀察判例法在香港法律體系中的主導地位，一方面是香港對英國法傳統的繼受為判例法主導地位的確立奠定了基礎。現代香港法之追隨英國判例法，這不是表現為淺層的法律移植，而是表現為深層的傳統繼受，因此同樣包括遵循先例原則、判例方法和訴訟中心主義等內容。香港立法、司法界

---

① 董茂雲：〈論判例法在香港法中的主導地位〉，《政治與法律》，1997 年第 1 期，第 52-54 頁。

在長期實踐中接受英國法傳統，也就是接受着判例法傳統；法官和律師均受英國式法學教育，其法律思維與工作方式也都是判例法式。據此可見，「傳統與人的統一」是判例法在香港法中佔居主導地位的堅實基礎。另一方面，香港英國式司法制度的建立與完善，英國式訴訟程序與習慣於判例法思維方式和工作方法的法官、律師相結合，則進一步實現了「制度、機構與人的統一」，為判例法主導地位的確立提供了保障。

　　基於上述分析，該文還對香港回歸後判例法的地位問題作出評估，認為包含着普通法和衡平法的香港判例將作為香港「原有法律」的一部分在「九七」後得到保留，但須接受法典化且是香港特區最高法律的《香港基本法》的審核；在香港保留實行的判例法在規則體系上與英國法及英國法院系統不再發生直接聯繫，但特區法院審案時可以參考其他普通法適用地區（包括英國）的司法判例；現行適用於香港的普通法和衡平法原則的修改，可遵循立法機構制定新法例和司法確立新原則的途徑；終審法院作為香港特別行政區法院系統的最高審級，其判例效力自然高於現行的或將由香港特別行政區其他法院所作出的判例。該文據此最後斷言，判例法傳統雖將沿續，但判例法的主導地位必將面臨挑戰。

（二）英國法影響與香港刑事法文化

　　如果說上文側重從整體把握英國法對香港法之文化影響，那麼孟紅教授的論文〈英國刑法對中國香港地區刑法的影響〉則是從刑事法這一局部切入的文化觀察[①]。該文作者對外來刑事法與近代中國之關係進行了深入研究，英國刑法對香港地區之文化影響則是其關心的議題之一。

　　該文首先分析英國刑法對殖民時期香港刑法的影響，簡要考察香港近代刑法的發展及淵源。從 1841 年《義律公告》公佈到 1843 年港英政府成立，是大清刑律和習慣與英國刑法並存時期，對英國人和外國人適用的英國刑法帶有近

---

① 孟紅：〈英國刑法對中國香港地區刑法的影響〉，何勤華主編：《英美法系及其對中國的影響》，北京：法律出版社，2009。

代人權保障的因素。港英政府成立及立法局設置後，開始制定包括刑法在內的香港本地法律，香港刑法與英國刑法基本同步發展。在此時期香港刑法淵源複雜多樣，主要包括香港立法機構制定的刑事法律、適用於香港的英國刑事法律（制定法）、適用於香港的英國及其他英聯邦國家刑事判例法、香港本地的刑事判例法、中國清朝的刑律和習慣以及對香港有約束力的國際條約中的刑事法律條款。上述眾多淵源基本可分為制定法（香港政府制定的刑法、適用於香港的英國刑事制定法、清朝刑律）、普通法（香港、英國及其他英屬地區普通法判例）、習慣法和國際公約。由此構建成一個以英國刑法為立法藍本，遵循英國刑法的原則和精神，呈現多元化、多層次之特點，嚴密、龐大而獨立的香港刑法體系。

　　該文隨後分析英國刑法對回歸後香港刑法的影響，探究其面臨以《香港基本法》為取向而進行調整與發展的問題。其一是在「一國兩制」方針下對香港原有刑法的改革，在剔除帶有殖民因素或與基本法內容相抵觸的內容的基礎上，保持了原有法律的完整性、細密性、獨立性。由此帶來香港刑法的實質性變化，這些變化主要體現在刑事法律的憲政基礎發生了變化，因適用於香港的英國刑事法律不屬「香港原有法律」，新的刑法廢除了香港立法局制定的帶有殖民色彩的刑法和刑事判例，以及消除了中國清朝法律和習俗的影響。至於刑事法律淵源也隨之變化，主要包括以下類型：予以保留的香港原有刑事法律，這是回歸後香港刑法的主體；香港特別行政區立法機關制定的刑事法律，包括新制定的法律和對原有法律的修改；新編制的刑事判例；適用於香港特別行政區的全國性法律中的刑事條款；適用於香港特別行政區的國際公約中的刑事條款。

　　在上述考察與分析中，該文尤其注重英國法律文化對香港法律發展的影響，不僅原香港刑事制定法有些是在模仿英國相應規定的基礎上制定的，香港的判例法也受英國判例法的影響，甚至香港刑法學也深受英國刑法學說的影響。由此可見香港刑法發展的基本特點，即香港刑法不僅有着獨立的發展軌跡，經歷由從屬性到獨立性的轉變，亦表明法律移植與本土化是香港刑法發展的主要途徑，附着其上的殖民色彩逐漸由濃厚到淡薄，反之則是地域文化色彩更為鮮明。

（三）英國法影響與香港新聞法文化

與上文旨趣相似而題材不同，張曉鋒教授的〈英國殖民統治時期香港地區新聞法制的歷史考察〉[1]旨在通過大量一手文獻資料，全面梳理港英政府的新聞立法活動，考察近代以來香港新聞法制的演變軌跡及由此形成的香港新聞法律文化。

該文將香港新聞法制發展歷程分為四個階段。第一階段是新聞法制之起步期（1841－1900），隨着香港近代報業的發展，港英政府移植英國法制模式而在香港建立一套以註冊監管為主體的新聞法律制度。1844 年定例局通過第 2 號法例《書籍報刊出版及持有之規範條例》，這是香港有史以來第一部專門的新聞法規，揭開了香港近代新聞法制史的帷幕。此後為加強對輿論的控制，港英當局先後頒佈《修正報紙出版條例》（1860）、《印刷業及出版業條例》（1886）、《誹謗條例》（1887）及《書刊保存登記條例》（1888）等，奠定了近代香港新聞法制的基本框架。第二階段是新聞法制之發展期（1900－1945），由於香港逐步成為思想言論交鋒的戰場，港英政府為維持殖民統治而多次頒佈法令進行規管，香港新聞法制從註冊監管向內容審查領域拓展。在此階段的相關立法主要有《煽亂刊物條例》（1907）、《煽亂刊物條例》（1914）、《緊急管制規則》（1926）、《印刷業及出版業條例》（1927）、《違禁出版物條例》（1938）及《印刷業及出版業條例修正規則》（1941）等。第三階段是新聞法制之延續期（1945－1985），港英政府固守其在香港的殖民統治而進一步延續有關新聞內容監管法規的制訂。在此階段的相關立法主要有《緊急措施（主要）施行規則》（1949）、《刊物管制綜合條例》（1951）、《1967 年緊急（防止煽動性標語）規例》（1967）、《書刊註冊條例》（1976）等。第四階段是新聞法制之調整期（1985－1997），港英當局採取「監管自由化」政策，調整和放鬆了有關新聞媒體管制的法令法規。在此階段的相關立法主要有《本地報刊註冊條例》（1987）、《廣播事務管理局條例》（1987）、《官方機密條例》（1997）等。

---

[1] 張曉鋒：〈英國殖民統治時期香港地區新聞法制的歷史考察〉，《新聞與傳播研究》，2011 年第 4 期，第 78-88 頁。

　　該文除對香港新聞法制發展線索予以梳理外，還適時歸納不同階段的發展特點。回溯第一階段之立法特點，一是形成了「事前註冊為主、事後追懲為輔」的內容體系，二是蘊含了「新聞自由為表、殖民專制為實」的法制本質。從本質上講，這些法律法規是殖民地統治在新聞傳播領域的移植和延伸，殖民主義色彩顯而易見；但它們又吸收了英國法律文化的先進成分，從而開啟了近代香港新聞法制的歷史先河。第二階段之立法特點，一是形成了「內容監管為主、註冊監管為輔」的內容體系，二是確立了「新聞立法為體、新聞檢查為用」的管制模式，絕大多數新聞法規旨在限制香港華人的言論出版自由、思想自由乃至政治活動，其歷史局限性暴露無遺。第三階段之立法特點，仍然具有「內容監管為主、註冊監管為輔」的內容體系，但又表現出「立法嚴、執法寬」的政策特點，形成了「法律規範為主、道德約束為輔」的控制格局。第四階段之立法特點，一是呈現出「自由為表、專制為核」的法制思維，二是形成了「立法主導凸現、行政主導弱化」的立法格局，新聞法律之頒行已相對趨於理性，更加呈現出新聞立法的長效性與價值性。綜上所述，港英當局新聞立法呈現出由鬆趨緊、再轉鬆的演變軌跡，由此建構的新聞法制體系或多或少帶有殖民主義的烙印，但也包含着資本主義法制的開放元素和民主機制，因此法律制度的兩面性始終貫穿期間。

（四）日治時期香港法律文化之變異

　　在香港法律發展歷程中，日治（亦稱日據、日佔）時期日本法律強行植入香港社會的歷史值得特別關注。隨着相關文獻資料的不斷開掘，此段歷史研究日益獲得學界重視，劉智鵬、周家建《吞聲忍語——日治時期香港人的集體回憶》、關禮雄《日佔時期的香港》、鄺智文《重光之路：日據香港與太平洋戰爭》、周家建《濁世消磨：日治時期香港人的休閒生活》、周家建、張順光《坐困愁城：日佔香港的大眾生活》、唐卓敏《淒風苦雨：從文物看日佔香港》、劉智鵬、丁

新豹主編《日軍在港戰爭罪行：戰犯審判記錄及其研究》等著述的相繼出版 ①，從不同角度展示了日治時期香港政治與法律方面的特殊面貌。其中，周家建博士的〈日治時期香港消閒娛樂的法規〉一文對消閒娛樂法律予以考察 ②，呈現出日治時期香港法律文化畸變的特殊性。

　　周家建博士對日治時期香港人「濁世消磨」的休閒生活進行全景描摹，在此背景下以專章篇幅研究日治政府治港方針及消閒娛樂法規。日治政府在港實施行政主導體制，即以「佔領地總督」為領導核心，下設參謀部、總務長官及華民代表組織三大機關。相比港英政府的架構，日治政府採取的中央集權制度的架構相對簡單，行政權及立法權歸總督部管理。其時香港治安政策是以嚴刑峻法來維持，相關法規以「香港佔領地總督部令」（香督令）為依歸，消閒娛樂事宜及相關活動亦復如此。

　　該文隨後論述日治時期香港無孔不入的娛樂稅。其時只要在香港經營業務，營商者便要繳交「營業利益稅」，娛樂場所經營者亦不例外。日治政府為增加稅收以應付日常開支，亦開徵多項與娛樂消遣有關的稅項來擴闊稅基，並陸續制訂遊興飲食稅、娛樂稅、酒精含有飲料稅方面的法規。另一方面，日治政府為方便掌控人民的思想，採取整合香港報業的方式監控新聞活動，並以行政手段操控無線電台及電影劇作，制訂頒行《映畫演劇檢閱規則》（1942）、《關於禁止收聽短波播音》（1942）等法規，借此防範不利政府和戰時體制的訊息獲得傳播。據此可見，由於訊息性的大眾娛樂具有廣泛的影響力，因此日治政府需透過法規進行嚴密封鎖及內容審查，以確保不利於統治政權的消息消滅於萌芽之中。

---

① 劉智鵬、周家建：《吞聲忍語——日治時期香港人的集體回憶》，香港：中華書局，2009；關禮雄：《日佔時期的香港》，香港：三聯書店，2015；鄺智文：《重光之路：日據香港與太平洋戰爭》，香港：天地圖書有限公司，2015；周家建：《濁世消磨：日治時期香港人的休閒生活》，香港：中華書局，2015；周家建、張順光：《坐困愁城：日佔香港的大眾生活》，香港：三聯書店，2015；唐卓敏：《淒風苦雨：從文物看日佔香港》，香港：中華書局，2015；劉智鵬、丁新豹主編：《日軍在港戰爭罪行：戰犯審判記錄及其研究》，香港：中華書局，2015。
② 周家建：《濁世消磨：日治時期香港人的休閒生活》，第 248-259 頁。

（五）華人社會與法律文化之調適

隨着香港華人社會研究的不斷拓展，涉及法律文化層面的論著也日漸增長。例如劉智鵬主編的《香港早期華人菁英》[①] 對近代香港史上華人法律精英的簡要介紹，翁靜晶的《百年賣身的回憶——殖民地時代華人血淚史》[②] 對近代香港華人社會飽受殖民政府政策歧視和壓制法律問題的追溯，黃兆輝《港產紳士：治港百年的半山區上文化》[③] 不少篇章涉及近代香港立法規制華人社會的問題，姚穎嘉《群力勝天：戰前香港碼頭苦力與華人社區的管治》[④] 亦對近代香港碼頭苦力與華人社會治安問題予以研究。

在同類研究成果中，王慧麟博士〈廢妾四十年：殖民體制與現代性的曖昧〉[⑤] 一文致力分析香港華人社會廢妾進程中的曲折，是研究香港法律文化置身於傳統與現代、殖民與解殖對壘狀態及由此產生衝突或作出調適的一篇力作。

王慧麟論文關注的問題是，中國早在 1931 年已不承認妾之法律地位，1950 年《中華人民共和國婚姻法》亦禁妾，同為華人地區的香港卻遲至 1971 年才不再承認妾之法律地位，背後究竟有什麼原因令香港政府不得不提出廢妾。該文通過查閱英國檔案及相關資料，首先辨析殖民主義與習慣法之關係，指出英國建立殖民地之法律制度，除搬來一套英國成文法之外，亦需要因地制宜將當地習慣法透過立法或者判例予以實施。英人在香港建立殖民政府進行管治時，中國婚姻法律（包括《大清律例》及相關習俗）已行之久遠且根深蒂固，港英政府需要尋找、考察以至尊重中國習俗，以此維繫高等華人支持並維持有效管治。至於在 1971 年《婚姻制度（改革）條例》實施之前妾在香港法律的地位，並不完全體現於成文法例之中，而是透過法例及判例形成的，由此需要追溯清代法律中妾之地位。依據清代家事法律，妻在家庭中地位高於妾，即使涉

---

① 劉智鵬主編：《香港早期華人菁英》，香港：中華書局，2011。
② 翁靜晶：《百年賣身的回憶——殖民地時代華人血淚史》，香港：天地圖書出版公司，2011。
③ 黃兆輝：《港產紳士：治港百年的半山區上文化》，香港：超媒體出版有限公司，2014。
④ 姚穎嘉：《群力勝天：戰前香港碼頭苦力與華人社區的管治》，香港：三聯書店，2015。
⑤ 王慧麟：〈廢妾四十年：殖民體制與現代性的曖昧〉，《思想 19：香港：解殖與回歸》，台北：聯經出版公司，2011，第 141-158 頁。

及婚姻之刑罰，妻之受刑也比妾嚴厲；婚姻嫁娶有律例規定，納妾一般沿用習俗；在財產承繼方面，妻與妾亦有區別。由於香港本地法律一直沒有制定一套完整的婚姻法律，妾作為中國傳統婚姻法律的構成部分得以保留下來。但在香港，妾的法律爭議大抵指涉妾在家庭中的地位，香港法院也一直在尋找及建立與妾有關的中國法律及習俗。香港法院對妾之解釋，基本是從《大清律例》入手而輔以專家證供，再按普通法有關婚姻的解釋及香港實際環境結合而成。

　　該文隨後考溯香港廢妾的動因。由於香港鄰近地區婚姻改革，民國政府在1930年制定的民法嚴格推動一夫一妻制，1950年中華人民共和國政府制定的《婚姻法》實行一夫一妻登記婚姻制度，既不承認傳統習俗婚姻，亦禁止納妾。香港持守中國舊式婚姻而容許納妾，不僅顯得不合時宜，而且製造了更多的行政混亂。基於此，1948年10月港英政府委任史德鄰（法律政策專員）為在香港實施的中國法律與習慣作全面檢討，其在1953年公佈的報告中建議禁止納妾，任何建立新的夫妾關係的嘗試將不會有法律效力。由於香港華人領袖非常反對該份建議，報告書的廢妾建議無疾而終。香港廢妾之政治壓力來自英國。1957年英國國會議員就香港納妾問題在國會提出質詢，港督葛量洪回覆殖民地部時將此歸咎於華人社會的反對。此後迭經反覆，廢妾進展並不理想。在倫敦方面作出批評的壓力下，香港政府於1965年提交一份報告草擬本，得到殖民地部首肯後於1967年發表《香港婚姻白皮書》，提出終極方案。由於香港發生左派暴動，香港政府立法部署遭到一定干擾。政治局勢大抵穩定後，香港政府重新推動改革，於1971年通過婚姻改革條例草案。至此，1953年史德鄰報告書試圖全面改革中國法律與習俗的努力，迭經後續三份報告及一份白皮書，僅僅只是完成了婚姻改革。該文據此總結認為香港廢妾之實現，在於英國殖民地部基於中國法律之改變以及西方對於納妾習俗之厭惡而迫使香港政府提出婚姻習俗改革，從而使香港婚姻法律最終走上尊重男女平等之普世價值的道路。

四　司法：文化與實踐

香港在港英政府統治期間的司法文化，無論是法律淵源還是組織機構或者制度，都呈現出與中國內地不同的面貌和特徵。香港回歸以來，為適應「一國兩制」方針的政治需要，香港原有的司法文化及時作出回應與調適。本輯側重從時間維度展示香港司法文化，既包括香港司法制度的早期面貌、發展狀況與未來趨勢，亦包括近代以來香港社會中備受矚目的重大訟案之所呈現的司法實踐及其背後隱藏的社會矛盾與文化衝突等問題。

（一）近代香港司法體制溯源

關於香港司法文化（包括制度沿革、組織架構及司法實踐）之研究，最早可追溯至諾頓－凱希（J. W. Norton-Kyshe）的《香港法律與法院史》（1898）[①]。該書從 1841 年英軍佔領香港島及頒佈「義律公告」開始，記敍港英統治時期香港社會的司法管轄權、香港早期司法機構的設立、發展及其實踐，可謂香港法律史研究的開山之作。這部著作雖然是以編年史方式敍事且時間截至 1898 年，但由於彙纂了大量來自當時香港法院、警署及監獄機構的資料，成為後世研究 19 世紀香港司法制度及實踐的必備文獻。

至於中國內地學者對此議題的研究，遲至 1990 年代才漸次展開，相關成果主要有董立坤主編的《香港法律和司法制度》（1992）[②]、朱國斌、黃輝等著的《香港司法制度》（1997）[③]、董茂雲、杜筠翊、李曉新的《香港特別行政區法院研究》（2010）[④]、尤韶華的《香港司法體制沿革》（2012）[⑤]，等等。上述中文著述大多側重對司法組織架構的介紹，僅有尤韶華一書側重司法制度變遷的考溯，從中節

---

① J. W. Norton-Kyshe, *The History of the Laws and Courts of Hong Kong*, London, 1898。該書 1971 年再版於香港，參見 J. W. Norton-Kyshe, *The History of the Laws and Courts of Hong Kong*, Hong Kong: Vetch and Lee Limited, 1971。

② 董立坤主編：《香港法律和司法制度》，廣州：廣東人民出版社，1992。

③ 朱國斌、黃輝等著：《香港司法制度》，鄭州：河南人民出版社，1997。

④ 董茂雲、杜筠翊、李曉新：《香港特別行政區法院研究》，北京：商務印書館，2010。

⑤ 尤韶華：《香港司法體制沿革》，北京：知識產權出版社，2012。

選的〈香港司法機構的起源〉一文①，依據諾頓－凱希《香港法律與法院史》及其他文獻，對香港早期司法機構及其運作追根溯源，為學界進一步了解香港司法文化源流提供了便利。

〈香港司法機構的起源〉首先回溯香港早期司法機構的設立背景。在英軍佔領香港後，義律為建立對香港的管理而頒佈兩份「義律公告」，體現其在香港殖民地司法機構建立之前利用現有司法體系立即實現對香港實行司法管轄的指導思想。第一份公告在體現以華治華理念之際也通過規定「各種拷打除外」而顯示出英國的法制理念，第二份公告進一步確定了對在港英國人及其他外國人的司法管轄方式。它們共同成為香港殖民地建立司法機構、行使司法管轄權的原始依據。依據該公告而設立香港裁判並任命首席裁判官，通過《香港首席裁判官委任狀》行使司法權力，按照中國的法律、慣例和習俗處理本地居民的治安刑事案件，按照英國治安法律處理其他在港治安刑事案件。

該文隨後分析香港裁判法庭的早期發展。英方在《南京條約》批准後頒佈《香港憲章》，宣佈香港作為單獨的被佔領地，可以依法建立法院和享有完全的立法權。該憲章授權總督任命法官，包括聽審並判決專員、治安法官（太平紳士）及其他必要的官員，以建立正當和公正的司法機構，使法律和條例得以實施。此後裁判法庭發生變更，重新任命司法人員，增加助理裁判官，首席裁判官作為立法會主要成員具有較高的地位。依據 1843 年 6 月發佈的公告，英國樞密院命令設在廣東的刑事和海事法庭遷往香港，以處理英國人在香港的犯罪案件。該命令規定了法庭程序，包括運用英國法院的程序，案件由臨時商務總監督會同 12 人陪審團審理，總監督作為主持法官以陪審團裁決為據開庭公佈判決。該命令還允許根據本地現存情況的差異，在一定範圍內與英國法院程序有所區別，並授權就此制訂法庭規則，同時規定了規則生效、失效的方式。據此可見，裁判法庭應視為香港司法體制的起源，但其設置並無條例規定，職能、司法管轄權及運作程序載於裁判官委任狀。

---

① 尤韶華：《香港司法體制沿革》，第 38-60 頁。

（二）近代香港司法實踐觀察

至於近代香港司法實踐，前述西方學者諾頓－凱希的《香港法律與法院史》以編年史方式收錄了 19 世紀中後期的不少重要資料；中國內地學者囿於種種原因，在此方面並未作出更大拓展，相關著述也對此一筆帶過或避而不談。從香港學者鄭宏泰、黃紹倫合著《一代煙王利希慎》節選而成的〈糾紛與官司：利希慎的個案研究〉一文①，考溯民國初期香港華商利希慎之涉訟始末，可管窺 20 世紀前期香港司法制度之運作狀況。

該文對利希慎被控事件記述甚詳。利希慎是近代香港著名華商，染指鴉片生意以來，家族財富急速增加，但因牽涉不同利害關係，一生招惹很多是非，十數年間官司不斷，經常要與律師、法官及政府官員打交道，甚至多次踏足法庭，接受控辯雙方盤問，或是聽取訴訟結果，而且每次訴訟皆捷，舉止轟動中外社會。與當時所見一般訟案不同，利希慎之涉訟曠日持久，備受各界矚目，因為涉案人物既非泛泛之輩，更有政府部門及政府官員，涉案金額亦絕非區區少數，訴訟費用亦屬天文數字。

該文首先詳述 1914 年至 1918 年的「詐騙及串謀官司」始末。1914 年 3 月「裕興有限公司」小股東透過兩位律師入稟香港法庭，控告以利希慎及馬持隆為首的兩名主要股東以不實欺詐的手法詐騙其他股東，同時亦沒依照香港公司法的規定召開股東會議或向公司註冊處呈交週年報表，要求將該公司清盤。利希慎及該公司部分持相反立場的股東不甘示弱，透過律師向法庭提出反對，駁斥原告人指控失實。雙方各執一詞而各不相讓，案件交由首席大法官排期審理。完成初步法律程序之後，同年 4 月案件正式開審。針對原告提出的指控，被告逐一加以反駁，雙方除分別呈交不同證人的書面供詞外，還傳召了一些證人到庭接受盤問，其他諸如賬簿及收據等證據亦有呈堂，整個案件審訊長達 29 天。法官最終裁決原告不能提供充分確鑿的證據，因而只能判控罪不成立；但又依據「公正及合理的原則」同意頒令清盤公司，並要求政府破產管理署將

---

① 鄭宏泰、黃紹倫：《一代煙王利希慎》，香港：三聯書店，2011，第 170-196 頁。

該公司接管。

　　該文隨後詳述由此衍生的連環波折。由於原告不滿法庭裁決控罪不成立而衍生另一場訴訟，被告也不滿判決清盤而向上訴法庭提出申訴。上訴法庭在1916 年 4 月裁決駁回上訴申請，認為首席按察司頒令公司清盤的判決並無不妥。結果不但上訴一方感到失望，原告一方亦覺心有不服，牽扯其他問題，引來連環訴訟，曠日持久而再次轟動社會。法庭頒令將裕興有限公司交由破產管理署接管，結果破產管理署署長正式展開司法程序，於 1916 年 12 月入稟最高法院向利希慎等追討涉案財產，雙方爭拗不斷擴大，案件遲遲未見了結。政府方面認同破產管理署署長的看法，被告代表律師對政府以公帑支持私人商業糾紛深表不服，在主審法官擱置刑事檢控問題之後，雙方再就被告是否存在「虛假交易」問題展開反覆爭辯；期間又發生警方高調拘捕利希慎等並指控其在管理公司期間串謀欺詐之罪的事情，使案情更為錯綜複雜而引人矚目。直至 1918年 4 月法院作出裁決，一致認為控罪不成立，消息轟動中外社會，被告一方喜不自勝，政府及原告則極感失望。政府方面因插手私人民事訴訟，被判支付「堂費」。這宗香港有史以來涉案人物或團體最廣、審理時間最長、爭拗最多、訴訟費用最重的案件，當然最受當時中外各界的高度矚目。

　　該文最後還詳述了利希慎於 1928 年涉訟的第二宗官司。原告澳門官員羅保透過代表律師入稟香港法庭，指控曾在澳門經營鴉片生意多年的利希慎在 1927年 10 月向澳門總督、立法局議員及律師等派發「陳情書」對其進行惡意攻擊，要求禁止其行動，並賠償名譽損失。該案牽涉港澳兩地政商名人，到庭聽審者不少，報章報導亦巨細無遺。被告代表律師回應原告各種指控，聲稱「陳情書」僅係針對政府部門或行政程序的有欠公允，而非針對個別人士。法官聽完控辯雙方不同觀點與理據後，認為被告人的舉動雖對原告人造成一定程度上的名聲損害，但並沒充分證據證明被告人的攻擊為惡毒的，因此判決原告控罪不成立，從而終結這次轟動港澳兩地的誹謗官司。

　　透過利希慎涉案之前前後後，近代香港司法制度及訴訟規則亦在實踐層面呈現出方方面面的活態及問題。從中可見香港司法文化之兩面性，一面在於人們期望通過訴訟途徑處理家庭、商業或政治等方面紛爭，奢求法庭嚴格依據法

律條文和遵循訴訟程序進行公正裁決，一面卻又必然面臨昂貴的訴訟成本及隱形的社會成本之負擔，尤其在法律遇有灰色地帶而取證又有局限時更增訴訟風險。這正如該文結語所言，以法律解決爭執的方法雖然有很多可取之處，但同時又有很多障礙令人卻步。

（三）日治時期香港司法文化之變異

　　在 20 世紀香港史上，日治時期的司法制度值得特別一提。學界對於日治香港歷史已有不少研究，但在司法制度方面關注較少，鄺智文博士的《重光之路──日據香港與太平洋戰爭》有專門一節〈從屬行政的司法與濫權的憲兵部門〉[①]，以簡約的文字補足相關資料。

　　該文首先從整體評述日治時期的狀況，認為戰前香港司法相對獨立、法治架構和精神健全，日治時期卻只有法治（rule by law）而無法制（rule of law），司法和警權完全從屬於軍部和行政系統，是軍政廳 / 總督部「法令統治」的延伸。總督部取代軍政廳後，《軍律令》、《軍罰令》、《刑事審判規則》、《刑事緊急治罪條例》、《民事令》、《民事審判規則》、《刑務所規則》，以及《香港佔領地總督部軍律會議所管轄既判決未判決囚犯拘禁辦法》等法令相繼發佈，「軍律會議」、民事審判機關及民事法庭皆由總督部法務部負責；以普通法（common law）為原則的香港法律被廢除，取而代之的是以上的緊急法令。軍律會議由總督委任三名軍官組成，其中一人是法務軍官，不設律師或陪審團。

　　該文還簡略考察了日治時期的審判規則。其中，《刑事審判規則》規定所有刑事案件均交由軍律會議處理，《民事審判規則》亦同樣簡陋。直至 1943 年 10 月 15 日，日治香港司法制度才略作改革，所有和軍方有關的犯罪仍交由軍律會議處理，但其他刑事和民事案件交法院審理，另成立檢察廳，並從東京地方裁判所派出一名法官負責。需要指出的是，該文作者的研究旨趣在日治香港與太平洋戰爭之關係，故而於此階段的司法狀況點到為止，其中蘊含不少議題值得學界繼續拓展。

---

① 鄺智文：《重光之路──日據香港與太平洋戰爭》，第 83-90 頁。

（四）香港司法文化的整體發展

香港司法文化研究固然需要追根溯源，但其現狀及未來同樣值得關注。尤其是隨着香港與內地關係更趨緊密，司法文化的互動和交流也更具時代需求。在此方面，學界已有相當可觀的研究成果，本輯遴選的代表作品是顧敏康、徐永康、林來梵合作的論文〈香港司法文化的過去、現在與未來〉[①]，該文旨在通過梳理香港司法文化的演變過程及其特徵，兼與中國內地司法文化進行比較，借此分析兩地司法文化的互動、交流及發展趨勢，具有重要的理論和現實意義。

該文首先概述香港法律淵源及其演變過程。香港回歸前的主要淵源是中國傳統法律與習俗、英國在香港適用的成文法、香港制定的成文法、英國以及香港的判例法，此外還有習慣與權威著作、香港參加的國際條約等補充淵源；回歸後的法律淵源發生很大變化，香港法院適用的法律淵源主要有國際條約（含協議）、中國法律（僅限於基本法及列於附件三的全國性法律及在戰爭狀態或緊急狀態下由全國人大常委會命令在香港特區實施的有關全國性法律）、予以保留的香港原有法律、香港特區立法機關制定的法律。據此可見香港法官審理案件的法律淵源具有多元性，判例法在其中仍有優越性地位。

該文進而分析香港司法機關及其權限，梳理其複雜而曲折的演變歷程。1843 年刑事和海事等法庭由廣州遷至香港，正式宣佈香港法院成立；1844 年香港立法局頒佈《香港高等法院條例》，正式成立香港高等法院；1862 年設立簡易裁判法院處理小額債務訴訟，1872 年這些案件又被收歸高等法院管轄；1953 年成立香港地方法院，負責民事案件和簡易裁判權管轄；1975 年成立上訴法院取代合議庭，倫敦樞密院是香港的終審法院。香港回歸後司法體制再度發生變化，香港特區享有獨立的司法權和終審權，原在香港實行的司法體制除因設立香港特區終審法院而產生變化外都予以保留。從橫向考察各司法機關的管轄權，可見不僅法院審級比較多，不同審級的法院數量也很多，主要有審裁處、死因裁判法庭、少年法庭、裁判司署、地方法院、最高法院原訟庭和最高

---

① 顧敏康、徐永康、林來梵：〈香港司法文化的過去、現在與未來〉，《華東政法學院學報》，2001 年第 6 期。

法院上訴庭等。

　　該文隨後通過比較中國內地司法制度，具體分析香港司法文化的獨特表徵。香港司法制度立基於司法實踐的需要，以英國司法模式為藍本而逐步形成，但又具有自身的鮮明特徵。跟中國內地司法制度相比，香港的司法獨立制度、司法審查制度以及陪審團制度尤其令人矚目。

　　關於司法獨立制度，香港幾乎完全移植英國司法制度，高度強調司法獨立精神，並從形式上及司法實踐層面嚴格遵循；但這種獨立性並非絕對，譬如港督有權通過任免法官、改變法院某些判決及通過立法來影響甚至操縱法院的司法權。關於司法審查制度，亦與英國傳統類似，司法審查權由香港高等法院行使，審查對象主要針對下級法院，具體包括移交高等法院覆審的命令，對香港行政部門的行政行為進行司法審查，監督各行政部門和獨立管理機構制定的附屬立法的執行並審查其內容是否違法。關於陪審團制度，也採用了英國陪審團制度，並發展出自己的特色。在高等法院審理的所有刑事案件，都須採用陪審團進行事實審，可見其在審訊過程中的重要作用。據此可見香港司法文化就整體而言，一是明顯帶有普通法系的特徵，二是具有多元化特徵，三是其形成過程具有典型的惟理性和建構主義特徵。隨着香港與內地交流互動的增長，兩地司法將在相當時期內難免衝突與協調共存，但就長遠趨勢而言有望出現趨同化的發展方向。

（五）「最終承認規則」與司法實踐

　　本輯最後收錄的文章是於興中教授的論文〈香港法律中的「最終承認規則」：歷史與前景〉[1]，該文所涉香港法律中的「最終承認規則」，是香港政治實踐和學術研究所關注的一個重要問題，其重要性在 1999 年因為終審法院居港權判決引起的人大常委會釋法事件而變得更為凸出，關係到香港法律制度的合法性、香港憲政秩序的發展方向和同大陸憲法及法律制度的聯繫、乃至香港政治法律文化發展的前景等重大理論問題和現實需要，成為目前香港法制發展中的關鍵問

---

① 於興中：《法治與文明秩序》，北京：中國政法大學出版社，2006，第 287-312 頁。

題之一，亦是香港司法文化研究應予關注的重要議題之一。

　　該文首先界定香港法律中的「最終承認規則」，認為既不是《香港基本法》，也不是《中華人民共和國憲法》，而是《香港基本法》體現的「一國兩制」、「港人治港」、「高度自治」及「五十年不變」等特殊憲法性原則和香港政府官員、立法、司法、執法人員、律師、社會精英以及普通公民對這些特殊憲法原則的認同與接受。它包括兩個層面：一是理想、原則、規範的層面，二是現實的層面，其理論來源是中國政府關於「一國兩制」的思想和法理學界關於法律制度中的「承認規則」的學説。由此從「承認規則」概念入手，討論回歸前香港法律中的「最終承認規則」，借此對比現行香港法律制度中的「最終承認規則」，逐一評價《香港基本法》、《中華人民共和國憲法》、「一國兩制」、「港人治港」等有可能成為香港法律中「承認規則」的規範性文件、政治原則及憲法性原則，指出回歸後的香港法律制度雖然屬於中華人民共和國法律制度的一部分，但其「承認規則」不同於大陸法律制度中的「承認規則」。香港回歸前由於沿用英國法律，香港法律中的「最終承認規則」不在香港法律本身，而是在殖民地以外的英國法律體系中。香港回歸以後，主權變化使香港法律的構成發生變化，譬如《香港基本法》取代之前適用於香港的憲法性文件，香港原有法律部分廢止，設立香港特區立法機關並賦予其制定適用於香港的法律的權力，個別全國性法律適用於香港，因此香港法中的「最終承認規則」也發生了變化。

　　由於沒有既定模式可供遵循，兩地法律制度本身也存在重大差異，學界關於香港法律制度中的「最終承認規則」形成分歧，或認為存在於包括基本法在內的香港法律內部，或認為其不在香港而在大陸，都是從實證主義和形式主義的立場出發，但都忽視「承認規則」實踐性的一面，亦忽視香港原有法律中的「承認規則」。該文認為，香港法中的「最終承認規則」存在於「一國兩制」、「港人治港」、「高度自治」及「五十年不變」等由《香港基本法》認可適用於香港的特殊憲法原則與香港政府官員、法律人員及其他工作人員對上述憲法原則的認同與接受之中，亦即同時包括對上述特殊憲法原則的確認及對它們的接受。這種「承認規則」具有多元性、民主性和創造性，是一種充滿活力的規則，使中央和特別行政區能在「一國兩制」的前提下共同或分別擔當香港法律中的最

終權威，亦使之成為衡量香港法中某一規則是否具有法律效力的尺度。

五　時代：秩序與價值

在香港法律文化研究中，民主政治建設與法治發展關係之議題，既涉及香港獨特的民主發展道路，亦涉及香港社會秩序的維繫與民間公共文化的發育；既涉及香港社會內部對此體現的國家認同與文化認同，亦涉及香港社會外部對此作出的歷史考察與現實分析。本輯選錄五篇論文對上述議題予以展開，各自所具的學術訓練（該輯作者分別來自政治學、社會學與法學）則使同一議題呈現更為多元而具互補的豐富內涵。

（一）港英時代的懷柔殖民管治模式

以研究香港民主政治著稱的政治學者劉兆佳教授在其著作《香港的獨特民主路》中指出，香港的民主發展道路與其他國家和地區存在差異，回歸之前不可能有實質意義的民主改革與發展，處理香港民主改革時必須保持理性、務實的態度，在確保國家和香港利益與發展都得到兼顧的前提下，在《香港基本法》和人大常委會的相關決定內推進，從而確保香港民主發展過程穩步進行。從該書節選而成的〈懷柔殖民管治模式〉一文，則是對香港回歸前所經歷的殖民管治文化的凝練概括[①]。

該文首先界定了所謂懷柔管治的基本特徵，包括尊重法治、人權與自由，保護私有產權，有限職能政府，輕徭薄賦，讓自由市場和公平競爭在經濟領域中發揮主導作用，保持財政政策、貨幣政策和港元幣值的穩定，盡量少介入和干預華人社會的生活、傳統、習慣和宗教，盡量減少暴力鎮壓手段在管治中的角色，在施政上重視民意搜集和廣泛諮詢，盡可能避免擾民和加重民眾負擔，實行輕巧治理等等。由於香港總督在「殖民地」憲政架構中大權獨攬，社會上也不存在挑戰殖民政府的政治力量，因此這種懷柔管治並未改變香港政治體制

---

① 劉兆佳：《香港的獨特民主路》，香港：商務印書館，2014，第 1-28 頁。

的威權或獨裁本質；另一方面，鎮壓手段的重要性從來不被英國人低估，而且在緊要關頭會毫不猶豫地運用。英國人在香港的懷柔管治，對香港日後的民主發展有着深遠而複雜的影響。由於懷柔管治顯著降低了香港人的政治不滿和怨氣，緩和了香港人的民主訴求，限制了香港各式民主運動的規模，因此讓各種政治保守勢力有足夠的時間、空間和機會去塑造香港的民主發展路向。

正是基於懷柔管治模式對香港民主發展所具的歷史意義，該文隨即通過梳理這一模式的形成過程，分析其所涉及的憲制文化的諸多因素及其變遷層面的諸種緣由，進而評估香港獨特的殖民管治背景對香港日後所走的民主發展道路的深刻影響。在該文看來，首先要確定的是英國人攫奪香港為其「殖民地」的目的。考溯鴉片戰爭以來的香港歷史，可見英國割佔香港是和殖民帝國的商業利益緊緊纏結的，但其所開具的理由絕不限於商業和經濟利益；而是通過極力凸出一些崇高的使命來「合理化」殖民管治，並強調那些使命在建構殖民管治方式時的指導作用。香港作為英國「殖民地」是英國人在對華及遠東貿易的橋頭堡，如何將香港建設為繁榮和穩定的商埠則是英國殖民者進行管治時重中之重的考慮。為吸引歐洲商人和資本、招攬外來商紳與勞力，英國殖民者通過宣佈香港為「自由港」並訂立一系列相關的法律和政策，確定了推動自由貿易、保護私有財產、建構公平法治、維護新聞自由、崇尚宗教多元化、實施開明與輕巧管治為殖民管治的一些基本原則，借此形成與清政府專制管治狀態的鮮明對比，亦在客觀上促成香港法治、自由、人權、民生和經濟狀況的發育，以致所謂「先有『殖民地』，後有『殖民地人民』」成為香港作為英國殖民管治地區的最佳寫照。

由於殖民管治的大前提是英國完全擁有對香港的「主權」，港英殖民政府於是牢牢掌握所有的政治權力，並以此對香港實行直接管治，因此英國一方面不容許中國大陸的中央政府和地方政府插手香港事務，另一方面也不讓中國的法律在香港實施。但在直接管治的框架下，英國人需要一批華人領袖充當殖民政府和華人社群的中間人，協助殖民者對華人進行管理和控制，進而爭取華人對殖民管治的接受和支持。被殖民政府吸納的華人領袖作為華人社會的重要人物，也在「社會吸納政治」的過程中發揮重要作用。自 1870 年代開始以來，香

港的管治情況有所好轉，殖民政府也開始找到合適的華人精英充當管治伙伴，將所謂「高等華人」逐漸納入正式的管治架構當中。隨着社會的變遷和政治形勢的發展，懷柔管治策略下的殖民政府所倚重的華人精英也出現變化。隨着籠絡或吸納華人精英的規模不斷擴大和手法日趨嫻熟，一整套搜尋、物色、鑑別、提拔、培訓和晉升華人政治「同路人」的系統一步步建立起來，得到英國人賞識的華人精英也可取得一定的政治影響力。但該群體以商界和依附於商界的專業精英為主，他們所擁有的巨大利益使之成為殖民管治的忠實擁護者和捍衞者，且其由於缺乏獨立權力基礎而在政治層面往往比英國人更保守。除了懷柔管治策略外，英國人也在有意無意之間進行與鞏固殖民管治有關的政治主張或意識形態的建設工作。

該文還特別深刻地洞察到，正是通過多方面的措施及努力，當香港前途問題在 1970 年代末出現的時候，香港殖民政府的懷柔管治策略和體系已經相當完備、牢固和成功，由此建立的制度體系、施政路向和公共政策更被視為香港繁榮和穩定的基石。據此可見這套懷柔管治模式對香港民主發展的複雜影響，人們容易認同並維繫來自威權型殖民管治的一切價值，絕大部分人也在此狀態下或多或少獲得實際利益，普遍安於現狀的心態必然會窒礙任何要求改變現狀的呼聲和行動，華人精英亦因長期依靠當權者保護而對民主改革持保留或反對態度，以上種種因素都使香港民主發展必然遇到巨大阻力，從而導致香港探求民主化道路的過程在獨特歷史與現實條件下變得艱辛而曲折。該文因之寄望一切追求民主政治的人，強調維持理性、耐心、希望、鍥而不捨和包容共濟的精神不可或缺。

（二）港英時代公共文化的發育

以研究香港社會文化著稱的社會學者呂大樂教授，所著《那似曾相似的七十年代》（2012）並非法學著述，甚至也不能納入政治學著述，卻是一部值得法律文化研究者認真閱讀的重要作品。該書內容涉及 1970 年代香港經濟社會發展的諸多面相，尤其對港督麥理浩執政期間所謂「黃金十年」的精湛分析，重塑人們關於標誌着香港社會誕生的七十年代的集體記憶。該書隱含所謂「似曾

相似」乃是針對時代進行比較的整體判斷，香港社會的「殖民性」迄今依然沒有改變，七十年代麥理浩政策的「殖民性」就在骨子裏，今日香港社會的種種現象仍可視為其時這種政策的產物。從中節選的〈矮化的公民概念：生活秩序與民間公共文化〉一文 ①，是對 1970 年代香港社會文化眾生相的歷史截圖，它在相當程度上印證着香港殖民管治模式的階段性與獨特性，亦在相當程度上呈現出香港憲制性法律文化的歷時性與共時性，為香港法律文化尤其是憲制變遷層面的文化研究提供了社會歷史學與文化政治學的新視野及新路徑。

該文首先指出，香港社會在 1970 年代經歷的一項重大轉變，是它成為「生命共同體」：除在市民大眾中間形成一份認同之外，還在社會層面上出現一種新的秩序。要了解香港本土認同與意識的形成，不能忽略上述社會秩序及其帶來的生活經驗。至於這種社會秩序及相關的公德概念是如何形成的，該文認為雖不能簡單歸因於港英政府的單方努力，但必須承認政府關於「清潔香港」和「撲滅暴力罪行」兩次大型社會動員的社會效應。由此需要辨識並予以肯定的就是，儘管那種由港英殖民政府所推動的社區參與、社區建設的政治過程並不會導致全面的公民權的出現，但對建構關於「公」的、市民責任感的概念看來卻有一定成效，在殖民政府推動的有限度的公民權及公民意識之下，香港市民逐漸發展出一套民間公共文化並促成一種新的公共秩序出現。

該文隨後分別探討 1970 年代港英政府與香港社會在社區建設、社會動員、社區參與方面的發展狀況。香港政府早在 1954 年提出有關社會福利的白皮書《香港社會福利工作之目標與政策》，將社區發展列為社會服務之一種，但政府並未形成一套社會發展的完整想法；其時社區建設的重點，只在於幫助市民（當中不少是移民）適應環境和提升社會整合，尚未發展出對市民積極參與的期望。鑑於此，七十年代初的「清潔香港」及「撲滅暴力罪行」兩次大型社會動員可謂港英府處理香港社會老問題的新嘗試。前者以一個全面的運動方式來進行，從而有別於往昔零散的工作與宣傳推廣形式；該運動亦包括相關法例的訂定，以加強政府檢控「垃圾蟲」的能力；該運動的創新之處，更

---

① 呂大樂：《那似曾相似的七十年代》，香港：中華書局，2012，第 121-136 頁。

在於將社區動員和參與也包括在內。後者旨在回應民間的憂慮（尤其是治安問題），進而試圖在民眾之中建立對政府的信心。這兩場運動在一定程度上提高了香港人的責任感及公德心，一種對公共生活及相關秩序的觀念亦開始形成，港英政府也開始更為自覺地發展社區參與。政府進行社會動員的途徑是成立互委會及建立一個以地區為基礎的政府與社會接觸和溝通的架構，但這種以互委會為基礎的社區建設和社區參與有相當明顯的弱點，政府本身對互委會於組織層面上所可能出現的政治成長也小心翼翼予以提防。由於七十年代香港社會的政治封閉程度基本上限制了互委會作為基層社區參與組織的進一步發展，港英政府不單無意推行民主化，連將部分權力下放或確認互委會作為基層代表也甚為抗拒，它想做到的只是市民通過社區參與來協助它的行政管理，其所期望的則是市民提高責任感之後不會有進一步的政治要求。至於香港社會由此形成的公共文化與生活秩序，究竟有多少來自官方動員或者民間自發，則是該文之外其他篇章關注的議題。

（三）回歸前後的身份變遷

　　至於香港人的國家認同與文化政治問題，亦與前述兩篇文章旨趣有內在關聯。現代中國在經歷從文明國家向民族國家的轉型之際，一方面要發展出多元民族基礎上的「中華民族」概念以奠定現代國家的民族認同，一方面也要發展出現代國籍法意義上的「中國人」概念以嚴格界定法律身份。香港回歸帶來管治模式的轉型，則在此背景下不僅觸及香港人在「公民身份」層面的問題，而且觸及其在文化認同和政治認同層面的問題。這正是強世功教授的論文〈國家認同與文化政治——香港人的身份變遷與價值認同變遷〉之所關注的主旨①。

　　該文首先簡述了香港人的身份變遷史。從種族意義上講，香港絕大多數華人居民都是「漢人」；從文化意義上講，他們都屬地地道道的「華人」。在近代香港殖民管治歷程中，他們並未意識到與內地居民的區別。但在中華人民共和

---

① 強世功：〈國家認同與文化政治——香港人的身份變遷與價值認同變遷〉，《文化縱橫》，2010 年 12 月號，第 110-115 頁。

國成立之後，隨着文化認同的基礎發生移轉，所謂「中國人」概念隨之斷裂，形成以認同中國認同中國歷史文化中儒家正統思想的「傳統中國人」和信奉馬克思主義並繼承中國歷史中革命傳統的「新中國人」的認同分歧，香港人的身份認同也因此產生分歧，遂以相對兼顧法律屬性和文化屬性的中性稱呼「香港華人」為自我認同，據此顯示自己在文化身份和法律身份上與「中國人」的不同。

　　該文認為，所謂「香港人」作為獨立的身份建構始於 1960 年代，經由多方面特殊的歷史背景和人為努力的政治建構而促成。在建構作為「他者」的大陸人的過程中，香港人確立了自我身份認同。香港回歸帶給香港人的共同命運，進一步加速「香港人」的歸屬認同及本土意識，「香港人」的社會建構至此基本完成，被界定為居住在香港、分享香港粵語文化的中國人。至於政治認同方面，香港人最初以共同身份「中國人」參與政治（例如反抗殖民主義），但隨着社會階層的分化而逐漸形成差異，並在 1949 年之後的政治認同分歧中，引發香港人在身份認同上的分歧。此種狀況延至中英談判香港問題，中央明確提出「港人治港」的口號，使「香港人」再從一個自然的社會文化群體變成政治群體，進而構成香港回歸以來的根本政治問題。在統治權歸屬的政治意義上，「港人治港」的具體內容變成鄧小平所強調的「愛國者治港」，所謂「愛國者」則是圍繞政治主權者所形成的政治概念。與之相伴的所謂「後殖民政治」問題，則是指殖民地在擺脫宗主國殖民統治之後所陷入的政治認同上的矛盾困境，從而在文化認同上陷入糾纏不清的複雜關係。基於此，中央按照《香港基本法》恢復對香港的主權，必然導致香港「反對派」對中央行使主權權力的挑戰和質疑。為有效行使香港主權，中央強調「愛國者治港」這一基本法的政治原則，圍繞「愛國者」的討論於是直接觸及到後殖民政治的核心，並由這種政治認同分歧轉化為關於「香港核心價值」的爭論。

　　該文隨後指出 2004 年香港部分人士連署發表的《捍衛香港價值宣言》，其核心思想在於將香港理解為一個「命運共同體」，一個為香港人提供「安身立命、追尋意義」的文化政治實體。這些體現香港優勢的「香港核心價值」主要是港英政府時期建立起來的基本價值理念，因此遭到愛國愛港陣營視之為「去中國化」傾向的批評，導致「愛國主義」與「香港價值」之間形成潛在的敵對

情緒。中央果斷介入香港的政治話語中，在愛國主義主基調下提出「溝通」、「包容」和「團結」的新政治話語，並獲得香港主流民意的支持。至 2007 年香港行政長官發表《香港新方向》的「施政報告」，由此提出「新香港人」並引發香港社會的廣泛爭議。在該文看來，所謂「新香港人」並非與「舊香港人」截然對立，而是強調香港人面對香港回歸祖國及中國崛起的現實，如何走出封閉的「小島」心態，以務實精神調整文化心態和政治認同，借此從國家的角度定位香港並確立「中國香港」的觀念。

（四）民主化與法治基礎

與「香港人」引致國家認同與文化政治的問題相關，香港民主化進程及由此遇到的種種問題，近年一直受到社會各界關注，學界對此所持立場亦各有別。一些人士對香港在民主化過程中與內地發生爭執的情況持偏頗看法，由此對香港的民主化持否定或對立的態度，甚至進而貶低民主制度及其價值，實際只會加劇分歧各方的疏離感，抑制香港社會追求民主的正當行為。

有鑑於此，高旭晨教授的論文〈試論香港民主化的法治基礎——歷史考察與現實分析〉[①] 從歷史與現實兩方面入手，肯定香港民主化目標的正當性，並指出香港追隨世界潮流實現民主化，必須建造與此相應的法治基礎；其固有法治是英國式的法治，不能完全適應香港民主化的現狀，故應與時俱進地在「一國兩制」總體原則下發展和完善其法治基礎。

該文首先通過回溯歷史肯定民主的價值，認為民主實際是一種社會選擇，民主制度應當建立在特定的法治基礎之上；民主制度並非完美無缺的政治制度，但它最合乎一般民眾的需要和追求，對於社會上大多數民眾可以起到保障自由、保障生命、保障財產安全的作用。民主制度可以超越以所有制劃分的社會制度，從而在資本主義制度和社會主義制度之間架構一座橋樑，這對實行「一國兩制」的現代中國尤其具有意義。由此反觀香港政治發展歷程，可見回歸前香港原有的法治中缺乏維護民主的成分，香港的民主化問題不僅是一個複雜的

---

① 高旭晨:〈試論香港民主化的法治基礎——歷史考察與現實分析〉,《民主法制評論》,2014 年卷。

歷史問題，也是一個複雜的現實問題。港英政府殖民管治下的香港民主化進程極為緩慢，到 1980 年代仍基本處於停滯狀態；至 1990 年代英方基於政治目的而單邊推行政改方案，但因違背《中英聯合聲明》的立場而受到中國方面的堅決抵制。據此可見，香港在回歸之前的民主發展確實很不健全，不但社會民眾的民主意識相對薄弱，相應的法治也未成為民主制度基礎的條件。香港回歸開啟民主政治發展的新紀元，由於香港的憲政體制發生根本性的變化，它在民主化道路上開始了穩健而堅實的推進過程。根據香港特別行政區的實際情況，循序漸進地發展香港的民主制度，成為中央主張並支持在香港特區發展民主的一貫立場。

　　該文由此斷言，推進香港民主制度的建立和發展，需要在「一國兩制」的基礎上推動香港法治與時俱進，使之成為香港民主化的堅實基礎。香港回歸以前的法治是一種純粹英國式法治，香港法律制度是英國根據不平等條約對香港取得佔有權的基礎上構造出來的，所謂香港法律主要包括憲法性法律、英國國內法和香港本地制定的條例及附屬立法三種類型，因此香港法治是一種具有獨立品質的法律制度，是一種比較純粹的普通法制度。由於以往香港的法治基礎是西方式的，故在香港回歸後會與新型香港社會出現抵牾，更與中國內地的法治基礎多有不合。在「一國兩制」原則之下，這種法治必須自我發展、自我完善、主動變更。如何實現香港的民主化，這就要求香港的法治與時俱進，以適應香港社會的新情況，成為香港民主化發展的基礎。除必須堅持「一國兩制」這一新的憲政條件以外，還應該在以下方面不斷努力：一是處理好香港與內地間因社會制度、政治體制不同而導致的差異；二是在法律層面上處理因法律傳統不同而導致的爭執；三是共同努力建立和完善基本法制度；四是調整社會心態以便消弭對立和取得共識。總之，儘管香港的法治水平已經達到一個較高的水準，但這並不意味着香港法治沒有提升的空間；特別是在新的憲政框架下，香港的法治也要經歷重新定位、重新識別、重新構造的過程。作為香港民主化基礎的新法治，絕對不是拋棄原有傳統的法治，而是在傳統香港法治中加入新的元素，尊重新的現實的與時俱進之產物。

（五）香港法律的延續與創新

本輯收錄的最後一篇論文是朱國斌教授的〈香港法律：在碰撞與挑戰中延續創新〉[①]。該文簡要闡釋的重要命題是，香港法律應在碰撞與挑戰中延續創新。這一論點亦是香港法律文化研究面對現實及面向未來的題中之意。

該文首先指出香港法律制度在回歸以來的延續性與創新性。在「一國兩制」原則之下，香港特區保留了原有的普通法制度，它從理念到制度都與中國內地不同。通過多方努力完成的法律適應化過程，使香港法律進一步符合特別行政區的法律地位和身份。就司法機構而言，香港過去的司法機構基本得以延續；通過設立終審法院及允許特區法院法官可以援引其他普通法法域司法判例進行斷案等途徑，則不僅鞏固了香港作為普通法法域的地位，也豐富和發展了普通法（判例法）本身。

法治發展的重要表徵之一，是市民有權在法院質疑政府施政的合法性。絕大部分香港居民對香港的法治傳統充滿信心和信任，政府和人民在法律面前人人平等，政府濫權或濫政應會受到法律的制裁，法官在裁判政府或普通當事人紛爭的過程中以獨立身份斷案，這一切都是香港法治精神的體現。即使人大釋法有別於普通法的實踐，但它並沒有動搖香港的法治根基。回溯香港回歸以來的法制發展狀況，香港法制業已完成平穩過渡，既經歷了相應的考驗和波折，也取得了豐富的經驗和成就。據此可見，在香港基本法的統率下，香港特區法律制度一直在進步之中；同樣在它的指引之下，香港特區法律制度將會邁向新的發展階段。

六　結語

通過以上維度關於香港法律文化研究狀況的述評，我們可以看到幾個可喜的趨勢：一是研究隊伍由小到大。回溯 1980 年代之前，一百餘年間鮮有學者

---

① 朱國斌：《香江法政縱橫：香港基本法學緒論》，北京：法律出版社，2010，第 42-47 頁。

關注此地；香港回歸催化「香港學」的蓬勃發展，香港法律文化領域不再人跡罕至，如今更有愈來愈多的同仁積極投身於此，形成老中青三代學者傳承接力的規模。二是研究題材由泛到專。在相當時期內所見的香港法律研究或香港文化研究，對香港法律文化問題往往一掠而過，偶有涉及也不過是淺嘗輒止，既缺乏明確的問題意識，亦缺乏精準的選題眼光；但隨着法律文化在法學領域及文化領域的勃興，香港文化的法律成分開始受到學界關注，香港法律的文化價值也逐步獲得社會認可，研究方法橫跨不同領域，研究素材也更趨專精。三是研究水平由淺到深。相比早期涉及香港法律文化的研究，香港回歸以來學界在此方面的成果，無論是研究內容的廣度還是深度，也無論是研究方法的多元性還是創新性，都顯然不可同日而語。可以樂觀地預期，作為香港法律與香港文化的交叉領域，香港法律文化研究必將迎來更為廣闊的發展空間，為「香港學」及一切牽涉香港研究的領域帶來更多、更廣、更深、更專的新成果。

最後需要交代的是，文集編選原本不足掛齒，卻同樣極費心思斡旋，能有順利出版之日，端賴各方師友襄助。首先應當感謝者，是慷慨授權惠賜大作的各位作者（以篇次為據）：蘇亦工教授（清華大學）、劉蜀永教授（香港嶺南大學）、黃文江教授（香港浸會大學）、蕭國健教授（香港珠海學院）、陳弘毅教授（香港大學）、董茂雲教授（復旦大學）、孟紅教授（東南大學）、張曉鋒教授（南京師範大學）、周家建助理教授（香港嶺南大學）、王慧麟助理教授（香港大學）、尤韶華研究員（中國社會科學院）、鄭宏泰教授（香港中文大學）、酈智文助理教授（香港浸會大學）、顧敏康教授（香港城市大學）、林來梵教授（清華大學）、於興中教授（美國康奈爾大學）、劉兆佳教授（香港中文大學）、呂大樂教授（香港教育大學）、強世功教授（北京大學）、高旭晨研究員（中國社會科學院）、朱國斌教授（香港城市大學）。其他作者惠賜且擬出版的文章，將另行結集出版並適時致謝。除此之外，文集編選還受惠於張晉藩教授（中國政法大學）的殷切指點，受惠於劉蜀永教授（香港嶺南大學）的溫暖關懷，受惠於陳弘毅教授（香港大學）的無私提攜，受惠於馬小紅教授（中國人民大學）的鼎力支持，這是必須說明並應特別致謝的。

「文章千古事，得失寸心知」。著述如斯，編選亦然。因經驗不足而能力有

限，此本書並非白璧，難免出現編校疏漏，編者願因之承擔學術批評，並借此砥礪後續研究，共襄法律文化盛舉。

2016-10-18 初稿

2016-11-22 二稿

2016-12-12 三稿

一

制度：建構與發展

香港殖民地時期二元化法制之確立 [1]

蘇亦工 [2]

　　許多研究香港法律及歷史的權威人士都認為，香港存在着一種二元化的法律體系（a dual legal system）[3]。一元是在引進英國法基礎上建立的普通法體系，這是主導的一元；另一元是保留香港割讓給英國以前適用的中國清代的法律和習慣，這是次要的一元。關於後者，香港法律界一直存在着爭議。表面上看，爭議是圍繞着中國固有法律及習慣在香港殖民地存在的基礎——義律公告（Elliot's Proclamations）展開的，而説穿了，實際上是如何保留，抑或是應否保留中國固有法律及習慣的問題。看來，義律公告不僅是我們解開這一爭議的關鍵所在，進而也是我們未來面對香港迄今依然殘留着的清代法律及習慣所無法迴避的問題。[4]

一　圍繞義律公告的爭論

　　道光二十一年正月初三（1841 年 1 月 25 日），英國遠征軍「硫磺」(Sulphur) 號戰艦率先在香港登陸，次日舉行了升旗儀式，宣佈正式佔領香港 [5]。正月初十（2 月 1 日），也就是在強行佔領香港島後不到一週，義律（Charles Elliot）和伯麥（J. J. Gordon Bremer）聯名向當地居民發佈如下公告：

---

① 原載香港中文大學《二十一世紀》，2000 年 8 月號，總第 60 期。

② 蘇亦工，北京大學法學博士，現任清華大學法學院教授。

③ Berry Fong-Chung Hsu, *The Common Law System in Chinese Context: Hong Kong in Transition*（contr. Baker, Philip W. & Cotterrall, Roger B.），Armonk, NY: M. E. Sharpe Incorporated, 1992, p.10.

④ 史維禮（Peter Wesley-Smith）說：「『中國法律及習慣』，作為一種法源儘管一直在衰落，其中許多在 1971 年時預期已被廢止，但是在當今的香港仍然發揮着重要的作用，未來的若干年裏仍會如此。《基本法》規定，習慣法作為以往香港有效的法律部分將被維持，並且新界『固有居民的合法的傳統權利和利益』將在特別行政區得到保護。」參見 Peter Wesley-Smith, *The Sources of Hong Kong Law*, Hong Kong : Hong Kong University Press, 1994, p.205。

⑤ 余繩武、劉存寬主編：《十九世紀的香港》，北京：中華書局，1994，第 49 頁。

　　　　至爾居民向來所有田畝房舍產業家私，概必如舊，斷不輕動。凡
　　有禮儀所關鄉約律例，率准仍舊，亦無絲毫更改之誼。且為奉國主另
　　降諭旨之先，擬應照《大清律例》規矩主治居民，除不得拷訊研鞠外，
　　其餘稍無所改。凡有長老治理鄉里者，仍聽如舊，惟須稟明英官治理
　　可也。[①]

　　次日，義律又發佈了內容大致相同的一份公告，重申前言[②]。這就是香港
歷史上著名的義律兩公告。

　　150多年來，這兩份公告對香港的歷史，特別是香港法制史產生了意義深
遠的影響，因此歷來被法學家們視為香港政制和法制史上極為重要的憲法性文
件。正是根據這兩份公告所傳達的訊息，許多權威人士認為，義律的目標是在
香港建立起一種二元化的法律體系[③]，即：華人繼續依從中國法律及習慣，英國
及其他各國人士則接受英國法的統治。這種制度設計在某種程度上很像1980年
代鄧小平先生對1997年回歸後的香港所做的總體政治構想，即人們通常所稱的
「一國兩制」。這裏，我們未嘗不可將義律公告中提出的方案，稱作「一島兩制」。

　　這裏必須強調指出的是，所謂「一島兩制」既非單純的學術問題，也非學
者們一廂情願的遐想，更不是筆者的刻意渲染；而是，至少曾經是一種客觀存
在過的具體制度。在1915年判決的 Ho Tsz Tsun v. Ho Au Shi and others 案中[④]，
首席法官戴維斯（Rees-Davies）判定：將英國法律適用於以往由習慣法調整的
中國家庭制度，有違前述義律兩道公告所做的保證（violate the assurance）。他

---

① 中國第一歷史檔案館編：《香港歷史問題檔案圖錄》，香港：三聯書店，1996，第58-59頁。《香
　港與中國——歷史文獻資料彙編》（第一卷），香港：廣角鏡出版社，1984，第164-165頁，亦
　收該公告之中文本。核之第一份公告與前引抄件內容相同，但措辭略異，可能是據英文本的翻
　譯件。英文見 J. W. Norton-Kyshe, *The History of the Laws and Courts of Hong Kong*, vol.I, Hong Kong:
　Vetch and Lee Limited, 1971, pp.4-6。

②《香港與中國——歷史文獻資料彙編》，第166-167頁。

③ 參見前引 Berry Hsu 一文。丁新豹則認為：「這是香港歷史上一篇極為重要的文告，它不單申稱英
　國已擁有香港的主權、治權，還宣佈了統治香港的方式——以華治華，奠定了間接統治（indirect
　rule）的基礎。」參見丁新豹〈香港早期之華人社會：1841-1870〉，香港大學博士論文，1988，
　第73頁。

④ [1915] 10 HKLR 69.

還指出，這兩道公告明確地建立了一種二元化的法律體制（"a dual prospective system of law" in the colony of Hong Kong）。這大概是有記載可考的正式討論義律公告法律後果的第一件案例。稍後判決的 In the Estate of Chak Chiu Hang and others 案①，也原則上採納了前案的意見。此後的若干年裏，這種觀點似乎一直為司法上所接受。

然而，關於義律這兩道公告的效力問題，歷來是多有爭議的。爭議的焦點有二：

其一，公告中所使用的語言裏有 "pending Her Majesty's further pleasure" 一句，直譯是「取決於女王的進一步旨意」。在前述 Ho Tsz Tsun 案中，庭長認為，儘管義律公告須服從於女王政府的意志，但他從義律的第一道公告中發現了這樣的詞句："they are further secured in the free exercise of their religious rites, ceremonies"。庭長認為，對這些權利的承認，「沒有明示服從於女王政府意志的約束，而且寬廣得足以涵蓋財產繼承權利」。史德鄰（G. E. Strickland）不同意庭長的這種解釋，他認為：

> 很明顯，在一個新割讓的殖民地的情況下，新政權享有無拘無束（untrammeled）的立法權。並且，縱使義律被授權以任何方式使他所許諾的權利有效，也應以最清晰的方式闡明庭長所理解的那個意義上的使其權利有效的意向。然而事實卻是，緊接着前面引述的那些詞句，公告又說官廳執政治民，概依中國法律風俗習慣辦理，並准各鄉耆老秉承英國官吏意旨管轄鄉民，仍候國主裁奪。因此，再清楚不過了，義律的意思無非是要創設一種權宜的管理措施。②

在 1969 年的 In Re Tse Lai-chiu 案中，首席法官霍根（Hogan）接受了史德鄰的觀點，他認為義律公告的要旨表明二元法制的提出在當時不過是一種權宜

---

① [1925] 20 HKLR 1.

② Strickland 報告，附錄 I（Appendix I），第 96 頁。

之計^①，未來如何將取決於殖民地建立起來的更為長久性的法律制度。這種觀點我們姑且稱作「權宜之計説」。

其二，以義律當時的身份是否有權發出那樣的公告？以及，那兩道公告是否得到了英國政府的承認？^②

海頓（E. S. Haydon）^③、埃文斯（D. M. Emrys Evans）^④和史維禮（Peter Wesley-Smith）^⑤等公認的香港法律權威們除了附和史德鄰針對前述第一點爭議的意見外，還着重提出了第二點疑義。史維禮教授指出：

> 根據第三和第四 Will^⑥ Ch.93（1833）第 5 條和第 6 條的規定，英王有權任命貿易監督（Superintendents of trade），並授權他們管轄中國境內任何地方的英國臣民的貿易和商務。當律勞卑（Lord Napier）被任命為第一任貿易監督時，他被前述法令賦予了一項使命，即有權向英國船隻徵稅，「收集貿易統計資料，保護英國商人的利益，裁斷英國臣民間的糾紛，以及代表英國臣民與中國政府交涉」。^⑦

不過徵稅只限於在中國境內而非「任何其他的地方」。義律 1835 年先後任第三和第二貿易監督，1836 年升任「首席貿易監督」。據説英國外相巴麥尊（Viscount Palmerstone）致信義律的前任羅賓遜（G. B. Robinson）説此職位行將取消，於是義律自己簽署為資深貿易監督（Senior Superintendent），繼而又改稱首席貿易監督（Chief Superintendent）。史維禮考證認為：「沒有記錄表明義律獲得了與律勞卑相同的使命或接到過類似的任命狀（Warrant）。因此，他的職權

---

① In Re Tse Lai-chiu, [1969] HKLR 159.

② Peter Wesley-Smith, *The Sources of Hong Kong Law*, p.207.

③ E. S. Haydon, "The Choice of Chinese Customary Law in Hong Kong," 11 *I.C.L.Q.*, p.231, at 240.

④ 前香港大學法學院院長，其有關香港適用的中國法律及習慣的研究成果歷來極受重視。

⑤ 前香港大學法學院院長，現為香港大學法學院資深教授，香港法制史權威。

⑥ 指 1833 年 8 月 28 日英王批注的英國國會通過的調整英國與中國（及印度）貿易的法案（Bill），此處的引稱應為 3rd and 4th Will. IV. Ch.93. 參見 E. J. Eitel, *Europe in China: The History of Hong Kong from the Beginning to the Year 1882*, Hong Kong : Oxford University Press, 1983, p.27.

⑦ Peter Wesley-Smith, *The Sources of Hong Kong Law*, p.207.

是含糊不清的。」不過到 1839 年 12 月，巴麥尊向義律及麥特蘭海軍少將（Rear Admiral Frederick Lewis Maitland）傳達了女王政府的授權，任命義律為「全權大使」（Plenipotentiary）。授權兩人可以共同或者各自行使與中國大臣磋商中英兩國政府之間的事宜並有權簽署條約或協議①。埃文思（Evans）認為，作為貿易監督，義律的權力限於在中華帝國境內行使，如果香港此時已因征服而成為英國的土地，則義律的權力不能延伸至香港；而作為英王的全權大臣，義律並無文職政府的權力②。一言以蔽之，無論義律以什麼身份出現，他發佈這兩道公告均屬越權行事，因此這兩個公告宣示的內容是無效的。這種觀點，我們不妨稱作「自始無效説」。

路易斯（D. J. Lewis）不同意上述解釋③，他指出：義律在 1841 年發佈這兩道公告的意圖顯然並非權宜之計，相反，從總體上看，這兩道公告的措辭恰恰反映了英國處理殖民地政務的一貫態度。那就是：凡在別國攫奪的領土上插入一個英國人的社會，則該社會係依據英國法或殖民地當局的立法統治；但同時，那裏的土著居民仍主要由其自身的方式管理。

為了支持這個觀點，路易斯還列舉了一些實例，譬如維多利亞時代（Reign of Victoria），港英當局曾嘗試着推行「地保」（tepos）制度，許多立法局制定的法例並不適用於華人社區，具體的事例如 1856 年的遺囑法例。路易斯還特別指出，從歷史的背景看，這兩道公告的發佈似乎更像是要建立一個二元化的法制，而非只是一種權宜措施。他説，治外法權的原則（extraterritoriality）可能是義律構思這兩個公告的重要考慮因素。他引述 1833 年英國通過的那道要求在中國境內（廣州）建立一個刑事和海事法庭的法案，指出作為英國對華貿易監督，義律本人就曾為實現這一目標而付出過不少的努力，鴉片戰爭的爆發從很大程度上説就是這種努力失敗的結果。歐德禮曾説：「1841 年的對華戰爭（錯誤的定

---

① Peter Wesley-Smith, *The Sources of Hong Kong Law*, p.208. 按：此據所引檔案中藏巴麥尊致義律的信，原文並未見到。

② Evans, "Common Law in Chinese Setting," [1971] HKLJ, p.13, Note 5.

③ Lewis, "A Requiem for Chinese Customary Law in Hong Kong," 32 *Int. Comp. L. Q.*350.

性為鴉片戰爭）就是 1833 年那道英國法案的邏輯後果。」[1] 路易斯推論說，治外法權的原則很可能對義律產生了很大的啟示作用，並成為他構築香港二元化法制框架的概念基礎（conceptual basis）。

　　客觀地說，路易斯的辯駁是非常有力的，但是看來並未說服大多數的西方權威們。特別是在義律發佈那兩道公告的權力受到質疑以後，史德鄰和史維禮的看法變成了主流觀點，所謂「二元法制」似乎從來就是一種海市蜃樓般的幻想，自始就不曾存在過。

　　關於「自始無效說」，我將在後面作專門的討論，此處先簡單談談「權宜之計說」。我們已經看到，關於此點的爭議主要是因對公告中某些詞句的不同理解而引發的。作為中國人，我們對義律公告具體詞句的理解當然不及英國人權威，但是有兩點因素應當考慮。

　　首先，前述 Ho Tsz Tsun 案中，庭長認為 "they are further secured in the free exercise of their religious rites, ceremonies" 一句不受女王政府意志的約束。換言之，即英王及港英立法機關無權取消香港原有的華人「禮教儀式風俗習慣及私有合法財產權益」。無獨有偶，著名的香港史權威、語言學家歐德禮（E. J. Eitel）也持相似的觀點。他曾指出，1841 年 2 月 1 日由軍隊總司令伯麥和英國全權大使義律聯名發佈的公告中：

　　　　所有住居香港的土著華人被告知，由於住居香港島，該島目前已成為英王的部分領土這個事實，他們全部變成了英王的臣民，必須對女王及其官員負有尊敬和服從的義務。進而，該公告還補充說，「以仁慈的女王陛下的名義」，在此保證居民們獲得保護，不受任何敵人的擾害；並進一步承諾得以充分行使其宗教、禮教、儀式及社會習慣，並得享用其合法財產及其利益。必須注意，在這段規定中，不僅略去了慣常的保留──「女王陛下的進一步旨意」（until Her majesty's further pleasure），而且代之以肯定地確認：此項承諾係「以仁慈的女王陛下

---

[1] E. J. Eitel, *Europe in China: The History of Hong Kong from the Beginning to the Year 1882*, p.28.

的名義」作出。無論如何，在該殖民地的全部歷史上，女王陛下從未發出過在此向半文明的中國異教徒保證的，可視為與宗教和社會寬容的正義準則相悖的旨意。此種承諾的吸引力超過了任何其他的東西，華人絡繹不絕地來到香港並定居在這塊島上。同一公告還補充了前一個公告中有關香港華人的規則應在獲得女王的進一步諭旨之前，依據中國法律、慣例及習俗管理（各種拷訊除外）。[①]

庭長是否從歐德禮的書中得到了啟示不得而知，但二人對此段文字的相同理解絕不會是偶然的巧合。更何況，歐德禮自 1862 年來到香港後，在此生活長達 35 年之久，所著香港史名著《歐西在中土》（*Europe in China*）亦完成於 19 世紀末，距義律公告發佈之時相對較近，當時的歷史氛圍也應較為接近。根據歷史研究的從舊原則，理應認為歐氏的理解更具權威性。

再者，1841 年 2 月 1 日的義律公告是以中文發佈給當地華人居民的，其中文本也應具有法律效力。中文本的相關規定是：

> 是以香港等處居民，現係歸屬大英國主之子民，故自應恭順樂服國主派來之官，其官亦必保護爾等安堵，不致一人致害。至爾居民向來所有田畝房舍產業家私，概必如舊，斷不輕動。凡有禮儀所關鄉約律例，率准仍舊，亦無絲毫更改之誼。且為奉國主另降諭旨之先，擬應照《大清律例》規矩主治居民，除不得拷訊研鞫外，其餘稍無所改。凡有長老治理鄉里者，仍聽如舊，惟須稟明英官治理可也。倘有英民及外國人等至害居民，准爾即赴附近官前稟明，定即為爾查辦。[②]

[①] E. J. Eitel, *Europe in China: The History of Hong Kong from the Beginning to the Year 1882*, pp.165-166. 歐德禮還說：「關於此點，多年以後，女王政府的進一步旨意終於明瞭了（1858 年第 8 號法例），那時試圖以向地保們發放官方工資來改善地保體制的工作。」

[②] 《香港歷史問題檔案圖錄》，第 58-59 頁。《香港與中國──歷史文獻資料彙編》（第一卷），第 164-165 頁，亦收該公告之中文本。核之第一份公告與前引抄件內容相同，但措辭略異，可能是據英文本的翻譯件。英文見 J. W. Norton-Kyshe, *The History of the Laws and Courts of Hong Kong*, vol.I, pp.4-6。

　　這段話從字面上看，只有「擬應照《大清律例》規矩主治居民」一句理論上可由「國主另降諭旨」變更，而「至爾居民向來所有田畝房舍產業家私，概必如舊，斷不輕動。凡有禮儀所關鄉約律例，率准仍舊，亦無絲毫更改之誼」等項許諾，是不能變更的。

　　當然，圍繞義律公告效力的爭議，雙方均屬持之有據，言之成理。然而，雙方都是從西方人的角度、從港英當局的立場出發的，並未從中國人的角度，特別是當地華人的處境和感情觀察這個問題。而且，雙方對這兩個公告效力的分析都是將之視為單純的法律問題，而忽視了它們在當時首先是一個外交問題和政治問題，對後人來說則是一個歷史問題而非單純的法律問題，甚至可以說主要不是一個法律問題，儘管它事實上牽涉到了法律問題。有鑑於此，我們似乎有必要換一個角度，從中國人的立場出發，從當時和現時的角度對此問題作全新的觀察，具體些說，我們需要分析義律發佈這兩個公告的特定歷史背景以及它們實際產生的影響。

二　義律公告與中國人的憲法觀念

　　埃文斯教授說他不清楚義律 1841 年 2 月初發佈的兩道公告是否真的傳達給了當地中國居民，縱使確有其事，也沒有證據表明是怎樣傳達的[①]。我想，我們沒有理由為此批評埃文斯教授及其同僚們的不求甚解。對於雄踞世界多個世紀之久的優勢文化來說，的確沒有多大必要了解生活在弱勢文化中的失敗者們的感受。更何況，身為中國人，對於那段創劇痛深的歷史，我們自己以往又有多少了解呢？

　　據中國檔案資料顯示，署大鵬協副將賴恩爵見到義律公告後，立即抄報廣東巡撫怡良，後者則立即緊急奏報道光皇帝並將抄件附上。怡良在奏摺中表示

---

① Evans, "Common Law in Chinese Setting," [1971] HKLJ, p.14.

了強烈的憤慨^①，道光帝覽閱後亦極為震怒，在抄件「是以香港等處居民現係歸屬大英國主之子民」一句邊用朱筆畫上直線表示憤怒^②，並發佈上諭指出「朕君臨天下，尺土一民，莫非國家所有⋯⋯」^③。道光帝為此還立即下令將琦善革職拿問，押解進京並抄查其家產。另據梁廷枏記述：

> 先是正月，義律、伯麥合出新偽示，張於新安赤柱，曉其居民，稱爾總督琦善，將香港地方讓給英國⋯⋯復以此語照會大鵬營副將賴恩爵，恩爵以呈怡良，則徐聞而髮指，勸怡良實奏，謂人民土地皆君職，今未奉旨而私以予叛逆之夷，豈能宜緘默受過。^④

根據上述材料的記載可以確信，至少義律的第一份公告已準確地傳達給了當地中國居民，而且還被迅速地傳遞到地方官府手中。道光皇帝則至遲在公告發佈後的第 26 天（該年二月初六）即見到了公告的抄件。至於傳達的方式，從前引公告抄件和怡良奏摺看，顯然是以中文張貼的。肯定其以中文發佈的根據有以下三點：

其一，據權威性的英文香港史著作《香港法律和法院史》記載，由義律和伯麥聯名發佈的公告是以當地華人居民為對象的^⑤。當時的香港華人通曉英文書面文字的雖非絕無其人，亦屬鳳毛麟角。若不以中文發佈，無異對牛彈琴。

其二，據怡良奏摺，公告發佈後，在華民中引起不小震動，乃至議論紛紛，早在賴恩爵抄報之前，即已傳入廣東巡撫怡良耳中。若非中文，不可能在民間迅速流傳。

其三，檔案中保存之抄件正文前有行書「照繕英逆義律佰麥在香港地方所

---

① 《廣東巡撫怡良奏報英人強佔香港並擅出偽示等情摺》，道光二十一年正月二十日（軍錄），見《鴉片戰爭檔案史料》第 III 輯，第 92-93 頁。

② 《香港歷史問題檔案圖錄》，第 58-59 頁。該書收錄有該抄件的彩色照片，道光帝勾畫的線段清晰可辨。

③ 《清宣宗實錄》卷 346，北京：中華書局，1986，第 266 頁；並見丁新豹〈香港早期之華人社會：1841-1870〉，第 74 頁。

④ 梁廷枏：《夷氛聞記》，邵循正點校，北京：中華書局，1959，第 59-60 頁。

⑤ 前引 J. W. Norton-Kyshe, *The History of the Laws and Courts of Hong Kong*, vol.I, p.5。

出偽示」一句，公告落款則分別書寫中西曆紀年，均可為證。進而推斷，抄件的格式亦當是照貓畫虎，惟一缺乏的可能是原件中落款後的印記。[①]

肯定義律公告有中文本傳佈的意義在於，中文本也是具有法律效力的，對於華人來說，他們有權依據中文本的措辭在法庭上提出抗辯。

從上述材料中還可看出，中國官方對義律公告的反應是相當強烈的。現在的問題是，當地普通中國居民看了這兩道公告後又是作何感想的呢？這的確是個難題，時隔 150 多年後當然不可能有當事者倖存下來供我們採訪，更遺憾的是迄今亦未見到有這方面的文字記錄保留下來。不過，設法了解中國人對待義律公告的態度可能會是件極有意義的事情，它或許能幫助我們從另一個側面理解義律公告在香港法制史上實際發揮的作用。

筆者注意到，義律公告在香港一百多年的殖民地歷史上造成了一種相當奇異的現象。無論晚近的香港官方和法律權威對義律公告持何種態度，無論人們對之喜怒愛憎，但是沒有人敢於忽視它的存在和實際影響力。如前所述，儘管法律權威們一再聲稱義律公告乃權宜之計、不足為憑，但後者並未因此銷聲匿跡，不復為人提起。相反，不僅對義律公告持否定態度的學者們仍喋喋不休地討論它們；即便是在史德鄰報告發表之後，仍有法庭判決提及義律公告。正如樂邁士（Norman Miners）所說的那樣：

> 這個公告迅即被英國外交大臣巴麥尊勳爵否定了，理由是香港尚未正式割讓給英國。然而香港的法官們卻在一系列重要案件中引證它以作為證明英王從最初開始即打算為這個殖民地建立兩種不同的法律體系的證據，一種是為中國人的，另一種是為英國人或其他外國人的，即便是在立法局成立後已通過了必要的法例後仍復如此。[②]

例如，在 1969 年的 In re Tse Lai-chiu 案中，原告律師 Ignatius W. C. Wong

---

① 《香港與中國》第 165 頁，原件上當加蓋有鈐記。

② Norman Miners, *The Government and Politics of Hong Kong*, Hong Kong : Oxford University Press,1981, p.69.

依據諾頓－凱希《香港法律和法院史》一書的記載提出：1844 年「以後的立法
就是要對義律在其公告中所做的承諾賦予效力」。首席法官霍根（Hogan）引述
了義律公告，合議庭中的另一位法官歐文斯（Mills-Owens）則不耐煩地說：「我
認為，討論 1844 年最初立法之前的（義律）公告毫無意義。該兩公告並未表明
具有立法的效力。它們畢竟只是權宜之計。」① 此案中歐文斯法官表現出的不耐
煩不足為奇，即便是像樂邁士這樣精通香港制度的學者 ②，對此怪異現象也是大
惑不解。他說：

> 對於像我這樣的非法律人士（non-lawyer）來說還不完全清楚為什
> 麼一個已被英國政府否定了的宣告會被法庭視為政府意向的證據。但
> 我是何許人也？豈敢懷疑那些學識淵深的大法官呢？ ③

樂邁士有此困惑絕非庸人自擾，這個奇特現象的確值得深思。既然西方人
的正常邏輯不足以解釋這種現象，我們不妨換一個角度，嘗試着以中國人的習
慣思維模式加以解釋。

依常理推斷，普通中國人見到義律的公告後通常可能會有如下的反映。

首先，中國人不會懷疑義律是否有資格代表英國當局發佈這樣的公告，中
國人自然會相信義律有這種權力，而且肯定會將它看作是英國政府向當地居民
作出的一種承諾。至於公告中的「且為奉國主另降諭旨之先」、「仍候英廷裁奪」
之類詞句，在當時中國人看來，不過是普通官文書中的套話，充其量只是等待
一種象徵性的批准程序而已。另外，還應意識到，時至今日，絕大多數中國人
還是弄不清楚義律當時的身份。1879 年，香港保良局上書港督時仍用「伊督
憲」、「伊督」、「前督」之類官稱稱呼義律 ④。1984 年香港廣角鏡出版社出版的

---

① [1969] HKLR, p.194.
② 樂邁士（Norman Miners）是香港大學政治系教授，其著作 *The Government and Politics of Hong
　Kong* 目前已出版至第五版後的增訂本，被視為「香港政制的經典之作，膾炙人口」。參見陳弘
　毅：《法治、啟蒙與現代法的精神》，北京：中國政法大學出版社，1998，第 304 頁。
③ Norman Miners, *The Government and Politics of Hong Kong*, p.74.
④ 參見保良局史略編輯小組委員會編：《香港保良局史略》，香港：香港保良局出版，1968，第
　220-221 頁，「本局上書港督解釋華人習俗」。

《香港與中國——歷史文獻資料彙編》（第一集）也收錄了義律公告，但卻把義律視為香港第一任總督。至於普通人更是可想而知了。更何況，鴉片戰爭是中國真正接觸西方的開始，自然把他看成是英方的最高代表。如果套用英美法的代理制度（law of agency）^①，我們可以將英國政府視作委託人（principal），義律視作代理人（agent），香港華人居民視作有合理預期（reasonable expectations）之第三方（the third party）。根據內在授權（inherent authority）規則，縱使義律公告確係越權行為，但由於香港華人沒有可能、也毫無理由懷疑義律的身份及該公告許諾的內容，故不能以義律無權發佈該公告為由而否認其效力。況且，對義律身份的質疑是 20 世紀後期的事情，而香港法庭此前從未懷疑過義律發佈公告的資格，怎能時隔多年再提出這樣的問題呢？

其次，當地華人居民很可能會將義律公告視為安民告示甚或是類似於「約法」一類的正式文件。毋庸否認，中國是一個缺乏憲政傳統的國家，憲法資源極為貧乏^②，但這不等於說中國人毫無類似近代西方的憲法觀念。只不過，這種觀念比較原始，沒有得到充分發展罷了。兩千年來，中國文化中自發地生長出一種中國獨有的「約法」觀念。這種觀念在民間長期流傳，但卻極少引起學術界的重視^③。所謂「約法」觀念，是指統治者向民眾作出的一種承諾，理論上對其自身具有一定的約束力。通常在新王朝伊始，某些開國皇帝會向民眾作出若干許諾以換取民眾對新王朝的支持和臣服^④。其中最著名的莫過於漢高祖初入關

---

① 關於英美代理法的有關規則，參見 C. R. O'Kelly & R. B. Thompson, *Corporations and Other Business Associations*, Aspen Law & Business, pp.35-37。

② 參見蘇亦工：〈重評清末法律改革與沈家本之關係〉，韓延龍主編《法律史論集》第一卷，北京：法律出版社，1998，第 197 頁。

③ 錢端升先生認為：「憲法觀念尤為西方文化的產物，而為中國固有文化之所無。」見《錢端升學術論著自選集》，第 131 頁。對此觀點，筆者不能苟同。錢先生試圖從唐六典和明清會典中尋找中國憲法的蛛絲馬跡，終因其「儘管可以說是一種根本的組織法，卻不是人民的權利書」而不得不作罷。筆者以為，從規範的角度看，明清會典確有點憲法的含義，但觀念的尋覓則不如約法的傳統那樣來得直接和清晰。

④ 關於此點可參見張建國〈試析漢初「約法三章」的法律效力〉一文，氏著《帝制時代的中國法》，北京：法律出版社，1999，第 33-48 頁。

與關中父老約法三章，唐高祖與民約法十二條①。辛亥革命後誕生的中國歷史上
第一部真正的憲法稱作《中華民國臨時約法》而不稱憲法，顯然也是刻意要表
達這種傳統的政府與民眾約法的觀念，以強調其對政府自身的約束力。仔細品
味這一傳統觀念，我們可能會覺得與其說它近似西方的憲法觀念，不如說更近
似於一種契約觀念。其實，西方的憲法觀念與契約觀念原本就是同源，近代歐
洲憲法觀念的成長曾經受到社會契約論的強烈影響。在西方人看來「憲法不過
是人民與政府間的契約而已，而契約就是普通人之間的憲法」。由此看來，中西
傳統憲法觀念並非毫無共通之處。

當我們理解了中國傳統的約法觀念以後，再來觀察一下香港華人對待義律
公告的態度，恐怕就不會覺得有什麼值得大驚小怪的了。顯然，在許多華人眼
裏，義律公告就是港英政府對華民的一種承諾，是雙方的一個約法。義律公告
之所以會在一些重要案件中被用作支持中國法律及習慣的依據而被反覆加以討
論，大概都是由這種潛在的「約法」傳統所鼓動的。凡是負責的，以維護正義
為己任的法官，都不可能迴避這個問題（例如 1917 年的「妹仔」案中，法庭引
證義律公告否定了對當事人違法蓄奴的指控②）。就此意義而言，義律公告在香
港確實發揮着某種憲法性的作用。樂邁士就認為，義律公告是具有憲法意義的
文件。他指出：

> 更為普遍的是，在法庭以外，它（指義律公告）被華民視為由本
> 殖民地政府作出的莊嚴的政策宣告，確立了可以正確判斷未來官方行
> 為的一個標準。1886 年為應對災異的爆發，一項公眾衛生條例草案
> 提出對住屋的適當通風空間設定最低限度的標準。華人組織了一次請
> 願活動，其中引證義律公告作為說明其傳統房屋建築方式不得受到干

---

① 當然，未必每個新王朝都會與民眾約法。不過約法之例並不止於漢唐兩代，晚清太平天國起義
期間，由黃鼎鳳率領的一隻反清力量據說也曾發佈過一個稱作《約法十二章》的告諭，原文見
《光明日報》，1955 年 9 月 29 日；另參見謝興堯〈黃鼎鳳《約法十二章》告諭質疑〉，《人民日
報》，1965 年 6 月 18 日。
② 參見蘇亦工：《中法西用——中國傳統法律及習慣在香港》，北京：社會科學文獻出版社，
2007，第三章第二節。

擾的理由。當改革中國婚姻習慣的條例草案經過 17 年討論，最終於
1970 年被提交到立法局時，一位非官守議員李曹秀群（Ellen Li）指責
行政當局在堅守義律上校的承諾上故作玄虛，賣弄學問。[①]

　　另外，1973 年一位作家在報紙上撰文抱怨對一個殺人犯暫緩執行刑罰時也
引證了義律公告[②]。樂邁士總結說:「看來，每當華人的權利受到冒犯時，那個公
告顯然就成了最好的抗辯理由。最近似的憲法性對應物似乎是印度憲法的《指
導原則》，它沒有法定約束力，但指明了作者們所希望建立的社會類型」[③]。

三　義律公告與香港二元化法制的命運

　　早期的香港史權威著作如《香港法律和法院史》和《歐西在中土》均引述
了義律兩公告，但都沒有質疑它們的效力[④]，更沒有懷疑過義律發佈這兩道公告
的權力。

　　據筆者掌握的材料，最早對義律公告的效力持否定傾向的就是前述的《史
德鄰報告》。不過，該報告沒有提出任何可靠的依據，只是採用普通的法律文
本解釋方法。筆者以為，義律公告不僅是法律文件，同時也是歷史文件，有必
要把它作為歷史問題來看待。對歷史問題的解釋，不能單純採取法律解釋的方
法，而必須結合歷史解釋的方法。一般來說，歷史解釋所採取的是從舊原則。
當對某一歷史事件或文獻存在多種不同記載和解釋時，應以距事件或文獻最近
的資料為依據，對義律公告的解釋也應如此。史德鄰在其主持的調查報告正文
和附件 1 中提出的意見，應當說更多地反映了 20 世紀中葉港英司法當局的觀
點，未必符合 19 世紀的實情。埃文斯和史維禮大概也意識到了單純的文本解釋

---

① Norman Miners, *The Government and Politics of Hong Kong*, pp.69-70.

② 參見 *South China Morning Post*, May 19, 1973。

③ Norman Miners, *The Government and Politics of Hong Kong*, p.70.

④ 前者見 J. W. Norton-Kyshe, *The History of the Laws and Courts of Hong Kong*, vol.I, pp.4-6；後者見 E. J.
　　Eitel, *Europe in China: The History of Hong Kong from the Beginning to the Year 1882*, pp.163-166。

未免軟弱無力，於是開始從歷史材料中發掘資源。

埃文斯提到 1841 年 5 月 14 日英國外相巴麥尊致義律的函件，目前看來，這是否定義律公告效力的最權威證據①。然而從該信中的某些詞句看，巴麥尊提到的那份公告是否即指義律 1841 年 2 月 1 日發佈的那份公告還頗可懷疑。

撇開這個疑點不談，縱使巴麥尊信中所指確是 2 月 1 日的義律公告，但從該信全文來看，也絲毫未曾涉及義律公告所許諾的內容，而只是批評義律宣告的香港割讓在程序上尚有瑕疵——未獲中國皇帝的欽准。換言之，巴麥尊只是認為義律公告「為時過早」，並無反對其內容的意向。尤為重要的是，從事後的發展看，英國政府並未因義律違反程序的宣告而放棄佔領香港，而是通過後續的談判，以正式條約的方式追認了義律佔領香港的事實。丁新豹指出：「義律的策略是先做成既定事實，然後再尋找法理上的根據，這種『經驗主義』的行事方式，是英國殖民主義者慣用解決問題的方法。」②據此推斷，《南京條約》的簽訂也可視為是英國當局對義律公告的追認。

如果我們仔細研討一下義律公告發佈前後的背景以及香港開埠早期的英國對華政策，就會發現英國當局不僅從未否認過義律公告所作的承諾，而且在相當長的時間裏執行着該公告所設定的華洋法律分治政策。

（一）香港割佔前後的背景——二元化法制構想的由來

西方學者一般認為，英國當年奪取香港的目的並非在於對中國領土有多大的野心，而不過是要取得一個對華貿易的據點。大概是受葡人長期定居澳門的刺激，英國人也一直覬覦在中國沿海攫奪一處島嶼。不過，在選擇何處下手的問題上，英國內部卻一直存在着分歧。當時主要有兩派意見，一派看好香港，另一派則偏向舟山。義律屬於前者。這恐怕既有主觀上的故意，又有客觀上的無奈。義律不是和平天使，也並非不懂得武力威嚇的即時效應，但他更清楚英

---

① 此件目前仍完好保存在英國外交部檔案中。埃文斯係從 Morse 著作中閱見，參見 Morse, *International Relations of the Chinese Empire*, Global Oriental, vol.I, p.647。另參見 Evans, "Common Law in Chinese Setting," [1971] HKLJ, p.13。

② 丁新豹：〈香港早期之華人社會：1841-1870〉，第 65-66 頁。

國的長遠利益所在。他很清楚,英國的武力固然強大,在鴉片戰爭期間,他曾巧妙地將英國在遠東的有限武力發揮到極致;但他也明白,英國的優勢武力在地理、氣候及補給線過長等因素的障礙下還是打了不少折扣,以有限的兵力維持對舟山的武裝佔領已被事實證明為不可取。而且,如果過度使用武力而令中國人全面排外,反而無助於實現英國在華的長遠目標。因此,義律處理香港問題的對策始終是堅持武力與談判並用,使用武力無非是為了增加在談判桌上的籌碼。

在 1841 年 2 月 11 日與琦善舉行第二輪談判時,義律提出一個修正案,要求割讓香港全島作為交換,他提出在香港的中國人與僑居中國的英國人均可享受治外法權[1]。可見,義律確實是將一島兩制、互相承認治外法權作為向中國討價還價的誘餌。從有關的背景材料看,義律的目標是商業利益,因此他並不打算採取仇視中國的政策。在香港採取二元化法律體制,以治權換主權,取得中國當局在其他方面的讓步,在義律看來也不失為以小換大的上算買賣。

(二)以治權換主權——二元化法制框架的確立

如前所述,英國政府外交部沒有批准義律的兩道公告,並非因為不同意該兩公告所確立的二元法律體制,而是因為程序。同樣,中國政府在簽署《南京條約》以前不承認英國對香港的佔領,但該兩公告中提出的華洋分治原則卻是清政府所積極主張的,此事成為磋商《南京條約》時的一個重要議題。[2]

1841 年 8 月 12 日,璞鼎查(Henry Pottinger)接替義律職務後發表公告,宣佈義律此前有關香港事務的各項安排,除非英國政府另有指令,將繼續保持有效[3]。這當然也包括義律兩公告中提出的華洋法律分治政策,璞鼎查在原則上已同意了義律公告的許諾。然而,此時中英關於香港華人治權問題的爭論已較義律公告所許諾的內容更廣泛也更複雜。不僅要引入並普遍保留中國法律和社

---

① 丁新豹:〈香港早期之華人社會:1841-1870〉,第 74-75 頁。

② G. B. Endacott, *A History of Hong Kong*, London: Oxford University Press, 1958, p.40.

③ J. W. Norton-Kyshe, *The History of the Laws and Courts of Hong Kong*, vol.I, p.10. 另見余繩武、劉存寬主編:《十九世紀的香港》,第 64 頁。璞鼎查獲得此項任命是在該年 5 月 15 日。

會習慣，還要由中國官員負責該法的運作。雙方在前一點上沒有異議，爭論的焦點是由誰來執行中國法[①]。

1843 年 1 月，璞鼎查在致英國外相亞伯丁（Aberdeen）的報告中説：他已同意「香港華人應由他們自己的法律管轄，中國官員將為此目的駐居九龍」，但英國人將保留對該殖民地的警察權[②]。顯然，「香港華人應由他們自己的法律管轄」正是義律公告的原有立場，而「中國官員將為此目的駐居九龍」是英方新的讓步。

璞鼎查與中國談判代表在華洋分治問題上已達成的協議也是有文字可查的[③]，中方在談判中還特意提醒璞鼎查勿忘義律公告所作的「一島兩制」的承諾[④]。以往的香港史家雖然注意到這個史實，但忽視了它在國際法上的重要性。顯然，在中方看來，義律公告不僅是香港地方政府向當地華人所做的承諾，而且也是代表英國政府向中國所作的承諾，是國家間的行為。如果考慮到義律曾主動向琦善表示願以保留香港華人的治外法權換取中方割讓香港，我們就不會覺得中方採取這種立場有何不妥之處了。應當承認，香港華人治權問題原本就是中英圍繞香港問題談判中的一個重要議題，是具有國際法意義的，而不僅是香港的內政問題。20 世紀的港英法官們在解釋義律公告時則完全忽視了這一點。

圍繞義律公告所許諾的內容「一島兩制」，英國國內也展開了激烈的討論，最終接受了理藩部（Colonial）大臣斯坦利（Lord Stanley）的建議，即中國法律可以英國女王的名義在香港行用，並聘請中國地方官赴香港主持香港華人的司法事務，其費用由香港政府承擔，中國人仍受自己的法律管轄[⑤]。值得注意的是，在上述爭論過程中，也諮詢過皇家法律顧問（The Law Offices of the Crown）

---

① G. B. Endacott, *Government and People in Hong Kong, 1841-1962*, Hong Kong: Hong Kong University Press, 1964, p.29.

② G. B. Endacott, *Government and People in Hong Kong, 1841-1962*, p.29.

③ 參見〈璞鼎查 1842 年 9 月 5 日致伊里布、耆英、牛鑑照會〉，佐佐木正哉編：《鴉片戰爭研究（資料篇）》，第 221-222 頁。

④ G. B. Endacott, *Government and People in Hong Kong, 1841-1962*, pp.29-30；丁新豹：〈香港早期之華人社會：1841-1870〉，第 80-81 頁。

⑤ G. B. Endacott, *Government and People in Hong Kong, 1841-1962*, p.31. 原由 Lord Aberdeen 提出的建議受到修正。

的意見，後者反對「一島兩制」，主張堅持英國法的獨尊地位 [1]。不過，法律當局的這個建議未被理睬。正像埃文斯所説，港英政府是否實行華洋分治，應從兩個角度考慮，首先是保障和平和秩序的需要，其次才是提供一套穩固的市民（civil）法律制度的需要 [2]。

1843 年 4 月，英國政府根據上述討論結果，指令璞鼎查以華人依中國法律和習慣並允中國法官派駐香港為基調全權處理對華談判事宜 [3]。然而就在這個時候，璞鼎查忽然改變了主意，宣稱香港華人必須服從英國的司法管轄。耆英對此提出了嚴正抗議。英國理藩部對璞鼎查的出爾反爾也感到惱火。史蒂芬（James Stephen）説：「依我看中國代表提出的辯駁是最有力的。」[4] 但他又認為，此事理藩部的干預是徒勞的，應由外交部決定。他的態度也表明，英方也承認華人治權主要是外交問題而非殖民地的內部治理問題。

反觀中國方面，當時也是將香港華人治權問題看作是一個外交問題。據中國官方檔案記載，中國政府在 1841 年義律強佔港島後的相當長一段時間裏仍然行使着對華人的司法管轄權。再者，1842 年 9、10 月間關於香港華民法律管轄問題由清廷議和大臣而非廣東地方當局提出，説明香港華洋司法管轄權問題確已構成了一個外交問題，並成為中英談判中的重要議題。中國方面尚未放棄對香港華民的治權。

沒有記錄表明中國方面接受了璞鼎查的立場變化，《南京條約》等在此問題上的沉默也表明中英雙方在此問題上沒有達成共識。即便是根據英國人自己信奉的國際法準則，這種單方面的改變立場，如果沒有另一方的認可，也是不具有國際約束力的。

綜合以上的事實，可以概括地指出，1843 年 6 月間，璞鼎查在香港華人治權問題上的立場變化是單方面的背信棄義行為，連英國當局也覺得沒有道理。至於英國政府最終決定的華人由華律管轄並留待日後香港地方當局作出進一步

---

[1] G. B. Endacott, *Government and People in Hong Kong, 1841-1962*, p.31.

[2] Evans, "Common Law in Chinese Setting," [1971] HKLJ, p.15.

[3] G. B. Endacott, *A History of Hong Kong*, London: Oxford University Press, 1958, p.41.

[4] G. B. Endacott, *A History of Hong Kong*, p.41.

安排的方案，仍然改變了雙方在談判過程中在此問題上已經達成的共識。儘管如此，璞鼎查並未推翻義律公告在此問題上所作的承諾。我們在前引義律公告中已經看到，義律只承諾華人仍遵從中國法律及習慣，而由中國官員受理華人訴訟是璞鼎查在《南京條約》簽訂後與中方談判時新作出的妥協。璞鼎查反悔的只是後者，這一退步恰恰回復到原來義律公告所做的承諾。

（三）開埠後的政策變化──二元化法制的失衡

通過前面的史實考證，我們已經可以肯定地說，英國政府從來沒有否認過義律公告所承諾的內容。更進一步說，根據當時的情況，英國方面也根本不可能推翻義律公告所作的承諾。因為義律承諾的內容並非他本人一時的心血來潮，而是反映了當時英國官方的普遍立場[①]。然而，隨着英國在華勢力的日漸強大和穩定，中國法律及習慣的存在空間在一步步萎縮，二元化法制逐漸向一元化法制靠攏。

1843 年底發生了香港開埠以來第一起審訊華人的案件，原告向新安縣告狀，總巡理府威廉‧堅（William Caine）認為應將嫌疑犯交給新安縣審訊，璞鼎查為了取得治權，堅持應由英國裁判聆訊。令璞鼎查感到慶倖的是，中國政府沒有因港英當局私下聆訊華人而提出抗議。璞鼎查將此視為中國政府默認了港英當局對在港華民的治權。尤其重要的是，它使港英方面看到，保留中國法而無須任命中國官員來執行也是完全可能的。不過，終璞鼎查之任，中英在此問題上的爭議並未了結。

接替璞鼎查出任香港總督的德庇時（John F. Davis）憑藉其對中國政府的一貫了解，認為必須在開始時表現出足夠的強硬方能逼使中方就範。在他看來，在華人治權問題上的讓步很可能會重蹈澳門的覆轍，連主權也一並喪失。

1844 年夏，德庇時拒絕了中方引渡一名香港華人回內地受審的要求，其目的就是要顯示英方有權審理在港華人[②]。同年 11 月 20 日，一名新安縣書吏

---

① 參見蘇亦工：《中法西用──中國傳統法律及習慣在香港》，第三章第一節。
② Davis to Aberdeen, 5th July, 1844, C.O.129/6, 轉引自丁新豹〈香港早期之華人社會：1841-1870〉，第 89-90 頁。

在港島勒索漁民，被港英當局拘留。德庇時致函指責中方的行為侵犯了香港主權。耆英覆函雖仍重申中國對在港華人的治權，但口氣已不似從前那般強硬[1]。當時廣州附近各縣，天地會運動方興未艾，有此後顧之憂，耆英不願與英人交惡，再起釁端；而德庇時看透耆英底裏，乘虛而入，一舉取得了香港的主權與治權[2]。

儘管德庇時在華人治權問題上的立場較其前任更為強硬，但他似乎無意完全拋棄義律公告所作的許諾。他主持制訂的 1844 年第 10 號法例《太平紳士條例》及第 15 號法例《高等法院條例》均規定高等法院可依據中國法例懲治華人罪犯。同年的第 13 號法例《華僑保甲條例》，則規定保留中國傳統的保甲制度。

1848－1854 年，文翰（Samuel Bonham）任香港總督期間，再度傾向於給華人更大的便利以直接決定他們自己的事務。12 月 3 日通過的 1853 年第 3 號法例《華僑地保條例》[3]，目的是擴大華人地保的職權，由地保而不是英國法庭來解決華人的一般民事糾紛。然而上述措施頒佈後，遭到了英人社區的強烈反對，主要理由據說是華人的公正觀念要比英人的腐敗得多。這種反對力量無疑是港英當局背棄「一島兩制」承諾的重要原因之一。文翰去職未久，他所確立的政策和法律就隨之夭折了。

不過，1857 年的第 6 號法例第 17 條允許繼續任用地保，也允許在華人之間的民事糾紛中，出於當事人的自願請求地保仲裁。但仲裁的結果必須獲得華民政務司的批准後方能由法院執行。然而即便是這樣的規定，還是極為短命，很快即被 1858 年的第 8 號法例《華僑管理及戶口登記條例》取代[4]。後者雖然保留了任用地保的權力，但此時的地保僅限於發揮警察的職能，司法功能已被剝奪。埃文斯指出：「專為香港華民建立獨立的司法體系的嘗試至此宣告終結。此後，除了新界的例外外，惟一具有法律效力的解紛途徑只能由英國法院提供。」[5]

---

[1] 丁新豹：〈香港早期之華人社會：1841-1870〉，第 90 頁。
[2] 丁新豹：〈香港早期之華人社會：1841-1870〉，第 92-97 頁。
[3] 馬沅編：《香港法例彙編》第 1 卷，香港：華僑日報有限公司，第 8 頁。
[4] 馬沅編：《香港法例彙編》第 1 卷，第 10 頁。
[5] Evans, "Common Law in Chinese Setting," [1971] HKLJ, p.20.

　　1858 年，英國政府發佈了一項非歧視性政策的聲明，提出法律面前一律平等的政策，但實質是要求放棄「一島兩制」。不過，按照該政策，各殖民地的土著法律仍應受到盡可能的尊重。安德葛（G. B. Endacott）評論說：「以往華人為數較少，可以自行其是；此時人數日益增多，更大力度地規範和控制也就是不可避免的了。」[①]

　　義律當年許諾以華治華，實行間接統治，主要的考慮顯然是英國當時在華立足未穩，需要取得當地華人的合作，也就是需要建立廣泛的統一戰線。1850 年代以後，形勢發生了很大變化，一方面，英國在香港已站穩了腳跟，而中國國內又爆發了聲勢浩大的太平天國起義，此後內亂頻仍，國力日衰；另一方面，普通中國民眾的仇外情緒正在迅速滋長和蔓延。基於這種形勢變化，港英當局感到，實行直接統治，拋棄以往承諾的條件已經具備了；同時，英國人也意識到，讓那些並非心悅誠服地接受英國人佔領的華人管理自己的事務，是對英國統治的潛在威脅[②]。

　　儘管港英政府對華人自治一直心存戒忌，但直至 20 世紀初，司法當局仍極少介入純華人間的民事糾紛，這類問題通常由華人社區領袖或某些自發形成的組織自行解決。大概就像歐德禮所概括的那樣，港英當局擠壓中國法律及習慣存在空間的步驟是「謹小慎微和循序漸進」的，並且「主要是依賴英式教育、英語和英國生活方式潛移默化地影響」，而非政府的強權。「儘管華人是這個世界上最溫順的民族，但處於公正政府的統治之下，一旦本殖民地的行政和立法冒然與華人根深柢固的民族習慣發生了不可調和的衝突，也會表現出異乎尋常的倔強。」[③]這個概括不錯，香港殖民地法制史可以簡單地描述為英國法的逐漸擴張和中國法律及習慣日益萎縮的過程。1970 年代陸續生效的一系列法例，事實上已經敲響了香港「中國法律及習慣的喪鐘」[④]，直至有一天，它可能會最終消亡。

---

① G. B. Endacott, *A History of Hong Kong*, pp.124-125.

② Berry Fong-Chung Hsu, *The Common Law System in Chinese Context: Hong Kong in Transition*, p.14.

③ E. J. Eitel, *Europe in China: The History of Hong Kong from the Beginning to the Year 1882*, pp.164-165.

④ Lewis, "A Requiem for Chinese Customary Law in Hong Kong," p.347.

四　結論

　　1841 年的義律兩公告奠定了香港二元法制體系的基石，成為清代法律及習慣在香港保留和適用的最重要的法律依據。華人用華法，西人用英國法曾經在相當長的時間裏塑造了香港法制的特色（至少是在家庭、婚姻等領域裏），然而，在香港開埠百餘年後，港英法律當局開始普遍懷疑義律公告的效力並試圖改變二元法制的局面，代之以單一的英國法律模式。港英當局本有許多正當的、冠冕堂皇的理由這樣做，但是他們更熱衷於從根本上推翻二元法制的基礎──義律公告，以便給人們造成一種實行二元法制原本就是一場歷史誤會的印象。最初的作法是尋章摘句，對公告的文本吹毛求疵；繼後則是尋根究底，在義律發佈公告的身份、資格以及英國政府的認可程序上大做文章。應當說，他們的目標已基本實現了。作為香港法制一元的中國法律及習慣，在這種懷疑和否定的氣氛下正日漸衰亡，這似乎已成無可挽回的大趨勢了。

　　但是，如果我們仔細考察有關史實就會發現，上述的懷疑和否定論調是難以成立的。無論是「權宜之計說」也好，「自始無效說」也好，無論用文本解釋的方法還是歷史考證的方法，要否認義律公告的效力都有牽強附會之嫌。

　　或問，肯定義律公告的有效性，能否證明保留中國法的合理性呢？答案可能是否定的。畢竟，當今的香港華人社會與一個世紀前大不相同了，教育的普及、社會的進步，使得古老、落後的清代法律及習慣顯得極不協調，廢止它們似乎並無多大道德上的障礙。然而，問題的要害並不在此，中國固有法是否有利於華人是一種價值判斷，而義律公告是否有效則是事實判斷。作為英國政府向香港華人的鄭重承諾，義律公告的效力是絕對無可抵賴的。當然，時變世遷，社會發展，法律也相應地汰舊圖新，這本是無可非議的，但不能為此就歪曲和篡改歷史。改造甚或廢止中國固有法並無不可，但應有正當的理由。港英當局在此問題上之所以顯得畏首畏尾，恐怕就是受到義律公告的困擾。如果變革中國固有法律是出於華人社會維護自身利益的自主行為，情形就大不相同了。遺憾的是，素以法治、民主誇耀於世的英國殖民者在長達一個半世紀的統

治裏，並沒有將這樣的權力交給華人。因此，除了從義律公告和義律身份上尋找缺口外，又能有何良策呢？

19 世紀香港政法制度 [1]

劉蜀永 [2]

從 17 世紀開始，英國在對外擴張的過程中，佔據了大批的殖民地。據統計，1899 年，英國的殖民地人口有 3.09 億人，土地面積達 930 萬平方英里。每天無論什麼時候，總有一部分英國殖民地處在陽光的照耀之下，因而英國有「日不落國」之稱。

英國的殖民地制度有直轄殖民地、自治殖民地等。因為華人佔香港居民的絕大多數，英國政府擔心少數英國人難以控制他們，便在香港採用了權力集中、控制嚴密的直轄殖民地制度。但是，英國在香港設立的「殖民地」不屬於通常的殖民地範圍，因為香港並不是一個國家，而是外國統治下的中國領土。

一　政治體制

（一）香港總督的職權與特點

1843 年 4 月 5 日，維多利亞女王頒佈了《英王制誥》(*Letters Patent*，即「香港憲章」)，宣佈設置「香港殖民地」，確定了香港的地位和政權性質。與此相關，《英王制誥》規定派駐香港總督，授予其廣泛的統治權力，主要包括：(1) 港督有諮詢立法局後制訂香港法律和法例的全權；(2) 港督有權召開行政局會議，後者的任務是提供諮詢，協助港督制定政策；(3) 港督有執掌和使用香港殖民地公章的全權；(4) 港督有代表英王授予私人或團體土地的全權；(5) 港督有權委任按察司及太平紳士；(6) 港督有將任何香港官員停職之權；(7) 港督有權赦免罪犯或減刑；(8) 港督有權豁免 50 鎊以下之罰金；(9) 香港所有文

① 本文原載劉蜀永主編《簡明香港史》(新版)，香港：三聯書店，2009，第 44-58 頁。
② 劉蜀永，中國社會科學院歷史學碩士，現任香港嶺南大學榮譽教授。

武官員和居民都應服從港督。[①]

《英王制誥》規定了英國政府及香港總督統治香港的權限，對設立行政局、立法局也作了原則規定。

《王室訓令》（*Royal Instructions*）是 1843 年 4 月 6 日以英王名義頒發給第一任港督璞鼎查的指示，主要涉及行政局和立法局的組成、權力和運作程序，以及港督在兩局中的地位和作用、議員的任免、如何作出決議和制定法律等[②]。《王室訓令》是對《英王制誥》的補充，二者具有同等效力。

根據上述兩個命令，香港總督作為英國國王派駐香港的代表，擁有極大的權力。香港所有的官吏、軍民等都要服從他的管轄。他是行政局和立法局的當然主席。立法局通過的法案必須經過總督同意才能成為法律。他擁有香港三軍總司令的名義。此外，還有任命法官和其他政府官員、頒佈特赦令等權力。英國學者樂邁士（Norman Miners）在《香港政府與政治》（*The Government and Politics of Hong Kong*）一書中曾說：「港督的法定權力達到這樣的程度：如果他願意行使自己的全部權力的話，他可以使自己成為一個小小的獨裁者。」[③]

但是，我們應該看到，香港總督只能在英國政府規定的範圍內，為維護英國的殖民利益而行使他的權力。《英王制誥》規定英國政府有權刪改廢除或制訂香港法律。按照政制的規定，香港政府的任何行動，均須由英國政府有關的大臣向英國國會負責。英國有關的大臣擁有向港督發號施令的權力。香港的對外關係也由英國政府直接負責。港督任命官員須經英國政府認可。港督要向英國政府報告工作，重大問題要向英國政府請示。港督處理問題時也要考慮公眾輿論（主要是英商和華人上層人士的意見），避免因公眾強烈不滿招致英國政府調查和議會質詢。

1843 年，璞鼎查（Henry Pottinger）擔任第一任港督。早期香港總督兼任駐

---

① 《英國議會文書：中國》，第 24 卷，〈1846-1860 年有關香港事務文件〉（*British Paliamentary Papers: China. V.24, Correspondence relating to the Affairs of Hong Kong, 1846-1860*, Irish University Press Area Studies Series），愛爾蘭大學出版社，1971，第 230-232 頁。

② 英國殖民地部檔案 C.O.381/35，第 17-52 頁。

③ Norman Miners, *The Government and Politics of Hong Kong*, Hong Kong: Oxford University Press, 1981, p.77.

華全權使臣和商務監督，受殖民部和外交部雙重管轄。從 1859 年開始，香港總督才專一處理香港事務。

最早的四名港督——璞鼎查、德庇時（John F. Davis）、文翰（George Bonham）和包令（John Bowring）有若干共同特點：

第一，他們無例外地同時兼任駐華全權使臣和商務監督，把對華事務當做他們的首要任務。例如，璞鼎查在簽訂中英《南京條約》後，又逼簽《中英五口通商章程》和《虎門條約》，從清政府得到許多新的權益。德庇時為廣州入城問題長期糾纏，1847 年悍然帶領海陸軍從香港闖入珠江，炮轟沿江炮台，強迫耆英接受了他的要求。文翰於 1853 年前往南京訪問太平軍，「提醒」他們尊重英國在華的條約利益。包令於 1854 年向清政府提出全面修約的要求，企圖實現中國全境開放通商和鴉片貿易「合法化」；1856 年更製造了「亞羅號」事件，挑起第二次鴉片戰爭。

第二，保護鴉片走私是他們的一項重要任務。大鴉片商馬地臣（James Matheson）曾寫道：璞鼎查發表了一篇措辭激烈的反對鴉片走私的公告，只是說給英國的聖徒們聽的。他從未打算照公告辦事。他允許把鴉片運到岸上並存放在香港[①]。德庇時更公開在港島實行鴉片專賣制，以增加港府的財政收入。

早期歷任香港總督無不推行種族歧視政策。到第八任港督軒尼詩（John Pope Hennessy）時，港英統治華人的方式才發生重大變化。軒尼詩本人有濃厚的自由主義和人道主義思想，又看到華商力量的崛起，因而堅持「把華人作為伙伴對待」，主張給華人以較合理的待遇。

（二）行政局和立法局

行政局（Excutive Council，舊譯「議政局」）和立法局（Legislative Council，舊譯「定例局」）是香港總督的高級諮詢機構，1844 年開始進行工作。

行政局的主要任務是就各種重大決策向港督提供意見，並具有某種立法職能。新的法令要先經行政局審查，批准草案後再交立法局討論通過。該局聚集

---

① James Pope Hennessy, *Half-Crown Colony: Hong Kong Notebook*, 1969, p.32.

了港英最高層行政官員，可以説是協助港督決策的總參謀部。行政局每週開會一次，禁止旁聽，會議事項也是保密的，但有些決定可以向外界公佈。

港督主持行政局會議。港督因故不能出席會議時，由他指定的當然官守議員代為主持。港督在行使《英王制誥》賦予的權力時，應就一切事項徵詢行政局的意見，但急事、瑣事或極端機密的事情除外。只有港督有權直接向行政局提出議題。若議員提出議題，需事前向港督提出書面請求，徵得港督同意。港督不贊成全體或多數議員對某事的意見時，他有權按照自己的主張行事，但應將詳情記入會議記事錄，行政局每隔半年將記事錄送呈國務大臣審閱。

行政局議員分為當然官守議員、委任官守議員和非官守議員。為了便於港督集權，在行政局成立的最初 30 年，僅有 3 名官守議員。

立法局的任務是協助港督制訂法律和管理政府的財政開支。港督對法律的制訂有決定性的影響。《王室訓令》規定，港督作為立法局主席，投票表決時除擁有本身的一票外，在贊成票和反對票相等時，有權再投決定性的一票（casting vote），以保證自己的意圖得到貫徹。即使立法局全體議員一致反對，他照樣可以按照自己的意願制訂和頒佈法令。除了必須得到英國政府贊同以外，港督的立法權不會受到任何限制。

立法局制訂的法律，通稱為「條例」（ordinances，19 世紀時譯作「法例」）。《王室訓令》第 25 條規定，所有條例均冠以「香港總督參照立法局之意見並經該局同意而制訂」的字樣。通常一項法案需要一個月左右或更長時間經過「三讀」才能完成立法程序。

立法局議員也分為當然官守議員、委任官守議員和非官守議員三類，總數多於行政局議員。早年立法局實際開始工作時，由香港總督、英軍司令和首席裁判司 3 人組成，與行政局實際是同一班人馬，兩塊招牌。在英商的一再要求下，經英國政府同意，港督文翰於 1850 年 6 月任命怡和洋行股東大衛・查頓（David Jardine）和哲美森洋行老闆埃傑爾（J. F. Edger）為立法局議員。這是香港立法局設立非官守議員的開端。

佔香港人口絕大多數的華人長期被排斥在立法局大門之外。1855 年，港督包令主張部分非官守議員由選舉產生。候選人必須是英國人，但每年向政府交

租稅 10 英鎊的有產者不分種族均享有選舉權。如此溫和的改革方案，也遭到英國政府拒絕。殖民地大臣拉布謝爾（H. Labouchere）竟說華人「非常缺乏最基本的道德要素」，拒絕給任何華人選舉權 [1]。

1870 年代，香港華商在轉口貿易等方面已成為一支不可輕視的力量。他們從 1878 年即提出參政要求，上書港督說，香港華人在人數上以 10:1 的比例超過了外國人，納稅金額也遠遠超過了外國人，應該允許華人參與管理公共事務 [2]。後來，港督軒尼詩利用立法局議員吉布（H. B. Gibb）請假返回英國養病這一時機，提議讓華人律師伍廷芳暫時佔據立法局的這個席位。他還建議改組立法局，使伍廷芳能夠比較長期地擔任立法局議員。殖民地大臣比奇（M. H. Beach）只同意伍廷芳擔任立法局臨時代理議員（任期不超過三年），不同意他擔任常任議員。他說，如果立法局研究機密問題，伍廷芳在場諸多不便 [3]。1880 年 1 月 19 日，香港政府發佈公告，宣佈伍叙（伍廷芳）暫行代理吉布為立法局議員，伍廷芳因而成為香港第一位華人非官守議員。此後，黃勝、何啟、韋玉相繼成為立法局議員。但到 1895 年為止，華人在立法局只有象徵性的一個席位，1896 年才增至兩個席位。

（三）香港政府的重要官員

1843 年《英王制誥》頒佈以後，香港政府先後設置了各種職官。據 1845 年 1 月《中國叢報》記載，當時香港政府的官員總督之下，有副總督、總督私人祕書、按察司、律政司（即檢察長）、高等法院登記官、高等法院翻譯官、輔政司、庫務司（colonial treasurer，即司庫）、考數司（auditor general，即審計長）、總巡理府、駐赤柱助理巡理府、總測量官（surveyor general）、船政廳兼海事法院法官、華民政務司（registrar general）兼稅務官、總醫官（colonial surgeon，

---

① 〈拉布謝爾致包令函〉，1856 年 7 月 29 日，《英國議會文書：中國》第 24 卷，《1846-1860 年有關香港事務文件》，第 200-201 頁。

② 《華商呈文》，1878 年 10 月，英國殖民地部檔案 C.O.129/187，第 57 頁。

③ G. B. Endacott, *Government and People in Hong Kong, 1841-1962*, Hong Kong: Hong Kong University Press, 1964, p.94.

舊譯國家大醫師）及驛務司（即郵政局長）等①。總巡理府一職於 1862 年廢除，改設地位相同的巡理府數人。此外，1845 年設置警察司，1856 年設置視學官，1863 年設置維多利亞監獄典獄長（superintendent of Victoria gaol），1883 年設置潔淨局，1886 年設置進出口局（the Import and Export Department）。19 世紀末英國租借「新界」後，在當地設置了理民官（district officer）。

1843 年《英王制誥》規定，如港督死亡、離港或由於其他原因不能行使職權時，由副總督代理；如尚未任命副總督，則由輔政司代行總督職權（代理總督被稱為 administrator，即護督）。香港第一任副總督是駐港英軍司令德忌笠少將（Major-General G. C. D' Aguilar）。以後歷任副總督一般由駐港英軍司令兼任。當時香港是英國在遠東的重要軍事基地，因而駐港英軍司令有很高的地位。1902 年英日同盟成立後，香港的軍事價值不如從前，駐港英軍司令的作用不如從前，於是副總督一職不再設置。

輔政司是港督在行政管理方面的主要助手，也是全體文職人員的首腦。早期香港的輔政司素質不高。例如，1846 年出任輔政司的威廉·堅（W. Caine）是一個大肆索賄受賄的貪官。又如馬撒爾（W. T. Mercer）是利用裙帶關係於 1854 年爬上輔政司職位的。他於 1857 年返英休假時，推薦他的密友、腐敗分子布烈治（W. T. Bridges）任代理輔政司。1860 年代，港英當局開始實行名為「官學生計劃」的文官銓選制度，此後輔政司的水平逐漸提高，在政府中發揮的作用越來越大。各政府部門的工作均由輔政司監督和協調。從 1860 年代起，港督離職時多指定輔政司任護督。這曾引起副總督的不滿。1902 年以後，當港督出缺時，由輔政司代行職權已成為不易之規。

華民政務司一職設於 1844 年，最初其主要任務是負責全港人口登記。1846 年末，香港立法局通過該年第 7 號法例，授予華民政務司以撫華道、太平紳士和兼任警察司等頭銜，並規定他有權隨時進入一切華人住宅和船艇進行搜查②。

---

① 《中國叢報》（*Chinese Repository*），第 14 卷第 1 期（1845 年 1 月），第 13-14 頁。1913 年，華民政務司的英文名稱改為 "Secretary for Chinese Affairs"。

② W. Tarrant, *Digest and Index of all the Ordinances of the Hong Kong Government to the Close of 1849*, Hong Kong: Noronha, 1850, pp.135-139.

從此，香港華人便處於華民政務司兼撫華道的全面監控之下。早期香港華民政
務司素質低劣，高和爾（D. R. Caldwell）是一個凸出的典型。他利用職權胡作
非為，聲名狼藉。1858 年，香港律政司安士迪（T. C. Anstey）曾對高和爾提出
指控，列舉了 19 條罪狀，其中包括自營娼業、私通海盜、坐地分贓、貪污受
賄、迫害無辜等 ①。1860 年代以後，華民政務司大都由官學生出身的官員擔任，
情況與高和爾有所不同，但所屬中下級官員仍然腐敗不堪。

二　法律體制

（一）香港法律的依據與特點

香港長期處於英國的殖民統治之下，英國統治者掌握了香港的司法權。香
港法律基本上照搬英國模式，屬於普通法法系。香港的成文法包括三個部分：
一是英國政府為香港制訂的法律；二是適用於香港的英國本土法律；三是港英
當局制訂的法例。

香港的憲法性文件由英國政府制訂和頒佈。基本的憲法性文件是：1843 年
4 月 5 日關於設立香港殖民地的《英王制誥》和《王室訓令》，1860 年 10 月 24
日關於將九龍併入香港殖民地的樞密院命令，以及 1898 年 10 月 20 日關於把新
界併入香港殖民地的樞密院命令。其中《英王制誥》最為重要。在法律方面，
《英王制誥》規定英國政府有權刪改、廢除或制訂香港法律。

香港立法局通過的 1845 年第 6 號法例規定，英國法律除對香港不適合者以
外，在本殖民地均有充分效力；同時規定香港高等法院的辦案制度全部以英國
法院為藍本。

除成文法以外，判例也是香港法律的重要來源。「遵循先例」原則是普通法
系的著名特點。依據這一原則，較高一級法院以往所作的判決構成先例，對下
級法院處理類似案件具有絕對的約束力。英國樞密院司法委員會是香港的終審

---

① J. W. Norton-Kyshe, *The History of the Laws and Courts of Hong Kong*, vol.1, Hong Kong: Noronha, 1898, p.504.

法院。因此，樞密院的判例，香港法院在審理同類案件時必須遵循。香港高等
法院的判例，對巡理府法院也具有約束力。

早期香港的法律有以下幾個特點：

第一，重視經濟立法。為了適應商業發展的需要，早在 1950 年代到 1960
年代之間，香港政府便制訂了一系列經濟法規，例如 1854 年的《市場條例》，
1856 年的《購買地產條例》，1860 年的《銀行票據及詐騙法修正條例》、《受託
人欺詐治罪條例》，1862 年的《本港發明創造專利條例》，1863 年的《防止假
冒商品條例》，1864 年的《破產條例》、《動產抵押條例》、《商貿修正條例》、
1865 年的《偽造貨幣治罪條例》等等。這些法例反映了香港這一商業社會的資
本主義性質，對香港經濟的發展具有促進作用。

第二，一些明顯的犯罪行為，不但不被視為有罪，反而得到法律的庇護。
例如香港立法局曾經明文規定：凡是按章出錢，從官方取得熬製、出售鴉片煙
膏許可證者，便可合法地經營鴉片生意。又如，凡按章向當局繳費和登記的妓
院，均被視為合法經營。麥當奴（R. G. MacDonnell）任港督期間，開設賭館也
是合法的。

第三，一些法例明顯歧視華人。例如，1888 年的《管理華人法例》明文規
定，撫華道有權隨時傳訊任何華人房東和房客；華人除婚喪大事外，逢年過節
也不准在大街上吹奏樂器或列隊行走；華人未經撫華道批准，不得公演任何中
國戲劇或張貼海報；華人晚上上街必須提燈，無通行證的華人晚間不准出門；
未經港督許可，華人不得參加或舉行任何公共集會，等等。在司法實踐中，採
用雙重標準，即使觸犯了法律，對不同種族的人處罰也不公平。例如，1850 年
英人斯蒂爾（Steele）持刀傷人，香港高等法院僅判處他監禁一年，「而在同一
個刑事庭上，一名華人卻因類似罪行被判處 15 年流放」①。

第四，通過頒佈法例強化殖民壓迫。宵禁就是其中一例。1842 年 10 月，
港英當局宣佈禁止華人晚上 11 點後上街。1844 年再宣佈華人晚上 11 點以前出
門，要提一個有店鋪或自己名字的燈籠。第二次鴉片戰爭期間，香港總督包令

---

① J. W. Norton-Kyshe, *The History of the Laws and Courts of Hong Kong*, vol.1, pp.276-289.

於 1857 年 1 月 6 日頒佈法例，宣佈每晚 8 時至次日黎明前，任何華人若被發現處於其住所之外又未攜帶通行證，會受到罰款、拘役、鞭笞、帶枷示眾等方式的懲罰。在同一時期內，巡邏兵在室外發現任何華人，若有理由懷疑其圖謀不軌，該人又對盤查不加理會或拒絕回答，有權將其擊斃。宵禁制度在香港延續五十多年之久，直到 1897 年 6 月才宣告廢止。

第五，用「華律」治華人。1841 年 2 月 1 日，即英國武力佔領香港島以後的第六天，英國駐華商務監督義律和遠東艦隊司令伯麥聯名發佈通告，宣稱對島上的中國居民，將按照中國法律和風俗習慣治理。

英國殖民者一向指責中國法律「野蠻」、「殘酷」，並以此作為向清政府勒索治外法權的藉口。因此，他們聲稱用「華律」治華人，並非是尊重中國法律和風俗習慣的表現，更非要改變英國法律至高無上的地位，而是試圖在東方封建專制的基礎上建立西方殖民統治。1845 年 3 月，香港總督德庇時的一封信暴露了他們的真實意圖。他寫道：按照英國法律或習慣對中國罪犯從寬處理，只會招致他們的嘲笑。看來需要採取他們所習慣的懲罰方式，按照中國刑法統治他們[①]。

英國殖民者用「華律」治華人，就是採用鞭笞、戴木枷、站木籠等野蠻手段對付華人。英國佔領香港島初期，幾乎每天都有公開鞭笞華人的事情發生。這種現象，直到軒尼詩擔任港督期間才逐漸停止。

（二）法院的設立

1841 年 1 月英軍侵佔香港島後，港英當局即設置了巡理府法院（Chief Magistrate's Court）。這個法院主要是為了審理香港華人的案件而設。4 月 30 日，英軍第 26 步兵團上尉威廉・堅（W. Caine）出任總巡理府。他「除了軍法以外，什麼法律都不懂」，並以對華人濫施酷刑而聞名。

1843 年 1 月，英國女王維多利亞一世決定將駐華刑事和海事法院遷到香港，負責審理港島、中國大陸和沿海 100 英里範圍內英國臣民的刑事案件。這

---

①〈德庇時致斯坦利函〉，1845 年 3 月 8 日，英國殖民地部檔案 C.O.129/11，第 157-158 頁。

是英國政府根據中英不平等條約在中國確立治外法權制度的開端。1844 年 3 月 4 日，該法院開始工作，由港督兼駐華商務監督璞鼎查和副總督德忌笠擔任法官，但僅開庭過一次。

1844 年 8 月 21 日，香港立法局頒佈 1844 年第 15 號法例，宣佈設立香港高等法院並撤銷駐華刑事和海事法院。10 月 1 日，香港高等法院正式成立，休姆（J. W. Hulme）擔任正按察司（Chief Justice，即首席大法官）。1873 年起，高等法院增設陪席按察司（Puisne Judge）一名，作為正按察司的副手。

香港高等法院作為港島最高的司法機關，負責審理當地一切重要案件。同時，在英國統治香港初期，中國大陸各通商口岸較重要的英僑案件，由當地英國領事初審後，提交香港高等法院審判定案。因此，它一度成為英國在遠東的司法中心。

香港高等法院成立後，原來的巡理府法院仍然存在，負責審理較輕微的刑事案件。

（三）監獄

為了強化殖民統治，港英當局早在 1841 年就在港島興建了一座花崗岩監獄——域多利監獄。這是香港開埠初期最先以耐久物料建造的建築物。

初期香港的監獄實行嚴格的種族主義制度。華囚和外國囚犯分開監禁，平均每個外國囚犯所佔的囚房面積比華囚大四五倍。在監獄中，華人會隨時遭受鞭打。例如，1860 年 6 月，一名華囚因病不能做工，竟遭鞭笞，並罰以單獨監禁，口糧減半，結果慘死獄中。

在麥當奴任港督期間，虐待華囚到了登峰造極的地步。他提出所謂威懾政策，大規模地對華囚實行放逐並在耳朵上刺劍形標誌，減少華囚每日口糧，大大加強華囚勞動強度，同時更廣泛地實行鞭刑，以九尾鞭代替藤鞭。堅尼地（Arthur E. Kennedy）任港督後，繼續奉行麥當奴的政策。這十餘年是香港鞭刑最盛的時期。

由於濫捕華人的現象十分嚴重，造成監獄擁擠不堪。港督德輔（William Des Voeux）在回憶錄中曾說，域多利監獄異常擁擠，一間十分狹小的單人牢房

經常關兩個人[1]。

　　白人囚犯在一切方面都享受優待，連伙食也有不同的標準。香港監獄獄規十分嚴酷，但有些英國囚犯卻不必遵守。例如，1863 年 4 月代理典獄長賴亞爾（Ryall）舉行婚禮，罪犯斯坦福（Stanford）竟身穿晚禮服前往赴宴，飲酒作樂通宵達旦。這與獄中華囚的處境形成了鮮明的對照。

三　警務體制

　　1829 年英國政府在倫敦首先建立警察機構，其總部設在「蘇格蘭場」，後來這個地名變成了倫敦警察廳刑事調查部的代稱。香港警察制度在許多方面效法英國警察，部分重要的警察官員來自倫敦警察廳。

　　英國佔領香港島初期，在當地實行軍事管制。1841 年 4 月威廉‧堅出任總巡理府時，香港尚無警察，只能從軍隊中借調一批士兵維持秩序。1843 年，威廉‧堅幾經努力才招募到 28 名警察。早年這些香港警察身着綠色制服，當地華人稱他們為「綠衣」，也稱「差人」。他們多是品行不端被淘汰的英印士兵和水手，或是流竄於太平洋各碼頭的無業遊民。

　　1845 年春，香港政府聘請倫敦警官查理斯‧梅（Charles May）來港主持警務。他來港後着手增加警察，到 1849 年，全港共有警察 128 人。這批警察由英警、印警和華警組成。英警被港英當局視為香港警察的「精英」，他們的生活標準高，費用大，但不熟悉當地的風俗民情和語言。印警「尊重歐洲人」，服從英國人指揮，被認為基本可靠，但據說他們缺乏「機智」。華警沒有語言障礙，熟悉當地風俗民情，但港英當局對他們的「忠誠」不夠放心。

　　以上三部分警察皆由警察司指派英國警官統領。英警地位最高，印警次之，華警地位最低。在武器裝備方面，英印警察皆可攜帶槍支，早期華警只攜帶一根木棍。三部分警察的物質待遇也高低懸殊。以 1865 年的人均工資為例，

---

[1] Des Voeux, *My Colonisl Service in British Guiana, St.Lucia, Trinidad. Fiji, Australia, Newfoundland, and Hong Kong with interludes*, London: John Murray, 1903, p.202.

英國警佐為 432 元，警察為 312 元；印度警佐為 240 元，警察為 156 元；華人警佐為 144 元，警察為 88 元。[①]

早期香港警察有如下一些特點：

第一，威懾和管制廣大華人是早期香港警察的主要職能。與這一職能相適應，香港警隊成立之初就有一定的軍事性。他們經常荷槍實彈，其模式類似英帝國在愛爾蘭設立的武裝保安隊，與一般英國警察有所不同。

第二，香港警察的編制擴充特別迅速，按其與所轄人口及土地面積的比例來說規模特別龐大。1871 年，香港總商會在給殖民地大臣金伯利（Earl of Kimberley）的信中說：「本殖民地擁有一支在人數上比任何一個大小相等的英國殖民地都多的警力。」[②]

第三，早期香港警察的素質極其低劣，為非作歹，腐敗不堪。

香港首任警察司查理斯·梅就是一個腐敗分子。1858 年 8 月，港督包令曾向英國政府報告說，查理斯·梅惟利是圖，「靠做房地產投機生意及其他來源賺了一大筆錢」。他甚至敢在靠近警察署的地方開設妓院。香港政府為了保持體面，不得不出面干涉，「他才十分勉強地停止不幹」[③]。這樣一個貪官，非但未受任何懲處，反而得到重用，連續擔任警察司 16 年，後又升任巡理府達 17 年之久。

警察索賄受賄的現象司空見慣。最普通的勒索方式是藉故逮捕無辜平民，搶走他們的財物，拘留數日，然後宣佈釋放。從妓女身上榨財也是警察慣用的手段。向妓女非法徵收所謂特別費，幾乎成了他們一項重要的固定收入。不少警察甚至借查暗娼之名，蹂躪那些不幸墜入火坑的婦女。據統計，1869 年染上性病的警察佔全港警察總數的 16.66%，1870 年佔 13.75%；同期患性病的士兵

---

① 〈1865 年香港政府預算〉，《英國議會文書：中國》第 25 卷，《1862-1881 年有關香港事務文件》，第 93 頁。

② 〈香港總商會上金伯利伯爵書〉，1871 年 1 月 10 日，《英國議會文書：中國》第 25 卷，《1862-1881 年有關香港事務文件》，第 348 頁。

③ G. B. Endacott, *A Biographical Sketch-book of Early Hong Kong*, Singapore: Eastern Vniversities Press, 1962, p.103.

佔香港英軍總數的 6.83% 和 5.51%。[1]

有些警察實際上就是穿制服的匪徒。例如，1856 年 2 月香港商業區大火，80 幢房屋化為灰燼，7 人喪生，千百人流離失所。警察非但不奮力救火，反而趁火打劫。動手搶劫的大部分是印警，也有歐警。諾頓－凱希（J. W. Norton-Kyshe）就此事寫道：「警察在這次火災中的行為實在可悲，揭發出的罪行，證明這一信念是正確的：乾脆沒有警察，倒比現在有警察要好些。」「警力亟需改革，不能設想還有比香港警察更壞的警察。」[2]

1897 年 6 月 2 日，在香港破獲了一起私開賭場大案，貪污受賄的警察達 128 人之多，包括一名代理副警察司，13 名英國警官、38 名印警和 76 名華警。1898 年諾頓－凱希在《香港法律和法院史》一書中寫道：「警察隊幾乎已腐朽到千瘡百孔的程度，受賄之風不僅在低級警員中十分猖獗，而且有些警官和警佐長期以來一直接受賭館老闆的金錢。」[3]

然而，早年就是這樣一支警隊在維持治安，掌握着處置成千上萬華人居民的權力。根據 1845 年 12 月香港立法局通過的《治安法例》，警察有權隨時搜查一切華人住宅並逮捕他們認為不良的華人。該法例還規定：如華人「無事而扣他人門戶或按門鈴」、「賽會擅自打鑼吹筒或放花炮」、「夜間無事雲集多人」，以及僕役不服從雇主命令等，均由警察捉拿問罪。

---

① 〈1870 年香港醫官報告〉，《英國議會文書：中國》第 26 卷，《1882-1899 年有關香港事務文件》，第 533 頁。

② J. W. Norton-Kyshe, *The History of the Laws and Courts of Hong Kong*, vol.1, pp.376-381.

③ J. W. Norton-Kyshe, *The History of the Laws and Courts of Hong Kong*, vol.II, pp.496-497.

新界理民府官：沿革與職權 [1]

黃文江 [2]

「理民府官」[3] 在香港政府管治新界中曾扮演着一個舉足輕重的角色。然而，「理民府官」的功能與職權經歷了數次的改革，個中的轉變頗為曲折。有鑑於此，筆者翻閱一些歷史檔案及相關的研究，就「理民府官」的沿革及其職權作一簡單的介紹。

一 「理民府官」之沿革

1899 年 5 月至 7 月，新界的行政總部設於大埔，集各種大權在手的是駱克（James Lockhart）。駱克離職後，管理新界的官僚系統才漸漸出現，夏理德（Edwin Hallifax）獲委任為「警察裁判司」（Police Magistrate），而警隊則由梅含理（Francis May）管轄；至於土地問題就由獲委任為「助理田土官」（Assistant Land Officer）的梅塞爾（Charles Messer）處理。到了 1899 年年底，夏理德兼任

① 本文初稿完成於 1998 年，刊於《歷史教育論壇》第五期（1998 年 12 月），香港浸會大學歷史系出版，第 34-38 頁。後收錄於劉智鵬主編：《展拓界址：英治新界早期歷史探索》，香港：中華書局，2010，第 64-70 頁。作者十分感謝朱維理先生協助補充本文若干的內容。

② 黃文江，香港浸會大學歷史系副教授及中國研究課程主任，主要論著有《跨文化視野下的中國基督教史論集》、《香港社會與文化史論集》（合編）、《香港中華總商會百年史》（合著）、《王韜與近代世界》（合編），以及 For the Future: Sir Edward Youde and Educational Changes in Hong Kong、James Legge: A Pioneer at Crossroads of East and West、Health Policy and Disease in Colonial and Post-colonial Hong Kong, 1841-2003（合著）等。

③ 就 District Officer 一職的中文譯名，本文採「理民府官」。此一譯名常見於鄉議局資料及報章之中，可謂約定俗成。但有些中文報章簡稱為「理民府」，但是這個譯名容易令人產生混亂，因為 District Office 也譯成為「理民府」。1975 年，在政府出版的法律詞彙中英對照表中，District Officer 一職的中文譯名為「理民官」，而 District Office 譯作「理民府」，見香港中文大學編纂：《英漢法律應用詞彙》，香港：香港政府印務局，1975，第 749 頁。雖然有了這一個劃分，但是隨後政府出版的刊物中，不時仍稱「理民官」為「理民府」，見《香港一九七六》，香港：香港政府，1977，第 191 頁。至於 1975 年以後的一些報章及資料中仍把 District Officer 譯為「理民府官」或「理民府」。因為本文所涉及的時段為 1960 年代或以前，故 District Officer 一律譯作「理民府官」。

「助理警察司」（Assistant Superintendent of Police），取代梅含理管轄新界的治安問題。換言之，「巡理府」及「助理警察司」兩項職能是由一人負責，他的辦事處設於北約。1905 年 1 月 1 日，政府又委任一位「助理田土官」，獲委任的是伍德（John Wood），他的辦事處設於南約。換言之，新界有兩位「助理田土官」，分別處於北約及南約。當政府完成《集體官契》後，在北約的「助理警察司」及在北、南約的「助理田土官」一起合作徵收新界內的地稅。「警察裁判司」無權處理與土地有關的糾紛，「助理田土官」亦無權代行「巡理府」之職。徵收新界地稅一事由「巡理府」監督。[1]

1907 年 9 月 27 日，在殖民地大臣維克多布魯斯（Victor Bruce）的指示下，政府把原來已結合在一起的「巡理府」及「助理警察司」改名為 District Officer，[2] 中文譯作「理民府官」，其辦事處名為 District Office，中文譯為「理民府」，設於大埔。1908 年，在北約的「理民府官」及南約的「助理田土官」皆獲授權處理在新界內涉及不多於 200 元的小額錢債的民事糾紛。1909 年，北約的「助理田土官」改稱為「助理理民府官」（Assistant District Officer）。「理民府官」及「助理理民府官」皆分享相同的權力。[3]

南約的職能及官銜改變發生於 1910 年 2 月。[4] 南約「助理田土官」的官職改稱為「副理民府官」（Assistant District Officer），並開始設有警察裁判司。1911 年 4 月，助理警察司也獲委任至南約理民府。南約的「副理民府官」與北約的「理民府官」及「助理理民府官」享有相同權力。[5] 不過，南約副理民府官最初的

---

[1] "Report on the New Territories, 1899-1912," *Hong Kong Sessional Papers 1912, No.12*, Hong Kong: Hong Kong Government, 1912, p.44.

[2] "Appointment No.635," Hong Kong: *The Hong Kong Government Gazette*, 27-9-1907, p.1214.

[3] "Report on the New Territories 1909," *Administrative Reports for the Year 1909*, Hong Kong: Hong Kong Government, 1910, p.H1.

[4] 據歐姆的報告書，此為九月，詳見 G. N. Orme, "Report on the New Territories, 1899-1912," *Hong Kong Sessional Papers 1912, No.12*, Hong Kong: Hong Kong Government, 1912, p.45。但據另一份報告則稱是二月，詳見 "Report on the New Territories 1910," *Administrative Reports for the Year 1910*, Hong Kong: Hong Kong Government, 1911, p.I10。筆者以後者的時間與建立制度的時間較近，可靠性較大，故採後者之說。

[5] "Report on the New Territories, 1899-1912," *Hong Kong Sessional Papers 1912, No.12*, p.45.

職權只限與土地有關的一切事宜，如徵收土地稅。[1]1920 年，「副理民府官」改名為「南約理民府官」（District Officer, Southern District）。[2]1925 年起，部分原屬南約的新界地段因被劃分為「新九龍」，其裁判管轄權就由南約理民府轉交由九龍裁判法院處理。[3] 從 1920 年至 1941 年間，北、南兩約分別由兩位理民府官管理（期間只有 1928 年 8 月至 1930 年 7 月是兩約理民府結合的）。[4]

　　1945 年 8 月，英國從日本手中取回香港，由英軍管治香港。到了 1946 年 5 月 1 日，港督楊慕琦（Mark Young）才重掌香港，這意味着文官體系的管治機制重新啟動。在這段從軍人暫管到文官體系重新管治的過渡期內，在管治香港的具體方案上出現了許多問題，缺乏管治新界經驗的官員令新界地區的情況尤為嚴重。而且，在軍人暫管期間，除了金錢短缺外，人手經常調動也使管治新界顯得更為困難。在這種情況下，政府把兩個約理民府的職能合併，並稱為「新界理民府官」（District Officer, New Territories）。在這個不到九個月的過渡期，就先後由三位官員擔任「新界理民府官」一職，而「助理理民府官」的位置出現了更多的變動。[5] 到了 1947 年 7 月，出現了第三位「助理理民府官」。另一方面，「新界理民府官」把西貢墟從北約劃入南約，又把元朗及昔日北約以西的地方從北約劃出。概言之，三位「助理理民府官」就是協助「新界理民府官」治理以大埔為中心的北約、南約及元朗三個分區。[6]

　　到了 1948 年，「新界理民府官」易名為「新界民政署署長」（District Commissioner, New Territories），其職能並無什麼改變，是管理新界地區的最高官員。從 1948 年起，在「新界民政署署長」一職之下，復設三位「理民府官」，

---

[1] "Report on the New Territories 1910," *Administrative Reports for the Year 1910*, Hong Kong: Hong Kong Government, 1911, p.I10.

[2] "Report on the New Territories 1920," *Administrative Reports for the Year 1920*, Hong Kong: Hong Kong Government, 1921, p.J10.

[3] "Notices No.111," *The Hong Kong Government Gazette*, 27-2-1925, pp.61-62.

[4] *Hong Kong Annual Departmental Report by the District Commissioner, New Territories for the Financial Year 1966-67*, Hong Kong: Hong Kong Government Printer, 1967, p.1.

[5] J. Barrow, *Annual Report of the District Office, New Territories for the Year 1.5.1946-31.3.1947*, Hong Kong: Hong Kong Government, 1947, p.1.

[6] J. Barrow, *Annual Report of the District Office, New Territories for the Year 1st April 1947-31st March 1948*, Hong Kong: Hong Kong Government, 1948, p.1.

他們是由「助理理民府官」擢升的，管理範圍仍然是元朗、大埔及南約三個分區。[①] 從 1952 年起，「新界民政署」（New Territories Administration）負責官地的租賃、審批農地使用及建築事宜等。「理民府官」仍留有保存所屬範圍土地登記資料、處理徵收地稅（Crown rent）以及主持小額錢債法庭與土地法庭的職權。[②]

1957 年 11 月，增設一名「理民府官」，其辦事處設在大嶼山梅窩，亦屬南約。換言之，管轄的地區仍為三區，即元朗、大埔及南約，而「理民府官」的人數為四位。[③] 踏入 1950 年代，香港人口增長快速，因而對住宅用地需求甚為殷切，而且工業發展亦需大量土地，故政府推出「新市鎮發展計劃」（New Towns Development），荃灣就是第一個新市鎮。由於新市鎮發展涉及的事務很多，故政府在 1958 年中旬至 1959 年初於荃灣增設一名「理民府官」，[④]「理民府官」的人數增至五位。1968 年 12 月，政府意識到不能單靠南約理民府管理所有新界南的事務，故將南約理民府分為西貢及離島兩個理民府，前者管轄西貢和牛尾海，後者則專責離島。[⑤] 到了 1974 年，新界民政署由新界政務司掌管，並新設屯門及沙田理民府，「理民府官」的人數亦增至七位。[⑥]1982 年 11 月，「政府行政改

[①] Geoffrey Hamilton, *Government Departments in Hong Kong, 1841-1969*, Hong Kong: Hong Kong Government Printer, 1969, p.48. See also, J. Barrow, *Hong Kong Annual Report of the District Commissioner, New Territories for the Year 1st April 1948-31st March 1949*, Hong Kong: Hong Kong Government, 1949, p.3.

[②] Pui-yin Ho, *The Administrative History of Hong Kong Government Agencies 1841-2002*, Hong Kong: Hong Kong University Press, 2004, p.28.

[③] *Hong Kong Annual Report 1957*, Hong Kong: Hong Kong Government, 1957, p.360.

[④] James Hayes, *Tsuen Wan: Growth of a New Town and its People*, Hong Kong: Oxford University Press, 1993, p.183. 不過，1967 年及 1971 年的年度報告分別指出，荃灣理民府的設立時間為 1956 年及 1958 年。參見 *Hong Kong Annual Departmental Report by the District Commissioner, New Territories for the Financial Year 1966-67*, Hong Kong: Hong Kong Government Printer, 1967, p.2 及 *Hong Kong Annual Departmental Report by the District Commissioner, New Territories for the Financial Year 1970-71*, Hong Kong: Hong Kong Government Printer, 1971, p.2. 雖然南約理民府與荃灣理民府的辦公室同為加士居道 36 號，但是直至 1958 年 5 月有關荃灣工業用地的拍賣仍以南約理民府名義舉行，首次以荃灣理民府之名義舉行的拍賣則為 1959 年 1 月 29 日。參見 "Auction Sale of Crown Land at the District Office Tsuen Wan," *South China Morning Post*, 19-1-1959, p.19. 故此，本文認為荃灣理民府的設立時間為 1958 年 5 月至 1959 年 1 月。

[⑤] *Hong Kong Annual Departmental Report by the District Commissioner, New Territories for the Financial Year 1968-69*, Hong Kong: Hong Kong Government Printer, 1969, p.3.

[⑥]《香港：1973 年的回顧》，香港：香港政府印務局，1974，第 184 頁；《香港：1974 年的回顧》，香港：香港政府印務局，1975，第 184 頁；*Hong Kong Annual Departmental Report by the District Commissioner, New Territories for the Financial Year 1973-74*, Hong Kong: Hong Kong Government Printer, 1974, p.1。

組，成立政務總署，新界事務改由新界政務署長管理。而各區的理民府，亦因應改為政務處」。[1]

二 「理民府官」之職權

「理民府官」及 1948 年後的新界民政署署長成為香港政府管治新界的最重要官員，[2] 這樣的結構到了 1974 年出現改變。換言之，新界與香港其他地方的地方行政制度是大相徑庭的。據政治學學者樂邁士研究，新界不少居民稱理民府官為「父母官」，這與清朝中國平民百姓對地方官的稱呼是一樣的，這稱呼意味着理民府官在地方上擁有家長式的政治權力。[3] 政治學學者鄭宇碩更指出理民府官的職能可看成為與「副全權總督」（Semi-omnipotent Viceroy）無異。[4] 故此，「父母官」一詞不單代表理民府官需要處理平常的家庭糾紛，更需要融入中國傳統習俗文化，而非強行套用西方法律。1949 年至 1956 年助理輔政司兼南約理民府裁判司高志（Austin Coates）便透過理解「洗澡」暗示「裸露」、「看見」意指「身體接觸」的委婉表達，再巧妙地以「結婚」代替「負起責任」，從而成功地解決因未婚少女懷孕而促成的糾紛。[5] 不過，曾任南約理民府官的許舒則認為，「父母官」一詞實際上是鄉民提醒理民府應妥善履行照顧鄉村習俗及利益的職責，當中略有責備之意。[6]

綜合而言，理民府官除了擔當地方上太平紳士的職能之外，他們負責的工作還包括收集地稅、土地管理、地區發展、生死註冊、平衡香港法律與中國傳

---

① 《荃灣二百年：歷史文化今昔》，香港：荃灣區議會出版，1991，第 17 頁。

② Shu-ming Huang, "Impacts of British Colonial Administration on Hong Kong's Land Tenure System," *New Asia Academic Bulletin* 6（1986）: 6.

③ Norman Miners, *The Government and Politics of Hong Kong*, Hong Kong: Oxford University Press, 4th ed. 1986, p.38.

④ Joseph Y. S. Cheng, "Elite Participation in Development Administration in the New Territories of Hong Kong", *The Journal of Commonwealth and Comparative Politics* 22:3（November 1984）: 277.

⑤ Austin Coates, *Myself a Mandarin: Memoirs of a Special Magistrate*, Hong Kong: Oxford University Press, 1968, pp.203-211.

⑥ James Hayes, "The New Territories Twenty Years Ago: From the Notebooks of a District Officer," *Hong Kong Journal of Public Administration* 2:1（June 1980）: 62.

統社會習俗中的矛盾，以及聯絡地區內各大氏族。[①] 根據現時香港政府檔案處保存的少量理民府官文書資料，理民府官似是主要處理原居民的土地業權及使用權等問題。[②] 此外，在理民府成立之初，港督卜力（Henry Blake）便指示「要盡量保留和利用鄉村組織」，尤其是「透過鄉村的仲裁機構解決當地案件」。雖然鄉村仲裁機構因欠缺透明度很快被巡理府取代，但鄉村領袖對穩定當地治安，以及在風俗、風水、繼承權等方面的知識皆有助於理民府管治。[③] 故此，理民府官需要積極與鄉紳領袖建立良好關係，便成為了政府管治新界的政策綱領。[④] 因此，在兩位曾任南約理民府官的戈裴侶（Walter Schofield）及許舒（James Hayes）的私人通信中，便顯示理民府官與鄉村領袖（Headmen）交往頻繁。這些鄉村領袖的領導地位並非由理民府官所委任，而是由他們所屬的地區組織或團體認可，但這並非意味着是由公開選舉所產生。姑且勿論領袖身份的產生方法，他們確是地方上有勢力的人物。因此理民府官可透過他們有效地調查一些問題及順利地處理地方事務。[⑤]

　　日治時期後，香港政府在新界的管理走向專門化。新界民政署署長（或其部下「理民府官」）的職權漸漸由其他政府部門所取代。政治學者黃鉅鴻把這些轉變作了清楚的說明：裁判司的功能（包括刑事及民事訴訟）交回裁判司署負責（1954）、居民冊籍及生死註冊的工作交回註冊總署負責（1958）及有關公共

---

① Patrick Hase, "The Work of the District Officer and His Role in New Town Development," in Alan Birch（ed.）, *The New Territories and its Future: Proceedings of a Symposium of the Royal Asiatic Society, Hong Kong Branch*, Hong Kong: Royal Asiatic Society Hong Kong Branch, 1982, pp.51-52. 又見 Cheng, *Op. Cit.*, pp.277-278. 又見 G. B. Endacott, *Government and People in Hong Kong, 1841-1962*, Hong Kong: Hong Kong University Press, 1964, p.134.

② 其中兩個例子為 "Lot 5300, S. D., 1-District Officer South, recommends that the Lot should be classified as building land."（Serial Number: 99-16/Record ID: HKRS58-1-99-16）及 "Mr. Cheng Tsz In's Permits to maintain sheds on Lot 2226 and 2260, S. D., 1-Cancellation of old permits formerly issued by District Officer, South, issue of new permits for the above including an additional shed on Lot 2265 S. D."（Serial Number: 139-34/Record ID: HKRS58-1-139-34）。

③ "Report on the New Territories, 1899-1912," *Hong Kong Sessional Papers 1912, No.12*, p.45.

④ Patrick Hase, *The Six-day war of 1899: Hong Kong In the Age of Imperialism*, Hong Kong: Hong Kong University Press, 2008, p.190.

⑤ A Letter dated 27 July 1962, from W. Schofield to James Hayes, "Letters of E. W. Hamilton, W. Schofield, and N. L. Smith, containing their reminiscences of the New Territories, Southern District between 1920 & 1924."（HKMS/83, private manuscript, Public Records Office, Hong Kong.）

衞生的工作改由市政事務署負責（1960）。踏入 1960 年代，理民府的工作包括
下列十三項：（1）搜集政治情報；（2）代表新界利益；（3）協調有關政府部門活動；
（4）解釋及爭取新界居民支持政府施政計劃；（5）管理土地；（6）治理難民臨
時居住問題；（7）鼓勵地方發展；（8）仲裁紛爭；（9）協助推行教育；（10）組
織災害善後工作；（11）社會福利工作；（12）與英軍聯絡；（13）協辦區內康樂
事務及青少年活動。[①]

　　同時，巡視鄉村視察發展狀況以及聆聽居民意見也是理民府的重要工作。[②]
早於 1930 年代，由於熟悉土地法律的田土官鮮有認識鄉村處理土地問題的傳
統習俗，理民府官便需要親身到地區，與村民商討相關的金錢及土地賠償。[③] 及
至戰後，政府積極發展新市鎮，加上新界對公共服務如供水、供電、教育、道
路、醫療等的需求殷切，理民府官更需要恆常視察。[④]

　　不過，由於理民府官只限於處理土地事宜，未能直接及即時滿足地區需
要。[⑤] 及至 1960 年代中旬，港督戴麟趾（David Trench）也意識到紓解民意及加
強官民溝通的需要，「六七暴動」的爆發更強化了他實踐這些觀念的動力。[⑥] 民政
司何禮文（David Holmes）便提議除了要提供予年青人參與公共事務的平台，
更要讓理民府在內的諮詢架構有實際的行政權力，擺脫官僚體制，加強行政效

---

① 黃鉅鴻：〈新界的靜默革命：八十年代新界市鎮化之發展〉，鄭宇碩編《八十年代的香港：轉型
　期的香港》，香港：香港大學出版社，1981，第 27-28 頁。另參考一下兩份資料：Patrick Hase, "The
　District Office," in Elizabeth Sinn（ed.）, Hong Kong, British Crown Colony, Rev. ed. Hong Kong: Centre
　of Asia Studies, The University of Hong Kong, 2001, pp.123-146; Denis Bray, Hong Kong Metamorphosis,
　Hong Kong: Hong Kong University Press, 2001, pp.47-70。
② James Hayes, "The New Territories Twenty Years Ago: From the Notebooks of a District Officer," Hong
　Kong Journal of Public Administration 2:1（June 1980）: 63.
③ W. Schofield, "Memories of the District Officer South, New Territories of Hong Kong," Journal of the Roy-
　al Asiatic Society Hong Kong Branch 17（1997）: 153.
④ James Hayes, "The New Territories Twenty Years Ago: From the Notebooks of a District Officer," Hong
　Kong Journal of Public Administration 2:1（June 1980）: 63-66;〈南約理民府長官韋輝約晤車約鄉民
　代表　據謂政府有意積極發展新界　鄉民表示有權利始能負義務〉，《工商日報》，1949 年 8 月
　20 日。
⑤〈大埔理民府訪四區紳會團拜商地方建設〉，《華僑日報》，1973 年 2 月 8 日。
⑥ "David Trench to Sir Arthur Galsworthy," FCO 40/235, 4-3-1969.

能。① 因此，早於 1966 年 11 月完成的狄堅信報告書（The Dickinson Report）便建議政府以荃灣的理民府為地區行政的改革試點，將之擴充為處理公共服務、社會福利等事務的議會。② 可是，由於戴麟趾認為報告的建議「比他預想的行前了一步」，③ 故決定於 1968 年 5 月 10 日在市區推行較溫和、以理民官為藍本的民政主任計劃：以本地的年輕華人擔任民政主任，透過聯絡街坊組織及社區領袖向社區闡述政府措施，並協調政府各部門加快行政效能。④

隨着香港整體地方行政制度的改革，「新界的理民府亦逐步轉向與市區民政處看齊」。⑤ 在急速都市化下，新市鎮居民對於社區發展的期望和需求也隨之上升，更希望有平台表達對社區發展的意見，⑥ 傳統的管治方式逐漸不能應付當中的需求。故此，地區諮詢委員會（District Advisory Boards）便於 1977 年成立，負責評估政府政策對社區的影響，以及鼓勵政府按照地方需要施政。⑦ 同時，由於「以前理民府直接處理的事務，如土地登記、買賣、收地、發展、城市計劃等工作，都已有獨立的部門如地政署、拓展處、城市規劃署等去獨立工作，」⑧ 政府已有意重整地方政制。故此，政府於 1980 年發表《綠皮書：香港地方行政的模式》，就提升地區行政效率以及加強地區參與兩大原則，諮詢公眾有關設立

① "Minor Constitutional Changes in Hong Kong: The Urban Council and other Possibilities," FCO 40/237, 25-4-1969.

② *Report of the Working Party on Local Administration*, Hong Kong: Hong Kong Government Printer, 1966, p.18, 21.

③ "Transcript of Interviews with Sir David Trench," 23rd-24th April, 1987, Mss. Ind. Ocn. S.337, Commonwealth and African Studies Collection, Weston Library, Bodleian Libraries, University of Oxford, 163. 值得指出的是，外交及聯邦事務部一直支持狄堅信報告書中關於在荃灣建立新議會的建議。1970 年 7 月，外交及聯邦事務大臣休姆（Alec Douglas-Home）甚至質疑戴麟趾是否刻意排除此項建議。詳見 "Saving Despatch No.272: Alec Douglas-Home to David Trench," FCO 40/305, 30-7-1970。

④ "City District Officer Scheme Hong Kong: Progress Report to 10th October, 1968," FCO 40/235, 10-10-1968.

⑤ 黃國華：〈地方行政制度〉，鄭宇碩主編：《香港政制及政治》，香港：天地圖書出版公司，1987，第 122 頁。

⑥ *Hong Kong Annual Departmental Report by the District Commissioner, New Territories for the Financial Year 1973-74*, Hong Kong: Hong Kong Government Printer, 1974, p.1.

⑦《綠皮書：香港地方行政的模式》，香港：香港政府印務局，1980，第 4 頁。

⑧《荃灣二百年：歷史文化今昔》，第 17 頁。

區議會的意見。^①由於政府收集的市民意見大多支持相關建議，故於 1981 年 1 月
發表《香港地方行政白皮書》，決定將理民府與民政主任的制度合二為一，將香
港劃分為 18 區，每區設一區議會（District Board），以建立積極回應民意的地
方政制。^②1982 年 11 月，政府正式進行改組，將理民府與民政主任合併為政務處
（英文仍為 District Office），它「仍然是每一個分區，負責各政府部門統籌和溝
通聯絡的機構」。^③同年，首屆區議會選舉正式舉行。「理民府官」的歷史角色告
一段落。

---

①《綠皮書：香港地方行政的模式》，第 5-6 頁。
②《香港地方行政白皮書》，香港：香港政府印務局，1981，第 5-6 頁。
③《荃灣二百年：歷史文化今昔》，第 17 頁。

香港新界鄉事組織及鄉約 [①]

蕭國健 [②]

一 香港新界鄉事組織

清代香港及新界等地區位於廣東省新安縣境內，境內村莊屬官富巡檢司管轄，分官富司管屬村莊及官富司管屬客籍村莊。

（一）1898 年以前香港及新界等地區之鄉治

1898 年以前，香港及新界等地區分鄉、都、圖及村等地方自治團體，由官諭選舉區內紳耆或族中之德高望重者掌事。行保甲制：以十戶為一排，十排為一甲，十甲為一保（里），設一地保及一總理，皆紳耆推舉，並獲官諭。

地保亦稱鄉保，屬胥役，為地方警察之一種，負責查覆稟請鄉賢、名宦及節孝等之入祀，查報候選與候補官吏及赴考生員之身家，協助捕捉案犯，查察不善之徒，看管未決囚犯，驗傷、驗屍，並作報告，協辦保甲、鄉村聯盟、冬防及團練等事務，和查報田園及賦役。

總理須為人正直，有家室及正業，負責協辦鄉村聯盟、冬防及團練等事務，編審保甲，發給門牌，協助鄉保辦理調處管理區內人民之錢穀、戶籍及婚嫁等事情，轉達官方命令於區內及管理公共事業。

村務由耆老（村長、父老）及族長（族正）管理。耆老（村長、父老）須有資產、學識及民望，負責約束村民，稟報不善之徒，與鄉保、總理協辦村內條約，遇冬防及團練時，協助總理即抽村內壯丁，幫助丈量委員丈量田地。族長由族人自選，無官諭，負察舉族內良莠及約束族內子弟之責。

① 本文節選自蕭國健：《探本索微：香港早期歷史論集》，香港：中華書局，2015，第 214-222 頁。標題係編者添加。
② 蕭國健，香港珠海學院中國歷史研究所暨中國文學系教授，香港歷史文化研究中心主任。

勢力較弱之家族或村莊組成鄉村聯盟（鄉約），對抗鄰近較強者。此為地方自治團體性質，官方不予規定，任由鄉民自定呈報。該聯盟無成文法根據，但有習慣鄉規，合約由鄉保及總理等執行，重要事務由村長、父老及族長辦理。境內主廟為集會場所，共管墟市內之貿易利益，以神誕及打醮作聯繫活動。

（二）1899 年後初期之村代表制

1899 年後，新界轉歸英治，初期行村代表制。各區父老或鄉紳於非正式聚會，商討區內事務，處理與當局有關事情，父老被公認為地方領袖，被村民尊敬，為有相當影響力之人物，負責管理鄉村大小事務。

（三）新界鄉事委員會

此制度成立於戰後初期，源出於村代表制：各鄉事委員會有其組織章程，執行委員會委員由各村代表互選，擔任鄉事委員會各項要職，各鄉事委員會主席為區議會之當然議員，出任區議會之工作小組主席。各鄉事委員會委員協助推行新市鎮之社區建立工作（如籌辦文娛康樂活動），與政務署（前理民府）經常保持密切聯繫。其時，新界共有 27 鄉、651 村，各村由戶主選舉一或多位代表，共 900 多人，組成二十七鄉事委員會。

（四）新界鄉議局

新界鄉議局之前身為新界農工商業研究總會，1926 年，香港總督金文泰爵士改其名為新界鄉議局，當時職權較現時為大：普通民事案件皆其辦理。日治期間工作曾一度停頓，戰後恢復。

1959 年訂立鄉議局條例，鄉議局成為政府之法定諮詢機構，與新界政務署（前民政署）經常保持密切聯繫，今仍之。

（五）區域市政局

1977 年，新界鄉事委員會與市區組織（如互助委員會、分區滅罪委員會文

康興趣小組）合併組成地區諮詢委員會。1981 年改地區諮詢委員會為區議會，成員包括官守及非官守之委任議員、市政局議員或鄉事委員會主席。1985 年成立臨時區域議局，成員共 24 名，包括 12 名委任議員，9 名從非市區之區域議會間接選出，3 名為當然議員（鄉議局主席及兩名副主席）。

　　1986 年更名區域市政局，與鄉議局密切聯繫。區域市政局 3 名委任議員亦為鄉議局成員，轄九行政區：離島、北區、沙田、西貢、大埔、荃灣、葵青（1985 年自荃灣分出）、屯門及元朗，各行政區下設分區，每區設分區委員會。

二　新界地區之鄉約

（一）鄉約的功能與組織

　　鄉約為一依血緣關係或地緣關係，並訂有規約之民眾組織[①]，目的為禦敵衛鄉，勸善懲惡，廣教化，厚風俗，護山林，或應付差徭等[②]。朝廷曾屢頒聖諭，通過鄉約，推廣於鄉村社會。隨着清朝統治之穩固，鄉約之地位愈為穩固[③]。鄉約被賦予宣講鄉約、支持教育與科舉、應付差徭、經營鄉約共同財產及買田置地等權利。鄉約強化德治、厲行道德教化，鄉約把傳統道德和朝廷統治思想傳遞到官府政治力量所不及之地方，有效維繫皇權之權威性與統治秩序。

　　鄉約組織主要以地區範圍為主，以宗族血緣範圍為輔，城市以坊里相近者為一約，鄉村以一圖或一族為一約。其村人少者附大村，族小人少者附大族，合為一約。各類編一冊，聽約正約束[④]。鄉約之負責人為約正及約副，一般擇德望重之長者或居家先達縉紳一人為約正，二人為約副，通知禮文者數人為約贊，導行禮儀為司講，陳説聖諭，又以讀書童子十餘人歌詠詩歌，其餘士民俱赴約聽講[⑤]。

---

① 陳柯雲：〈略論明清徽州鄉約組織〉，《中國史研究》，1990 年第 4 期。
② 黃強：《中國保甲實驗新編》，南京：正中書局，1936，第 21 頁。
③ 陸世儀：〈論治邑〉，王日根《明清民間社會的秩序》，長沙：嶽麓書社，2003，第 403 頁。
④ 卞利：〈明清時期徽州的鄉約簡論〉，《安徽大學學報（哲學社會科學版）》，2002 年第 6 期。
⑤ 卞利：〈明清時期徽州的鄉約簡論〉，《安徽大學學報（哲學社會科學版）》，2002 年第 6 期。

　　清末，新界地區勢力較弱之家族或村莊，常會組織聯盟，抗拒鄰近之較強者，聯防互衞。此等自治團體所包括之區域，任由鄉民自願組合，官府對之並無限定，任由其自定呈報。此類聯盟無成文法之根據，但有鄉規習例之約束，且有訂立合約，由鄉民自選之總理及地保等維持執行，並獲官方認可監督。

　　此類鄉村聯盟分兩大類：其一為小地區內村落之聯盟，以保區內治安太平為主；其二為由數小地區之聯盟，合組一較大區域之聯盟，其目的除保境安民外，亦有改善區內之社會環境及交通，並有經營墟市，發展貿易。此類聯盟因有合約之管束，故稱鄉「約」。

（二）小區域及大地域之鄉約

　　小區域內，由數村落合組鄉約，以保境安民、聯防互助為目的，如：

　　衙前圍七約：由衙前圍、衙前塱、沙埔、隔坑、石鼓壟、打鼓嶺及大磡七村組成。

　　西貢八鄉：由大網仔、大埔仔、石坑、鐵鉗坑、氹笏、黃毛應、坪墩及蛇頭等村組成。

　　沙田沙田頭約：包括作塱坑及沙田頭二村。

　　大埔汀角約：由汀角、上山寮、下山寮、犁壁山、蘆慈田、龍尾及大尾督等七村組成。

　　由數小地區所組成之數鄉約組織合組之聯盟，除保境安民、聯防互助外，亦起改善區內之社會環境之作用，並經營墟市貿易，舉辦宗教慶典。此類大地域合組之鄉約，較著者有沙田九約及大埔七約。

　　沙田九約，包括：

　　大圍約：只由大圍一村組成。

　　田心約：只由田心一村組成。

　　徑口約：包括上徑口、下徑口及顯田村。

　　隔田約：包括山下圍及隔田村。

　　排頭約：包括上禾輋、下禾輋及銅鑼灣。

　　火炭約：包括百子窩、禾寮坑、落路下、黃竹洋、山尾、河瀝背、石寮洞、

坳背灣、長瀝尾、馬料、馬料水、龜地、赤泥坪及麵房。

沙田頭約：包括作壆坑及沙田頭村。

沙田約：包括茅笪、十二笏、新塘村、元洲角、王屋村及灰窰下。

小瀝源約：包括插桅竿、牛皮沙、見咀、觀音山、茂草岩、老鼠田、芙蓉別、黃坭頭、大峯、花芯坑、石鼓壟、南山及大藍寮。

該約共有40餘村，下分九分約，以車公廟為主廟，供奉車大元帥，十年一屆建醮酬神，約內各村亦多參與，此舉直接促進各村之聯繫，發揚互助精神。此俗至今仍存。

大埔七約，包括：

泰亨約：包括灰沙圍、青磚圍（中心圍）及祠堂村。

林村約：包括上白牛石、下白牛石、梧桐寨、寨凹、大芒峯、麻布尾、水窩、坪朗、大菴村、龍丫排、田寮下、塘上村、新塘、新村、社山、鍾屋村、新屋仔、放馬莆、坑下莆、較寮下、圍頭、南華莆、蓮澳李屋及蓮澳鄭屋。

翕和約：包括老泮涌、南坑、鳳園、上黃宜坳、下黃宜坳、大埔滘、上碗窰、下碗窰、荔枝山、元墩下、打鐵岋、半山洲、燕岩及新屋。

集合約：包括沙洞張屋村及李屋村、吓坑村、詹坑村、詹屋村、船灣陳屋村及李屋村、黃魚灘村、霞地吓村、沙欄村、礐頭角村、圍吓村、洞梓村、井頭村及丫山村。

樟樹灘約：包括樟樹灘及大埔尾。

汀角約：包括汀角、上山寮、下山寮、犂壁山、蘆慈田、龍尾及大尾督。

粉嶺約：包括粉嶺圍及粉嶺樓。

該約共有60餘村，下分七分約，1891年組成七約鄉公所，創立太和市，並建立文武廟，作為辦公場所，處理鄉事。太和市現稱大埔墟，墟內文武廟仍存，惟七約大樓已於1990年落成，七約鄉公所辦公室亦已遷該大樓內。

香港的憲政發展：從殖民地到特別行政區[①]

陳弘毅[②]

一　前言

在過去 20 年，憲政的事業在東亞和東南亞地區大有進展[③]，而香港是其中一個值得研究的憲政實驗個案。

香港的憲政實驗建基於「一國兩制」的概念。已故中國領導人鄧小平在 1970 年代末提出這個概念時[④]，原意是促進台灣與祖國大陸的和平統一，但台灣方面拒絕接受這個安排[⑤]。1984 年，中英兩國簽署《關於香港問題的聯合聲明》，英國政府承諾於 1997 年把香港交還中華人民共和國，於是香港成了實行「一國兩制」的首個試驗場[⑥]。

---

① 原載陳弘毅：《香港特別行政區的法治軌跡》，北京：中國民主法制出版社，2010，第 103-139 頁。

② 陳弘毅，美國哈佛大學法學碩士，現任香港大學法律學院教授。

③ 東亞和東南亞的有關個案可理解為亨廷頓所謂的「第三波民主」的一部分，可參見 Samuel P. Huntington, *The Third Wave: Democratization in the Late Twentieth Century*, Norman and London: University of Oklahoma Press, 1991; Larry Diamond & Marc F. Plattner (eds.), *The Global Resurgence of Democracy*, Baltimore: John Hopkins University Press, 1993; Dennis Austin (ed.), *Liberal Democracy in Non-Western States*, St. Paul: Professors World Peace Academy, 1995; 田弘茂等編：《鞏固第三波民主》，台北：業強出版公司，1997；田弘茂等編：《新興民主的機遇與挑戰》，台北：業強出版公司，1997；倪炎元：《東亞威權政體之轉型：比較台灣與南韓的民主化歷程》，台北：月旦出版公司，1995。

④ 參見趙春義編：《一國兩制概論》，長春：吉林大學出版社，1988；趙小芒等著：《一個國家 兩種制度》，北京：解放軍出版社，1989；中共中央文獻研究室編：《一國兩制重要文獻選編》，北京：中央文獻出版社，1997；《鄧小平論「一國兩制」》，香港：三聯書店，2004。

⑤ 參見 Ying-jeou Ma, "Policy Towards the Chinese Mainland: Taipei's View," in Steve Tsang (ed.), *In the Shadow of China: Political Developments in Taiwan Since 1949*, Hong Kong: Hong Kong University Press, 1993, chapter 8; 耶魯兩岸學會編：《邁向 21 世紀的兩岸關係》，台北：時報文化，1995；石之瑜：《兩岸關係論》，台北：揚智文化，1998；許宗力：《憲法與法治國行政》，台北：元照出版公司，1999，第 239 頁。

⑥ 葡萄牙統治下的澳門在 1999 年也在「一國兩制」的框架下回歸中國，可參見譚志強：《澳門主權問題始末（1553－1993）》，台北：永業出版公司，1994；《澳門基本法文獻集》，澳門：澳門日報出版社，1993；駱偉建：《澳門特別行政區基本法概論》，澳門：澳門基金會，2000；蕭蔚雲等編：《依法治澳與穩定發展：基本法實施兩週年紀念研討會論文集》，澳門：澳門科技大學出版，2002。

　　香港島於 1842 年割讓予大英帝國。在英國殖民統治下的香港，政府採用的是一種軟性的威權主義。政治權力緊握於由倫敦委任的香港總督手中，全體立法局議員均由他任命。與此同時，香港沿襲了英格蘭的普通法的法治和司法獨立的傳統；在 1960 年代後期的暴動過後，香港的人權保障水平也逐漸提高[①]。

　　在 1950 年代至 1970 年代，香港的經濟發展蓬勃，成為「亞洲四小龍」之一[②]。在八十年代，香港出現民主化的曙光。香港的立法局在 1985 年首次有部分議席由選舉產生[③]。1990 年，中國全國人大制訂了《中華人民共和國香港特別行政區基本法》，此法於 1997 年在香港實施。1991 年，香港立法局通過了《香港人權法案條例》，開啟了香港法制史上的「違憲審查」時代，香港法院開始建立起一套關於人權法的案例。同年，香港亦舉行了立法局選舉，首次有部分議席由「直接選舉」（全民普選）產生。1997 年回歸祖國後，新成立的香港終審法院領導下的香港法院繼續在憲法性訴訟案件中發揮着重要作用，而立法會（相當於回歸前的「立法局」）中由全民直接選舉產生的議席的比例則逐步增加。

　　憲政主義的主要元素包括法治、憲法（或憲法性法律）至上、分權制衡、司法獨立及人權保障，尤其是確保權力的行使受到法律的約束，選舉按既定規則進行，最高領導人的政治權力有序地轉移。廣義的憲政主義概念不單可以用來討論一個國家的情況，也可用來討論像香港一樣的具有高度自治權的地區。1980 年代以來，香港在憲政建設方面取得了一定的成績。

---

① 關於香港的歷史，可參見 G. B. Endacott, *A History of Hong Kong*, Hong Kong: Oxford University Press, 2nd ed 1964; G. B. Endacott, *Government and People in Hong Kong, 1841-1962*, Hong Kong: Hong Kong University Press, 1964; Frank Welsh, *A History of Hong Kong*, London: HarperCollins, 1993; Steve Tsang, *A Modern History of Hong Kong*, Hong Kong: Hong Kong University Press, 2004；劉蜀永編：《簡明香港史》，香港：三聯書店，1998；蔡榮芳：《香港人之香港史 1841－1945》，香港：牛津大學出版社，2001；王賡武編：《香港史新編》，香港：三聯書店，1997。

② 參見 Ezra F. Vogel, *The Four Little Dragons*, Cambridge, MA: Harvard University Press, 1991。

③ 關於香港的民主化，可參見 Kathleen Cheek-Milby, *A Legislature Comes of Age: Hong Kong's Search for Influence and Identity*, Hong Kong: Oxford University Press, 1995；Lo Shiu-hing, *The Politics of Democratization in Hong Kong*, Basingstoke and London: Macmillan Press, 1997；Alvin Y. So, *Hong Kong's Embattled Democracy*, Baltimore: John Hopkins University Press, 1999；劉兆佳：《過渡期香港政治》，香港：廣角鏡出版社，1996；黃文娟：《香港的憲制與政治》，台北：國家發展基金會，1997。

二　憲政主義在香港的源起及演變

　　憲政主義雖然是現代西方文明的產物，但與科學一樣，它具有普遍意義，已廣泛為全人類所接納，作為政治和法律的理論和實務的典範。在過去兩個世紀，憲政主義的運作模式已被移植到全球每一個角落。擁有一部憲法，成了現代主權國家的特徵之一；不同政治意識形態的國家，無論是奉行資本主義，抑或社會主義，都宣稱其憲法在其國土上有至高無上的權威。憲政，就正如科學、民主、人權一樣，被視為現代化的指標之一。

　　然而，近代史告訴我們，統治者經常對其國家的憲法和憲政主義口惠而不實。真正實施憲政，並不容易；不少發展中國家嘗試模仿西方，在本土建立憲政，但卻以失敗告終。比較憲法學學者 Karl Loewenstein[①] 在考察不同國家的情況後，曾把憲法區分為三種：名義性憲法（nominal constitutions）、文字性憲法（semantic constitutions）和規範性憲法（normative constitutions）。名義性憲法與該國的政治制度的現實脫節，僅為一紙空言。文字性憲法提供一些關於該國的政治制度及其運作的有用資訊，但並不能約束從政者的行為。規範性憲法真正決定當權者如何產生，它能真正監督權力的行使和不同權力機關之間的關係；從政者通過潛移默化，均認真地看待憲法的條文，並自願接受其約束。由此可見，規範性憲法的存在乃憲政主義得以成功實施的重要元素。

　　正如 Nino 指出，憲政主義一詞「有不同的含義，其深淺度不一」[②]。這些含義包括（1）法治（政府依法施政）；（2）憲法性條文高於一般立法；（3）法律應具有某些特性，如普遍性、確定性、公開性、無追溯力和不偏不倚地執行；（4）權力分立和司法獨立；（5）個人權利的保障；（6）司法審查；（7）民主。可是，這個分析並未釐清憲政主義中上述各項元素的相互關係。就本文的討論而言，憲政主義可理解為以下兩種制度的結合：一個奉行法治原則（包括上述第 1、3

---

① Karl Loewenstein, *Political Power and the Government Process*, Chicago: University of Chicago Press, 1957, pp.147-153.

② Carlos Santiago Nino, *The Constitution of Deliberative Democracy*, New Haven: Yale University Press, 1996, p.3.

和 6 項元素）的法律制度，加上一個實行權力分立和內部制衡的政治制度，而此兩者的結合確保人權得到尊重和保障 ①。憲政主義的實施有程度之分，因為人權保障有程度之分。公民的政治權利乃人權的其中一種，一個充分實現公民政治權利的政體，便是民主政體。從這個角度看，「民主憲政」是「憲政」的最高層次的體現 ②。

香港憲政主義的發展（特別是法治、司法獨立和人權保障）是英國殖民統治的產物 ③。長期以來，香港享有的一定程度的憲政（但不是民主憲政）乃建基於一部殖民地憲法和殖民地政府的實踐與慣例，直至 1997 年 7 月 1 日，香港回歸中國，成為一個特別行政區，香港的憲政的基礎乃轉移為全國人民代表大會制訂的《中華人民共和國香港特別行政區基本法》④。

直至 1980 年代，英國在香港的殖民統治的法理依據，除了清朝政府與大英帝國簽訂的三條（分別關於香港島、九龍半島的割讓和「新界」的租借的）「不平等條約」外 ⑤，便是由英王頒佈的《英王制誥》（*Letters Patent*）和《王室訓令》

---

① 陳弘毅：《法理學的世界》，北京：中國政法大學出版社，2003，第 108、119－120 頁。

② 以英國為例，英國在 17 世紀末（即「光榮革命」後）已初步完成憲政的建設，成為一個君主立憲的國家，但她的民主化在 20 世紀才完成。參見 Carl J. Friedrich, *Constitutional Government and Democracy: Theory and Practice in Europe and America*, Boston: Ginn & Co., Rev. ed. 1950, pp.2, 31, 45, 50, 128；John Canning（ed.）, *The Illustrated Macaulay's History of England*, London: Weidenfeld and Nicolson, 1988；W. A. Speck, *A Concise History of Britain 1707-1975*, Cambridge: Cambridge University Press, 1993；布勒德（S. Reed Brett）：《英國憲政史譚》，陳世第譯，北京：中國政法大學出版社，2003；比几斯渴脫著、清代翰墨林編著印書局編譯：《英國國會史》，北京：中國政法大學出版社，2002。

③ 關於香港在殖民地時代（尤其是 1980 年代）的憲法、政治與法律制度，可參見 Norman Miners, *The Government and Politics of Hong Kong*, Hong Kong: Oxford University Press, 4th ed. 1986；Peter Wesley-Smith, *Constitutional and Administrative Law in Hong Kong*, Hong Kong: China and Hong Kong Law Studies, Vol.I, 1987, Vol.II, 1988；Peter Harris, *Hong Kong: A Study in Bureaucracy and Politics*, Hong Kong: Macmillan, 1988；Peter Wesley-Smith, *An Introduction to the Hong Kong Legal System*, Hong Kong: Oxford University Press, 1987。

④ 參見肖蔚雲編：《一國兩制與香港特別行政區基本法》，香港：文化教育出版社，1990；王叔文編：《香港特別行政區基本法導論》（修訂版），北京：中共中央黨校出版社，1997；王泰銓：《基本法》，台北：三民書局，1995；Yash Ghai, *Hong Kong's New Constitutional Order*, Hong Kong: Hong Kong University Press, 2nd ed. 1999。

⑤ 參見劉蜀永：《香港的歷史》，北京：新華出版社，1996，第 2－4 章及附錄 1；余繩武、劉存寬編：《19 世紀的香港》，香港：麒麟書業，1994；Peter Wesley-Smith, *Unequal Treaty 1898-1997*, Hong Kong: Oxford University Press, Rev. ed. 1998。

（*Royal Instructions*）^①。這兩部憲法性文件與大英帝國在亞、非等地區的殖民地所用的憲法性文件類似^②，它們都是在 19 世紀寫成的文件，內容相當簡陋，可以體現出憲政主義的條文不多。港督手握大權，施政時由行政局和立法局輔助，兩局的成員（包括身為殖民地政府官員的「官守議員」和由社會人士出任的「非官守議員」）都是由港督挑選委任。除了一個市政機構（稱「市政局」，負責公眾健康、環境衞生和管理文娛康樂設施等工作）是由狹窄的選民基礎產生外^③，並沒有其他民主選舉^④。港英政府的統治模式是所謂「行政吸納政治」^⑤，即由港督委任香港商界和專業界的精英人士進入行政局和立法局，以及各種諮詢委員會，以便在政策制訂時作出諮詢，尋求共識。正如在她的其他殖民地一樣，英國把她的普通法傳統、法治模式、司法獨立的精神和區分為律師（solicitors）與大律師（barristers）的法律職業移植到香港^⑥。《英王制誥》和《王室訓令》等殖民地憲法文件中沒有人權法案，不少香港法例對言論自由、結社自由和集會遊行等自由作出遠超於英國本土法律的限制，雖然政府在實踐中並不經常地嚴格執行這些法例^⑦。

然而，弔詭的是——有人更認為是奇跡的是，雖然香港沒有一部符合民主憲政理念的憲法性文件，但到了 1970 年代，英國殖民管治下的香港市民卻能享

---

① 參見 Norman Miners, *The Government and Politics of Hong Kong*, chapter 5, Appendix；Peter Wesley-Smith, *Constitutional and Administrative Law in Hong Kong*, Vol.I, chapter 4。

② 參見 Kenneth Roberts-Wray, *Commonwealth and Colonial Law*, London: Stevens & Sons, 1966；Albert H. Y. Chen, "From Colony to Special Administrative Region: Hong Kong's Constitutional Journey," in Raymond Wacks（ed.）, *The Future of the Law in Hong Kong*, Hong Kong: Oxford University Press, 1989, p.76, at pp.76-79。

③ 范振汝：《香港特別行政區的選舉制度》，香港：三聯書店，2006，第 39－43 頁。

④ 關於香港原有的政治體制，參見 Norman Miners, *The Government and Politics of Hong Kong*；Steve Tsang（ed.）, *Government and Politics: A Documentary History of Hong Kong*, Hong Kong: Hong Kong University Press, 1995。

⑤ Ambrose King（金耀基）, "Administrative Absorption of Politics in Hong Kong," 成名編《香港政府與政治》，香港：牛津大學出版社，2003，第 69 頁。

⑥ Peter Wesley-Smith, *An Introduction to the Hong Kong Legal System*, chapter 11.

⑦ 參見陳弘毅：《香港法制與基本法》，香港：廣角鏡出版社，1986，第 45 頁；陳文敏：《人權在香港》，香港：廣角鏡出版社，1990；Raymond Wacks（ed.）, *Civil Liberties in Hong Kong*, Hong Kong: Oxford University Press, 1988；Nihal Jayawickrama, "Public Law," in Raymond Wacks（ed.）, *The Law in Hong Kong 1969-1989*, Hong Kong: Oxford University Press, 1989, chapter 2。

受到相當程度的公民權利（包括人身自由、言論自由、新聞自由、出版自由、結社自由和示威自由）[①]。七十年代以來，香港政府的管治效率及其法治精神，在亞洲國家和地區之中名列前茅[②]。公民享有多少自由和人權是憲政主義實施的重要指標之一，而香港在 1970 年代的人權紀錄比「亞洲四小龍」的其他三者（即新加坡、台灣和南韓）為佳。在 *A Modern History of Hong Kong* 一書中，歷史學家 Steve Tsang 把 1980 年代初期——也就是中英兩國開始就香港前途問題進行談判時——的香港政府形容為「以中國政治傳統的標準來説的最佳政府」：

> 港英政府在它以往的紀錄的基礎上逐步回應 1945 年後的轉變，創造出一種弔詭的情況。一方面，它在本質上仍是一個英國殖民地政府，另一方面，它卻符合了儒家傳統中一個理想政府須具備的基本條件，即施政效率高、公平、廉潔、實行仁政（縱使是家長式的管治），並且不干擾一般市民的生活。[③]

這段文字或許有點言過其實，但可以肯定的是，到了 1980 年代初期，絕大部分香港人對香港當時的政治現狀大致滿意。儘管六十年代祖國大陸的「文化大革命」在香港也產生一些影響：1967 年香港發生過由左派人士發動的反對英國殖民統治的大型暴動，但絕大多數香港人並不反當時的殖民地政府繼續統治香港[④]。到了 1970 年代，港督麥理浩（MacLehose）推出新的勞工、社會政策和

---

① 關於東亞和東南亞各國人權的歷史和現況，參見 Kenneth Christie and Denny Roy, *The Politics of Human Rights in East Asia*, London: Pluto Press, 2001; Randall Peerenboom, Carole J. Petersen and Albert H. Y. Chen（eds.）, *Human Rights in Asia*, London: Routledge, 2006。

② 關於東亞和東南亞各國法治的歷史和現況，參見 *The Rule of Law: Perspectives from the Pacific Rim*, Washington, DC: Mansfield Center for Pacific Affairs, 2000；Randall Peerenboom（ed.）, *Asian Discourses of Rule of Law*, London: Routledge Curzon, 2004。

③ Steve Tsang, *A Modern History of Hong Kong*, Hong Kong: Hong Kong University Press, 2004, p.197.

④ Steve Tsang, *A Modern History of Hong Kong*, pp.183-190; David Bonavia, *Hong Kong 1997*, Hong Kong: South China Morning Post, 1983, chapter 3; Richard Hughes, *Hong Kong: Borrowed Place-Borrowed Time*, London: Andre Deutsch, 1968.

福利政策[①]，又成立廉政公署以厲行反貪污[②]，港府的認受性更進一步提高。在戰後出生的新一代香港人與他們的上一代從大陸逃難來港的情況不同，新生一代從未在中國大陸生活，他們以香港為家，「香港人」這個自我身份認同感開始建立[③]，但香港沒有像台灣一樣，出現過獨立運動。英國在香港的殖民地管治享有鞏固的社會基礎，絕大多數香港人都自願接受英國的管治；香港沒有所謂「異見人士」（雖然有反對政府個別政策的壓力團體[④]，但沒有旨在推翻港英政府的組織或意識形態）或政治囚犯（雖然在香港的中國共產黨黨員和愛國人士長期受到港英政府的監視和歧視[⑤]）。港英政權的穩固性[⑥]，可以解釋為什麼港英政府願意給予香港人較多的人權和自由。

　　總括來說，到了 1980 年代初期，香港是一個在亞洲地區裏令人羨慕的法治社會和開放社會，市民享有一定程度的公民權利，而且經濟蓬勃發展；但這一切卻是建基於英國的殖民統治和一些簡陋的憲法性文件之上的，文件裏沒有明文保障人權，也沒有設立民主選舉的制度。這個情況，便是 1980 年代以後香港的民主化和憲政創新的起點。

---

① Steve Tsang, *A Modern History of Hong Kong*, p.192; Joe England and John Rear, *Industrial Relations and Law in Hong Kong*, Hong Kong: Oxford University Press, 1981, pp.21-23, 203-205; Nelson W. S. Chow, "A Review of Social Policies in Hong Kong," in Alex Y. H. Kwan and David K. K. Chan（eds.）, *Hong Kong Society: A Reader*, Hong Kong: Writers' & Publishers' Cooperative, 1986, chapter 6.

② 參見 H. J. Lethbridge, *Hard Graft in Hong Kong: Scandal, Corruption and the ICAC*, Hong Kong: Oxford University Press, 1985。

③ 參見 Steve Tsang, *A Modern History of Hong Kong*, pp.190-196；呂大樂：〈香港故事──「香港意識」的歷史發展〉，高承恕、陳介玄編：《香港：文明的延續與斷裂？》，台北：聯經出版公司，1997，第 1 頁；谷淑美：〈文化、身份與政治〉，謝均才編：《我們的地方 我們的時間 香港社會新編》，香港：牛津大學出版社，2002，第 12 章；David Faure, "Reflections on Being Chinese in Hong Kong," in Judith M. Brown and Rosemary Foot（eds.）, *Hong Kong's Transitions, 1842-1997*, Basingstoke: Macmillan Press, 1997, chapter 5。

④ 參見 Norman Miners, *The Government and Politics of Hong Kong*, chapter 13；呂大樂：〈壓力團體政治與政治參與──本地經驗的觀察〉，鄭宇碩編：《過渡期的香港》，香港：三聯書店，1989。

⑤ 關於香港的右派（親國民黨）和左派（親中共）政治勢力及其與港英政府的關係，可參見許之遠：《1997 香港之變》，台北：展承文化出版公司，1997，第 2 章；余繩武、劉蜀永編：《20 世紀的香港》，香港：麒麟書業，1995，第 8、9 章。

⑥ 參見 Norman Miners, *The Government and Politics of Hong Kong*, chapter 3；Lau Siu-kai, *Society and Politics in Hong Kong*, Hong Kong: Chinese University Press, 1982；Ambrose Y. C. King and Rance P. L. Lee（eds.）, *Social Life and Development in Hong Kong*, Hong Kong: Chinese University Press, 1981。

三　1980 年代以來香港的憲政創新

　　1976 年毛澤東逝世，鄧小平在 1970 年代末成為中國共產黨的領導人，決定以「改革開放」政策取代毛澤東時代的極左路線。同時，中國政府政策也出現了重大改變[①]。原來的路線是提倡「解放台灣」，即推翻國民黨的統治和資本主義制度，把在大陸實施的社會主義伸延到台灣。鄧小平時代的新思維是，為了促進兩岸的和平統一，提出「一國兩制」的創新性概念。根據「一國兩制」的構想，大陸和台灣實現和平統一後，原來在台灣實行的資本主義與在大陸實行的社會主義將和平共存，台灣實施在中國主權下的高度自治，在統一後保留其原有的社會、經濟和其他制度。1982 年底通過的新的《中華人民共和國憲法》（即中華人民共和國第四部憲法）第 31 條為在中國境內設立「特別行政區」提供了憲法依據，在特別行政區內可實行與中國大陸不同的制度。

　　1982 年 9 月，中英兩國政府就香港前途的問題展開談判[②]。究其原因，一般相信不是中國主動向英國提出要求，要收回香港的主權，而是英國政府在 1980 年代初期開始擔心，1997 年後，港英政府在已成為香港這個城市的重要部分的「新界」地區的管治將再沒有法理基礎（香港島和九龍半島分別在 1842 年和 1860 年永久割讓予英國，但滿清政府在 1898 年只把「新界」租予英國 99 年），所以希望爭取中國政府同意讓英國在 1997 年後繼續管治整個香港。

　　中國政府認為，英國在香港的殖民統治所建基於的三個條約都是「不平等條約」，對中國政府沒有約束力。回顧中國近代史，中國在鴉片戰爭中戰敗而被迫割讓香港，與中華民族在整個近代史中飽受西方列強的欺負和侮辱密不可分，懷着強烈的民族主義情感的中國共產黨，堅決拒絕了英國政府關於繼續合

---

① 參見趙春義編：《一國兩制概論》，長春：吉林大學出版社，1988；李福鍾：〈「解放台灣」與台海危機——一九四九年以來的中國對台政策〉，《現代學術研究》專刊 8，台北：財團法人現代學術研究基金會，1997，第 221 頁。

② 關於中英談判及香港回歸的歷程，參見齊鵬飛：《鄧小平與香港回歸》，北京：華夏出版社，2004；李后：《回歸的歷程》，香港：三聯書店，1997；鍾士元：《香港回歸歷程》，香港：香港中文大學出版社，2001；Steve Tsang, *Hong Kong: An Appointment with China*, London: I. B. Tauris, 1997；Mark Roberti, *The Fall of Hong Kong: China's Triumph and Britain's Betrayal*, New York: John Wiley & Sons, 1994。

法地管治香港的要求。雖然「一國兩制」原為台灣而設,但在與英國談判香港前途的過程中,中方便向英方提出這個概念,作為解決香港前途問題的關鍵。

中方的構思是,整個香港在 1997 年 7 月回歸中國,成為中國的一個「特別行政區」(下稱「特區」)。香港特區將享有高度自治權,實行「港人治港」;香港原有的社會、經濟、及法律等制度及香港市民的生活方式和人權自由將維持不變,中國政府不會在香港實行社會主義或大陸的其他制度,中共幹部不會加入香港特區政府。「一國兩制」的方針政策及中國政府就 1997 年後的香港特區作出的承諾將會寫進一部《香港特別行政區基本法》(下稱《基本法》),作為香港的憲制性文件。經過近兩年艱辛的談判,英國政府別無選擇,只有接受中方的建議。在 1984 年,雙方終於簽訂中英兩國《關於香港問題的聯合聲明》。

《基本法》的起草在 1985 年開始,1990 年獲全國人民代表大會通過,這無疑是中華人民共和國法制史上最重要的憲法性文件制訂工作之一[①]。《基本法》要作為香港特區的「小憲法」,便要勾畫出香港的政治體制,釐訂香港特區政府與中央人民政府的關係,並確保香港原有的社會和經濟制度、法律、法治傳統、人權和公民自由得以延續下去。如要成功達到這些目的,並使「一國兩制」成功落實,《基本法》必須是一部「規範性的憲法性文件」(套用 Loewenstein 的用語)。

為了起草《基本法》的工作,全國人大常委會委任了一個由內地和香港人士組成的「基本法起草委員會」,又在香港成立了一個「基本法諮詢委員會」,成員包括社會上不同界別和階層的人士[②]。《基本法》的第一稿(即《基本法(草案)徵求意見稿》)在 1988 年 4 月公佈,經過廣泛諮詢,《基本法》的第二稿(即《基本法(草案)》)對初稿作出了不少修訂,並在 1989 年 2 月公佈,再進行諮

---

① 參見肖蔚雲編:《一國兩制與香港特別行政區基本法》;許崇德:《中華人民共和國憲法史》,福州:福建人民出版社,2003;張結鳳等:《不變,五十年?中英港角力基本法》,香港:浪潮出版社,1991;Peter Wesley-Smith and Albert H. Y. Chen(eds.),*The Basic Law and Hong Kong's Future*, Hong Kong: Butterworths, 1988; Ming K. Chan and David J. Clark(eds.),*The Hong Kong Basic Law*, Hong Kong: Hong Kong University Press, 1991。

② 參見肖蔚雲編:《一國兩制與香港特別行政區基本法》;Emily Lau, "The Early History of the Drafting Process," in Peter Wesley-Smith and Albert H. Y. Chen(eds.),*The Basic Law and Hong Kong's Future*, Chapter 6。

詢。最終的定稿在 1990 年 4 月由全國人民代表大會通過，準備於 1997 年實施。

在《基本法》的草擬過程中，最具爭議性的課題包括香港特區的政治體制應民主到什麼程度，以及中央政府對香港事務享有多大的權力[1]。正如上文提及，在戰後出生的香港人有較強的「香港人」自我身份認同感，但直至 1980 年代初期，香港既沒有出現過爭取香港獨立的運動，也沒有爭取香港回歸中國的運動（上述的 1967 年的暴動除外）。中英兩國政府在 1982 年就香港前途問題展開談判，當時的政治精英、學術界和民意領袖的意見主要有以下兩種：一部分人期望香港能維持現狀；另一些則贊成香港回歸中國並根據「一國兩制」的構想實行高度自治，但同時堅持高度自治必須以民主為依歸。這種「民主回歸」的思想一方面支持「港人治港」的原則，但另一方面強調治港的港人必須由全體香港市民選舉產生[2]。

《基本法》的起草與港英政府在《中英聯合聲明》簽署後推行的政制改革基本上是同步進行的，兩者產生了互動。港英政府政制改革的進程大致如下[3]。1982 年，各區區議會（在地方層次的諮詢組織）正式成立，其成員部分由政府委任，部分在區內由普選產生。與此同時，市政局的選民基礎擴大至全民普選。1985 年，立法局的部分議席首次由選舉產生（以前全體議員都是由港督委任）——雖然這仍未是普選，而是各「功能組別」的選舉，如商界（界定為香港總商會的成員和香港中華總商會的成員）、工業界（香港工業總會的成員和香港中華廠商聯合會的成員）、金融界（香港銀行工會的成員）、勞工界（由所有

---

[1] 參見司徒華、李柱銘：《對基本法的基本看法》，香港出版，1988；William McGurn（ed.），*Basic Law, Basic Questions*, Hong Kong: Review Publishing Company, 1988。

[2] 參見《民主改革與港人治港——「匯點」文件集》，香港：曙光圖書，1984；鄭赤琰：《收回主權與香港前途》，香港：廣角鏡出版社，1982。

[3] 參見 Kthleen Cheek-Milby, *A Legislature Comes of Age: Hong Kong's Search for Influence and Identity*；Lo Shiu-hing, *The Politics of Democratization in Hong Kong*；Alvin Y. So, *Hong Kong's Embattled Democracy*；劉兆佳：《過渡期香港政治》，香港：廣角鏡出版社，1996；黃文娟：《香港的憲制與政治》，台北：國家發展基金會，1997；雷競璇：《香港政治與政制初探》，香港：商務印書館，1987；李明堃：《變遷中的香港政治和社會》，香港：商務印書館，1987；鄭宇碩、雷競璇：《香港政治與選舉》，香港：牛津大學出版社，1995；蔡子強等：《選舉與議會政治：政黨崛起後的香港嶄新政治面貌》，香港：香港人文科學出版社，1995；蔡子強：《香港選舉制度透視》，香港：明報出版社，1998；馬嶽、蔡子強：《選舉制度的政治效果：港式比例代表制的經驗》，香港：香港城市大學出版社，2003。

已註冊的工會組成）以及分別由所有律師、醫生、工程師、教師組成的功能組別等。同時，區議會、市政局和新成立的（為新界地區而設的）區域市政局亦可選出代表進入立法局①。

　　1987 年，港英政府再開展政制發展的諮詢②，社會上出現了激烈的辯論，爭議的焦點在於 1988 年的立法局選舉中應否開放部分議席在各地區由直接選舉（即全民普選）產生。政界中的「民主派」、學術界和不少社團都致力推動在 1988 年舉行立法局的局部直選，但中國政府、香港的愛國人士和商界對在香港急速引進直接選舉有所保留，認為《基本法》尚未草擬完成，應由《基本法》規定的 1997 年後香港的政制模式尚未有定案，故港英政府不應單方面改變香港的政治制度，造成既成事實強加諸將來的香港特別行政區。最終港英政府作出妥協，宣佈不在 1988 年在立法局引入直選，但承諾會在 1991 年進行立法局首次的局部直選③。

　　1990 年由全國人大通過的《基本法》沒有否決實現全民直接選舉的可能性，它規定要「根據香港特別行政區的具體情況和循序漸進的原則」發展香港的政治體制，最終達至全民普選行政長官和立法會全體議員的目標④。然而，這個最終目標並不會在香港特區於 1997 年成立後的短期內實現。《基本法》和相關的第一屆特區政府的產生辦法⑤規定，首兩任行政長官分別由四百人的推選委員會和由功能組別選舉產生的八百人的選舉委員會選舉。立法會方面，由全民分區普選的議員人數將由第一屆立法會的 20 席（全體議員人數是 60 人），增加至第二屆的 24 席和第三屆的 30 席，其餘議席主要由功能組別選舉產生（第三屆立法會的其餘議席全部由功能組別選舉產生，而首兩屆立法會有部分議席由選舉

---

① 參見《代議政制白皮書——代議政制在香港的進一步發展》，香港：香港政府印務局，1984 年 11 月。

② 參見《綠皮書：一九八七年代議政制發展檢討》，香港：香港政府印務局，1987 年 5 月。

③ 參見《白皮書：代議政制今後的發展》，香港：香港政府印務局，1988 年 2 月。

④ 參見《基本法》第 45、68 條。該法第 45 條規定，參加普選的行政長官候選人須「由一個有廣泛代表性的提名委員會按民主程序提名」。

⑤《全國人民代表大會關於香港特別行政區第一屆政府和立法會產生辦法的決定》，1990 年 4 月 4 日通過。

委員會選舉產生）[1]。

　　《基本法》可算是一部具有憲政主義色彩的憲法性文件：它規定了人權的保障，容許立法機關根據若干選舉規則，自由和開放地選舉產生，並設立了特區行政長官與立法會之間的分權制衡[2]。基本法起草委員會主任委員姬鵬飛在 1990 年向全國人大提交《基本法》草案時曾表示，香港特別行政區的「行政機關和立法機關之間的關係應該是既互相制衡又互相配合」[3]。舉例來說，《基本法》規定行政長官可拒絕簽署立法會已通過的法案，並把法案發回立法會重議[4]。如果立法會以全體議員三分之二多數再次通過原案，行政長官必須簽署法案或解散立法會[5]。如果立法會遭解散，而重選後的立法會仍以全體議員三分之二多數通過該法案，行政長官必須簽署該法案，否則必須辭職[6]。此外，《基本法》第 64 條規定行政機關須向立法機關負責。

　　《基本法》在 1990 年制訂，但要等到 1997 年香港特別行政區成立時才正式實施。1990 年後，香港政治體制改革的爭議並未因《基本法》草擬完畢而停止。如上所述，在 1991 年，部分立法局議席首次由全民直接選舉產生[7]。1992 年，新任港督彭定康（Christopher Patten）推出急進的政治體制改革方案，大幅增加功能組別的選民基礎，使在功能組別中符合資格投票的人數由原來的少於十萬人增加至超過二百萬人[8]。中方譴責該方案違反《中英聯合聲明》、《基本法》和中英兩國政府在 1990 年透過書信來往就香港政制發展問題取得的共識[9]。1993 年 4 月至 11 月，中英兩國政府舉行了十七輪的談判以解決分歧，但最終談判

---

① 《基本法》附件一、二。

② 《基本法》第 49 — 52 條。

③ 《中華人民共和國香港特別行政區基本法》，香港：三聯書店，1991，第 67 頁。

④ 《基本法》第 49 條。

⑤ 《基本法》第 49、50 條。

⑥ 《基本法》第 52 條。

⑦ 參見 Lau Siu-kai and Louie Kin-sheun（eds.），*Hong Kong Tried Democracy: The 1991 Elections in Hong Kong*，Hong Kong: Hong Kong Institute of Asia-Pacific Studies, Chinese University of Hong Kong, 1993。

⑧ 參見 Alvin Y. So, *Hong Kong's Embattled Democracy*, chapter 7；黃文娟：《香港的憲制與政治》，第 8 章。

⑨ 參見開放雜誌社編：《中英世紀之爭：彭定康政改方案論戰集》，香港：開放雜誌社，1994。

破裂①。港督彭定康單方面把政改方案提交立法局審議②，以些微的多數票獲得通過，1995 年的立法局選舉便是根據這個政改方案進行③。於是中國政府決定放棄 1990 年與英方達成共識的「直通車方案」（即 1995 年選出的立法局可於 1997 年自動過渡為香港特別行政區第一屆立法會），轉而「另起爐灶」④，在 1997 年成立「臨時立法會」，負責處理特區剛成立時的立法工作，然後在 1998 年才根據《基本法》的條款選出特區第一屆立法會⑤。

在 1990 年代，除了《基本法》的制訂和彭定康的政改方案外，香港另一項重大的憲政發展是 1991 年《香港人權法案條例》（下稱《人權法案》）的制訂⑥。這個立法的背景是 1989 年的「六四事件」，港英政府希望藉《人權法案》增強港人對香港前途和其人權保障的信心。英國政府早在 1976 年已把其參加的《公民權利和政治權利國際公約》（下稱《公約》）的適用範圍伸延至香港，而《人權法案》則把《公約》的條款轉化為香港本地的法律；在香港立法局通過《人權法案》的同時，英國政府對香港的憲法性文件《英王制誥》亦作出相應的修改，規定香港的立法須符合《公約》訂出的人權標準⑦。《人權法案》制訂後，港英政府全面檢討當時的香港法例，並向立法局提出多項修訂，以確保香港法律修改為符合《人權法案》所訂下的標準⑧。立法局又通過了一些新法例，包括保障個人私隱的法例和禁止性別歧視的法例⑨，藉以貫徹執行《人權法案》。

① 參見賴其之編：《關於香港 94－95 選舉安排問題會談的前前後後》，香港：廣宇出版社，1994。
② 參見《香港代議政制》，香港政府印務局，1994 年 2 月。
③ 參見 Kuan Hsin-chi et al.（eds.），*The 1995 Legislative Council Elections in Hong Kong*, Hong Kong: Hong Kong Institute of Asia-Pacific Studies, Chinese University of Hong Kong, 1996。
④ 參見雷競璇：〈評估北京「另起爐灶」策略之進展與預期後果〉，田弘茂編：《一九九七過渡與台港關係》，台北：業強出版公司，1996，第 10 章。
⑤ 參見 Kuan Hsin-chi et al.（eds.），*Power Transfer and Electoral Politics: The First Legislative Election in the Hong Kong Special Administrative Region*, Hong Kong: Chinese University Press, 1999。
⑥ 參見 Johannes Chan and Yash Ghai（eds.），*The Hong Kong Bill of Rights: A Comparative Approach*, Hong Kong: Butterworths Asia, 1993。
⑦ 參見 Andrew Byrnes and Johannes Chan（eds.），*Public Law and Human Rights: A Hong Kong Sourcebook*, Hong Kong: Butterworths, 1993。
⑧ 參見 Andrew Byrnes, "And Some Have Bills of Rights Thrust Upon Them: The Experience of Hong Kong's Bill of Rights," in Philip Alston（ed.），*Promoting Human Rights Through Bills of Rights: Comparative Perspectives*, Oxford: Oxford University Press, 2000, chapter 9（p.318）at pp.342-348。
⑨ 例如《個人資料（私隱）條例》、《性別歧視條例》、《殘疾歧視條例》等。

　　由於有了《人權法案》以及修訂後的《英王制誥》的相關條款，香港法院
開始有權審查法律和行政措施，以決定它是否抵觸《人權法案》或《公約》內
訂下的人權保障標準；如有違反，法院可裁定有關條文或措施為違憲及無效。
1991 年以來，香港法院就如何行使這種違憲審查權訂立了一系列的案例[1]。1997
年後，香港法院根據《基本法》繼續行使着對香港法律的違憲審查權，《基本法》
第 39 條（該條確保《公約》在香港回歸中國後仍適用於香港）被理解為法院繼
續以《公約》所訂立的人權標準來審查香港的立法的基礎[2]。如下所述，在 1997
年回歸後，香港法院的違憲審查權有增無減，其適用範圍從違反《公約》的人
權標準的情況擴展到違反《基本法》內的任何其他條款的情況。

　　總括來說，在 1997 年，香港進入到一個以《中華人民共和國香港特別行政
區基本法》為根基的新憲政秩序。在這個獨特的憲政秩序裏，新舊制度的元素
共冶一爐，新舊秩序的交替中既有延續性，也有創新性。雖然《基本法》是全
新的一部憲法性文件，但它嘗試保留香港原有的法律、社會和經濟制度，以及
其正在民主化過程中的政治制度。

四　香港的憲法性解釋傳統

　　如果說一部憲法性文件是一棵生長中的大樹，那麼作為權威的釋憲者的法
官便是負責看護大樹健康成長的園丁。因此，法院被稱為憲法的監護者，也就
受之無愧。在過去的十七年裏，香港法院自覺地擔當這個角色，並已能成功地
扮演和進入這個角色。

---

① 參見 Byrnes, "And Some Have Bills of Rights Thrust Upon Them: The Experience of Hong Kong's Bill of
　Rights," in Philip Alston（ed.）, *Promoting Human Rights Through Bills of Rights: Comparative Perspec-*
　tives；Yash Ghai, "Sentinels of Liberty or Sheep in Woolf's Clothing? Judicial Politics and the Hong Kong
　Bill of Rights,"（1997）60 *Modern Law Review* 459；陳弘毅：〈《香港特別行政區基本法》的理念、
　實施與解釋〉，劉孔中、陳新民編：《憲法解釋之理論與實務》第三輯下冊，台北：中研院社科所，
　2002，第 371、387-391 頁。
② 有關主要判例包括 *HKSAR v. Ng Kung Siu*（1999）2 HKCFAR 442; *Gurung Kesh Bahadur v. Director*
　of Immigration（2002）5 HKCFAR 480; *Leung Kwok Hung v. HKSAR*［2005］3 HKLRD 164。本文
　論及的香港法院判例均見於香港法院網站 http://legalref.judiciary.gov.hk。

　　正如在其他有成文憲法的普通法國家（如澳洲、印度、加拿大和美國）一樣[1]，香港的違憲審查制度不是集中的，各級法院在審理案件時，都有權審查涉案的法律、規例或行政行為是否因違憲而無效。在香港，並不存在專門以請求法院作出憲法解釋的憲法訴訟，法院只會在審理普通案件時〔例如刑事案件、民事案件或涉及政府行政行為的司法審查〔在香港一般稱為「司法覆核」（judicial review）〕案件〕，處理當中牽涉的憲法性爭議。香港法院在處理一宗涉及憲法性問題的訴訟時，其主要任務在於判決訴訟當事人誰勝誰負（例如，刑事案件中被告人被控的罪名是否成立；就某行政行為申請司法審查的人可否勝訴，有關行政決定是否應予撤銷；民事案件中的原告人能否勝訴，並獲得損害賠償），而裁定涉案的法規或行政行為是否合憲，只是為了達到上述判決而需要履行的附帶任務。但是，如果一件案件的案情事實真的涉及憲法性問題，法院就必須就有關的憲法性爭議作出裁決，不能迴避。

　　現在讓我們開始研究香港的憲法性案例和憲法性解釋。如上文所述，香港在 1991 年制訂《人權法案》以前，香港的殖民地憲法文件的內容簡陋，規範政府部門之間權力制衡的條文不多，保障人權的條款也付之闕如。因此，憲法性訴訟的空間非常有限。《人權法案》頒佈前，主要的憲法性案例中處理的問題可舉例如下：

　　（1）政府把某法律草案提交立法局開始進行立法程序後，法院是否有權基於下列理由，終止立法局對該法案進行的審議；有關理由是，鑑於本法案的性質，根據《王室訓令》（作為香港殖民地憲法的一部分），立法局無權通過這個法案[2]；

　　（2）涉及新界土地權益的某條法例和相關的政府行為，是否因違反清政府與英國在 1898 年簽訂的關於把新界地區租借予英國的條約中的條款而無效[3]；

　　（3）根據香港的殖民地憲法，委任裁判官（magistrate，即基層法院的法

---

[1] 參見 Mauro Cappelletti, *Judicial Review in the Contemporary World*, Indianapolis: Bobbs-Merrill, 1971；Mauro Cappelletti, *The Judicial Process in Comparative Perspective*, Oxford: Clarendon Press, 1989。

[2] *Rediffusion v Attorney General* [1970] AC 1136.

[3] *Winfat Enterprise v Attorney General* [1983] HKLR 211.

官）的權力原本屬於港督，但在實踐中裁判官是由首席大法官任命的，這些任命是否因港督並未合法地和有效地把其委任裁判官的權力轉授予首席大法官而無效[1]；

（4）根據《公務員事務規例》（Civil Service Regulations）和《殖民地規例》（Colonial Regulations），政府是否有權把罷工的公務員暫時停職及暫停支付其薪金[2]。

以上例子顯示，在殖民地憲法之下，雖然提出憲法性訴訟的空間有限，但英國式的法治還是被認真對待的，訴訟當事人願意把憲法性問題交由法院裁決，在法庭上嘗試挑戰法律或政府行為的合憲性，這反映出他們對香港的司法獨立有一定信心。除了這些關於法律或政府行為是否違憲的訴訟外，在 1991 年制訂《人權法案》前[3]，香港已有不少行政法上的訴訟，挑戰行政行為是否違法，又或質疑由行政部門或官員制訂的附屬法例（subordinate legislation）是否因超出其主體法例（primary legislation，即由立法局通過的法律）所給予該部門或官員的授權範圍而無效。

1991 年，香港制訂《人權法案》，開啟了違憲審查的新時代[4]。在此之前，香港法院理論上已有權在訴訟中審查某本地法例是否違反《英王制誥》或其他適用於殖民地議會的立法權力的憲法性限制。然而，如上所述，《英王制誥》的實質內容有限，可用於挑戰法例的憲法性理據不多，結果並沒有出現法例被裁定違憲而無效的案例。1991 年後，原訟人、與訟人或被告人開始可以以涉案的

---

[1] *Attorney General v David Chiu Tat-cheong* [1992] 2 HKLR 84.

[2] *Lam Yuk-ming v Attorney General* [1980] HKLR 815.

[3] 參見 Peter Wesley-Smith, *Constitutional and Administrative Law in Hong Kong*, chapter 16-18；Nihal Jayawickrama, "Public Law," in Raymond Wacks（ed.）, *The Law in Hong Kong 1969-1989*, chapter 2；David Clark, *Hong Kong Administrative Law*, Singapore: Butterworths, 1989。關於《人權法案》通過後的香港行政法，參見 Peter Wesley-Smith, *Constitutional and Administrative Law*, Hong Kong: Longman Asia, 1995, chapters 8-9；David Clark and Gerard McCoy, *Hong Kong Administrative Law*, Hong Kong: Butterworths, 2nd ed. 1993。

[4] 參見 Johannes Chan and Yash Ghai（eds.）, *The Hong Kong Bill of Rights: A Comparative Approach*；陳弘毅：〈《香港特別行政區基本法》的理念、實施與解釋〉，劉孔中、陳新民編：《憲法解釋之理論與實務》第三輯下冊，第 384-391 頁；Albert H. Y. Chen, "The Interpretation of the Basic Law"（2000）30 *Hong Kong Law Journal* 380 at pp.417-420。

法例違反《人權法案》為理由，來挑戰法例的合憲性。

在 1997 年回歸前，香港法院關於違憲審查的案例中，最著名的是上訴法院在 1991 年判決的「冼有明案」[1]。在本案中，被指違憲的是《危險藥品條例》中若干有利於控方的證據法上的推定（presumption）條款。有關條款規定，如果被告人藏有 0.5 克以上的毒品，他將會被推定為藏有這些毒品作販毒用途（藏有毒品作販毒用途是一項比藏毒本身更為嚴重的罪行），除非被告人能予以反證。香港法院過往多數援引英國和香港的判例來作出裁決，但在本案中，上訴法院援引了大量其他判例［特別是加拿大人權法的判例，尤其是這些判例所訂立的「比例原則」（proportionality test）］，裁定該推定條款違反《人權法案》和《公民權利和政治權利國際公約》中的「無罪推定」原則（presumption of innocence），因而是無效的。這個案例作出以來，香港法例中不少類似的推定條款都受到法院的審查，在一些案例中更被裁定為違憲和無效。大部分有關《人權法案》的案例都與刑法和刑事訴訟法有關，其他主要的案例則涉及新聞自由、集會自由、在選舉中的投票權和參選權等[2]。

1997 年 7 月 1 日，香港回歸中國，成為中華人民共和國境內的一個特別行政區，《基本法》亦正式實施。如上所述，《基本法》的實施實際上使違憲審查的空間更為廣闊，司法機關作為《基本法》監護者的角色有增無減。香港特別行政區成立了終審法院，取代倫敦的樞密院（Privy Council）作為香港最高級的司法機關[3]。1997 年《基本法》實施以來，香港法院處理的憲法性訴訟不再限於《人權法案》或《公約》保障的權利的範圍，更涉及不在這兩份文件之

---

[1] *R v Sin Yau-ming*（1991）1 HKPLR 88, [1992] 1 HKCLR 127.

[2] 參見 Johannes Chan and Yash Ghai（eds.），*The Hong Kong Bill of Rights: A Comparative Approach*；Yash Ghai, "Sentinels of Liberty or Sheep in Woolf's Clothing? Judicial Politics and the Hong Kong Bill of Rights"；Johannes M. M. Chan, "Hong Kong's Bill of Rights: Its Reception of and Contribution to International and Comparative Jurisprudence,"（1998）47 *International and Comparative Law Quarterly* 306。

[3] 參見《基本法》第 81-82 條及《香港終審法院條例》。關於終審法院成立的背景，參見 Lo Shiu Hing, "The Politics of the Debate over the Court of Final Appeal in Hong Kong,"（2000）161 *China Quarterly* 221。

內、但受到《基本法》明文保障的權利，包括在香港的居留權[①]、旅行和出入香港的權利[②]、新界原居民的權利[③]和公務員享有不低於 1997 年前的服務條件的權利[④]。就 1997 年前已在《人權法案》下得到憲法性保障的權利來說，香港法院在 1997 年後也作出了不少重要的裁決，涉及的問題包括言論和表達自由[⑤]、集會遊行自由[⑥]、參與政治事務的權利[⑦]、平等權和不受歧視的權利[⑧]、人身自由[⑨] 得到公正法律程序對待的權利[⑩]、免受殘酷和不人道懲罰的權利[⑪]、私隱權和免受祕密監視的權利[⑫]，等等。

五　香港回歸後的法制史

現在讓我們回顧過去十一年《基本法》實施的歷史進程，尤其是一些重要的案例、事件和發展。以《基本法》實施的總體情況為標準，筆者認為我們可以把過去十一年的香港法制史分為四個階段或時段。

[①] 當中最轟動的是終審法院在 1999 年 1 月 29 日判決的 *Ng Ka-ling v Director of Immigration*（吳嘉玲訴入境事務處處長）[1999] 1 HKLRD 315 和 *Chan Kam-nga v Director of Immigration*（陳錦雅訴入境事務處處長）[1999] 1 HKLRD 304。全國人民代表大會常務委員會其後應香港政府的請求行使《基本法》第 158 條賦予的權力解釋《基本法》中兩項有關的條文，推翻了終審法院在這兩宗案件裏對這些條文作出的解釋。人大常委會的解釋適用於該解釋頒佈後香港法院要處理的案件，而不影響這兩宗案件裏的訴訟當事人。參見佳日思等編：《居港權引發的憲法爭議》，香港：香港大學出版社，2000。

[②] 例如 *Gurung Kesh Bahadur v. Director of Immigration*（2002）5 HKCFAR 480；*Official Receiver v Chan Wing Hing*（FACV Nos. 7 and 8 of 2006; Court of Final Appeal, 20 July 2006）。

[③] 例如 *Secretary for Justice v Chan Wah*（2000）3 HKCFAR 459。

[④] *Secretary for Justice v Lau Kwok Fai* [2005] 3 HKLRD 88.

[⑤] 例如 *HKSAR v. Ng Kung Siu*（1999）2 HKCFAR 442。

[⑥] 例如 *Leung Kwok Hung v. HKSAR* [2005] 3 HKLRD 164。

[⑦] *Chan Shu Ying v Chief Executive of the HKSAR* [2001] 1 HKLRD 405.

[⑧] 例如 *Equal Opportunities Commission v Director of Education* [2001] 2 HKLRD 690。

[⑨] 例如 *Shum Kwok Sher v HKSAR*（2002）5 HKCFAR 381。

[⑩] 例如 *Stock Exchange of Hong Kong Limited v New World Development Company Limited*（FACV No. 22 of 2005; Court of Final Appeal, 6 April 2006）。

[⑪] *Lau Cheong v HKSAR*（2002）5 HKCFAR 415.

[⑫] *Koo Sze Yiu v Chief Executive of the HKSAR*（FACV Nos. 12 and 13 of 2006; Court of Final Appeal, 12 July 2006).

（一）1997-1999 年：初試、碰撞與適應

1997 年 7 月 1 日香港特別行政區成立後，新誕生的法律秩序便立刻受到關於如何理解和實施《基本法》問題的困擾：關於「臨時立法會」的合法性問題，和關於港人在中國內地所生子女的居港權問題。在這裏我們先介紹這兩個問題產生的背景，然後敍述有關的訴訟及其後果。

根據與《基本法》同日通過的《全國人民代表大會關於香港特別行政區第一屆政府和立法會產生辦法的決定》①，香港特別行政區第一屆立法會由選舉產生，全體議員 60 人中的 20 人由市民分區普選產生，其餘由功能團體和選舉委員會選舉產生。這個《決定》同時確立了所謂「直通車」的安排，即如果 1995 年香港立法局的選舉模式符合《決定》和《基本法》，那麼 1995 年選出的議員基本上可自動過渡成為香港特別行政區第一屆立法會的議員。這個「直通車」安排是中英兩國在 1990 年《基本法》通過之前不久通過談判達成的共識。

如上所述，1992 年彭定康接任香港總督後，推出違反《基本法》和中英兩國在 1990 年達成的共識的政治體制改革方案，中國政府決定放棄「直通車」安排，轉而「另起爐灶」：在 1997 年先成立香港特別行政區臨時立法會，成員由負責推選第一屆行政長官的四百人推選委員會選舉產生，然後在 1998 年才按照上述《決定》選舉產生第一屆立法會。但《基本法》和《決定》都未提及有別於第一屆立法會的臨時立法會，香港的一些「反對派」人士主張臨時立法會的成立是沒有法律依據的。

至於「居港權」問題，背景則是《基本法》實施前後港人在內地所生子女的法律地位的轉變。在《基本法》實施之前的殖民地時代，香港居民在中國內地所生的子女並不享有來港居留的權利，他們只能向內地的出入境管理當局申請移居香港的「單程通行證」，但通常要輪候多年才能來港定居。《基本法》第 24 條則規定，享有居港權的香港特別行政區「永久性居民」包括香港永久性居民「在香港以外所生的中國籍子女」，這類人士大都是在中國內地出生和長大的。

---

① 《基本法》附件二也提到這個決定。

　　第 24 條的這些規定有其不清晰之處。例如，如果某人在內地出生時，其父母均非香港永久性居民或甚至未來港定居，但其父或母後來成為了香港永久性居民，那麼該某人現在是否是香港永久性居民？又例如，如果某人從中國內地偷渡來港或以旅遊、探親為理由來港後逾期居留，但卻能向香港當局證明其符合「永久性居民」的條件，那麼香港當局是否還有權把他遣返中國內地？

　　臨時立法會在 1997 年 7 月為了實施《基本法》第 24 條而對原有的《入境條例》作出修訂。修訂後的《入境條例》對上述問題均提供了答案。《條例》規定，港人在香港以外所生的中國籍子女，其出生時其父或母必須已取得香港永久性居民身份，否則該名子女不具香港永久性居民身份。至於偷渡來港者，則不可行使其居留權，因為《條例》規定，即使某名內地居民因其身為港人子女而根據《基本法》第 24 條享有香港永久性居民身份，他仍須先取得內地機關簽發的「單程通行證」和香港入境事務處簽發的「居留權證明書」，才能來港定居，否則可被遣返。但是，一些爭取居港權人士認為上述規定都是違反《基本法》的，剝奪了《基本法》所賦予他們的權利，於是提起訴訟。

　　香港終審法院在 1999 年 1 月 29 日在「吳嘉玲訴入境事務處處長」[①] 和「陳錦雅訴入境事務處處長」[②] 兩案中對上述的「臨時立法會問題」和「居港權問題」作出了終局裁決。終審法院處理的是上述規定是否違憲（即違反《基本法》）的問題，涉及對《基本法》第 22 及 24 條的解釋。由於有關規定是由臨時立法會制定的，所以案中也涉及臨時立法會的合法性問題。終審法院裁定上述規定的部分內容是違憲和無效的。就臨時立法會的合法性問題，終審法院的結論和上訴法院在 1997 年 7 月的「馬維騉案」[③] 的結論一樣，肯定了臨時立法會的合法性，但終審法院同時否定了上訴法院在「馬案」中表達的觀點（即香港法院無權審查中央權力機關的行為是否違反《基本法》），終審法院認為香港法院的違憲審查權的適用範圍，既包括香港立法，也包括中央權力機關就香港事務作出

---

① *Ng Ka Ling v Director of Immigration* [1999] 1 HKLRD 315.

② *Chan Kam Nga v Director of Immigration* [1999] 1 HKLRD 304.

③ *HKSAR v Ma Wai Kwan* [1997] HKLJD 761.

的立法行為。

　　由於終審法院在「吳嘉玲案」中對於香港法院就中央國家權力機關的行為的違憲審查權的論述有所偏差，引起不少批評。在 2 月 26 日，終審法院應律政司的要求就它 1 月 29 日的判詞作出「澄清」，表明該判詞「並沒有質疑人大常委會根據第 158 條所具有解釋《基本法》的權力」，「也沒有質疑全國人大及人大常委會依據《基本法》的條文和《基本法》所規定的程序行使任何權力」①。

　　但事情還沒有了結。香港政府十分關注判決對香港造成的人口壓力，並在 4 月 28 日公佈了評估報告：如果終審法院對《基本法》有關條文的解釋是對的話，那麼在未來十年內，便會有一百六十七萬大陸居民有資格來香港定居②，香港政府認為這樣大量的移民是香港社會和其經濟資源所無法承受的。香港政府終於在 5 月 21 日向國務院提交報告，建議由全國人大常委會對《基本法》有關條文作出解釋。人大常委會於 6 月 26 日頒佈解釋③，基本上否定了終審法院的解釋，間接重新肯定《入境條例》有關條文的合憲性。但是，香港一些「反對派」人士強烈反對這次人大釋法，認為它對香港的法治造成打擊。

　　筆者不同意這種觀點。正如香港終審法院在 1999 年 12 月的「劉港榕訴入境事務處處長」④案的判詞中承認，根據《基本法》第 158 條，人大常委會確實有權在任何它認為適當的情況下頒佈關於《基本法》的個別條文的解釋，亦即是說，其解釋權不限於香港終審法院在訴訟過程中根據第 158 條第 3 款提請人大常委會釋法的情況。此外，第 158 條又訂明，人大釋法只對法院日後的判案工作有約束力，並不影響釋法前終審法院已判決的案件對其當事人的結果。因此，這次人大釋法只是「一國兩制」下香港的新法律秩序的產物，不應視為對香港法制的衝擊。總括來說，1999 年的終審法院「澄清」判詞事件和「人大釋法」事件可以理解為是回歸初期初試《基本法》的實施時，香港和內地兩地法

---

① [1999] 1 HKLRD 577-8（英文版），579-580（中文版）。

② 其中包括即時享有居留權的 69 萬人（所謂「第一代」人士），而當「第一代」人士移居香港及住滿 7 年後，其現有子女（所謂「第二代」人士）98 萬人亦將有資格來港。

③ 參見《中華人民共和國香港特別行政區基本法及相關文件》，香港：三聯書店，2007，第 82 頁。

④ *Lau Kong Yung v Director of Immigration* [1997] 3 HKLRD 778.

制在相互碰撞並開始相互適應。

（二）2000－2002 年：權利保障體系的闡明

現代法治和憲政的主要目的之一是保障人權，使人民和公民社會的基本權利和自由得到國家的承認和尊重。《基本法》中不少條文——尤其是《基本法》第 3 章——便是關於人權保障的。香港在殖民地時代的人權保障主要建基於從英國移植過來的法治、司法獨立傳統和英倫普通法傳統的案例法中對個人基本權利和自由（如人身自由以至財產權）的不成文（即並非以成文憲法文件提供的）保障，直至 1991 年，這種不成文保障的制度才改為成文保障。如上所述，1991年 6 月，香港立法局通過了政府起草的《香港人權法案條例》[①]，把自從 1976 年英國已在國際法的層面引用於香港的《公民權利和政治權利國際公約》，引入成為香港本地的立法。

1997 年《基本法》生效後，香港的人權保障制度不單以《香港人權法案條例》為基礎，更直接建基於《基本法》。從 1999 年底到 2002 年，香港特別行政區法院在一系列案例中闡明了回歸後香港的新法律秩序的權利保障體系的架構。

首先是 1999 年 12 月終審法院在「香港特別行政區訴吳恭劭及利建潤」[②]（即所謂「國旗案」）案的判決。案中兩名被告人在一次示威中使用了自製的、經有意損毀和塗污的中華人民共和國國旗和香港特別行政區區旗，結果被控觸犯臨時立法會在回歸時制定的《國旗及國徽條例》[③]和《區旗及區徽條例》[④]中關於禁止侮辱國旗和區旗的規定[⑤]。被告人的抗辯理由是，這些規定違反了《基本法》、《公民權利和政治權利國際公約》（此《公約》根據《基本法》第 39 條在香港實施）和《香港人權法案條例》所保障的言論和表達自由原則，因而是違憲和無效的。終審法院在判詞中指出，侮辱國旗的行為是語言文字以外的表達意見的行為，

---

① 《香港法例》第 383 章（以下簡稱《人權法案》）。本文提到的香港法例均見於 http://www.doj.gov.hk/chi/laws。

② *HKSAR v Ng Kung Siu*（1999）2 HKCFAR 442（英文判詞）及 469（中文判詞）。

③ 1997 年第 116 號條例。

④ 1997 年第 117 號條例。

⑤ 參見《國旗及國徽條例》第 7 條、《區旗及區徽條例》第 7 條。

故人權法中的言論和表達自由原則是適用的，問題是案中被質疑的法規對表達自由的限制是否有其需要及是否符合「比例原則」。

終審法院認為，為了保護國旗和區旗的重大象徵意義而對表達自由作出某些限制，是「公共秩序」所需要的，而案中被質疑的法規對表達自由的限制並不過份──人民雖然不被允許以侮辱國旗和區旗的方式來表達其意見，但他們仍可透過其他方式表達類似的意見；因此，這樣的對表達自由的限制與其背後的正當目的是相稱的，沒有違反比例原則。

另一宗有重大政治和社會意義的案件，是終審法院在 2000 年 12 月 22 日關於「律政司司長訴陳華及謝群生」[1] 案的判決。案中兩名原告人是居於香港新界的村民，他們提出了司法審查申請，指他們所住的兩個鄉村關於選舉村代表的安排，以他們是「非原居民」為理由排除他們的選舉權和被選舉權，是違反人權法和無效的。本案有廣泛的憲制性意義，因香港新界的約六百個鄉村中大多有類似本案的兩個村的選舉安排。根據香港法律[2]，新界居民有「原居民」和「非原居民」之分，原居民是指在 1898 年新界被租借給英國時已存在的鄉村的居民經父系傳下來的後代。《基本法》特別保障了這些原居民的權益[3]。終審法院指出，隨着社會和人口結構的轉變，新界鄉村居民中的非原居民的數目已大大增加。終審法院裁定，案中被質疑的村代表選舉安排是違法的，以原告人為非原居民為理由排除其選舉權或被選舉權，違反了《公民權利和政治權利國際公約》第 25 條的規定。

2001 年高等法院判決的「平等機會委員會訴教育署署長」[4] 一案也是值得注意的。案中被質疑為違憲的是香港政府教育署長期以來為完成小學學業的學生分配中學學位時採用的一項政策。根據全香港學生的成績統計顯示，在小學畢業時，女生的平均成績比同齡的男生為佳。為了平衡中學（尤其是「名校」）裏

---

[1] *Secretary for Justice v Chan Wah*（2000）3 HKCFAR 459.

[2] 參見《地租（評估及徵收）條例》（《香港法例》第 515 章）。

[3] 例如第 122 條給予他們的農村土地地租上的優惠，第 40 條更規定「新界」原居民的合法傳統權益受香港特別行政區的保護。

[4] *Equal Opportunities Commission v Director of Education* [2001] 2 HKLRD 690.

男生和女生的比例，教育署會在處理男、女生的成績時根據其性別作出一些調整，結果是令相同成績的男生和女生當中，男生入讀其首選的中學的機會較女生高。平等機會委員會（本身是政府成立的機構）應一些女生家長要求入稟法院，控訴教育署這項行政措施違憲和違法。結果法院裁定，這個措施的確有違男女平等和禁止性別歧視的原則，應予廢止。

　　以上三案所呈現的是由《基本法》第 39 條、《公民權利和政治權利國際公約》及《香港人權法案條例》所構成的權利保障體系，而 2002 年終審法院在「Bahadur 訴入境事務處處長」[①]的判決則顯示，即使某項權利並非載於此《公約》或《人權法案》，只要它是《基本法》明文規定的權利，便會獲得法院同樣積極的保障。Bahadur 案所涉及的是香港居民（尤其是非永久性居民）的「旅行和出入境的自由」[②]。此外，2001 年 7 月，終審法院在「入境事務處處長訴莊豐源」[③]的判決中指出，香港法院可沿用普通法的法律解釋方法來解釋《基本法》，但如人大常委會已對《基本法》有關條文正式作出解釋，則香港法院必須遵從。「莊豐源案」裁定在香港特別行政區出生的中國公民，即使其父母當時並非在港合法定居，仍屬香港永久性居民，享有居港權。該案判決後，內地孕婦來港產子大幅增加，到了 2007 年，特區政府和內地政府採取了行政措施予以限制。

（三）2003－2004 年：第 23 條立法的震盪

　　2002 年 9 月，剛成立不久的（由董建華連任行政長官的）第二屆特區政府推出《實施基本法第 23 條諮詢文件》。第 23 條規定，「香港特別行政區應自行立法禁止」若干危害國家安全的犯罪行為，包括叛國、分裂國家、煽動叛亂、顛覆、竊取國家機密等。

　　《諮詢文件》在社會上引起廣泛的討論，政府在諮詢期屆滿後，對《諮詢文件》中的建議作出了調整（基本上是作出從寬的修訂），並在 2003 年 2 月向立

① *Bahadur v Director of Immigration*（2002）5 HKCFAR 480.

② 參見《基本法》第 31 條。

③ *Director of Immigration v Chong Fung Yuen* [2001] 2 HKLRD 533.

法會提交《國家安全（立法條文）條例草案》（國安條例）。2003 年春天，「沙士」（SARS，即非典型肺炎）在香港爆發，整個社會忙於抗疫，國安條例的內容及其在立法會的進程並未受到市民的關注。

到了 6 月，瘟疫已過，關於國安條例的爭議進入高峰，「反對派」人士強烈反對條例草案中一些被指為過於嚴厲的條文，在傳媒廣泛報導和「反對派」積極動員的情況下，香港在 2003 年 7 月 1 日爆發了回歸以來最大型的遊行示威。7 月 7 日，特區政府宣佈暫緩立法，以後再作廣泛諮詢，從長計議。

平心而論，國安條例草案的內容大部分是合情合理的，它沒有把中國內地的各種「危害國家安全罪」引進香港，而是在參照國際人權標準和外國的有關法律的基礎上，為香港特別行政區「度身訂造」一套國家安全法，並且對原來港英殖民時代的（並在 1997 年後仍然存在的、相當嚴厲的）有關法律作出從寬的修訂（例如收窄原有的「煽動叛亂罪」的範圍）[①]。

七一遊行後，「反對派」提出在 2007 年（第三屆特首選舉年）和 2008 年（第四屆立法會選舉年）「雙普選」的要求。《基本法》的規定是，香港特別行政區根據其「實際情況」「循序漸進」地發展民主，「最終」達至行政長官和立法會全部議員的普選。為了澄清這些原則應如何貫徹實施，全國人大常委會在 2004年 4 月第二次解釋《基本法》和對選舉問題作出相關決定，表明在 2007、2008年「雙普選」並非適當時機。中央這次行動的法理依據是，香港特別行政區的高度自治權不包括改變現行政治體制和選舉制度的權力，香港政治體制改革的主導權屬於中央，中央有權全程（包括在啟動政改時、而非只在最後的「批准」或「備案」階段）參與。

（四）2005－2008 年：權利保障體系的進一步發展和普選時間表的制定

第二次釋法後一年，全國人大常委會進行了第三次釋法。事緣董建華先生於 2005 年春辭職，關於其繼任人的任期問題引起爭議。《基本法》規定特首

---

① 參見 Fu Hualing et al. (eds.), *National Security and Fundamental Freedoms: Hong Kong's Article 23 Under Scrutiny*, Hong Kong: Hong Kong University Press, 2005。

任期為 5 年，但並無明文規定因上一任特首辭職而選出新特首時新的特首的任期。特區政府與中央磋商後向立法會提出立法修訂建議，把因原特首辭職而再選出的新特首的任期規定為前任特首的剩餘任期。「反對派」人士反對這個修訂草案，更有個別議員向法院提起司法覆核之訴，要求法院宣佈該草案違憲。特區政府乃提請人大常委會釋法。常委會在 4 月再度釋法，確立「剩餘任期」之說，理由是負責選舉特首的選舉委員會的任期也是 5 年，而且《基本法》預設了在 2007 年選出第三屆特首。

2005－2008 年作為回歸以來法治和憲政實踐的最後階段，除了出現第三次釋法之外，其主要特徵是特區權利保障體系的進一步發展。有關的案例不少，最值得留意的有以下三個。

2005 年 7 月，終審法院在「梁國雄訴香港特別行政區」[1]案中裁定，《公安條例》中要求主辦集會或遊行的團體事先通知警方（否則構成刑事罪行）的規定沒有違憲。但該條例的其中一個規定是，警方在接到通知後有權以 "ordre public" [這個法文詞語連同它的英語版本 "public order" 皆見於《公民權利和政治權利國際公約》第 21 條（關於集會自由），並照搬到香港的《公安條例》之中] 為理由禁止有關集會遊行或對它施加限制；終審法院認為，這個規定是違憲和無效的，因為 "ordre public" 這個概念覆蓋的範圍太大，而且意思含糊，未能符合法律明確性原則。《公安條例》的另一規定是，警方可以 "public order"（公眾秩序——意指維持治安，防止暴亂）、公共安全或國家安全為理由，禁止集會遊行或對其施加限制；終審法院裁定這個規定沒有違憲。

關於《基本法》所明文保障的「通訊祕密」和人權法保障的私隱權方面，自從 2005 年起，香港法院在兩宗案件中開始質疑執法機關採用祕密監察手段（例如偷聽和對嫌疑人的言行偷偷錄音、錄映）以調查案件是否合憲，最終導致高等法院在 2006 年 2 月的「梁國雄訴香港特別行政區行政長官」案中[2]，裁定現行的關於截聽電話的法例及關於其他祕密監察行動的行政指令均屬違憲，並在

---

[1] *Leung Kwok Hung v HKSAR*（2005）8 HKCFAR 229.

[2] *Leung Kwok Hung v Chief Executive of the HKSAR*（HCAL 107/2005; 2006 年 2 月 9 日）。

香港法制史上首次給予政府六個月的寬限期，以修改法例，而非像以往的違憲審查判例那樣，即時宣判違憲的法規為無效。這個創新性的做法，是香港法院在司法補救工作上的一個突破，它在案件上訴到終審法院時得到該法院的肯定①。

　　最後，在「梁威廉訴律政司司長」②一案裏，一位少年男同性戀者以性別歧視（包括性傾向歧視）、平等權、私隱權受到侵犯為理由，對現行刑法的一些條文提出司法覆核、違憲審查之訴。被挑戰的主要條文規定，兩男士（在雙方同意下）發生肛交，如其中一人（或兩者）低於 21 歲，則兩人均犯了嚴重罪行，可處終身監禁。高等法院上訴庭同意原訟庭的判決，即此規定違憲而無效，因為它對男同性戀者有歧視性：根據香港法律，異性戀者（在雙方同意下）發生性行為，只要雙方都年滿 16 歲，便不構成犯罪。法院認為，政府在案中未有提供足夠的論據，以説明這些法律對異性戀者和男同性戀者的不平等對待是合理的、能夠證成的。在本案中，法院動用其違憲審查權推翻的立法，屬於社會倫理道德的範疇，判決在社會中引起一些非議。但是，以違憲審查方式保障人權的制度的其中一個重要功能，是防止少數人的基本權利受到代表大多數人的立法機關的立法侵犯；從這個角度看，「梁威廉案」並非全無積極意義。

　　2005－2008 年香港另一方面的重大憲政發展，便是對香港特別行政區政治體制的進一步民主化的探索。如上所述，2004 年 4 月 6 日，全國人大常委會通過《關於〈中華人民共和國香港特別行政區基本法〉附件一第七條和附件二第三條的解釋》，對行政長官和立法機關產生辦法的修改的啟動程序作出規定，包括要求香港特別行政區在啟動有關修改程序之前，先由行政長官就「是否需要進行修改」向全國人大常委會提出報告，然後由常委會根據《基本法》的有關

---

① *Koo Sze Yiu v Chief Executive of the HKSAR* [2006] 3 HKLRD 455（*Koo* 和 *Leung* 乃同一件案件的不同名稱，Koo 和 Leung 均為此案的原告）。終審法院也同意給政府和立法機關 6 個月的時間去修改有關法律，但和下級法院不同的是，終審法院拒絕頒令宣告有關法律在這 6 個月內仍然有效，它只頒令説對有關法律的違憲宣告不即時生效，而是 6 個月後（從原訟庭的判決日期起計算）才生效。意思是如果政府在這 6 個月內倚賴有關法律作出任何行動，行動雖不算違反法院在本案的頒令，但有關的其他法律風險須由政府承擔。

② *Leung v Secretary for Justice* [2006] 4 HKLRD 211.

規定予以確定。2004 年 4 月 15 日，行政長官董建華先生提交了《關於香港特別行政區 2007 年行政長官和 2008 年立法會產生辦法是否需要修改的報告》。2004 年 4 月 26 日，全國人大常委會在審議這份報告後，通過《關於香港特別行政區 2007 年行政長官和 2008 年立法會產生辦法有關問題的決定》，規範了有關產生辦法在 2007 年和 2008 年可以修改的範圍。2005 年 10 月 19 日，行政長官曾蔭權先生領導下的特區政府發表《政制發展專責小組第五號報告：二零零七年行政長官及二零零八年立法會產生辦法建議方案》，方案在 2005 年 12 月 21 日在香港立法會付諸表決，但因得不到《基本法》附件一與附件二所要求的三分之二的多數票而未能通過。

2007 年 7 月 11 日，已當選香港特別行政區第三任行政長官的曾蔭權先生履行其競選承諾，發表《政制發展綠皮書》，就香港如何實現《基本法》規定的普選行政長官和立法機關全部議員的最終目標進行諮詢，諮詢範圍包括普選模式、達至普選的路線圖和時間表等。2007 年 12 月 12 日，行政長官就諮詢結果向全國人大常委會提交報告。2007 年 12 月 29 日，全國人大常委會作出《關於香港特別行政區 2012 年行政長官和立法會產生辦法及有關普選問題的決定》，規範了有關產生辦法在 2012 年可以修改的範圍，並表明在 2017 年香港的行政長官可由普選產生，此後立法會全部議員也可由普選產生。這樣，香港特別行政區進一步民主化的前景便得以明朗化，實行全面普選的時間表也得以確定。

六　結論

「一國兩制」是中華人民共和國史無前例的新事物，也是香港在英國殖民統治終結後的新時代、大時代。所謂「實踐是檢驗真理的惟一標準」，經過過去十年的實踐，鄧小平等上一代中國領導人設計的「一國兩制」、「港人治港」的構想是否行得通，有目共睹。筆者認為總體來說，這十一年的實踐是成功的。

從憲政實踐的角度看，筆者認為這十一年經驗可作以下四點總結。

首先，香港特別行政區在「一國兩制」框架下和《基本法》基礎上的自治、

法治、人權和自由都得到相當成功的實現。不單是港人本身、即使是國際上也普遍承認，北京的中央政府十分尊重香港特別行政區的高度自治權，沒有干預特區政府的決策或施政。香港的行政執法、獨立司法和廉政制度健全，回歸前原有的法治傳統繼續發揮其活力。正如《中英聯合聲明》所承諾的，回歸後港人的生活方式不變，香港的人權和自由水平絕對沒有像一些人在 1997 年前擔心的那樣出現倒退。

第二，全國人大常委會三度解釋《基本法》和《基本法》第 23 條立法事件確實是回歸以來在法制領域以至整個社會引起爭議和震盪的最重要事件。上文已敍述了這些事件的來龍去脈，從中可以看到，人大釋法是香港特別行政區法律秩序本身的一部分，三次釋法背後都有其理據，並非中央權力機關任意行使其權力或破壞香港的法治或自治。香港法院在一般案件的訴訟過程中適用、解釋《基本法》和其他香港法律的權力並沒有受到干擾、剝奪或減損。至於第 23 條立法，其用意並非削減港人原有的人權和自由，這次立法之所以引起這麼大的恐慌和社會動盪，主要應歸咎於特區政府當時處理手法的失當。

第三，香港特別行政區法院在十一年來充分發揮了它作為香港法治、憲政、人權和自由的監護者的角色，其重要性、積極性和活躍程度與回歸前相比，有增無減。筆者在 1997 年曾寫道：

> 在九七過渡後，香港法院在香港法制以至政制中的功能將有增無減，……1997 年後的香港法院有寬闊的空間去發展香港的法律……香港法院所面臨的挑戰是如何採取一種中庸之道，一方面勇於堅持它們的獨立司法權和敢於發揮它們法定的管轄權，藉以維護法治和權利保障等原則；另一方面，不採取過高的姿態，以避免法院的角色過於政治化。[①]

從香港法院過去十一年的重要判例（包括本文沒有機會介紹的判例）[②] 來看，

---

① 陳弘毅：〈九七回歸的法學反思〉，《21 世紀》總第 41 期，1997 年 6 月，第 138、149-150 頁。
② 參見 Albert H. Y. Chen, "Constitutional Adjudication in Post-1997 Hong Kong," (2006) 15 *Pacific Rim Law and Policy Journal* 627-682。

法院的確成功地掌握了此中庸之道，在面對中央權力機關時，不卑不亢，在處理香港內部人權與社會整體利益的平衡時，既不過於激進也不過於保守，恰到好處。

最後，如果我們引用上文所述的 Lowenstein 曾提及的關於名義性憲法、文字性憲法和規範性憲法的區分，那麼 1997 年以來在香港實施的《基本法》應可算是規範性的憲法性文件。套用 H. L. A. Hart「內在觀點」(internal point of view) [1] 的概念，參與實施《基本法》的官員和各方人士都從內在觀點出發（即自願地、真誠地，以認同的心態）接受了這部憲法性文件作為規範政治權力的獲取、轉移和行使的「遊戲規則」。人民享有言論、集會、結社、遊行示威等自由，政府亦定期舉行公正的選舉。人民可以通過訴訟，要求法院維護憲法性文件所賦予他們的神聖的公民權利。法院在解釋憲法性文件時，採用了國際上先進的憲政原理，並贏得了法律界以至社會大眾的敬重。這些事實，都是一部規範性的憲法文件正在發揮其生命力的憑證。

---

[1] 參見 H. L. A. Hart, *The Concept of Law*, Oxford: Oxford University Press, 2nd ed. 1994。

二

規範：承接與嬗變

論判例法在香港法中的主導地位 [①]

董茂雲 [②]

現行香港法追隨英國，研究香港判例法必須從英國法談起。英國法是歷史發展的產物：分別由各種不同法院發展起來的普通法、衡平法、教會法以及商業習慣法（海商法），從 1880 年代起開始歸由一個較為統一的法院系統地加以適用和發展；它們大部分屬於判例法的範疇，成為與議會及行政機關頒佈的制定法相對稱的淵源。隨着英國「議會主權」原則的確立，制定法的效力被認為優於判例法，然而就整個英國法體系中的實際淵源地位及法律意識形態地位而言，則「判例法是第一位的，制定法是第二位的」[③]。時至今日，制定法在英國的比重已大大增加，實際作用也大大提高，但這些變遷並不能動搖判例法的根本地位，對判例法的先天寵愛之情仍蘊藏於人們深層的法律觀念裏，蘊藏於英國深層的法律文化中。

如同歷史上曾受英國奴役的國家和地區，香港地區採用的是移植自英國的普通法和衡平法。1976 年前的歷次《最高法院條例》籠統地規定了香港對英國法的適用。1966 年的《英國法適用條例》[④] 開始對普通法和衡平法、制定法的適用問題分別作出規定。現在香港實施的普通法和衡平法原則主要來源於英格蘭和威爾士法院的判例，但與英國不同的是，英國適用普通法和衡平法是基於它們的「自然效力」，而香港適用普通法和衡平法則是基於制定法的規定。一些制定法企圖解決英國判例法在香港的適宜性問題，也就是哪些普通法和衡平法原則不適合香港情況及其居民，因而不適用於香港，但在實際解釋中頗有爭議。基本確定的是：

① 本文原載於《政治與法律》，1997 年第 1 期，第 52-54 頁。
② 董茂雲，中國人民大學法學博士，現任復旦大學法學院教授。
③〔日〕高柳賢三：《英美法源理論》，楊磊、黎曉譯，重慶：西南政法學院印刷，1983，第 26 頁。
④《英國法適用條例》（1966 年第 2 號）收入《香港法律彙編》第 88 章，後經 1969 年第 36 號、1970 年第 26 號和第 32 號，1971 年第 1、26、53、60 號條例多次修改。

　　第一，如果實行某項英國法律會帶來明顯的「不公正和壓迫」，則該項英國法律不適宜於香港地方情況及其居民。關於「不公正和壓迫」原則是 1875 年海峽殖民地（英屬南洋舊稱，包括新加坡、馬來西亞和檳榔嶼）最高法院（設在新加坡）在關於周忠農（音譯）訴斯波提司沃德一案中所確定的，這一原則得到英國樞密院的批准，並被香港法院採納 ①。

　　第二，普通法在環境需要時可以修改，但以香港通過本地立法機構進行的修改為限 ②。雖然香港的制定法並沒有規定英國哪一級法院的判決可以作為判例適用於香港，但根據香港合議庭的意見，只有英國上議院和樞密院司法委員會的判例，才能構成對香港具有約束力的判例法。在英國普通法的基礎上，香港法院在審判實踐中形成了本地的判例法。從普通法作為一套具有內在邏輯聯繫的法院司法主張而言，香港法院所作的判例應視為普通法的一部分。羅勃特大法官曾指出：「當然，存在着香港的普通法，它大部分應包括——但不僅僅局限於——英國普通法」③。香港各級法院中適用判例法的準則是：上訴庭的判決是其他所有法院都要依循的，但上訴庭不必遵從自己從前確有失誤的判例；高等法院的判決，對地方法院、裁判司署有約束力，但是一位高等法院的法官並不一定要依循另一位高等法院法官的判決；地方法院和裁判司署，一般來說，它們的判決無判例拘束力。

　　香港法作為一個法律體系來看，判例法居於主導地位。這是因為：

　　（一）香港對英國法傳統的繼受，為判例法主導地位的確立奠定了基礎。

　　根據英國法的傳統理論，判例法是英國法的基礎，制定法只是對判例法所作的補充和修正。儘管制定法日益增多，且制定法的效力優於判例法，但在司法實踐中制定法往往還要通過法院判決加以解釋，重新予以肯定。今天的香港法追隨英國，這不是表現為淺層的法律移植，而是表現為深層的傳統繼受。英國法傳統包括：遵循先例原則、判例方法和訴訟中心主義等。遵循先例原則的

① 肖蔚雲：《一國兩制與香港基本法律制度》，北京：北京大學出版社，1990，第 65 頁。
② 參見 1966 年《英國法適用條例》及修正後的 1971 年《英國法適用條例》。
③ Lam Yuk-ming V. Attorney General（1980），HKLJ 815,822.

基本含義是，法官在他審理判決案件時，不僅要考慮到先例，即其他法官在已決案件中對與此相同或密切相關的問題作出的判決中所適用的原則，而且要受到已有判例的約束，接受並遵循先例所確定的原則。

判例的效力來自於長期沿用與普遍的接受。遵循先例傳統便是維繫判例法生命及主導地位的實踐原則。遵循先例無論在英國還是香港，均被視為利用前人智慧、保持法律適用性及使法律具有可預見性的必不可少的途徑[①]。判例法方法是遵循先例原則的自然演化。訴訟中心主義表現為從司法救濟方法的有無來看待實體法權利，從而使程序優先得到推崇。凡按一套清楚公正的程序得出的審判結果，「必須接納為公正結論」[②]。

英國法傳統歸結起來無疑是判例法傳統。香港立法、司法界在長期實踐中接受了英國法傳統，也就是接受了判例法傳統。法官和律師均受過英國式的法學教育，且長期使用英語，他們的法律思維與工作方式也都判例法式了。其實，作為香港社會中特殊階層的法官和律師，已成為「判例法傳統」的一個自然組成部分。這種「傳統與人的統一」無疑是判例法在香港法中佔居主導地位的堅實基礎。

（二）香港的英國式的司法制度，為判例法主導地位的確立提供了保障。

儘管香港的終審權在英國的樞密院，自己尚沒有形成真正獨立的香港司法體系。但香港畢竟形成了與英國樞密院司法委員會相銜接的英國式的，具有嚴格等級的法院系統。「香港政府實施的司法制度，包括法理、法律的援用、法院設置及其審判活動以至檢控、陪審、律師和司法行政等方面，不論形式與內容均照英國的模式加上殖民地的特點。」[③]英國式的法院系統，訴訟程序與習慣於判例法思維方式和工作方法的法官、律師相結合，實現了「制度、機構與人的統一」，為判例法的主導地位提供了保障。

由於英國樞密院司法委員會擁有香港的終審權，樞密院實際上成為香港

---

① 李昌道、龔曉航、唐海虹：《香港政制與法制》，上海：上海社會科學院出版社，1991，第 84 頁。
② 莊金鋒等編：《香港法律問題資料選編》，上海：上海大學法律系印刷，1986，第 200 頁。
③ 何美歡：《香港合同法》（上冊），北京：北京大學出版社，1995，第 22 頁。

法院系統的最高審級，樞密院通過對香港法院上訴的判決，約束香港所有的法庭。樞密院認為：「儘管基於《英國法律適用範圍條例》而適用普通法，上議院的判決不會自動約束香港法庭。但是它的說服力是很強的，因為樞密院就從香港法庭上訴的判決約束香港法院。樞密院通常不會作與以上議院身份已作出的不同的判決，除非牽涉到香港或香港居民特殊的情況，不適合跟隨英國法律的發展路線。」[①]

既然在不受當地習俗或成文法影響的英國法律問題上，上議院的判決約束樞密院，因此可以說上議院的判決通過樞密院約束香港法院。由於上議院是英國法院系統的最高審級，樞密院是香港法院的最高審級，因此判例的約束關係使英國的法院系統和香港的法院系統緊密地聯結起來。通過兩個各成體系、等級嚴格的法院系統的特殊聯結及英國樞密院對香港終審權的行使，形成了香港判例法對英、港雙重法院系統的特殊依賴，從而為判例法在香港法中的主導地位提供了特殊保障。

依據普通法制度，在香港，法院對現成制定法的解釋是「至高無上」的，最具權威性，一切法律的解釋最終都以法院的解釋為準[②]。

香港本地判例法大體分兩類：一類是普通法和衡平法在香港適用形成的判決，一類是對香港的條例、附屬規則以及在香港適用的英國國會法令加以解釋。法院擁有權威性的法律解釋權本身，也為判例法在香港法中的主導性地位提供了保障。法院掌握制定法的解釋權，實際上導致了制定法需要通過判例的檢核才能發生作用。

隨着「九七」的臨近，一個問題提了出來：「九七」後的香港判例法還會保持它的主導地位嗎？

基於《中英關於香港問題的聯合聲明》和《中華人民共和國香港特別行政區基本法》（以下簡稱《基本法》），筆者認為可以明確以下幾點：

第一，包含着普通法和衡平法的香港判例將作為香港「原有法律」的一部

---

① 李昌道、龔曉航、唐海虹：《香港政制與法制》，第 84 頁。
② 李昌道、龔曉航、唐海虹：《香港政制與法制》，第 82 頁。

分在「九七」後得到保留，但須接受中華人民共和國的一部法典化的法律——《基本法》的審核。《基本法》是香港歷史上第一部真正法典化的法律，它是未來香港特別行政區的最高法律。

第二，「九七」後在香港保留實行的普通法和衡平法原則已為中國法律所接納，是中國法律的一部分，在規則體系上它與英國法及英國法院系統已不發生直接聯繫。但香港特別行政區法院審案時可以參考其他普通法適用地區（包括英國）的司法判例。香港特別行政區成立的終審法院，還可根據需要邀請其他普通法適用地區（包括英國）的法官參加審判。

第三，現行適用於香港的普通法和衡平法原則的修改可通過立法和司法兩條途徑，即或由香港特別行政區立法機構制定新的法例，或由香港特別行政區終審法院在一個案例中確立新的原則。

第四，香港特別行政區的終審權屬於新成立的終審法院，其他司法體制及陪審制原則、刑民訴訟原則均得以保留。終審法院作為香港特別行政區法院系統的最高審級，其判例效力自然高於現行的或將由香港特別行政區其他法院所作出的判例。因此，終審法院將來的活動及實際作用將對判例法是否能在「九七」後的香港保持主導地位產生重大影響。

第五，香港法院傳統的權威性法律解釋權，因《基本法》條款的解釋問題而有所變化。根據《基本法》，全國人大常委會擁有對《基本法》的解釋權，而全國人大常委會授權特別行政區法院在審理案件時對有關《基本法》的條款自行解釋。但涉及中央人民政府管理事務或中央與特別行政區關係的條款時，應在終局判決前，由終審法院報請全國人大常委會作出解釋。香港特別行政區法院在引用該條款時，應以全國人大常委會的解釋為準。

第六，根據《基本法》成立的香港特別行政區立法會，將是香港歷史上第一個真正港人代表機構，第一個真正獨立的立法機構。為了修正香港原有法律中與《基本法》相抵觸的內容及完善香港特別行政區的新型法制，香港特別行政區立法機構——立法會，將根據《基本法》承擔起艱巨的立法任務。制定法的比重和作用將大大提高。

最後可以推測的是：傳統雖將沿續，但判例法的主導地位則面臨挑戰。

英國刑法對中國香港地區刑法的影響 [①]

孟 紅 [②]

一 英國刑法對殖民時期的香港刑法的影響

（一）香港地區近代刑法的發展軌跡

香港是中國的領土，在清朝由當時的廣東省新安縣管轄，適用中國的法律，主要是 1647 年（順治四年）制定的，後進一步補充完善的《大清律例》[③]。由於《大清律例》以刑為主，所以，也是當時適用的主要刑法。由中國古代刑法的共性決定，《大清律例》無罪刑法定可言。

從 1841 年《義律公告》公佈到 1843 年港英政府成立，是中國清朝的刑律和習慣與英國刑法並存時期。1840 年 6 月英國發動第一次鴉片戰爭，並於 1841 年 1 月 20 日宣佈佔領香港島。1842 年 8 月 29 日簽訂的《中英南京條約》第 3 條規定：「將香港一島給予大英國君主及暨嗣後世襲王位者常遠據守主掌，任便立法治理」，使香港島成為殖民地，並賦予英國在香港島享有立法權。在此之前，英國在佔領香港島後即於 1841 年 2 月 2 日，由英國駐華全權欽使兼商務總監義律在香港發佈《義律公告》，宣佈設立香港的統治機構和行使法律的準則：

> 按照中國之法律和習慣統治香港島原居民和此間所有中國人，廢除嚴刑拷打。香港英國籍罪犯及外港島原居民和非中國人犯，將按現時在中國施行之刑事暨海軍法審判，香港島所有英籍人和外國人均受

---

① 本文原載何勤華主編：《英美法系及其對中國的影響》，北京：法律出版社，2009。

② 孟紅，華東政法大學法學博士，現任東南大學法學院教授。

③ 清王朝建立後，於順治四年（1647）、雍正三年（1725）和乾隆五年（1740）先後頒佈了《大清律集解附例》、《大清律集解》和《大清律例》三部正式的成文法典。自乾隆五年定本後，律文不再增損，例則不斷增補。參見何勤華：〈清代法律淵源考〉，《中國社會科學》，2001 年第 2 期。

英國法律保護。^①

可見《義律公告》以屬人、屬地混合原則設立准據法，即對香港島原居民及中國人適用中國法律，對在香港的英國人和其他外國人適用英國法律。這種准據法原則在 1844 年香港《最高法院條例》中再次得到確認^②。由於英國當時已經完成工業革命進入近代資本主義時期，其國內法帶有資本主義法性質，資本主義時期倡導的人權保障在刑法中已得到一定確定，所以，在香港對英國人和外國人適用的英國刑法帶有這種人權保障因素。雖然適用的對象有限，但作為當時香港法的組成部分，使此時香港刑法區別於當時清朝政府實行的《大清律例》等封建制法律（區分對象，有限度地實行罪刑法定）。

1843 年 4 月 5 日，英國以《英王制誥》（*letters patent*）形式發佈《香港憲章》（*Hong Kong Charter*），正式宣佈香港為英國殖民地^③。英國政府據此授予港督制定法律的權力。同年 6 月 26 日，港英政府正式成立，並設立了輔助港督立法的機構——立法局，開始制定香港本地法律，包括刑法。這是香港獨立立法的開始。受英國近現代刑法思想和刑事立法的影響，香港刑法與英國刑法基本同步發展。

（二）香港地區近代刑法的淵源

香港割讓之初，一度因人口增多、人員複雜、規則不健全等原因出現了秩序混亂的局面，殺人越貨、糾黨打劫、偷竊詐騙等十分猖獗，為維護殖民統治，香港政府制定了大量刑事法律。並且為彌補本港立法之不足，在 1844 年制定的《最高法院條例》中規定，香港可以直接適用英國法律。由於香港在此期

---

① 史深良：《香港政制縱橫談》，香港：三聯書店，1992，第 237 頁。

② 1844 年香港《最高法院條例》第 5 條規定：「1843 年 4 月 5 日香港成立本地之立法機構後，現行之英國法律將在英國實施，但不適合本地情況或本地居民及上述立法機構另行立法取代者除外。」參見李宗鍔主編：《香港日用法律大全》，香港：商務印書館，1995，第 71 頁。

③ 1856 年 10 月和 1898 年 6 月，英國又強迫清政府簽訂了中英《北京條約》和《展拓香港界址專條》，將九龍半島南端割讓給英國；將九龍半島的其餘大片土地，直至深圳河以南，以及附近 230 多個島嶼（以上地區後稱為「新界」）租給英國，期限為 99 年。從此，整個香港成為英國的殖民地。

間由英國統治，屬於普通法系的成員，所以，判例法是香港刑法中的當然部分。

此時期香港刑法淵源複雜多樣，主要包括：香港立法機構制定的刑事法律、適用於香港的英國刑事法律（制定法）、適用於香港的英國及其他英聯邦國家刑事判例法、香港本地的刑事判例法、中國清朝的刑律和習慣以及對香港有約束力的國際條約中的刑事法律條款。上述眾多淵源基本可分為：制定法（香港政府制定的刑法、適用於香港的英國刑事制定法、清朝刑律）、普通法（香港、英國及其他英屬地區普通法判例）、習慣法和國際公約。

1. 制定法

（1）香港立法機構制定的刑事法律[①]

香港立法局是依據《英王制誥》（*letters patent*）設立的協助港督制定法律的機構，從其成立時起至香港回歸前，制定了大量的刑事條例。這些刑事條例以英國刑法為藍本，遵循英國刑事立法的原則和精神，基本上包括了香港刑事法律關係中所要解決的全部問題，是香港刑法的主幹。如《刑事罪行條例》、《侵害人身條例》、《殺人罪條例》、《公安條例》、《盜竊罪條例》、《防止貪污條例》、《賭博條例》、《偷渡條例》、《複雜商業罪行條例》、《防止賄賂條例》、《舞弊及非法行為條例》、《簡易程序治罪條例》、《刑事訴訟條例》、《監獄條例》等。

除了專門的刑事條例外，還有一些非刑事條例中關於犯罪和刑罰的規定，以及專門針對特定對象規定的條例。前者如《危險藥物條例》、《保護婦孺條例》、《道路交通條例》、《武器條例》、《不良刊物條例》、《吸煙條例》、《社團條例》等；後者如《少年犯條例》、《逃犯條例》等。香港回歸前頒佈的這些條例的許多內容沿襲的是英國的同類法令，也有些是根據香港本地的具體情況制定的，具有本土化的趨勢。由於香港刑法追隨英國刑法，接受英國刑法特有的概念、術語和歷史傳統，因此，香港刑法的原則和犯罪概念、犯罪要素、刑事責任、犯罪分類、刑罰種類等，與英國刑法驚人地相同、相通和相似。

（2）適用於香港的英國刑事法律

香港是英國的殖民地，原則上英國的法律都可適用於香港。但自 1844 年香

---

① 包括刑事條例和含有犯罪及其處罰內容的附屬立法。

港《最高法院條例》規定英國法律可直接適用於香港後，哪些法律、如何適用始終是個問題，畢竟香港與英國有許多不同，香港此期間雖是英國殖民地，但居民大多是華人，中國傳統法律觀念和法律制度的影響根深蒂固。1865 年英國議會制定的《殖民地法律效力法例》對英國成文法在殖民地的適用作出規定：凡英國議會或樞密院制定或作出的有關殖民地事務的法例、命令，在殖民地均可適用；殖民地的條例如果與適用於該殖民地的英國議會立法相抵觸時，應屬無效。①1873 年的香港《最高法院條例》第 5 條對香港適用英國法律的基本原則作了明確規定，即「自本港獲取立法權之時即自 1843 年 4 月 5 日，所有英國現行法律均適用於本港，但各該法律不適合本港地方環境或其人民或經由該立法機關明令修訂者不在此列。」②1894 年香港《最高法院條例》第 5 條也規定：「1843 年 4 月 5 日香港成立本地立法機構後，既有之英國法律將在香港執行，但不包括不適合本地情況或本地居民的英國法律，亦不包括上述立法機構另立新法取代之的英國法律。」③這樣，就使英國法律在香港的適用與香港地方具體情況相結合。

1965 年，香港政府制定的《英國法律適用條例》進一步明確規定，對 1843 年香港政府成立前的英國法律，香港立法局可以根據社會環境和居民的需要進行修改和刪節；對 1843 年後英國制定的限於香港適用的法律，香港政府無權選擇，只能由英國樞密院命令或英國議會通過法律去決定。④該條例還明確規定在香港適用的英國法律包括：（1）英國政府頒發的直接適用於香港的法律；（2）英國國會立法；（3）英國的普通法和衡平法。上述規定均是英國刑事法律適用於香港的法律依據。

在此期間，在香港適用的英國刑事法律主要有：1689 年《殖民地囚犯轉移法例》、1792 年《誹謗法令》、1849 年和 1860 年《海事法庭罪犯（殖民地）法

① 趙秉志主編：《香港法律制度》，北京：中國人民公安大學出版社，1997，第 36 頁。
② 參見廣東省人民檢察院編：《香港法律與司法制度資料》第一冊，第 113 頁。轉引自楊春洗、劉生榮、王新建編著：《香港刑法與罪案》，北京：人民法院出版社，1996，第 10 頁。
③ 趙秉志主編：《香港刑法學》，鄭州：河南人民出版社，1997，第 12 頁。
④ 楊春洗、劉生榮、王新建編著：《香港刑法與罪案》，第 8 頁。

例》、1850 年《海盜法》、1857 年《引渡條例》、1890 年《殖民地海事法庭法例》、1907 年和 1918 年《殖民地囚犯遣解命令》等。可見，英國刑法對香港刑法的影響，隨着香港本地刑法的完善而逐漸減少，其影響主要是刑法精神、原則和制度，而不是條文本身的直接適用。

(3) 清朝刑事法律

由香港特定的歷史條件所決定，清朝刑事法律（包括習慣）在香港刑法的形成發展中有重大影響，甚至一直作為有效的法律形式存在。尤其在香港立法機構成立之初，本地法律沒有建立起來，英國法律又不完全能夠適用時，清朝刑事法律成為對當地居民適用的當然法律。當然，清朝刑事法律對香港刑法的影響隨着香港刑法的發展更趨向文明與科學而越來越小，只是一個補充性淵源。

大清刑律在此時期對香港刑法的影響主要表現為：第一，作為生效的法律被直接引用，並作為處理刑事案件的依據。1990 年一名中國內地 14 歲少年在香港被以非法入境罪起訴，其辯護律師引用 1898 年中英《展拓香港界址專條》中的條文，説明被告人不屬於非法入境，得到法庭支持，裁定被告人無罪，該案例成為清朝法律被直接引用的最好例證[1]。第二，在處理刑事案件時考慮大清刑律相關內容對人們刑法觀念的影響。1934 年香港法院以謀殺罪判處將正在通姦的其妻與姦夫殺死的被告人死刑，引起香港華人不滿，根據《大清律例》，殺死姦夫淫婦，罪不至死。該案最後由港督簽發赦免令赦免被告人死刑[2]。第三，將大清刑律的規定通過立法或判例確定下來，成為香港刑法的內容。歷次《最高法院條例》規定，英國法適用於香港時「不適合本地情況和本地居民的除外」，這就包含允許大清刑律適用的意思。中國傳統的法律意識和刑法觀念更是深植於香港的中國人思想中，如對少年犯重教養輕刑罰、對老年犯從寬處刑、刑罰上的報應觀念等，這些觀念不會輕易被同化掉。因此，在適用刑法上不能不考慮中國固有的法律和習俗，在刑法中保留一些中國法律的內容，它成為香港刑

---

[1] 楊春洗、劉生榮、王新建編著：《香港刑法與罪案》，第 8 頁。
[2] 陳文敏：〈論香港應否恢復死刑〉，《明報月刊》，1989 年第 3 期。

法的必要補充。

2. 判例法

判例法是香港刑事法律的重要組成部分，尤其在早期，由於制定法不足，有關犯罪和處罰基本上是由判例法調整的。法官在審理案件時，按照「遵循先例」原則，從英國、英屬殖民地和香港本身的先前判例中尋找定罪量刑的標準和依據。隨着香港刑事制定法的增多與完備，判例法中許多刑事規範已經為成文法代替。但是，成文法並未完全取代判例法，判例法仍然是香港刑法的重要組成部分，有些自然犯罪如謀殺罪，仍由判例法確定，涉及成文法的適用時，對某些概念的理解常常借助於判例法。

（1）適用於香港的英國及英聯邦刑事判例法

在香港刑法發展早期，英國刑事判例法是主要的刑法淵源，除去不適宜香港地區情況及其居民者外，其餘均適用於香港。《英國法律適用條例》第 3 條也規定「普通法和衡平法的原則均在香港有效」。雖然這一規定中對英國哪一級法院的判決可以作為先例適用於香港沒有規定，但根據英國司法體制，通常認為英國上議院和樞密院司法委員會的判例才對香港法院有約束力。此外，作為英聯邦成員，香港對英聯邦其他成員國和地區的判例，給予充分的尊重和參考。如其在普通法的解釋上與香港法院採取相同方法，那麼其對香港法院也有約束力。

（2）香港本地的刑事判例法

香港自 1905 年起才開始建立自己的案例記錄制度，由香港最高法院上訴法庭的一位法官和律師、法律學者組成專門編輯部，將有價值的重要案例收集到《判例彙報》（HKLR）中，以補充英國及其他普通法國家的判例，其中刑事判例佔有相當比例。該部分判例與其他可適用於香港的刑事判例一起在香港刑事司法實踐中發揮着重要作用。

香港刑事判例法是以英國普通法為基礎發展起來的，在適用中堅持「遵循先例」，即法官在對其審理的案件作出判決時，必須考慮有關法院在已決案件中對與此相同或密切相關的問題作出的判決中所適用的原則，並受其約束。除非這個判例依據的法律後來被廢除，否則必須遵循。

回歸前香港法院適用刑事判例的準則是[1]：(1) 香港的所有法院都必須遵循英國樞密院司法委員會的判例；(2) 香港的所有法院都必須遵循英國上議院的判例；(3) 香港的所有法院對於英聯邦其他國家和地區法院的判例，一般都予尊重，並加以採用，但以其法院在解釋普通法上所採取的方法與香港法院基本相同者為限。否則，其判例只可作為香港法院的參考；(4) 香港的所有法院必須遵循最高法院上訴庭（又稱上訴法院）的判決，但上訴庭不一定要遵循自己以往的判決（假如該項判決被認為的確失誤的話）；(5) 最高法院原訟庭（又稱高等法院）的判決，對地方法院、裁判司署（又稱裁判官法院）有約束力；但是，原訟庭法官並不一定要遵循另一原訟庭法官的判決；(6) 香港的地方法院必須遵循香港最高法院上訴庭和最高法院原訟庭的判例。地方法院在受理上訴案件時必須遵循其作為上訴的終審法院所作出的判例，但對其作為第一審法院或上訴審法院所作出的判決則不要求遵循；(7) 香港的裁判司署應遵循香港最高法院上訴庭和最高法院原訟庭的判例，但不必遵循裁判司署和地方法院的判例；(8) 下級法院判例對上級法院沒有約束力。

可見，此時期香港刑法適用刑事判例，從種類說包括：(1) 英國的判例。「香港法院無疑是受到英國樞密院和上議院的判決的約束」，[2]這是香港最高法院合議庭在 1969 年聆訊一案件時所作的陳述；(2) 英聯邦其他國家和地區的判例。香港是普通法適用地區，按照普通法的原則，英聯邦其他國家和地區的判例，也可以適用於香港；(3) 香港自身的判例。

從適用判例的形式看，包括：(1) 遵循縱向先例。就香港法院對刑事案件的管轄體系而言，分為最高法院（包括上訴法院和高等法院）、地方法院和裁判司署。上訴法院是其最高審級，所以，遵循先例就體現為，香港上訴法院的判例對其下級法院都具有約束力，即高等法院服從上訴法院的判例，地方法院和裁判司署服從高等法院和上訴法院的判例。由於香港屬於英國的殖民統治地區，香港法院刑事案件的終審權掌握在英國樞密院司法委員會手中，因而香港

---

① 劉丁炳：〈香港刑法的遵循先例原則及其改革〉，《政法學習》，1995 年第 2 期。
②〔新西蘭〕瓦萊里・安・彭林頓：《香港的法律》，毛華、葉美媛等譯，上海：上海翻譯出版公司，1985，第 10 頁。

所有的法院必須絕對遵循英國樞密院司法委員會的判例。(2) 遵循橫向先例。香港的所有法院，包括上訴法院，應當遵循英國上議院的判例。因為，一方面上議院是英國的最高一級法院，英國的普通法也在香港適用，所以，香港法院的法官們自認為有義務在習慣法事務方面遵循上議院的判例；另一方面上議院的法官，大部分也是樞密院司法委員會的成員，因而也會以同樣方式進行判決，所以，如有案件上訴到樞密院司法委員會，不同意上議院的判例也是沒有用的。英國其他法院的判例，一般對香港無約束力，而只有說服力。至於英聯邦其他國家和地區的法院，雖然與香港法院之間並不具有審級上的制約關係，但是它們同屬於普通法適用地區，因而香港法院對英聯邦其他國家和地區的判例，一般也予尊重。(3) 遵循自身先例。這包括兩種情況：其一，香港上訴法院應遵循自身先前所作的判決；其二，地方法院如果審理上訴案件，對其自身先前審理上訴案件時作出的判決，應當予以遵循。否則，地方法院不受其先前作出的判決的約束。①

當然，遵循先例是判例法的基本原則，在司法實踐中應嚴格遵守，但並非沒有例外。在英國，法官在面對具體案件時，會利用「區別」技術，找出本案與先例之間的不同之處，而不用先例。或認為先例在裁判中沒有注意到既有的制定法和權威著作對此的指導作用；或是認為如果遵循先例，可能導致「不公正」,「限制法律發展」時，則可以不遵守先例。香港和英國一樣，在遵循先例的適用中，也有例外情況。其一，英國上議院的判決對香港法院有約束力，但是更多的意見認為其判決只有同香港的案件情況極為相似時，才對香港法院有約束力；其二，英聯邦其他國家和地區的判例一般只有說服力，只有當其對普通法的解釋方法與香港一致時，香港法院才予以採用；其三，香港的下級法院如果有充分的理由說明以前上訴法院的判例明顯錯誤時，可不遵守其判例。②

---

① 宣炳昭：《香港刑法導論》，北京：中國法制出版社，1997，第 33 頁。
② 宣炳昭：《香港刑法導論》，第 36-37 頁。

香港回歸前的審判機關結構圖

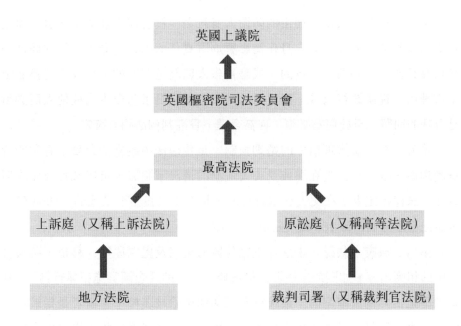

由判例確定的刑法基本內容包括：

第一，關於違法性認識：首席大法官羅伯特說：雖然事實上一般公民通常不知道法律，結果亦不明知其行為是錯誤的，但他被推定知道法律，因而也就被推定知道其客觀上已經觸犯刑事法律的行為是錯誤的。[1]

第二，刑事不作為積極作為義務的來源：由被告人與被害人之間關係而產生（父母和監護人有義務保護他們照顧下的孩子的生命和健康；夫妻有義務保護其不能自立的配偶或伴侶）；被告人的職業產生作為義務；自願承擔幫助某人的責任產生作為義務；對危險物的控制產生要採取合理措施之作為義務。[2]

第三，確定判斷非被告人的行為介入並促使結果發生之情況是否中斷了被告人的行為，而成為結果發生的原因的規則：介入行為不是自然事件、介入行

---

① 〔英〕羅德立主編：《香港刑法》（英文版），北京：北京大學出版社，1995，第 10 頁。
② 〔英〕羅德立主編：《香港刑法》（英文版），第 82-83 頁。

為是被告人犯罪時可合理預見的、被告人必須針對被害人的實際情況而承擔相應的責任。

第四，作為合法辯護理由的防衛人身行為，沒有規定在成文法裏，而是由普通法調整的。要以防衛人身作為影響刑事責任的因素，必須具備的條件是：從攻擊行為看，必須是真實的，或是被告人以為是明顯的，且攻擊行為必須無正當理由；從防衛行為看，對攻擊的回擊必須是為了防衛本人或他人所必須且是合理的回擊。至於何為必須，何為合理，香港判例法均有確定。

第五，合法辯護理由中的婚姻強制，是普通法中設立的對妻子有利的特別辯護理由，妻子在丈夫在場或受丈夫強制的情況下犯罪，可以減輕或免除刑事責任。法律推定妻子在丈夫在場時犯罪，是在丈夫強制下實施的。1993 年《刑事訴訟程序條例》第 100 條規定廢除了該推定。

第六，教唆、共謀、未遂等不完整罪的規定及處罰原則，移植了英國普通法中的相應內容。如關於未遂罪的構成條件之一的「企圖實施犯罪行為」，其判斷標準是由判例法確定的：最後行為標準和排除歧義標準。前者是指被告人實施了「直接聯繫」或者「實際接近」既遂的行為；後者是指如果被告人實施的行為是實施特定犯罪的一個步驟，與該犯罪直接緊密聯繫，且實施這一行為不能被合理地認為是為了其他目的，而是為了實施特定犯罪之目的。

第七，謀殺罪「謀殺」的含義，是由判例確定的。根據普通法的定義，所謂謀殺，是指「一個人在頭腦清醒，到了有能力明辨是非的年紀，心存惡意，非法殺害一個活生生而有權受英王保護的人，而受害人在事後一年零一日內死亡。」這一定義是 17 世紀初由愛德華‧柯克勳爵提出的，至今仍沿用。[1]

在香港刑法中，成文法與判例法並存，但並非並重，在實際的操作和法律效力上，刑事條例高於刑事判例。

3. 國際公約

對香港適用的國際公約大致可分為兩類。一類是香港以自己的名義參加簽

---

[1] 第 3 至 7 項內容分別參見趙秉志主編：《香港刑法學》，鄭州：河南人民出版社，1997，第 39、71、77、104、157 頁。

訂的多邊條約或雙邊協定。二是香港未以自己名義參加但相關條約或協定適用於香港，如英國締結和批准的多邊條約，在附加特別領土適用條款後適用於香港；英國與其他國家簽訂的雙邊協定適用於香港；英國以香港名義締結的只適用於香港的條約。這些國際公約中的刑事條款也是香港刑法的淵源。1997 年回歸前已有超過 200 項國際條約和協議適用於香港，其中約有 59 個條約含有刑事條款，多個多邊協議涉及刑事司法協助。國際條約並不當然在香港直接適用，在香港立法施行之前，它們不算是香港本地法律的一部分，但仍可影響普通法的發展。舉例來說，法庭可引用某條約，以助解釋法例。

　　總之，香港地區刑法在一百多年的發展中構建成一個多元化、多層次、比較嚴密的龐大獨立體系。它以英國刑法為立法藍本，遵循英國刑法的原則和精神，在一定程度上受英國刑法的制約和支配，因英國刑法的變化而改變；但又是一個比較完備的獨立體系，立法局根據香港本地特點在保留英國刑法內容的基礎上，增加了許多本地法的內容，較好地解決了外來法律本土化問題。

二　英國刑法對回歸後香港刑法的影響

　　1997 年 7 月 1 日，中國政府對香港地區恢復行使主權。根據《中華人民共和國香港特別行政區基本法》（以下簡稱「基本法」）第 8 條的規定，香港原有法律，即普通法、衡平法、條例、附屬立法和習慣法，除同《基本法》相抵觸或經香港特別行政區的立法機關作出修改者外，予以保留。據專家們對香港法律進行初審得出的結論，回歸前香港約有 20 多個法例與《基本法》相抵觸，有十幾個法例與《基本法》部分抵觸。[1]在這些法例中香港刑法佔有很大的內容。這還不包括在過渡時期港英當局新修訂的，在主權回歸後還要重新恢復的刑事法律。所以，回歸後的香港刑法面臨着以《基本法》為取向，進行調整與發展的問題。

---

① 陳弘毅：〈香港回歸後法制的延續與轉變〉，《信報：財經月刊》，1999 年第 2 期。

（一）對香港原刑法的改革

1. 改革的依據

《基本法》是根據憲法制定的體現「一個國家，兩種制度」方針的全國性法律，是香港特別行政區一切活動的基本準則。因此，改革香港刑法應以《基本法》為依據。香港《基本法》第 2 條規定：「全國人民代表大會授權香港特別行政區依照本法的規定實行高度自治，享有行政管理權、立法權、獨立的司法權和終審權。」第 18 條第 2 款規定：「全國性法律除列於本法附件三者外，不在香港特別行政區實施」。該條第 4 款規定：「全國人民代表大會常務委員會決定宣佈戰爭狀態或因香港特別行政區內發生香港特別行政區不能控制的危及國家統一或安全的動亂，而決定香港特別行政區進入緊急狀態，中央人民政府可發佈命令將有關全國性法律在香港特別行政區實施」。這些規定都是對香港刑法進行改革的依據。

2. 改革的指導思想

《基本法》序言中指出：按照「一個國家，兩種制度」的方針，不在香港實行社會主義制度和政策。「一個國家，兩種制度」是香港特別行政區一切活動的指導思想，無疑也是香港刑法改革的指導思想。首先，根據「一個國家，兩種制度」的方針，只能由中華人民共和國中央人民政府統一行使國家主權，國家的主權、統一和領土完整必須得到維護。它要求改革香港刑法，必須剔除其中的英國殖民因素，而把危害中華人民共和國國家主權、統一和領土完整的行為規定為犯罪並予以刑罰處罰。其次，「一個國家，兩種制度」還要求必須保障香港特別行政區的高度自治權。它要求改革香港刑法，必須尊重香港的獨立刑事立法權，正確處理香港刑法與大陸（全國）刑法的關係。

3. 改革的機構

根據《基本法》規定，香港擁有高度自治權，刑法的修改當然屬於香港政府的權力，具體由立法會行使。但是，對哪些原有規定與《基本法》相抵觸而不能在回歸後繼續有效，全國人大常委會也有權宣佈。《基本法》第 160 條規定，全國人大常委會可宣佈香港原有法律中哪些因抵觸《基本法》，而不能過

渡至 1997 年以後。據此，全國人大常委會 1997 年 2 月 23 日頒佈了《關於根據〈中華人民共和國香港特別行政區基本法〉第一百六十條處理香港原有法律的決定》，並在決定的三個附件中列舉了應失效的條例和一些詞語解釋或適用的替換規則。

4. 改革的範圍

根據《基本法》第 8 條的規定，香港原有法律，即普通法、衡平法、條例、附屬立法和習慣法，除同《基本法》相抵觸或經香港特別行政區的立法機關作出修改者外，予以保留。因此，香港只能對原刑法中的英國殖民因素和其他同《基本法》相抵觸的部分作出修改，其餘的應予以保留，以後是否修改，應根據香港社會的實際需要，由香港特別行政區立法機構決定，而不是由中央政府強制規定。此外，《基本法》第 23 條還規定：「香港特別行政區應自行立法禁止任何叛國、分裂國家、煽動叛亂、顛覆中央人民政府及竊取國家機密的行為，禁止外國的政治性組織或團體在香港特別行政區進行政治活動，禁止香港特別行政區的政治組織或團體與外國的政治組織或團體建立聯繫」。根據這條規定，香港特別行政區應以立法形式對背叛祖國、分裂國家、煽動叛亂、陰謀顛覆中央人民政府、竊取國家機密、非法進行政治活動和破壞國防等行為規定為犯罪並予以刑罰處罰。

香港刑法在廢除或修訂過程中，遵守《基本法》的原則。在剔除帶有殖民因素或與《基本法》相抵觸的內容的基礎上，保持了原有法律的完整性、細密性、獨立性。具體說來，香港刑法的實質性變化包括：

1. 刑事法律的憲政基礎發生變化

回歸前香港刑法的根本規範與英國法律制度的根本規範基本相同，這個根本規範承認，所有明示或默示在香港適用的國會立法，在香港都有法律效力；同時承認英王特權立法，包括為香港殖民地政府提供憲政基礎的《英王制誥》和《王室訓令》。但回歸後，《中華人民共和國憲法》成為所有香港法律的終極淵源。香港所有刑事法律（包括普通法）都必須不違背《基本法》；而《基本法》的效力則來源於《中華人民共和國憲法》。

2. 適用於香港的英國刑事法律不屬於「香港原有法律」，不在基本法保留之列，而不能在香港特區實施

在香港適用的英國刑事法律是英國殖民統治者統治香港的重要工具，帶有濃厚的殖民色彩，必須停止使用。由於終止英國法律在香港特區適用，香港刑法會產生「法律真空」。為了避免這一情況的出現，保持香港政制、法制的穩定，在不違反基本法的原則、符合中英聯合聲明、廢除殖民色彩的基礎上，實行立法主體換位，通過立法本土化方式，將英國制定而適用於香港的法律變成香港立法機關制定的法律繼續適用。

3. 廢除香港立法局制定的帶有殖民色彩的刑法和刑事判例

香港立法局制定的刑法中有關維護英國殖民統治的條文佔有重要位置，如《刑事罪行條例》第一項罪便是叛逆罪。該項罪名規定：殺害或傷害英國女工或將其監禁或軟禁者；對女王進行戰爭，意圖推翻女王的統治；煽動外國人以武力入侵英國或其任何領地者，以任何方式協助正在與女王作戰的敵人者，即構成叛逆罪，經起訴定罪後應處死刑。《刑事罪行條例》的第二部分「其他反對王室的罪行」中也有類似的規定。可見，香港刑法中這些充滿殖民色彩的規定已無法與中國的特別行政區的法律和諧。所以，必須代之以維護中國主權、統一和領土完整的法律。

4. 消除中國清朝法律和習俗的影響

中華人民共和國政府不承認清朝政府頒佈的《大清律例》。一百五十多年來，中國清朝的法律和習慣已逐漸滲透到香港的司法判例中或改造後寫進香港的條例中。這些判例不利於香港的現代化進程，不利於香港法律文化的發展。

（二）回歸後香港刑法的淵源

回歸後的香港法律制度據《基本法》規定發生了一些變化，刑事法律淵源也隨之變化，其主要淵源有：（1）予以保留的香港原有刑事法律。這是回歸後香港刑法的主體。無論制定法還是判例法，只要不與《基本法》相抵觸，仍繼續有效；（2）香港特別行政區立法機關制定的刑事法律，包括新制定的法律和修改的原有法律；（3）新編制的刑事判例；（4）適用於香港特別行政區的全國

性法律中的刑事條款；（5）適用於香港特別行政區的國際公約中的刑事條款。在回歸後的香港刑法淵源中，有兩個問題需要討論。

　　一是香港原有刑法中的英國刑法問題。原香港刑法受英國刑法的影響頗大，英國刑事制定法和判例法是香港刑法的淵源之一。回歸後，英國刑事制定法和判例法不再是香港刑法的當然淵源，但香港刑法中的英國刑法內容並不能一下消除。

　　原香港刑事制定法有些是在模仿英國相應規定的基礎上制定的，如 1848 年的《反貪污條例》，就是仿效英國同類法律制定的；香港刑法中的嚴格責任犯罪是由英國普通法判例發展而來的；香港《釋義通則條例》仿效英國 1899 年的《解釋法》對「人」的含義作出解釋，該條例第 3 條規定，「人」包括法團或並非法團組織的任何公共機構和眾人組成的團體，即使這些詞語出現於訂出罪行或與罪行有關的條文內，或出現於追收罰金或追收補償的條文內，本定義亦適用。這就是根據英國刑法確定的對法人刑事責任的原則作出的規定。

　　香港的判例法也受英國判例法的影響，如香港刑法中的「故意」由英國漢考克和香克蘭（Hancock and Shank cand [1986] AC 455）、尼德里克（Nedrick [1986] 3 All ER 1）等判例確定了其含義，說明故意的含義中包括目的、慾望，但又與兩者不完全相同[1]。香港刑法中的「輕率」，主要產生於英國判例坎寧安（Cunningham [1957] 2 QB 396）和倫敦市警察局訴考德威爾（Metropolitan Police Commissioner v Caldwell [1982] AC 341）兩案[2]。香港刑法中的教唆、共謀、未遂概念，都移植了英國普通法中的相關內容。

　　香港刑法學也深受英國刑法學說的影響，如刑法關於犯罪的分類，英國刑法以 1967 年頒佈的《刑事法令》為界限，之前一般將犯罪分為叛逆罪、重罪和輕罪；之後則分為應予逮捕罪和不予逮捕罪（從審判的角度劃分，則為應予起訴罪、簡易審判罪和既可起訴又可速決罪）；英國刑法奉行「沒有犯罪意圖的行為，不能構成犯罪。」香港刑法也奉行這一原則，並在制定法和判例法中適用。

---

[1] 參見〔英〕羅德立主編：《香港刑法》（英文版），第 29 頁；趙秉志主編：《香港刑法學》，第 33 頁；劉佳：〈香港刑法及其走向略析〉，《首都師範大學學報（社會科學版）》，1997 年第 3 期。

[2] 趙秉志主編：《香港刑法學》，第 33 頁。

甚至英國的刑事政策也對香港刑法有影響，如英國 1965 年終止死刑適用，1969 年正式廢除死刑。香港自 1966 年至 1993 年雖仍有死刑判決，但均通過赦免而沒有死刑的實際執行，直到 1993 年《1993 年刑事罪行（修改）條例》正式廢除死刑。所以，從法律表現形式上講，英國刑法（包括制定法和判例法）不再是香港刑法的一部分，但從一些制度的來源角度講，英國刑法的影響將持續存在。

二是全國性刑法在香港的適用問題。全國性刑法包括：刑法典，即全國人民代表大會制定的《中華人民共和國刑法》；單行刑法，即全國人民代表大會或全國人大常委會的有關犯罪和刑罰問題的專門規定；附屬刑法，即全國人民代表大會或其常務委員會制定的非刑事法律中的刑法規範。

全國性的刑法，本應在中華人民共和國領域內都適用，這是國家主權的表現，但是，由於政治制度的特殊性和國際法的一般原則，全國性刑法的適用也有例外情形。所以，1997 年《中華人民共和國刑法》第 6 條規定：「凡在中華人民共和國領域內犯罪的，除法律有特別規定的以外，都適用本法。」香港《基本法》就香港法律適用作出了特別規定，屬於這裏的「法律有特別規定」，因此，全國性刑法不是香港刑法的當然淵源。但全國性刑法仍保留了在香港特別行政區適用的可能。

香港《基本法》第 18 條第 4 款規定：「全國人民代表大會常務委員會決定宣佈戰爭狀態或因香港特別行政區內發生香港特別行政區不能控制的危及國家統一或安全的動亂，而決定香港特別行政區進入緊急狀態，中央人民政府可發佈命令將有關全國性法律在香港特別行政區實施」。據此，全國性刑法在香港特別行政區能否適用，應分為正常狀態和非常狀態兩種情況來討論。

在正常狀態下，全國性刑事法律，不在香港特別行政區實施。在非常狀態下，全國性有關法律可以在香港特別行政區實施。「全國性有關法律」，應當理解為包括全國性刑事法律在內。全國性刑法在香港特別行政區實施，必須以法定的非常狀態的存在為其前提。「非常狀態」具有以下特點：（1）法定性。即非常狀態是香港基本法所規定的非常狀態，也即法定非常狀態；（2）特定性。即非常狀態是指特定的事由，一是戰爭狀態，二是緊急狀態。「緊急狀態」的具體含義，是指在「香港特別行政區內發生香港特別行政區不能控制的危及國家統

一和安全的動亂」;(3)命令性。即指在非常狀態下,中央人民政府可發佈命令將有關全國性法律在香港特別行政區實施。非常狀態下,全國性刑法可以在香港特別行政區實施,就是指中央司法機關對香港特別行政區處於非常狀態下發生的危害國家統一和安全等各種犯罪行為有管轄權,可以適用全國性刑事法律對之定罪量刑。

此外,根據香港基本法第 19 條第 3 款的規定,對於發生在香港特別行政區的,危害國防和妨害外交的犯罪行為,無論是在正常情況下,還是在非常狀態下,全國性刑事法律均可予以適用。因為,在正常狀態下,國家對於這類犯罪行為可以採取國家行為,而香港特別行政區法院對國防、外交等國家行為無管轄權。香港特別行政區法院在審理案件中遇到有涉及國防、外交等國家行為的事實問題,應取得行政長官就該問題發出的證明文件,上述文件對法院有約束力。行政長官在發出證明文件前,須取得中央人民政府的證明書。在非常狀態下,對於上述行為,中央司法機關有權管轄,可以適用全國性刑事法律。

(三)回歸後香港刑法的基本走向 [1]

1. 由複雜化向簡單化方向發展。香港刑法是一個多層次、多元結構的法律體系,既有英國法律、香港本地法律,又有中國清朝法律和習慣法。這種多元結構表現為成文法與判例法的並用。1997 年以後,香港刑法的多元結構改變,在成文法上僅存以《基本法》為憲制基礎,由香港特別行政區立法會制定或認可的刑事法例。香港原刑事法例成為香港刑法的主幹。判例法來源簡單化,本港判例成為主要法源。

2. 由從屬化向主體化方向發展。英國統治香港時期,英國刑事法律在香港居於主導地位,香港本地刑事條例從屬於英國刑法,英國掌握着主要立法權。香港回歸後,港人具有高度的自治權,包括獨立的立法權。香港特別行政區立法機關有獨立制定和修改香港特別行政區刑事法律的權力。所以,香港立法機關成為刑事立法權的主體。

---

① 劉佳:〈香港刑法及其走向略析〉,《首都師範大學學報(社會科學版)》,1997 年第 3 期。

3. 立法主體向集中和廣泛代表性發展。英國統治香港時期，香港刑事立法權較為分散，成文法的立法權分別由英國議會和港督行使，立法局只是一個港督立法的輔助機構，不具有獨立性。而且在長達一個多世紀的時間裏，立法局議員一直由港督委任，直到 1985 年立法局才出現間接產生的民選議員，1991 年才首次出現直接選舉的議員。[1]回歸後，根據《基本法》的規定，立法會成為香港獨立的最高立法機構，由 60 名經選舉產生的議員組成[2]，具有廣泛的代表性，可以反映不同利益集團的要求。

三　香港刑法的發展特點

1. 獨立的發展軌跡

香港雖然自古是中國領土，但由於較早地脫離了中國政府的實際管治，因而在法律淵源上與中國大陸相差甚遠。香港刑法無論在形式上還是內容上，受曾為其宗主國的英國刑法影響至深。英國刑法屬於普通法系，判例法是其法律的主要淵源，這就決定了香港刑法也屬於普通法系，並具有該支系法律的一般特徵。香港沒有一部統一的刑法典，其刑法由各個單行的刑事條例、其他單行條例中有關犯罪和刑罰的規定，以及刑事判例組成，制定法與判例法相輔相成，使刑法的確定性與靈活性結合起來。香港刑事實體法與程序法相互滲透和影響，如香港 1950 年修訂的《刑事訴訟條例》中專門規定了脅從犯與教唆犯的構成、分類和處罰等實體內容，而《刑事罪行條例》中，則規定了訴訟程序、訴訟證據、起訴期限及權限等程序內容。

2. 由從屬性到獨立性

回歸前的香港刑法對英國刑法具有從屬性。具體表現在：第一，在刑事立法的地位上，香港本地刑事立法具有從屬性。英國王室對香港享有完全的、充

---

① 趙秉志主編：《香港法律制度》，第 86 頁。
② 由功能團體選出的議員在第一、二、三屆均為 30 人；由選舉委員會選出的議員在第一、二屆分別為 10 人、6 人，第三屆取消選舉委員會選舉；由分區直接選舉產生的議員在第一、二、三屆分別為 20 人、24 人和 30 人。參見趙秉志主編：《香港法律制度》，第 94 頁。

分的立法權，香港立法機關及其權力是英王特許成立和授予的。因此，香港立法機關及其制定的法律相對於英國王室和國會處於從屬地位。香港政府制定的刑事法律必須受《英王制誥》的指導。英國議會有權撤銷香港立法局通過的法案；第二，在法律效力上，適用於香港的英國制定法在香港具有最高的法律效力，香港地方刑事立法不得與之相抵觸，否則無效；第三，香港的刑事立法以英國刑法為藍本，遵循英國刑事立法的原則與精神，其刑法中的犯罪概念、犯罪要素、刑事責任、罪名設立、刑罰種類等，以及普通法上的「動機」、「陰謀」等詞語的含義，與英國刑法相同或相近；第四，英國刑法的變化一般總要對香港刑法產生影響，香港刑法總要作出相應的改變。如香港 1972 年《刑事訴訟程序條例》（修訂）法案在篇首明確規定：「本法案將刑事訴訟程序條例修訂，以便將英國 1967 年刑事法與 1967 年刑事訴訟的若干條文加插於本港法律內」；[1] 第五，香港刑法在名稱上只能稱為「條例」，而不能稱為「法」。

回歸後的香港刑法表現出強烈的獨立性，這是由「一國兩制」的政策決定的。《基本法》確定香港具有高度自治權，包括刑事立法和司法的自治權，不受全國人大制定的刑事法律的約束（特殊時期除外）。

3. 法律移植與本土化是香港刑法發展的主要途徑

由香港刑法對英國刑法的從屬性以及香港刑法的普通法系的屬性所決定，香港沒有一部統一的刑法典，其刑法由各個單行的刑事條例、其他單行條例中有關犯罪和刑罰的規定，以及刑事判例組成，從淵源上看包括：香港立法機構制定的刑事法律、適用於香港的英國刑事制定法、清朝刑事法律、適用於香港的英國及英聯邦刑事判例法、香港本地的刑事判例法和國際公約等。香港刑法在一百多年的發展中構建成一個多元化、多層次、比較嚴密的龐大獨立體系。它以英國刑法為立法藍本，遵循英國刑法的原則和精神，在一定程度上受英國刑法的制約和支配，因英國刑法的變化而改變；但又是一個比較完備的獨立體系，立法局根據香港本地特點在保留英國刑法內容的基礎上，增加了許多本地法的內容。較好地解決了外來法律本土化問題。

---

[1] 楊春洗、劉生榮、王新建編著：《香港刑法與罪案》，第 59 頁。

4. 殖民色彩逐漸由濃厚到淡薄

香港刑法是英國佔領香港後產生和發展起來的，最初具有明顯的殖民性質，主要表現在：第一，英國的刑事法律原則上適用於香港；第二，香港立法機關制定的刑法對英國刑法具有從屬地位；第三，在內容上嚴格保護英國王室的利益。在「叛逆罪」中把攻擊女王或王室直系親屬的行為，以及發動內戰、協助女王的敵人和殺害執行任務中的公職人員或法官的行為，規定為最嚴重的犯罪，同時，還規定了其他侵害女王和王室利益的犯罪。第四，在刑事案件裁判的效力上，受英國樞密院司法委員會制約。英國樞密院司法委員會是英國殖民地法院的最高審級，對香港上訴法院判決不服的可上訴至該委員會。第五，香港官方語言為英語，法律和法庭以英文為法定語言。

回歸後的香港刑法去除了有關侵犯女王和王室利益的犯罪規定，排除英國刑法的適用，刑事訴訟的最高審判機關為香港終審法院。《基本法》還確定中文與英文同為法律的正式語言，注重法律和司法活動的雙語化。英國刑法的殖民影響只能零星存在於法律形式和個別法律內容中。

5. 鮮明的地域性

香港刑法是以地區為劃分標準的刑事法律，而非以國家為標準。香港刑法只適用於香港地區。由於歷史的原因，1840 年鴉片戰爭後香港被英國佔領而成為其殖民地，在 1997 年回歸祖國前，香港始終處在英國的管理之下。英國的制定法、判例法始終是香港刑法的主要淵源，香港本地的制定法不能與英國法律相違背。1997 年 7 月 1 日香港回歸，但按照「一國兩制」的方針及《基本法》的規定，享有高度自治權的香港，仍保有自己獨立於大陸主體刑法之外的刑法及其特點，但其刑法適用的地域範圍仍僅限於香港特別行政區所轄區域。

6. 歷史延續性較強

香港刑法是在英國佔領後，隨着英國法的引入逐步發展起來的，它貫徹着英國刑法的精神而在香港這個華人社會紮下根來。它的形成和演變至今已經歷了 150 多年，形成了一個相對獨立、比較完備的刑法體系。

英國殖民統治時期香港地區新聞法制的歷史考察[①]

張曉鋒[②]

1841 年 1 月 26 日，英國軍隊憑藉武力強行登陸，在事實上佔據香港，到 1997 年 7 月 1 日，香港淪為英國殖民地長達一個半世紀。為了管制新聞事業和維護殖民統治，英國在香港移植並建立了一套獨特的新聞法律制度。本文通過對大量第一手文獻資料的整理，全面梳理了港英政府的新聞立法活動，考察香港新聞法制的演變軌跡。

一　英人佔據初期香港新聞法制的起步（1841－1900）

19 世紀中葉，英國通過兩次鴉片戰爭，先後逼迫清政府簽訂了《南京條約》（1842 年）、《北京條約》（1860 年）和《展拓香港界址專條》（1898 年）三個不平等條約，英王同樞密院依據這三個條約頒佈了《香港憲章》（1843 年）、《九龍敕令》（1861 年）、《新界敕令》（1898 年）和《城寨敕令》（1900 年），從而奠定了殖民統治香港的基本格局。與此同時，隨着香港近代報業的發展，港英政府移植英國法制模式在香港建立了一套以註冊監管為主體的新聞法律制度，引領香港邁入近代新聞法制的起步期。

1844 年 1 月 11 日，英國在殖民地香港的立法機構——定例局（即立法局前身）正式成立，開始按照英國的法律體系制訂香港法律。2 月 28 日，定例局通過第 1 號法例——《殖民地香港之法律》，同時通過第 2 號法例——《書籍報刊出

---

① 本文原載於《新聞與傳播研究》，2011 年第 4 期，第 78-88 頁。
② 張曉鋒，復旦大學新聞學博士，現任南京師範大學新聞與傳播學院教授。

版及持有之規範條例》[1]，由首任香港總督璞鼎查頒佈，4 月 1 日起正式施行。法例規定辦報只需備案性質的註冊，無需繳交保證金，如不簽署登記聲明，則會受到相應的處罰。這是英據時期香港地區的首部成文新聞法規，也是香港有史以來第一部專門的新聞法規，揭開了香港近代新聞法制史的帷幕。

到 1850 年代至 1860 年代，外人辦報開始在香港興盛，僅 1841 年至 1860 年，香港所出版的英文和中文報刊的總和，超過全國其他地區的總和[2]。當時，報章揭露港府官員貪污和濫用職權而引起訴訟的現象時有發生，令政府十分惱火，遂採取立法手段對報界施壓。1860 年，港府對《書籍報刊出版及持有之規範條例》進行修正，於 11 月 30 日頒佈了《修正報紙出版條例》[3]。該法例首創了香港地區報刊管制的擔保人和保證金制度，提高了在香港辦報的准入門檻，利於港英當局對輿論的控制。在早期，管制誹謗訴訟的法律依據是在香港生效的英國本土的《誹謗法》。1854 年 12 月，香港高等法院曾宣佈英國議會通過的《誹謗法修正案》等 9 項法例在香港施行[4]。誹謗法案以及《修正報紙出版條例》的施行，使報界對於政府官員的批評有所減少，但效果甚微。1860 年一位英國上議員在議會上指出，「在英國所有『屬土』中，沒有一個的誹謗情況像香港那樣氾濫及臭名昭著。」[5]面對頻發的誹謗案，港府於 1887 年 2 月 26 日頒佈《誹謗條例》[6]，取代英國的《誹謗法修正案》。該條例對香港地區的出版物在誹謗與侵害名譽方面作出了明確的管制規定。

隨着香港報業的蓬勃發展，港英當局意識到有必要進一步加強管制。1886

---

[1] *Ordinance to Regulate the Printing of Books and Papers and Keeping of Printing Presses*, The Friend of China and Hong Kong Gazette, March 2, 1844, pp.264-265. 該條例也譯作《監管書籍及報刊印刷及設置印刷機條例》，參見梁偉賢、陳文敏主編：《傳播法新論》，香港：商務印書館，1995，第 44 頁。

[2] 黃瑚：《中國新聞事業發展史》，上海：復旦大學出版社，2001，第 78 頁。

[3] *The Amendment Newspapers Ordinance*, The Hong Kong Government Gazette, December 1, 1860, pp.258-259.

[4] Hong Kong Government Gazette, December 4, 1854, pp.201-202.

[5] 轉引自李少南：〈香港的中西報業〉，王賡武主編：《香港史新編》（下冊），香港：三聯書店，1997，第 501 頁。

[6] *The Defamation and Libel Ordinance*, The Hong Kong Government Gazette, February 26, 1887, pp.187-188. 也譯作《誹謗暨妨害名譽條例》，參見馬沅編譯：《香港法律彙編》（第一卷），香港：華僑日報有限公司，1953，第 223-224 頁。

年 7 月 12 日，港府頒佈《印刷業及出版業條例》[①]，同時廢止《書籍報刊出版及持有之規範條例》和《修正報紙出版條例》。條例增加了印刷人和出版人的透明度、提高了保證金、確立了報刊查閱登記制，這表明政府對報刊的監管趨於嚴厲。1888 年 2 月 15 日，港府頒佈《書刊保存登記條例》[②]。至此，《印刷業及出版業條例》和《書刊保存登記條例》一起，奠定了香港新聞法制的基本框架，並成為日後法例修訂的依據。[③]

此一階段，港府還頒佈了《郵政局條例》（1887 年）、《電訊條例》（1894年）等相關法例，這些法例均持較為寬鬆的管制立場，沒有對報刊實施審查的規定，這與當時香港殖民統治的政治與社會環境是基本吻合的。

縱觀英人據港初期 50 多年間所頒佈的新聞法令，呈現出兩個特點：首先，形成了「事前註冊為主、事後追懲為輔」的內容體系。英人據港之初的香港報業，資本以外資為主，華資為輔；語言以英文為主，中文為輔；內容以商業行情和資訊為主，政治新聞和評論為輔；讀者以洋商、官員和華商為主，普通香港華人讀者為輔。特殊時代背景所孕育的近代香港新聞業沒有也根本不可能對港英殖民統治構成挑戰，港英當局實際上也無需對新聞業實施嚴厲的監管。因此，港英當局將註冊登記制度的建立作為當時新聞立法的重點，只是規定報刊的印刷、出版、發行與保管等程序若不登記將會受到相應的懲處，同時輔以具有懲罰性色彩的誹謗條例。

其次，蘊含了「新聞自由為表、殖民專制為實」的法制本質。英人據港以後，施行英國的法律制度，英式新聞自由的理念也隨之移植至香港，體現於以註冊登記為主的法制內容與形式之上。然而，「香港移植外來法是英國殖民政策的副產品」[④]，建立在掠奪和侵略本性之上的立法動機，總督直接主導的立法程

---

① *The Printers and Publishers Ordinance*, The Hong Kong Government Gazette, March 27, 1886, pp.219-223. 該條例也譯作《承印人與出版人條例》，參見梁偉賢、陳文敏主編：《傳播法新論》，第 44 頁。

② *The Copies of Books Preservation and Registration Ordinance*, The Hong Kong Government Gazette, 18th February, 1888, pp.168-169. 該條例也有記載為《殖民地書籍註冊條例》（*The Colonial Books Registration Ordinance*），參見梁偉賢、陳文敏主編：《傳播法新論》，第 346 頁。

③ 梁偉賢、陳文敏主編：《傳播法新論》，第 346 頁。

④ 徐靜琳：《演進中的香港法》，上海：上海大學出版社，2002，第 411 頁。

序，英國本土法律和港英法例在香港享有至高無上的法律地位，再加上由警察總署或高等法院負責報刊登記的程序，使得香港的新聞法律制度刻上了深深的殖民主義烙印，但這一特點往往為在香港辦報較為自由寬鬆的表像所掩蓋。

應該說，英據初期的香港新聞法制具有兩面性，從本質上講，這些法律法規是殖民統治在新聞傳播領域的移植和延伸，殖民主義色彩顯而易見；但同時，又吸收了英國法律文化的先進成分，開啟了近代香港新聞法制的歷史先河，草創階段的歷史地位亦不容抹殺。

二　英人佔據中期香港新聞法制的發展（1900－1945）

自 1900 年英國確立香港殖民地的空間範圍，到二戰以後香港淪陷期結束的近 50 年間，香港地區新聞法制步入發展期。在這一時期，中國內地局勢動盪，各種社會力量紛紛到號稱「自由港」的香港創辦報刊，香港成為思想言論鬥爭的重要戰場。懾於革命輿論的強大威力，港英政府為了維持其殖民統治，一次又一次地頒佈法令對報刊內容實施嚴格管制，香港地區的新聞法制從註冊監管向內容審查領域拓展。

香港地區實施新聞內容管制肇始於 20 世紀初。1907 年 6 月，資產階級革命派的機關報《中國日報》所經銷的上海《民報》特刊——《天討》，刊發了一幅清朝皇帝被削去半個頭顱的漫畫，港府認為這幅漫畫損害跟「友邦」的關係，於是將其沒收。針對《中國日報》和其他中文報刊的反清宣傳，1907 年 10 月 11 日，港府頒佈《煽亂刊物條例》[①]，條例規定，「任何在香港境內印刷、出版、銷售或是散發的，含有可能引發中國社會混亂或是唆使他人犯罪內容的印刷或手寫的報紙、書刊或其他出版物者，將依法被判有罪。」這是港英當局管制中

---

① *The Seditious Publishing Ordinance*, The Hong Kong Government Gazette, October 11, 1907, p.1288. 有關該法例的名稱有不同的記載，有記載為《禁止報章登載煽惑友邦作亂之文字專律》，參見方漢奇：《中國近代報刊史》（下），太原：山西人民出版社，1981，第 515 頁。也有記載為《中國刊物（禁止）條例》，參見梁偉賢、陳文敏主編：《傳播法新論》，第 47、347 頁。

文報紙言論自由的開始。次年，港督頒佈《禁止煽亂刊物入境規則》[①]，在流通環節上對可能從中國大陸輸入到香港的所謂「煽亂刊物」實施監控。

　　從 1914 年至 1918 年，香港因英國的關係不可避免地被捲入第一次世界大戰，一方面擔負着為協約國提供戰爭費等資源的任務，另一方面又必須服務於英國的戰時政策，對可能影響戰事、不利於協約國的消息實施管制。1914 年 4 月 23 日，港府頒佈《煽亂刊物條例》[②]，首次明確規定：在香港出版的刊物，不得刊載有損香港或內地治安和政局穩定的內容。次年 3 月 5 日，頒佈《煽亂刊物（持有）條例》[③]，修正《煽亂刊物條例》，擴大管制範圍。與此同時，港英當局為了維持香港在殖民統治下「文明」的外表，先後頒佈了《淫褻刊物條例》（1914 年）[④] 和《淫褻展覽物條例》（1918 年）[⑤]，試圖遏制色情刊物的氾濫。

　　1926 年 6 月 19 日，省港大罷工爆發。罷工組織呼籲言論、出版自由，不但沒有得到港英當局的回應，反而遭到了更加嚴厲的壓制。21 日，港督司徒拔宣佈緊急戒嚴令[⑥]。25 日，港府頒佈《緊急管制規則》，強調未經批准，任何人不得印刷、出版、散佈包含中文的報紙、標語牌或小冊子，或者引進或自辦相關刊物[⑦]。港府在華民政務司設立專門的新聞檢查處，對華文報紙、郵件和電報實行審查。上述《規則》成為港府實施新聞檢查的法律依據。

　　從 1927 年到 1937 年，中國內地發生國共內戰，輿論爭鬥延伸到香港，催化了港府加強出版物監管的立法進程。港英當局於 1927 年 12 月 23 日頒佈新的《印刷業及出版業條例》[⑧]，同時廢除 1886 年的《印刷業及出版業條例》。該條例擴充了「報刊」的定義範圍，將週期從 26 天擴展到 1 個月；增加了報刊註冊時

---

① The Hong Kong Government Gazette, 1st May, 1908, p.534. 該規則名稱為作者所加。

② *Sedition Publications Ordinance*, The Hong Kong Government Gazette, April 24, 1914, pp.130-132.

③ *Sedition Publications（Possession）Ordinance*, The Hong Kong Government Gazette, March 5, 1915, pp.119-120.

④ *Obscene Publications Ordinance*, The Hong Kong Government Gazette, June 5, 1914, pp.196-197.

⑤ *Indecent Exhibitions Ordinance*, The Hong Kong Government Gazette, May 31, 1918, pp.229-230.

⑥ 余繩武、劉存寬主編：《20 世紀的香港》，北京：中國大百科全書出版社，1995，第 106 頁。

⑦ *Regulations under the Emergency Regulations Ordinance 1922*, The Hong Kong Government Gazette, June 25, 1925, pp.318-319.

⑧ *The Printers and Publishers Ordinance*, The Hong Kong Government Gazette, December 23, 1927, pp.563-569.

需負責的人員、東主、印刷商、出版商以及總編輯均須註冊登記；調整了報刊管理體系，港督會同行政局、警務處長、裁判司等均有權對刊物印刷、出版的相應流程實施管制；取消保證金制度。此後，港府又根據當時報業發展狀況及管制需要多次修訂《印刷業及出版業條例》：1930 年，恢復保證金制度 ①；1933年，擴大管制範圍，將報刊的發行間隔從不超過「1 個月」調整為「3 個月」②；1934 年，加強港督會同行政局管制報刊的權力範圍 ③；1937 年，又一次修正條例 ④。通過若干次的修訂，港府明顯強化了對印刷、出版業的管制。港英當局表面上允許不同政黨報刊在香港創辦和論爭，對中國事務的評論不加干預，但以不危及港英政府的管治權威為底線。

　　1937 年抗日戰爭全面爆發以後，戰爭風雲迅速波及香港，港英當局制訂了一系列新聞法規以鉗制抗日輿論。港府於 1938 年 9 月 2 日頒佈《煽亂條例》和《違禁出版物條例》⑤，禁止傳播和擴散有「煽亂意圖」和「不良」的出版物。同年 10 月 7 日，港府頒佈《緊急措施規例》⑥，規定未經華民政務司同意，不得參加集會、發表煽亂言辭或散佈煽亂刊物。12 月 22 日，港府又頒佈《修正煽亂條例》⑦。1940 年 1 月 13 日，港督頒佈《傳播物控制令》⑧，規定凡未經檢查的報刊、書籍、圖片等各類傳播物均禁止向境內外流通。1941 年 8 月 29 日，港英政府頒佈《印刷業及出版業條例修正規則》，在原條例第 4 部分增添一條：「如果登記

---

① *The Printers and Publishers Amendment Ordinance 1930*, The Hong Kong Government Gazette, March 3, 1930, pp.7-8.

② *The Printers and Publishers Amendment Ordinance 1933*, The Hong Kong Government Gazette, February 17, 1933, p.93.

③ *The Printers and Publishers Amendment Ordinance 1934*, The Hong Kong Government Gazette, September 14, 1934, p.733.

④ *The Printers and Publishers Amendment Ordinance 1937*, The Hong Kong Government Gazette, July 30, 1937, p.594.

⑤ *Sedition Ordinance*, The Hong Kong Government Gazette, September 2, 1938, pp.649-650; *The Prohibited Publication Ordinance*, The Hong Kong Government Gazette, September 2, 1938, pp.652-653.

⑥ *Regulations under the Emergency Regulations Ordinance 1922*, The Hong Kong Government Gazette, October 7, 1938, pp.728-729.

⑦ *Sedition Amendment Ordinance*, The Hong Kong Government Gazette, December 23, 1938, pp.923-933.

⑧ *Control of Communication Order*, The Hong Kong Government Gazette, December 23, 1938, pp.932-933. 也有譯作《禁止擅運刊物令》，參見馬光仁：《中國近代新聞法制史》，上海：上海社會科學院出版社，2007，第 239、348 頁。

官認為必要，他可以為維護公共安全、防禦戰爭或者有效訴訟，或者為維持社區的供應與服務等而拒絕任何報刊的登記申請。」① 依託這些法規，港英當局實施嚴密的新聞檢查。在當時，「出入香港的電文、書信、通訊等都逃不過檢查員的眼睛、筆和剪刀。到了 1941 年，這方面的檢查就更加嚴密，舉凡涉及政治、軍事及『詆毀』日本或影響時局的言論和通訊，一律被檢掉。」② 港府正是通過這些法令的授權，進一步控制輿論，企圖使香港的局勢不因抗戰而發生變化，達到其穩固殖民統治香港的目的。

在此階段，港英當局還於 1903 年頒佈了《無線電報條例》，1926 年修訂頒佈了《郵政局條例》，1936 年修訂頒佈了《電訊條例》，以及列有附表的《無線電訊規則》和《許可證條件》，《無線電訊規則》首次對誕生於 20 世紀上半葉的廣播媒介作出相關規定。

此外，1941 年到 1945 年是日軍佔領香港的「淪陷」期，日本殖民統治者在香港施行日本法律。1941 年和 1942 年，先後頒佈《新聞事業令》和《映畫演劇檢閱規則》等，成為日本軍政廳和總督府在香港對報刊和電影實施統治的主要法令。短暫的三年零八個月，成為英人據港 150 年間英國法律的「空窗期」。

縱觀此階段頒佈的新聞法令法規，呈現出以下特點：

首先，形成了「內容監管為主、註冊監管為輔」的內容體系。20 世紀上半葉，中國內地風雲變幻的情勢對香港的衝擊明顯趨深，而港英當局的新聞管制也明顯趨嚴，表現為：立法密度明顯趨高，此階段頒佈的新聞法規是前一階段頒佈法規的 4 倍多；立法內容日趨全面，幾乎涵蓋了從註冊登記到印刷發行的所有環節。港英當局對當時的輿論時時警惕，處處設防，對傳播內容實施全方位的審查和控制，令新聞界遭到空前的壓制。據《香港政府公報》記載，僅 1941 年 6 月至 11 月的半年時間裏，香港就至少有《生活》、《星島週報》、《國風日報》等 12 種報刊遭到取締或被迫停刊③，平均每月有 2 種。

---

① 《印刷業及出版業條例修正規則》，The Hong Kong Government Gazette, August 29, 1941, p.1332。
② 關禮雄：《日佔時期的香港》，香港：三聯書店，1995，第 24 頁。
③ 這些報刊取締或停刊的記載，參見《香港政府憲報》，1941 年 6 月 6 日、6 月 13 日、6 月 20 日、8 月 8 日、8 月 22 日、9 月 19 日、11 月 7 日等。

其次，確立了「新聞立法為體、新聞檢查為用」的管制模式。統治者的利益成為影響新聞業發展的決定性因素，當新聞輿論影響到港英當局的殖民統治利益時，當局便會通過立法的形式冠冕堂皇地管制新聞媒體、實施新聞檢查，新聞法制成為港府管制輿論的「合法外衣」。港英當局曾在第一次世界大戰、省港大罷工和抗戰時期實施新聞檢查 [①]。比如 1939 年 8 月，港府在華民政務司設立「華文報紙新聞檢查處」，由一位主任及三位委員組成。「從每天晚上 7 時到翌日凌晨，各委員分三班工作。不論任何中文報紙、雜誌，在出版之前要先選清樣兩份送到檢查處，一份留在報社作存底，一份經檢查後交回報社。由負責檢查的委員認可，簽字作實，才能發表。」[②] 新聞立法與新聞檢查相互利用，主要針對中文報刊的事先檢查令當時報刊的輿論力量難以施展，當然這也「和英國人自詡的『法治』精神不合」[③]。

值得注意的是，此階段香港新聞法制的歷史局限性暴露無遺。出於殖民統治的需要而建立起來的香港法律體系充滿了奴役和歧視色彩，由於警惕中國內地革命風潮的可能蔓延，港英當局頒佈的絕大多數新聞法規限制了佔總人口 95% 以上的華人的言論出版自由、思想自由乃至政治活動，使華文媒體禁錮重重。因此，當時香港雖然成為祖國內地輿論戰場的延伸陣地，但只能在上述法規的「法治」情境下夾縫中求生存。

三　英人佔據後期香港新聞法制的延續（1945－1985）

從二戰結束英國乘勢恢復在香港的殖民統治，到 1985 年 5 月 27 日《中英關於香港問題的聯合聲明》正式生效前，香港邁入英國殖民統治的後期，港英政府「固守」其在香港的殖民統治，「在一種恐懼管治權威受到挑戰和威脅的情況下」[④]，進一步延續了有關新聞內容監管法規的制訂。英國加緊了對香港的建

---

① 李少南：《香港的中西報業》，第 526 頁。
② 謝永光：《香港抗戰風雲錄》，香港：天地圖書有限公司，1995，第 72 頁。
③ 鄒韜奮：〈新聞檢查〉，《韜奮文集》第三卷，北京：三聯書店，1955，第 147 頁。
④ 梁偉賢、陳文敏主編：《傳播法新論》，第 48 頁。

設，香港的社會政治、經濟與文化環境發生較大的變化，香港的新聞業也蓬勃
發展，而港英政府卻一反常態地「制訂出一套與英國本土新聞自由背道而馳的
出版法」①。

　　抗戰勝利以後，國際國內的形勢發生了急劇的變化，尤其在中華人民共和
國成立以後，港英當局不僅迅速調整了對華政策，同時也調整新聞媒體的監管
法規。1949 年，港英當局頒佈第 8 號法例，修訂 1922 年的《緊急措施條例》，
賦予「港督會同行政會議在緊急狀態下可以頒佈各種法令」②的權力。12 月 28
日，港督葛洪量根據特別授權頒佈行政法規《緊急措施（主要）施行規則》③。
該規則雖不是專門的新聞法規，但第二章的第 5 條到第 28 條對出版物及通訊的
檢查與管制制定了十分詳盡的施行要求，規定港府可以強令報紙刊載官方的消
息和執行新聞檢查。此後，港府還曾援引《緊急措施條例》頒佈過相關法規。
1967 年 5 月，「反英抗暴」鬥爭爆發後，港府一度宣佈進入緊急狀態。5 月 24
日，頒佈緊急法例，防止煽動性廣播；6 月 1 日，頒佈《1967 年緊急（防止煽
動性標語）規例》；6 月 24 日，頒佈《1967 年緊急（預防恐嚇）法例》，禁止舉
行帶有威脅性的集會；7 月 20 日，頒佈法例，禁止口頭或文字的謠言傳播④。此
外，還於 7 月 22 日、8 月 1 日和 9 月 5 日三次修正《緊急措施（主要）規則》⑤。
這些緊急狀態下制訂並頒佈的法令，雖屬於一般性法律，但其對於新聞業的影
響卻非常大，是香港新聞法制史上不容忽視的「非專門性」新聞法規。

　　為了防止中國內地的革命思潮蔓延至香港，20 世紀上半葉頒佈的《煽亂條
例》、《煽亂刊物條例》和《印刷業及出版業條例》等已經無法適應和滿足港府
對於新聞媒體及輿論的控制需要。1951 年 5 月 17 日，港府頒佈《刊物管制綜合

① 梁偉賢、陳文敏主編：《傳播法新論》，第 354 頁。
② *Emergency Regulations Ordinance*, Laws of Hong Kong CAP. 241, The Hong Kong Government Printer, 1950, pp.451-453．
③《緊急措施（主要）施行規則》（*Emergency Principle Regulations*），《香港年鑑（第四回）》（中卷），香港：華僑日報有限公司，1951，第 19-37 頁。
④ 陳昕、郭志坤主編：《香港全紀錄（卷二：1960～1997 年）》，香港：中華書局，1998，第 79-80 頁。
⑤《香港年鑑（第二十一回）》（第三篇），香港：華僑日報有限公司，1968，第 40-41 頁。

條例》①，該條例「是由於 1949 年中國共產黨奪得政權前後，左派報紙紛紛在港成立，港英政府感到有加以控制的必要而訂立的法例。」②該法例包含《總則》、《報紙登記及發行規則》、《印刷機（領照營業）規則》、《新聞通訊社規則》和《印刷品（管制）規則》五個部分，構建起了新聞業管制的完整體系。該法例大大限制了出版自由，港英政府可以管制一切在香港的報刊、通訊社和印刷所。「它把過去訂立的相關法例重新整理充實，成為一條承前啟後、最全面、最嚴密的監管新聞出版業的法例。」③

香港自 1957 年有電視廣播以後，電視的影響日益擴大。原先管制電子傳播的依據《電訊條例》已經無法滿足需要。1964 年 1 月 6 日，港府通過《電視條例》，首次「提供了對商業電視廣播的法定管制」④。對廣播牌照、持股限制、播放技術條件、節目等作出規定，強化了當局對於電子媒介的監管權。同年 12 月，港英當局頒佈《電視（節目標準）規則》和《電視（廣告）規則》⑤。1973 年 1 月 29 日，立法局三讀通過 1973 年《電視（修訂）法案》⑥，該法案對持牌人等作出更加明確的規定，進一步落實了港督會同行政局在管制電視牌照方面的權力。

由於香港特殊的社會環境，戰後一些趣味不高的軟性新聞、色情內容和揭祕新聞等風行一時。香港報業公會在 1959 年 3 月 18 日的年會上指出：「香港黃色小報刊數量驚人，此種情形，足以影響整個報業之聲譽。」⑦面對這樣一種越來越嚴重的現象，港府有意識地加強了管制。1949 年將 1918 年頒佈的《不雅物品展示條例》改為《不雅物品展示及色情刊物綜合條例》，1959 年則改為《不

---

① 《刊物管制綜合條例》（*Control of Publication Consolidation Ordinance*），參見馬沅編譯：《香港法律彙編》（第四卷），香港：華僑日報有限公司，1953，第 158-161 頁。又譯作《出版物管制綜合條例》、《充實出版物管制條例》。

② 陳韜文：〈權力結構、經濟發展與新聞體制：香港和新加坡的比較〉，《現代傳播》，1997 年第 3 期。

③ 李谷城：《香港報業百年滄桑》，香港：明報出版社有限公司，2000，第 190 頁。

④ 梁偉賢：〈九七前香港新聞法例的變動趨勢〉，《法學評論》，1989 年第 3 期。

⑤ 《香港年鑑（第十九回）》（第三篇），香港：華僑日報有限公司，1966，第 73-74 頁。

⑥ 《電視（修訂）法案》，《香港年鑑（第二十七回）》（第三篇），香港：華僑日報有限公司，1974，第 28-29 頁。

⑦ 轉引自張圭陽：《金庸與明報傳奇》，台北：允晨文化實業有限公司，2005，第 31 頁

雅物品展示（修訂）條例》。1975 年，港英當局作出較大程度地修訂，當年 8
月 15 日頒佈了《不良出版物條例》[①]，除了繼續禁止「不雅的」、「色情的」和「厭
惡的」出版物以外，該條例首次明確規定，禁止任何對青少年（16 歲以下人士）
有損害的「不良出版物」。希望藉此對色情及淫褻刊物的氾濫起到阻遏作用。

　　港英當局曾於 1950 年對 1888 年的《書刊註冊條例》進行修訂，到 1976
年 9 月 26 日，港府再次制訂並頒佈《書刊註冊條例》[②]。與報刊、通訊社註冊需
要出版社機構整體辦理註冊登記不同的是，書刊的註冊以個別出版物單本為單
位進行登記。註冊程序較之報刊註冊而言也較簡單，只需要出版人辦理相關手
續即可。

　　此外，英人據港後期還頒佈了《英國電影條例》（1947）、《電影檢查規則》
（1953）、《不良醫藥廣告條例》（1953）、《公安條例》（1967）、《失實陳述條例》
（1969）、《版權（香港）憲令》（1972）、《版權條例》（1973）等與新聞傳播活
動有關的法規，豐富了香港地區新聞傳播的法律體系。

　　此階段的新聞法制也延續了前一階段的基本特點，即具有「內容監管為
主、註冊監管為輔」的內容體系。與前二階段相比，此階段的新聞法制還有以
下特點：

　　首先，表現出「立法嚴、執法寬」的政策特點。為了建立、維護和保持在
香港的殖民統治，港英政府採取了柔性的殖民策略。一方面，在立法過程和法
律內容上十分嚴厲。1951 年的《刊物管制綜合條例》被認為是港英統治時期最
嚴厲的新聞法。在該條例頒佈後，港英當局曾兩度援引該法例，一是 1952 年
「三‧一事件」中《大公報》遭停刊，二是 1967 年「反英抗暴」中 3 家本地報
刊遭停刊。另一方面，港英頒佈的嚴苛新聞法令幾乎是「備而不用」。雖然各類
規定十分嚴苛，但只要辦理註冊登記手續便可在香港創辦任何類型或內容的刊
物。二戰以後，香港報業呈現出百花齊放之勢，政黨報、商業報、文化報、小

---

① 《不良出版物條例》（*Objectionable Publications Ordinance*），《香港年鑑（第二十九回）》（第三篇），
　香港：華僑日報有限公司，1976，第 30 頁。
② *Books Registration Ordinance*, Laws of Hong Kong CAP. 142, 1-2, Hong Kong Government Printer, 1989,
　pp.1-2.

報等共存於市場，反映了港英當局寬鬆辦報的執法實際。1951－1961 年間，香港註冊報刊 173 家，其中時事新聞類 132 家；1962－1972 年間共 197 家，其中時事新聞類 148 家；1973－1983 年間共 190 家，其中時事新聞類 73 家。在《刊物管制綜合條例》頒佈後的 30 多年間，香港共註冊報刊 560 家，平均每年註冊近 17 家。^①

其次，形成了「法律規範為主、道德約束為輔」的控制格局。延續時期的香港新聞法制不僅從法律上提出各種新聞傳播機構及其行為的規範化要求，同時也提出了不少有關道德領域的要求。《刊物管制綜合條例》禁止損害社會風化、褻瀆社會公德等犯罪行為，《不良刊物條例》重點檢查有損社會道德的刊物，《電視（節目標準）規則》要求傳播「提倡道德或有益社會之節目」。法律和道德規範相輔相成，相互促進，有利於法治秩序的構建。

當然，雖然不少法令幾乎是「備而不用」，但「對香港的辦報人來説，那些富有彈性的規定，已足以構成相當的精神威脅了」^②。新聞媒體受到無形的壓力，在實施監督時，必然會有所顧忌。可見，在香港新聞法制逐漸進步的情況下，其負面影響仍客觀存在。

四　英人佔據末期香港新聞法制的調整（1985 — 1997）

自 1985 年《中英聯合聲明》生效，到 1997 年 6 月 30 日中國政府恢復對香港行使主權之前，是英國殖民統治香港的末期。港英當局為掩蓋其殖民專制本質，採取「監管自由化」政策，打着新聞自由的「幌子」調整和放鬆了有關新聞媒體管制的法令法規。

《中英聯合聲明》生效以後，英國政府表面上與中國展開有關香港問題的談

---

① 參見梁偉賢、陳文敏主編：《傳播法新論》，第 27 頁。
② 林友蘭：《香港報業發展史》，台北：世界書局，1977，第 118 頁。

判和合作，實質上則推行了一系列「非殖民化」①措施，企圖阻撓香港的順利回歸。不顧中方的反對，英國人「別有用心」地在香港推行所謂「民主化」改革，港英當局連續推出「代議政制」、「居英權計劃」、「人權法案」、「政改方案」等議題，設置了一道道障礙，中英之間也展開了激烈的較量，這些「非殖民化」舉措一次又一次地被中國政府挫敗。表面上看來，這些「非殖民化」措施是港英當局做出了一些順應社會潮流的改革，採取民主化進程逐步放棄直接行使殖民統治權，但另一方面卻將自己培養起來的政治精英逐步推向領導地位，從而最大限度地保護宗主國的經濟和戰略利益。實質上看，則是「要把香港變成一個獨立或半獨立的政治實體，延長撤退後英國對香港的殖民影響」②，這是港英當局一種以退為進的「再殖民化」，是一種希冀進一步鞏固港英殖民統治的「偽民主化」，與《中英聯合聲明》精神背道而馳。這是過渡期香港新聞法制調整的基本背景和主要原因。

進入回歸過渡期，港府開始檢討幾乎「備而不用」的 1951 年《刊物管制綜合條例》。1986 年 12 月 19 日，《香港政府憲報》同時公佈《1986 年刊物管制綜合（修訂）條例草案》和《1986 年公安（修訂）條例草案》。前者擬取消管制和查禁報刊的條款，以減少對新聞自由的限制③。港府也建議，撤銷原條例中有關惡意報導可能驚動或擾亂公眾輿論的虛假消息的條文，並將之加入到修訂的《公安條例》中作為補償條款。④對此，社會各界意見不一，使得原定於 1987 年 1 月 21 日立法局對草案的二讀三讀一再推遲。直到 3 月 11 日，立法局才將兩草

---

① 所謂「非殖民化」（decolonization）政策，是指當英國在其某個殖民地的獨立日期即將屆臨之際，會在殖民後期迅速將殖民地的一些政府部門分割，逐漸改由獨立管理委員會負責，目的是將權力下放，讓原本政府擁有的一些權力改由公營機構負責，或者原本的一些公營機構就藉機獨立，這是英國在「非殖民化」過程中的一貫政策。見鄭鏡明：〈英國「非殖民化」與 BBC 模式的移植經驗〉，（香港）《信報財經月刊》，1998 年 5 月，第 73-76 頁。「非殖民化」和「民族解放運動」是一個歷史過程的兩個方面，「民族解放運動」強調的是民族主義者爭取民族獨立的活動，「非殖民化」則強調殖民國家在殖民帝國瓦解過程中的活動。前者強調殖民帝國的衰亡是民族主義力量的強大和鬥爭的結果，後者強調殖民國家給予殖民地獨立的主觀能動性。參見張順洪：《大英帝國的瓦解——英國的非殖民化與香港問題》，北京：社會科學文獻出版社，1997，第 1 頁。
② 劉曼容：《香港政治制度與香港社會》，廣州：廣東人民出版社，2009，第 44 頁。
③《香港年鑑（第四十一回）》（第三篇），香港：華僑日報有限公司，1988，第 4-5 頁。
④《香港年鑑（第四十一回）》（第三篇），第 5 頁。

案付諸二讀，有 14 位議員發言支持，12 位反對，2 位棄權。二讀通過後，立即進入委員會審議，經過激烈討論，三讀通過兩修訂的條例。[①]

1987 年 3 月，港英當局頒佈《本地報刊註冊條例》[②]，包括附屬的《報刊註冊及發行規則》和《新聞通訊社註冊規則》，大大簡化了報刊註冊程序，撤銷了《刊物管制綜合條例》及有關對內容的限制性條款。與此同時，有關「虛假新聞」條文的爭議一直不斷。1988 年 12 月 9 日，布政司霍德建議撤銷該條款。1989 年 1 月 19 日，港英當局最後正式撤銷了《公安條例》關於「虛假新聞」的第 27 條。至此，香港新聞法制進入徹底放鬆對內容監管的階段。

色情刊物充斥市場一直令香港社會各界關注。1985 年 11 月 12 日，香港記者協會曾發表報告書，呼籲撤銷現行出版法例、對《不良刊物條例》作重大修訂[③]。1986 年 8 月 15 日，港英政府刊登憲報，公佈《1986 年管制淫褻、暴力及不雅物品條例草案》[④]。次年 9 月 1 日港府頒佈《管制淫褻及不雅物品條例》[⑤]，正式取代《不良刊物條例》，同時生效的還有《管制淫褻及不雅物品規例》和《管制淫褻及不雅物品規則》[⑥]，形成了完整的淫褻及不雅物品監管體系。

香港廣播電視事業發展一日千里，成為市民生活日益緊密的一部分。原先廣播電視的管理機構、管理政策已經不能適應現狀。1987 年 7 月 8 日，立法局通過 1987 年《廣播事務管理局條例》[⑦]，9 月 1 日生效。條例決定設立廣播事務管理局，並制訂其法定權力和職責，負責監管香港所有電視及廣播。根據條例規定，廣播事務管理局制訂並頒佈了《電視業務守則——節目標準》、《電台業

---

① 《立法局會議過程正式紀錄》，香港：香港政府印務局，1987 年 3 月 11 日，第 641-698 頁。

② *Registration of Local Newspapers Ordinance*, Laws of Hong Kong CAP. 268, Hong Kong Government Printer, 1987, pp.1-7.

③ 《一年來之香港報業》，《香港年鑑（第三十九回）》（第三篇），香港：華僑日報有限公司，1986，第 112 頁。

④ 《香港年鑑（第四十回）》（第四篇），香港：華僑日報有限公司，1987，第 5-6 頁。

⑤ *Control of Obscene and Indecent Articles Ordinance*, Laws of Hong Kong CAP. 390, Hong Kong Government Printer, 1987, pp.1-21.

⑥ *Control of Obscene and Indecent Articles Regulations, Control of Obscene and Indecent Articles Rules*, Laws of Hong Kong CAP. 390, Hong Kong Government Printer, 1987, pp.A1-A2, B1-B27.

⑦ 《立法局會議過程正式紀錄》，香港：香港政府印務局，1987 年 7 月 8 日，第 1192-1194 頁、第 1203 頁。

務守則——節目標準》、《衛星電視業務守則——節目標準》、《衛星電台業務守則——節目標準》和《收費電視業務守則——節目標準》，使廣播電視節目的日常運行有（行政）法可依。

　　鑑於商營電視台和電台的經營牌照分別於 1988 年和 1989 年底期滿，港府從 1984 年起便開始討論牌照期滿後的廣播政策。為了「維護今後本港的電視廣播事業的獨立自主性」[①]，1988 年 7 月 20 日，立法局三讀通過《電視（修訂）條例》，對有關持牌控股（控制）權、專利稅徵收和廣告播映等作出重點修訂。港府一貫奉行「積極不干預」政策，廣播電視法規主要在宏觀上對頻道資源調配提出指導。

　　除上述新聞法規外，過渡時期港英當局還修訂和頒佈了其他一些法規，如1987 年的《電影檢查條例》及其後的修訂，基本確立了香港的電影管制體系。1997 年 6 月 27 日頒佈的《官方機密條例》，將英國 1911 年至 1989 年的《官方機密法令》適用於香港的條文本地化，其中有關資料保護的規定要求新聞報導不得與該條例的規定相抵觸。

　　當然，在過渡期對香港地區新聞法制影響最大的莫過於《香港人權法案條例》。1991 年 6 月 5 日，港英當局在未同中方磋商的情況下，單方面通過了《香港人權法案條例》。6 日，中國外交部發表聲明，嚴正指出：「英方不顧中國政府多次申明的原則立場，執意要在香港制定一個對香港特別行政區基本法的貫徹產生不利影響的人權法案。對此，中方表示遺憾，並保留在 1997 年後適當時候按基本法的有關規定，對香港的現行法律包括人權法案進行審查的權力。」[②]事實上，後來香港上訴法院在相關審理中也曾經指出，修訂的《英王制誥》有如下作用：「《英王制誥》禁止立法機關在立法時違反在香港適用的《公民權利和政治權利國際公約》，從而使《人權法案》享有凌駕性地位。《人權法案》是在香港適用的《公約》的體現。因此，任何與《人權法案》相抵觸的立法都是

---

① 〈譚王鳴議員致辭〉，《立法局會議過程正式紀錄》，香港：香港政府印務局，1988 年 7 月 20 日，第 1232 頁。

② 轉引自陳昕、郭志坤主編：《香港全紀錄（卷二：1960～1997 年）》，第 395 頁。

違憲的，法院作為憲法的監護者將會予以推翻。」①從而賦予這個條例具有凌駕於香港其他法律之上的法律地位，「把香港帶進違憲審查的時代」②。此後，港英當局以《人權法案》為依據，對其他香港法律進行大「審查」：以「抵觸」《人權法案》為由，廢除了 50 多項條例，同時以「貫徹」《人權法案》為由，新制定了一批法律。③

縱觀過渡時期港英當局的新聞法制建設與調整狀況，主要表現出以下特點：

首先，呈現出「自由為表、專制為核」的法制思維。香港回歸之前，港英當局為洗刷其不民主形象，掩蓋其殖民專制的本質，大力鼓吹新聞自由，加速修訂和頒佈有關法令，使新法例更加寬鬆和帶自由化色彩。港英當局以「不管制」替代傳統的「管制」，取消了對新聞媒介在傳播內容、過程、行為、渠道等方面的諸多限制，而實行市場准入的「放任」和自由化機制（對於屬於公共資源的電子媒介頻道仍實施審批制）。尤其是《香港人權法案條例》，表面上放寬了對言論及新聞自由的法律規範，但實質上卻是港英當局實施其「非殖民化」在上層建築領域的表現，究其本質，乃是港英當局希望在香港回歸以後建立起一個「沒有英國人的英國社會」，滲透更多更大的思想意識力量，以便在撤退後延續英國殖民統治的影響。另一方面，雖然經過修訂，大部分與新聞傳播有關的法例都變得越來越寬鬆，但仍有少數法例制約香港的新聞自由。港府繼續保持《緊急措施條例》，這意味着一旦進入緊急狀態，港督仍然可以下令實施新聞預檢制度，禁止刊物的進出口，命令傳播媒介刊載官方消息。在表面上放鬆管制，在實質上加強滲透，港英當局雙管齊下，在過渡時期構築了一套有利於維護殖民統治形象的新聞法律制度，這套法律制度只是戴着保障香港居民權利的高帽，而行延續殖民統治影響之實。

其次，形成了「立法主導凸顯、行政主導弱化」的立法格局。長期以來，香港一直實行港督集權、行政主導的模式，絕大多數法律都由「總督會同行政

---

① 香港上訴法院在 R v Chan Chak-fan 案（[1994] 3 HKG 145,153）的判詞。轉引自陳弘毅《香港特別行政區的法治軌跡》，北京：中國民主法制出版社，2010，第 45 頁。
② 陳弘毅：《香港特別行政區的法治軌跡》，第 45 頁。
③ 徐靜琳：《演進中的香港法》，第 220 頁。

局制定」。由於香港的新聞法制基本是英國的翻版,因此,通過行政手段建構的香港新聞法制,其本質無非在於為香港新聞業設計一條符合港府意志的發展軌跡,且均以維護殖民統治當局及其宗主國的利益為宗旨。

進入過渡期,伴隨着港英當局政制改革的進程,香港的新聞立法也逐漸偏向於立法主導,在一定程度上改變了以政代法、以政領法的格局。新聞法律的頒佈與施行雖然仍然有工具性與功利性的一面,但已經相對趨於理性,更加呈現出新聞立法的長效性與價值性,更多地從法治化建設的需要出發。

五　結語

英國殖民統治香港 150 餘年間,港英當局制訂了名目繁多的新聞法規,呈現出由鬆趨緊、再轉鬆的演變軌跡,法律制度的兩面性始終貫穿其間。一方面,港英當局所建構的新聞法制體系是殖民統治的產物,或多或少地帶有殖民主義的烙印。雖然英國是世界上最先倡導言論出版自由的國家,但是,「長期以來為維護殖民統治,統治者並未如祖家一樣,對香港實施寬鬆的新聞自由,只是在香港新聞工作者鬥爭下,統治者才像『擠牙膏』似的,逐步放鬆。」[1]在香港回歸過渡期,中國政府努力落實《中英聯合聲明》的基本精神,於 1990 年 4 月 4 日頒佈了《中華人民共和國香港特別行政區基本法》,為香港回歸祖國後的繼續穩定、繁榮提供了最根本的法律保障。「基本法體現了中國既要收回政權,又致力維持香港繁榮穩定的決心,也是港人實踐『一國兩制』的憲制文件。」[2]《基本法》明確了香港回歸後新聞法制的基本方向,其第 27 條規定:「香港居民享有言論、新聞、出版的自由,結社、集會、遊行、示威的自由,組織和參加工會、罷工的權利和自由。」[3]殖民時期的香港雖然制定了為數不少的新聞法律條文,但從來都沒有一條是有關言論出版、新聞自由的保障性規定。不管港英政

---

① 劉瀾昌:《香港在一國兩制下的新聞生態》,台北:秀威信息科技股份有限公司,2008,第 11 頁。
② 史深良:《香港政制縱橫談》,廣州:廣東人民出版社,1991,第 223 頁。
③《香港特別行政區基本法》,香港特別行政區基本法起草委員會秘書處編:《關於中華人民共和國香港特別行政區基本法的重要文件》,北京:人民出版社,1990,第 122 頁。

府如何修訂、調整和「洗刷」，其殖民統治的根本性質沒有變，其缺乏民主的實質沒有變，其 150 多年的根深蒂固影響並非一時之功即可徹底蕩滌。

另一方面，香港新聞法制中包含了資本主義法制中的開放元素和相對的民主機制。港英當局通過移植和修正，建構了法制較為健全、司法相對獨立、保障基本到位的新聞法制體系。香港新聞法制總體上是趨於寬鬆的，客觀上順應了香港新聞業發展的內在要求，對於香港新聞傳播媒介的發展具有積極作用。1990 年 4 月 4 日由全國人大審議通過的《中華人民共和國香港特別行政區基本法》第 8 條明確規定：「香港原有法律，即普通法、衡平法、條例、附屬立法和習慣法，除同本法相抵觸或經香港特別行政區的立法機關作出修改者外，予以保留。」第 160 條也規定：「香港特別行政區成立時，香港原有法律除由全國人民代表大會常務委員會宣佈為同本法抵觸者外，採用為香港特別行政區法律，如以後發現有的法律與本法抵觸，可依照本法規定的程序修改或停止生效。」[①]尤其是在中國即將恢復對香港行使主權的大背景下，經過中國政府的據理力爭和嚴正交涉，港英當局釋放其宗主國享受數百年的新聞自由，使香港終於擺脫了束縛已久的思想枷鎖，輕裝上陣，儘管在主觀上是為了給中國政府治理香港製造麻煩，但客觀上畢竟還是為回歸以後的新聞法治化建設奠定了一定的基礎。

當然，香港要真正落實新聞自由，既要對殖民統治的影響作清理，也應保留有利於香港繁榮穩定的東西，這或許是面對香港新聞法制史的應有態度。

---

①《中華人民共和國香港特別行政區基本法》，北京：法律出版社，1990，第 4、42 頁。

日治時期香港消閒娛樂的法規 [①]

周家建 [②]

一 緒論

　　日本對香港的前途在 1942 年 1 月已有了定稿，香港將被定位為佔領地，而總督的人選以具有中國經驗的人士出任。1942 年 1 月 19 日，東條英機首相接見了磯谷廉介，並委任他為首任香港佔領地總督。磯谷廉介總督於 2 月下旬抵港，隨即於總督部召開記者招待會。在他的就任告諭中，首次披露他的治港方針：

> 　　本督拜受香港佔領地總督之大任，今日親臨斯土，當遵守聖旨，竭盡心力，以期無負使命，顧萬民永遠之福利，必在大東亞戰爭全勝之後，現爾各居民應忍耐堅苦，善體聖戰之意義，切戒淫放恣，在皇軍治下，奮發努力，對於時居多所貢獻，凡爾民眾，如能革除故態陋習，挺身自勵，一秉東洋精神，完成大東亞興隆偉業者，本督當以知己待之，其有違反道義，不守圍範者，乃東亞萬民之公敵，非我重土之民。[③]

　　日治政府在港實施行政主導體制。行政主導體制內以「佔領地總督」為領導核心，下設參謀部、總務長官及華民代表組織三大機關。

　　參謀部的主要工作是維持香港的治安，其中常設有警備隊和憲兵隊。警備隊為地方駐軍，工作範圍在香港地區周邊。它的調查對象以抗日組織為主，亦

---

① 本文原載周家建《濁世消磨：日治時期香港人的休閒生活》，香港：中華書局，2015，第 248-259 頁。

② 周家建，香港大學哲學博士，現任香港嶺南大學香港與華南歷史研究部高級項目主任。

③〈磯谷廉介陸軍中將・榮膺要職卸任回國〉，《華僑日報》，1944 年 12 月 24 日。

防止盟軍情報人員潛入香港。而憲兵隊的工作範圍為港九區內，它的職權包括
逮捕任何有間諜嫌疑之人，及存有無線電發訊機的人。另外，憲兵隊轄下設有
警察隊，以維持區內治安。

總務長官轄下包括七個部門，包括民治部、財政部、交通部、經濟部、報
導部、管理部和外事部。各部門下設課或班，負責各項政府事務。以民治部和
報導部的工作為例，民治部下設四課，分別為庶務課、商業課、文教課及衛生
課。而報導部亦下設四班，分別為總務班、新聞班、宣傳班和藝能班。相比港
英政府的架構，日治政府採取中央集權制度，架構相對簡單，行政權及立法權
歸總督部管理。磯谷廉介政府運作了近三年，政府架構並沒有很大變化，只是
個別地區的治安防衛改由憲兵駐防。另外，位於赤柱的外國僑民拘留營，亦從
民管改為軍管。①

日本統治時期的治安政策是以嚴刑峻法來維持，而所使用的法規是以「香
港佔領地總督部令」（簡稱「香督令」）為法律依歸。對於「消閒娛樂」事宜，
政府亦是透過一些法規來規範市民的活動。

二　無孔不入的娛樂稅

日治時期，只要在香港經營業務，營商者便要繳交「營業利益稅」，娛樂場
所的經營者亦不例外。根據 1943 年《香督令》法律第十八號《營業利益稅令》，
營業利益稅扣除營運經費後，需按累進稅率繳交營業利益稅。1943 年的累進稅
率見表 1：②

---

① 周家建：〈日佔時期的經濟〉，劉蜀永主編：《20 世紀的香港經濟》，香港：三聯書店，2004，
　　第 142、144 頁。
② 香港佔領地總督部：《香督令特輯》，香港：亞洲商報，1943，第 82 – 83 頁。

表 1　1943 年香港的累進稅率表

應課稅額	稅率
五萬元以下之金額	10%
五萬元以上之金額	15%
十萬元以下之金額	20%
三十萬元以下之金額	25%
五十萬元以下之金額	30%

　　新界裕利娛樂場，便曾因不遵令繳交稅金，在 1945 年 5 月被香港警察總區取消其營業資格，並勒令停業。當時發出的公示如下：

〈香港總公示第四號〉

娛樂場營業許可取銷之件

由昭和二十年五月十八日起左記〔即下記〕娛樂場營業之許可取銷

營業場所　新界元朗大馬路六十四至六十六號

許可者番號　　香督營許第一二號

　　　　　　　裕利娛樂場　鄧錦堂

昭和二十年五月十八日 香港警察總局長 [①]

　　日治政府為了增加稅收以應付日常開支，亦曾開徵多項與娛樂消遣有關的稅項來擴闊稅基，當中包括「遊興飲食稅」、「娛樂稅」、「酒精含有飲料稅」等。

　　《遊興飲食稅令》始見於 1942 年《香督令》第五十一號。1942 年末，小川吉大郎課長闡釋遊興飲食稅時表示，「遊興飲食稅」為遊興飲食費百分之十，當

①〈新界娛樂場‧一家被停業〉，《華僑日報》，1945 年 5 月 19 日。

中包括飲食費、座租、廳房租、藝妓的支出，小賬與代支則不用徵稅。[1]「遊興飲食稅」亦隨着市況和政府的財政狀況而曾作調整。1944 年初，「遊興飲食稅」增加後，稅務所曾召集料理組合商人解釋有關稅項的動機，並且闡明顧客在用膳完畢後，必須着食肆開出的發票，方可到櫃檯結賬。顧客消費達二元必須繳納稅款，並且必須取回單據，以作證明。如該顧客被公務人員查詢時，未能出示有效單據，食肆和顧客均屬違法。[2]

《遊興飲食稅令》第一條申明了此法令適用於酒家、茶樓、茶室等類似場所。而第五條和第六條則要求經營者每月將稅收存入橫濱正金銀行或台灣銀行，同時，將計算表呈上香港佔領地總督部稅務所。第二十二條至第二十四條，則列明了罰則：

表 2　《遊興飲食稅令》的罰則

第二十二條	以詐偽或其他不正行為逃避遊興飲食稅或意欲瞞稅者，處罰其逃避或意欲瞞稅額二十倍之罰款。而即繳收其稅額，但罰款未達五十元時亦處五十元之罰款。	
第二十三條	如有下列各號之情形者，處罰三百元以下之罰款	
	一	怠惰或詐偽呈告第十二條及十七條之規定者。
	二	怠惰或詐偽記載第十八條規定之賬簿者或隱匿賬簿者。
	三	各第二十一條規定徵稅官之質問不同者或虛偽陳報者或拒絕防礙其執行職務者或忌避者。
第二十四條	經營者之代理人、家族、同居人、雇人、其他之從業員等，關於其業務上違犯本令時，處罰其經營者。	

上述涉及的第十二條是指場所的登記資料；第十七條則是經營者如轉移場

---

① 〈小川課長・再闡釋遊興飲食稅〉，《華僑日報》，1942 年 12 月 20 日。
② 〈飲食店顧客注意・取單後結賬〉，《華僑日報》，1944 年 3 月 26 日。

所時，各稅務所登記的資料。而第十八條是經營者在賬簿內記載的賬目。[①]

「遊興飲食稅」對各娛樂事業有着不同的影響。以娼寨業為例，根據《華僑日報》內〈變貌的塘西〉一文，從前三級娼寮的生意比上級娼寮的生意興旺，但遊興飲食稅稅率增加後，卻互相調轉。因為消費者無需負擔「三割」以上的稅額，致使上級娼寮生意變得旺盛。[②]

另一項與酒家、茶樓息息相關的稅項，是 1943 年頒佈的《香督令》第二十二號《酒精含有飲料稅令》。稅令內的酒類是指日本的燒酎、中國酒、麥油酒、果汁酒和洋酒。每種酒類的應繳課稅各有不同，一般按其酒精濃度作評估，如以一升樽裝酒類為例，酒精濃度不超過二十五度，稅率為一元二十錢；酒精濃度超過二十五度者，稅率為每度五錢。[③]

《酒精含有飲料稅令》亦申明了營業者進出口酒精類飲料的手續和需要注意的事項，例如第十二條便明令要求飲料製造商詳細記錄原料之數量、種類、使用日期、生產時使用的份量等等。[④]《酒精含有飲料稅令》亦不時作出修正，1945年 2 月，該稅令實施修正，香港中國酒業組合便曾通告會員，需先填寫《酒精含有飲料所持商申告書》辦理存酒量申告，然後照新訂稅率納稅。[⑤]

1942 年的《香督令》第五十三號《娛樂稅令》將大部分市民的消遣娛樂納入稅基之內，簡直達到「鑽頭覓縫，無孔不入」的地步。《娛樂稅令》內第一條至第三條，清楚地列出稅基和稅率：

---

① 香港佔領地總督部：《香督令特輯》，第 60–61 頁。
②〈變貌的塘西〉，《華僑日報》，1944 年 8 月 8 日。
③ 香港佔領地總督部：《香督令特輯》，第 87–92 頁。
④ 香港佔領地總督部：《香督令特輯》，第 88–89 頁。
⑤〈彌補酒稅‧酒價略起〉，《華僑日報》，1945 年 2 月 9 日。

表 3　《娛樂稅令》關於稅基和稅率的規定

第一條	凡觀聽演劇、映畫、音樂、競馬、比賽（包括角力、壘球、拳鬥及其他競技以供公眾觀眾觀覽為目的者）、博覽會及展覽會（以下稱為娛樂事業）者，依本令課以娛樂稅。		
第二條	娛樂稅之稅額如下：		
	入場費每人每次	二十錢以上時	五錢
	同	五十錢以上時	十錢
	同	一元以上時	十五錢
	同	一元五十以上時	二十錢
	同	二元以上時	三十錢
	同	三元以上時	五十錢
		四元以上時	每元或其零數時十五錢
	本令所稱入場費係指觀覽費、座席費、其他無論何種名稱，凡入娛樂場所時，所付金額總計額		
第三條	入場費，每人每次未滿二十錢者，免課娛樂稅。		

　　「娛樂稅」是透過經營者在入場費內徵收稅款，並由經營者繳納。經營者每月將稅收存入橫濱正金銀行或台灣銀行，同時將計算表呈上香港佔領地總督部稅務所。第二十一條申明了罰則：「以詐偽或其他不正行為而規避娛樂稅或希圖瞞稅者，處以其所規避或希圖瞞稅額十倍之罰款，並立即徵收其稅金。但罰款未達五十元時亦罰五十元。」①

---

① 香港佔領地總督部：《香督令特輯》，第 63–65 頁。

三　壓制資訊娛樂

為了掌控人民的思想，最直接的方法是限制獲取資訊的途徑。日治時期，除了透過整合香港的報業，以達致新聞監控外，政府對大氣電波和影畫劇作亦透過行政手段作出操控。

日治政府有感電影是具有極大影響力的大眾娛樂，因此制定了《映畫演劇檢閱規則》，以配合戰時的統治政策。1942 年頒佈的《香督令》第二十二號《映畫演劇檢閱規則》中，第一條已開宗明義地闡述：「香港佔領地總督部管區內將行上映之映畫及將行上演之劇均須預先受香港佔領地總督部之檢閱」。影演物品檢查規則，在於防止一些不利政府和與戰時體制不合的電影在戲院播放，影響政府施政和散播反日訊息。規則第三條更列舉出什麼內容將會被禁播或刪剪，當中包括：

（一）對王室有不敬之處者；

（二）對國策有加誹謗批判之處或被認為有妨害國策之處者；

（三）對帝國軍隊並軍人之威信有毀損之處者；

（四）被認為於軍政施行國土防衛並防諜工作有害之處者；

（五）有毀損盟邦國家名譽之虞者；

（六）有益於敵國及敵性國家使觀眾對敵國生欣慕之心或助成其欣慕之念者；

（七）被認為紊亂社會安寧秩序或於風教上有害者；

（八）被認為有其他不可映演之理由。

送檢電影，須得到報導部長發出的許可證，方可公開上演。而影演物品經檢查後，並不代表日後重演時不需再作檢查，因規則內第六條申明政府有權再對已檢查的影演物品進行刪剪或沒收。[①]

---

① 香港佔領地總督部：《香督令特輯》，第 18－19 頁。

對於市民透過大氣電波發放訊息及擁有收音設備，日治政府亦加以壓制。日治政府利用 1942 年頒佈的《香督令》第四十六號《關於禁止收聽短波播音》來規範擁有者發放及接收訊息的權利。首先，香港只有一家公營電台能作廣播，而收聽短波訊息更受到法令所約束。根據《關於禁止收聽短波播音》第一條，除獲得總督許可外，香港境內任何人都不可擁有能聽取短波的收音機。

申請擁有收音機者，收音的波數亦受到限制，以確保不能收聽到如「美國之音」或「英國廣播電台」等電台。因此，擁有者必須將收音機送到指定單位進行檢測，不須修正的收音機，須繳交每座五十錢檢測費；而須修正的收音機，每座須繳交三元修理費。法令亦規定獲准擁有收音機者，必須在住宅的門外張貼由政府發給的「聽取章」。[①]

縱使消閒娛樂只是市民生活作息中的暇餘活動，但對於當權者而言，消閒娛樂必須跟隨政府政策，資訊發佈亦必須牢牢地握在當權者手中。由於資訊性的大眾娛樂具有廣泛的影響力，因此政府需透過法規來進行嚴密封鎖，並且對內容實施審查，以確保不利於統治政權的消息消滅於萌芽之中。此外，在戰時疲弱的經濟環境下，一群仍有閒錢消費娛樂的社群，往往成了政府擴闊稅基的獵物。

---

① 香港佔領地總督部：《香督令特輯》，第 56 頁。

香港廢妾：殖民體制及現代性的曖昧 [①]

王慧麟 [②]

　　自 1971 年起，香港法律不再承認妾之法律地位，但在該法生效之前，妾之法律地位不受影響。由是，香港法院仍不時需要就 1971 年之前的妾之法律地位進行裁決，可見中國傳統之婚姻習慣在香港社會仍然存在。香港廢妾之議，始於第二次世界大戰之後，卻要經過三份官方報告、一份白皮書，方能在 1971 年通過，其中華人權貴之反對尤烈。細心分析，若非英國殖民地部鍥而不捨，不斷向港英政府施壓，港府未必願意推動包括廢妾在內的婚姻改革。然而，中國內地早在 1931 年已不承認妾之法律地位，1950 年中華人民共和國的婚姻法亦禁妾。香港同為華人地區，為何遲了二十多年才能廢妾呢？這亦引伸了另一個問題：究竟有什麼原因令港英政府不得不提出廢妾呢？廢妾究竟是英國意圖洗刷其殖民地習俗的一項有計劃之行動，抑或是因為政治壓力不得不做的政策呢？本文嘗試從英國檔案之中尋找答案。

一　殖民主義與習慣法之關係

　　英國普通法之構成，既有成文法，亦有判例及習慣法。這套富有彈性之普通法制度，隨着英國侵略殖民地，亦擴展至全球各地。但原本普通法內之習慣法，係指英國本土之習慣法，這些與英國人息息相關之習慣（或習俗），不可能照搬到殖民地。因此，當英國建立殖民地之法律制度時，除了搬來一套英國成文法之外，亦需要因地制宜，按照當地之情況，將當地之習慣法透過立法或者判例予以實施。

① 本文原載於《思想 19：香港：解殖與回歸》，台北：聯經出版公司，2011，第 141-158 頁。收入文集時，作者對此有增修。本文得到張嘉雯的協助，特此致謝。
② 王慧麟，倫敦大學哲學博士，現任香港大學現代語言及文化學院助理教授。

　　那麼，殖民地之習慣法內容又是什麼呢？首先，習慣法之內的習慣（或習俗），需要一個「被發現」的過程。其中，人類學家、社會學家以至醫學專家等等，將透過各式各樣的研究來尋找殖民地之本地「習慣」，而且透過掌握對習慣的權威解釋，令這些法律透過立法及判例予以「法律化」，取得法律地位。

　　更重要的是，這個過程中專家們往往以「尊重」部落秩序為理由，將種族之領袖或長老制度捧成神聖不可侵犯的社會結構或體制。由於當地部落領袖或長老往往與殖民地政府結成管治同盟，這些「被發現」的習慣或習俗以至體制，就變成了殖民地政府強化管治之重要工具。法律學者如錢洛克（Chanock）提出了「被創造之傳統」（invented tradition）概念①，指出殖民地習慣法，是殖民地「主人」（masters）所創制，目的是要確保順民之支持，以及維持現有的社會結構。有法律學者指出，婚姻習慣之「被發現」，具有以上的特點，因為「官方」之習俗論述，往往將謠言當作真實，甚至創制部落之歷史，令殖民地社會維持長幼有序、男高於女之體制。他們認為，這些「被創造」的家事法律不應成為習慣法之一部分。②

　　這些學者提出之理論，是建基於對非洲習慣法之觀察，但在香港，其適用性存有疑問。因為英人在香港建立殖民地時，中國婚姻之法律（包括《大清律例》及相關習俗）已經行之千年，根深蒂固，殖民政府難以「創造」，更不可能連根拔起。反之，殖民地政府需要尋找、考察以至尊重中國習俗，以此維繫高等華人之支持，維持有效管治。香港婚姻改革之動力有二：除了鄰近地區如中國內地法律已經轉變之外，更重要的是，倫敦殖民地部（及之後的外交部）不斷向港府施壓，此點本文往後詳述。

---

① Martin Chanock, *Law, Custom and Social Order: The Colonial Experience in Malawi and Zambia*, Cambridge: Cambridge University Press, 1985, Chapter 1. 可參考 Peter Fitzpatrick, *Modernism and the Grounds of Law*, Cambridge: Cambridge University Press, 2001, Chapter 5。

② David J. Bederman, *Custom as a Source of Law*, New York: Cambridge University Press, 2010, pp.58-60.

二　妾在香港法律中的地位（1971 年之前）

在 1971 年的《婚姻制度（改革）條例》實施之前，妾在香港法律中的地位，並不完全體現於成文法例之中，而是透過法例及判例形成的。先從 1841 年之前談起，探究清代法律中妾之地位。

中國社會習俗，奉行所謂「一夫一妻」制。按《明令》，男女訂婚，「嫁娶皆由祖父母父母主婚，祖父母俱無者從餘親主婚，其夫亡攜女適人者，其女從母主婚，若已訂婚未及成親而男女或有身故者，不追財禮。」①《大清律例》跟隨②。有妻如果再娶的話違律，《唐律》云：「諸有妻更娶妻者，徒一年」③。《明律》說：「若有妻更娶妻者，亦杖九十」④。《大清律例》跟《明律》亦云：「若有妻更娶妻者，亦杖九十」。此律源於尊重宗法秩序，有學者指「唐朝依禮行一妻多妾制，有妻者不可再娶妻，再娶妻即為重婚」⑤。男女締定婚姻之要件在於，第一，「已報婚書」，即是疏議所云「男家致書禮請，女氏答書許訖」；第二，「及有私約」，疏議云「兩情具愜，私有契約」；第三，即使沒有婚書，「但受娉財亦是」，疏議說「婚禮先以娉財為信……雖無許婚之書，但受娉財亦是。」

妾者，接也。《禮記‧內則》云「聘則為妻，奔則為妾。」《禮記‧曲禮上》云「取妻不取同姓；故買妾不知其姓則卜之」，又云「有妻有妾」，《春秋穀梁傳》云「毋以妾為妻」，俱指出妾之地位，比妻為低。妻妾不可失序，《唐律》云「凡以妻為妾，以婢為妻者，徒二年。以妾及客女為妻，以婢為妾者，徒一年半，

---

① 「此例申明主婚之人祖父母在，餘親不得主婚也。」〔清〕薛允升：《唐明律合編》卷十三下〈戶婚中〉，北京：中國書店，2010，第 133 頁。
② 「順治初年律內採入。至今仍之。」〔清〕吳壇：《大清律例通考校注》，馬建石、楊玉棠校注，北京：中國政法大學出版社，1992，第 443 頁。
③ 劉俊文：《唐律疏議箋解》，北京：中華書局，1996，第 1014 頁。
④ 〔清〕薛允升：《唐明律合編》卷十三下〈戶婚中〉，第 134 頁。
⑤ 劉俊文：《唐律疏議箋解》，第 1015 頁。

各還正之」①。至《明律》規定「凡以妻為妾者，杖一百，妻在，以妾為妻者，杖九十並改正」②，清朝從之③。

妻之地位高於妾。妻稱伴侶為「夫」，妾稱為「家長」。服制之安排，可見分別。如夫亡或家長亡，「妻為夫，妾為家長同」，均斬衰三年④。家長之正妻亡，妾須服齊衰不杖期；⑤夫之父母亡，妻須斬衰三年⑥，而家長之父母亡，妾則服齊衰不杖期⑦。這些服制的安排，目的是顯示妾在家庭之地位不如妻。除此之外，在刑罰方面，亦有區別。《大清律例》有妻妾毆夫一條。「凡妻毆夫者，杖一百……若妾毆夫及正妻者，又各右一等；加者，加入於死。」⑧。至於有關夫妻之離異，大清律例有出妻之條，有「七出三不去」之原則：「凡妻（於七出）無應出（之條），及（於夫無）義絕之狀，而（擅）出之者，杖八十。」⑨所謂七出，是指「無子、淫洪、不事舅姑、多言、盜竊、妒忌、惡疾」⑩，三不去是指「與更三年喪、前貧賤後富貴、有所娶無所歸」。《大清律例》云：「雖犯七出，有不去而出之者，減二等，追還完娶」⑪，即是說，若有「三不去」的話，即使有「七出」，夫不能出妻。不過，假如夫妻雙方同意的話，可以分開：「若夫妻不相和

---

① 〔清〕薛允升：《唐明律合編》卷十三下〈戶婚中〉，第 131 頁。《唐律疏議》云：「議曰：妻者，齊也，秦晉為匹。妾通賣買，等數相懸。婢乃賤流，本非儔類。若以妻為妾，以婢為妻，違別議約，便虧夫婦之正道，黷人倫之彝則，顛倒冠履，紊亂禮經，犯此之人，即合二年徒罪。」劉俊文指出，此類行為違反禮經規定之尊卑名分，破壞封建宗法秩序，「故律設此專條以懲禁之」。參見劉俊文：《唐律疏議箋解》，第 1019 頁。

② 〔清〕薛允升：《唐明律合編》卷十三下〈戶婚中〉，第 134 頁。

③ 〔清〕吳壇：《大清律例通考校注》，第 445 頁。

④ 《大清律例》卷三〈服制〉。〔清〕吳壇：《大清律例通考校注》，第 97、107 頁。

⑤ 《儀禮》不杖期章：「妾為女君（此義服也。女君者。家長之正妻也。）」傳曰：「何以期也？妾之事女君，與婦之事舅姑等。」《大清律例》卷三〈服制〉。〔清〕吳壇：《大清律例通考校注》，第 125 頁。

⑥ 《大清律例》卷三〈服制〉：「子為父母……子與妻同。」〔清〕吳壇：《大清律例通考校注》，第 97 頁。

⑦ 《大清律例》卷三〈服制〉：「妾為家長父母。」〔清〕吳壇：《大清律例通考校注》，第 125-126 頁。

⑧ 《大清律例》卷二十八〈刑律·三百一十五〉。又例文有云，若「妾過失殺正妻，比照過失殺期親尊長律，杖一百，徒三年，決杖一百，餘罪收贖」。參見《大清律例》，張榮錚等點校，天津：天津古籍出版社，1993，第 488-189 頁；〔清〕吳壇：《大清律例通考校注》，第 845-846 頁。

⑨ 《大清律例》卷十〈戶律·一百一十五〉。

⑩ 《大清律例》卷十〈戶律·一百一十五〉。

⑪ 《大清律例》卷十〈戶律·一百一十五〉。

諧而兩願離者，不坐」[1]。若妻妾「擅（自）改嫁者，杖，杖一百。妾各減二等。」[2]從律例可見，一個家庭之中，妻高於妾，即使涉及婚姻之刑罰，妻之受刑，也比妾嚴厲。

中國傳統家庭法律之精神，父與子合一，夫與妻合一，這體現在財產分配、祭祀、宗族及家庭責任等等[3]。但中國傳統法律之特點，在於將禮教、祭祀、三綱、倫常、秩序等體現在律例精神之中，即所謂「法律儒家化」[4]。至於地方行政官員審理案件，按照所謂的天理、人情和國法三者兼顧。由於州縣官員負責審理戶婚田土錢債等案件，在審理時往往考慮的並非純粹的律例，反而以所謂「調處息訟」的方法，盡量減少訴訟，盡量以調解的方式來審理[5]，以族長、鄉紳、鄉保等力量，再有公堂之上下給合做法，既在堂上調處，又有堂下之鄉紳調處，達成和解[6]。有學者研究順天府檔案中有關婚姻的案件可見，經調處後，兩宗案件均以和解收場[7]。這種地方官員結合宗族鄉鄰的調處息訟的處理婚姻案件的特色，與日後香港法律在婚姻及妾的案件的處理上，出現了法律制度及文化之差異，當在本文較後討論。

無論如何，官員在天理、人情和國法三大原則之下，處理民事性質之案件，不可能亦不能忽略中國傳統婚姻習俗的「非律例」部分。夫妻訂婚，須有婚禮，所謂「三書六禮」。禮記云：

> 昏禮者，將合二姓之好，上以事宗廟，而下以繼後世也。故君子
> 重之。是以昏禮納采、問名、納吉、納徵、請期，皆主人筵几於廟，

---

①《大清律例》卷十〈戶律·一百一十五〉。

②《大清律例》卷十〈戶律·一百一十五〉。

③〔日〕滋賀秀三：《中國家族法原理》，張建國、李力譯，北京：法律出版社，2003，第104頁。

④ 黃靜嘉〈中國傳統法制之儒家化之登場、體系化及途窮〉一文指出，「自兩漢春秋決獄以還，我國傳統律典之『儒家化』，至唐代可謂定型，並逐步『詳備化』，此實為長期『智慧』累積之結晶。在此一傳統下，如清代律例所顯示，一方面在法典上高揭以嚴刑達到威嚇之效果，一方面有種種緩和其嚴酷之措施，以兼顧『恤刑』及『仁政』之要求。」參見柳立言編：《傳統中國法律的理念與實踐》，台北：中央研究院歷史語言研究所，2008，第161-254頁，第224頁。

⑤ 鄭秦：《清代司法審判制度研究》，長沙：湖南教育出版社，1988，第218頁。

⑥ 鄭秦：《清代司法審判制度研究》，第219頁。

⑦ 鄭秦：《清代司法審判制度研究》，第226-227頁。

而拜迎於門外，入，揖讓而升，聽命於廟，所以敬慎、重正昏禮也。[①]

六禮即是當中的「納采、問名、納吉、納徵、請期」。至於三書的聘書、禮書和迎書，是六禮之中使用的文書。男家向女家提親，需要媒人居中撮合。但是，若果強佔良家妻女，姦佔為妻妾者，無論有否媒説，一樣犯法[②]。《大清律例》有云，即使是未薙髮之苗人，與民人結親，俱照民俗以禮配，須憑媒妁，寫立婚書[③]。雖然此律是有關刑事罪行，但可見媒在婚禮過程之重要性。這亦是妻與妾的一個主要分別，本文容後再説。

婚姻嫁娶，有律例規定，有習俗所依。但納妾卻沒有律例所定，一般沿用習俗。夫之婚姻，由家中長輩所定，但男方納妾，則是隨心所欲。《大清律例》規定官員不得任內娶部民婦女為妻妾[④]；不准豪勢之人，強佔良家妻女，姦佔為妻妾[⑤]；凡（文武）官（並）吏娶樂人（妓者）為妻妾者，杖六十[⑥]，這反映民間買妾之情況，亦甚普遍，故要立法禁之[⑦]。男方納妾之人數，律例既無所限，習俗亦不見有限，故俗語有所謂「三妻四妾」之説。至於納妾有沒有儀式呢？有説部分納妾者，亦有類似婚姻等儀式，但就不如結婚之繁瑣，亦沒有媒人。至於男方納妾，是否需要妻同意，有稱需要，稱為「入宮」，但亦有指不需，因為納妾純為男性按其享樂之需要，妻之同意不在考慮之列。對於妻死後，若宗族長輩同意，男方可娶妾為妻，所謂「扶正」[⑧]。

不過，妻與妾的一個比較大的分別，在於財產之承繼。父母在生，家產分割之後，父母以「養老」、「養贍」等名義保留一部分財產，所謂「養老份」是

---

①《禮記·昏義》。

②《大清律例》卷十〈戶律·婚姻·第一百一十二〉，強佔良家妻女。

③《大清律例》卷十〈戶律·婚姻·第一百一十七〉，嫁娶違律主婚媒人，例 410。

④《大清律例》卷十〈戶律·婚姻·第一百一十〉，娶部民婦女為妻妾。

⑤《大清律例》卷十〈戶律·婚姻·第一百一十二〉，強佔良家妻女。

⑥《大清律例》卷十〈戶律·婚姻·第一百一十三〉，娶樂人為妻妾。

⑦ Huang Philip, *Code, Custom, and Legal Practice in China: The Qing and Republic Compared*, California: Stanford University Press, 2001, pp.156-158.

⑧〔日〕滋賀秀三：《中國家族法原理》，第 447 頁。

自古以來的辦法。[①]至於父死後，財產分配，按照「諸子均分」制，見於《大清律例》之「卑幼私擅用財」：「凡同居婢幼，不由尊長擅用本家財用⋯⋯若同居尊長應分家財不均平者，罪亦如之。」[②]例有云：「嫡庶子男⋯⋯其分析家財田產，不問妻、妾、婢，止以子數均分。」[③]但母卻不能分家產。滋賀秀三分析，因為母與子同住，子有供養母親之責任，另外，子在出售家產（包括養老份）時，需要母親同意[④]。至於妾，既沒有養老分之保留財產，又在分家之後，並不必然有養老分之權利。父死後，承繼其遺產之人們有義務負擔贍養父之責任，但若果不能與他們共同居住的話，法院可以指定一定數額金錢的養贍方法[⑤]。滋賀秀三考證，養贍的方法可包括「按時給付一定數額的金錢」，和「判決配撥（酌量分派）財產，以其收益折抵充算贍養」[⑥]。總結妾之地位，滋賀秀三說：

> 可以這樣理解，妾在所謂宗之理念秩序之中沒有佔據地位，而在日常生活方面一旦成為夫之家庭的一員，在邏輯上也正相對應。[⑦]

以上有關妾的法律，大抵見於《大清律例》的戶律部分。在《大清律例》內，涉及妾的法律，亦散見於其他部分。但在香港，妾的法律爭議大抵指涉妾在家庭中的地位，例如妻與妾的關係，又或者涉及妾的子女在家長死後的遺產繼承問題，對於妾在《大清律例》中涉及的刑事罪行如人命[⑧]、罵詈[⑨]及犯姦[⑩]等，大多不在香港法院討論之列。

---

① 〔日〕滋賀秀三：《中國家族法原理》，第 143 頁。
② 《大清律例》卷八〈戶律・戶役・第八十八〉，卑幼私用財。
③ 《大清律例》卷八〈戶律・戶役・第八十八〉，例 335。
④ 〔日〕滋賀秀三：《中國家族法原理》，第 347 頁。
⑤ 〔日〕滋賀秀三：《中國家族法原理》，第 455 頁。
⑥ 〔日〕滋賀秀三：《中國家族法原理》，第 455 頁。滋賀秀三列舉民國大理院之判例證之，見大理院四年上字第 2294 號（郭衛 252 頁），以及大理院四年上字第 2025 號（郭衛第 251 頁）。但這是否大清律例不見，故當香港有案例，判予妾擁有贍養的權利，學者蘇亦工有異議。
⑦ 〔日〕滋賀秀三：《中國家族法原理》，第 457-458 頁。
⑧ 《大清律例》卷二十六〈第二百八十五・殺死姦夫〉，參見《大清律例通考校注》，第 780 頁。
⑨ 《大清律例》卷二十九〈第三百三十・妻妾罵夫期親尊長〉，參見《大清律例通考校注》，第 867 頁。
⑩ 《大清律例》卷三十三〈第三百六十・犯姦〉，參見《大清律例通考校注》，第 950 頁。

　　在英國對香港實行殖民統治後，香港法院該如何應用《大清律例》以處理香港境內的華人婚姻呢？

　　1841 年，義律公佈了兩項公告（proclamation），宣佈除了英王不同意之外，中國法律與傳統繼續在香港實施[①]，中文所示為：

> 　　凡有禮儀所關鄉約舊例，率准仍舊，亦無絲毫更改之誼。且未奉
> 國主另降諭旨之先，擬應照《大清律例》規矩主治居民，除不得拷訊
> 研鞫外，其餘稍無更改。[②]

　　另外，在最高法院條例的多次修訂之中，亦指出在 1843 年 4 月 3 日開始，英國法律將在殖民地實施，除非與殖民地的本地情況相悖及遭到本地立法機關之修訂[③]。其後，本條在 1967 年為英國法律適用條例（Application of English Laws Ordinance）的條文取代，但不減其應用性。由於香港本地法律一

---

① J. W. Norton-Keyshe, *The History of the Laws and Courts of Hong Kong*, Vol.1, Hong Kong: Vetch and Lee, 1971, pp.5-6. 按察司 Rees-Davies 及 Sir Henry Gollan 在兩宗案例之中同意這觀點，見 *Ho Tsz Tsun v. Ho Au Shi*, [1915] 16 HKLR, 第 79 頁，以及 *In the Estate of Chak Chiu Hang*, [1925] 20 HKLR 1. 但法律學者史維理教授則不認同義律公告有法律效力，因為委任義律時，其許可權並無包括發出公告之權。史教授認為，中國法律及習俗能在香港實施，源於殖民地的一貫憲法慣例：在建立殖民地之前，其原有法律將繼續有效，除非受到新宗主國的法律取代，或者有違英國法律之原則。見 Peter Wesley-Smith, *The Sources of Hong Kong Law*, Hong Kong: Hong Kong University Press, 1994, Chapter 12, pp.207-209。

②〈義律伯麥在香港地方所出偽示（抄件）——道光二十一年正月初十日〉，中國第一歷史檔案館編：《香港歷史問題檔案圖錄》，香港：三聯書店，1996，第 58-59 頁。

③ 最高法院條例（Supreme Court Ordinance,1873）第五條："5. Such of the laws of England as existed when the Colony obtained a local legislature, that is to say, on the 5th day of April, 1843, shall be in force in the Colony, except so far as the said laws are inapplicable to the local circumstances of the Colony or of his inhabitants, and except so far as they have been modified by laws passed by the said legislature." 見 *Chinese Law and Custom in Hong Kong: Report of a Committee Appointed by the Governor in October 1948* (Strickland Report), Hong Kong: Hong Kong Government Printer, p.5.。本條文由 *Application of English Law Ordinance* 第 3 條所取代。學者佩格（Pegg）認為，第 3 條容許中國法律及習慣，在未遭英國法律修訂之前，仍適用於香港，有關中國法律及習慣之分界日是 1843 年 4 月 5 日，見 Pegg, Leonard, *Family Law in Hong Kong*, Hong Kong: Buttersworth, 1994, p.4. 但史維理教授認為，既然第 3 條的內容，不再提及 1843 年 4 月 5 日，法院則不應以 1843 年作為中國法律及習慣的參考日子。然而，佩格提出，在 *Wong Yu Shi & Ors v Man Chi Tai* [1967] HKLR 201 at 211，法院會先確定 1843 年時之中國習慣法及其基本法則（rules），然後再應用，不過這些法則就會受制於此日子之後的演變。故此佩格堅持，仍應以 1843 年作為分界線。

直沒有制定一套完整之婚姻法律，妾作為中國傳統婚姻法律的構成部分，一直被保留下來。

問題是，妾在香港之法律地位為何，需要香港法院嘗試「建構」。過去一百多年，香港法院一直尋找及建立與妾有關的中國法律及習俗。法官及判例則為妾之地位，作了多方面的決定。2000 年，香港終審法院之 Suen Toi Lee v Yau Yee Ping 一案，為此作了較好的總結 [1]。然而，儘管累積了不少案例，在本案中，兩位終審法院外籍法官包致金（Bokhary）及苗禮治，對妾之法律地位，亦有不同見解。

終審法院首席法官包致金在判詞中指出，在香港之中國法律及習俗下，男人既可有髮妻（principal wife, tsai），又可有無數婦人為妾（concubine, tsip），共同居住，生下合法的孩子 [2]。包致金認為，從香港法院過往的判例可以得出，妾與妻（wife），地位相等，妾是所謂的第二個妻子，即是「二房」（second wife）。那麼，究竟妾與夫之關係，是否是普通法下的「一夫一妻之婚姻」（monogamous marriage）呢？包致金指出，根據兩宗案例，在一個可持續的一夫一妻之婚姻之中，納妾是婚姻關係的阻礙（bar）[3]；而一名丈夫納妾，是其日後建立一夫一妻之婚姻的阻礙 [4]。包致金認為，所謂納妾，並非指一名丈夫多了一名妻（tsai），但他並不認為，中國傳統婚姻是一夫一妻制。他指出，根據英國案例 Hyde v Hyde（1866）的解釋，婚姻的定義是一個男人與一個女人的自願終身結合，不容他人介入 [5]，納妾不符合有關定義。因此，他認為，中國傳統婚姻是

---

① (2001) 4 HKCFAR 474; [2002] 1 HKLRD 197.

② (2001) 4 HKCFAR 474; [2002] 1 HKLRD 197. 第三段，此段原文為英文。譯文與原文若有歧異及出錯，由筆者負責。

③ *Wong Kam Ying v Man Chi Tai* [1967] HKLR 201.

④ *Kwan Chui Kwok v Tao Wai Chun* [1995] 1 HKC 374.

⑤ *Hyde v Hyde*（1866）LR 1 P&D 130, 第 133 頁："the voluntary union for life of one man and one woman, to the exclusion of others"。

「一夫多妻」（polygamous）[①]。

包致金以「二房」（second wife）來描述妾在家庭之地位。他指出，納妾並非是已婚男性的專利，在一些極不尋常但又並非不知道的情況下，未婚的男性也可納妾。納妾，需要妻的公開接受（acceptance），及獲男方家庭的同意。但他亦指出，這種接受只是適用於丈夫有妻之情況[②]。包致金亦援引樞密院的案例指出，以「二房」一詞來形容「妾」是有用的[③]。

不過，另一位終審法院法官苗禮治勳爵（Lord Millett）對妾之見解，與包致金有所不同。他先強調，納妾是中國傳統婚姻的一部分，而理論上未婚的男性亦可以納妾，不過實際上亦好少。他指出，只有華人才能以中國傳統方法結婚，並根據中國習俗納妾。[④]他亦指出，納妾無需要特別之儀式[⑤]，但提出三點以判斷一名婦女是否為妾：第一，該男性有意讓妾成為家庭成員之一部分，並且公開維持之；第二，該女性同意（consent）成為該男性的妾，並且其地位處於妻之下；第三，妻（若有）願意接受（accept）該名女性為妾[⑥]。

苗禮治沒有以一夫多妻來形容中國習慣婚姻，反之，他認為中國傳統婚姻

---

① 第 6 段。香港案例指出，中國習慣婚姻關係是一夫多妻：*Ho Cheng Shi v Ho Au Shi and others*, 10 HKLR 69，第 80 頁。另一個英國東南亞殖民地，海峽殖民地（Strait Settlements）的六寡婦案件，*In the Matter of the Estate of Choo Eng Choon decd*（1908）12 SSLR 120，法官也認為中國婚姻是「一夫多妻」（polygamous），見 Hooker, M. Barry, *Law and the Chinese in South East Asia*, Singapore: Institute of South East Asia Studies, 2002, p.110. 學者陳玉心引述 K. K. Swee 認為是一種特別的一夫多妻制（special polygamy），見陳玉心（Carol G. S. Tan）（1993），"The Twilight of Chinese Customary Law Relating to Marriage in Malaysia," *International and Comparative Law Quarterly, 42*（1），pp.147-156。

② 包致金之判詞，第 7 段。

③ *Khoo Hooi Leong v Khoo Chong Yeok* [1930] AC 346.

④ 苗禮治之判詞，第 57 段。

⑤ *Cheang Thye Phin v Tan Ah Loy* [1920] AC 369.

⑥ 苗禮治之判詞，第 58 段。苗禮治沒有援引任何香港案例支持。在 1963 年的案例中，*In re Ng Ying Ho v Tam Suen Yu* [1963] HKLR 923，不認為妾需要介紹予家庭，也未將家庭承認妾的地位視為重要因素，以判斷妾之地位。不過，在 *Wong Kam ying v Man Chi Tai* [1967] HKLR 201，則認為妾需要「過門」及為髮妻（principal wife）所接受。在 *In Re Eong Choi Ho & Anor* [1969] HKLR 391，法官認為一名婦人需經與男方拜祭祖先，媒妁及向結髮（Kit Fat）妻斟茶，才可證明該名婦人為妾。基於普通法原則，苗禮治在本案的三個要素成為重要案例，成為日後下級法院驗證一名女性是否為妾的原則。不過，究竟納妾是否需要妻子同意，學者與法官的看法有不同，中國大陸學者程郁指出，納妾無須妻之同意，參見程郁：《清至民國蓄妾習俗之變遷》，上海：上海古籍出版社，2006，第 177 頁。

是一夫一妻（monogamous），但由於納妾不符合普通法的有關婚姻之定義，因此是「潛在的一夫多妻」（potentially polygamous）。他認為，納妾不符合英國有關婚姻的概念，因此，在香港或其他地方，在婚姻關係之中，不容納妾；反之，已納妾之男士，除非與妾中斷關係，亦不能合法地按一夫一妻之原則，與一名女子締結婚姻①。

　　苗禮治認為，妾與「丈夫」之關係，是法律認可的一種特殊的婚姻關係（matrimonial relationship），是公開而非「通姦」的關係。在家庭之地位方面，苗氏認為，妾的地位比情婦（mistress）高，但及不上「二房」（這觀點與包致金不同）。苗氏指出妾與情婦不同，其擁有認可的法律地位，但比妻低。在生前，妾之「丈夫」有責任贍養（maintain）她。而在「丈夫」死後，妾可取得「丈夫」部分遺產以作供養。另外，妾的兒女是合法的，而且與「丈夫」之妻所生的子女，視為兄弟姊妹。因此，苗禮治認為，就妾在家庭的地位來看，難怪外界認為妾是「二房」了。

　　香港法院對妾之解釋，基本上是從《大清律例》入手，輔以專家之證供，以及按普通法有關婚姻的解釋，與香港實際環境結合而成的。例如說，1843 年的清朝，沒有所謂「一夫一妻」或「一夫多妻」的爭論，相關討論只存在於普通法。至於妾之地位是「二房」（second wife），《大清律例》無所載，而是香港社會之慣常稱呼。又例如納妾是否需要妻之同意（有稱「入宮」），有學者指是必須，亦有學者認為不必，香港法院更發展為「三個驗證」（比香港法例的要求更多）②，這都是《大清律例》沒有的。至於可否未婚納妾，香港法院認可，在東南亞國家亦普遍，有學者指，有妾而無妻，則較少見③。香港一個很重要的判例，就是假如男方已經在中國或其他國家，在「一夫一妻」之原則下，按登記

---

① 苗禮治之判詞，第 59 段。

② 見財產繼承（供養遺屬及受養人）條例第 2 條：「夫妾關係（union of concubinage）指男方與女方在 1971 年 10 月 7 日前締結的夫妾關係，而在該關係下，女方於男方在生時已被男方的妻子接納為其丈夫的妾侍，而男方家人亦普遍承認如此。」香港法例沒有用「家長」一詞形容納妾之「丈夫」，這顯示香港法律亦偏離了《大清律例》之用詞。

③ 程郁：《清至民國蓄妾習俗之變遷》，第 221 頁。

婚姻而成婚，就不能以中國傳統婚姻為由，在香港納妾①。

三　英國殖民地部對納妾之反感

香港法院直至 2000 年，還要處理 1843 年時有關妾的定義，委實不可思議，主要原因是 1971 年的《婚姻制度（改革）條例》生效之後，法律上雖不容納妾，但並沒有取消條例生效之前，妾之法律地位。換言之，香港法院仍然需要處理 1971 年之前，與妾有關的法律問題。

然而，香港鄰近地區的婚姻改革，卻有翻天覆地的變化。中華民國政府在 1930 年制定了民法，嚴格推動一夫一妻制，這形同廢妾②。1950 年，中華人民共和國政府制定了《婚姻法》，實行一夫一妻之登記婚姻制度③。按香港政府之分類，這種屬於中國新式婚姻（即一夫一妻及登記婚姻，英文稱作 Chinese Modern Marriage），其在中國已慢慢形成。而且，在 1950 年之後，中國大陸不承認傳統習俗婚姻，亦禁止納妾。香港仍然持守中國舊式婚姻（英文卻稱作 Chinese Customary Marriage），容許納妾，顯得不合時宜，而且，製造了更多行政混亂④。

1948 年 10 月，政府委任史德鄰（法律政策專員）為在香港實施的中國法律與習慣作全面檢討，1953 年才公佈報告之內容。委員會考慮到，有妾之家庭往往因妻妾妒忌而導致家庭不和⑤，加上，兩岸已推行一夫一妻制，再有社會的強

---

① *Wong Kam Ying v Man Chi Tai* [1967] HKLR 201（亦見 [1971] HKLJ 30），以及 *Re Estate of Wong Wong* [1998] 3 HKC 405。

② 趙鳳喈：《中國婦女在法律上之地位》，台北：稻香出版社，1993，第 181 頁。

③ 1950 年《中華人民共和國婚姻法》第 2 條規定：「禁止重婚、納妾。禁止童養媳。禁止干涉寡婦婚姻自由。禁止任何人藉婚姻關係問題索取財物。」

④ 在 1971 年未作香港婚姻改革之前，香港法律承認六種婚姻制度：按中華民國民法締結的婚姻；按中華民國民法而在香港及中國以外締結的婚姻；按 1843 年中國婚姻習俗而在香港締結之婚姻；按香港婚姻條例締結之婚姻；因同居關係而獲親戚朋友認可之夫妻關係；在外國按當地法律締結之婚姻，包括按中華人民共和國法律締結之婚姻。見 *Chinese Marriage in Hong Kong, 1960*（即所謂的 *Ridehalgh/McDouall Report*, Hong Kong: Hong Kong Government Printer），第 3 段。

⑤ *Chinese Law and Custom in Hong Kong*（以後稱史德鄰報告書），第 76（vii）(a) 段。

烈支持廢妾（如香港婦女會）[1]；委員會考慮到，若不立法廢妾，妻隨時會被丈夫威迫，接受納妾[2]。因此，委員會建議禁止納妾，建議任何建立新的夫妾關係的嘗試將不會有法律效力[3]。

　　問題是，華人領袖非常反對史德鄰報告之建議。最重要的反對意見，來自行政局議員羅文錦[4]。而其意見，亦輯於史德鄰報告書之內。羅文錦之反對邏輯，建基於他維護中國傳統習俗之意志，以及英國尊重中國習俗之承諾。羅文錦指出，委員會不應以中國走向一夫一妻的婚姻制度，以及香港越來越少人納妾為由，要求立法廢妾[5]。他又說，他認識很多老一輩的中國人，由於他及妻子年老或健康問題，便在妻子明確要求下納妾，以讓他得到妻或妾的照顧。[6]因此，羅氏指出，既然納妾正逐漸淘汰，就隨它逝去吧！[7]

　　究竟羅文錦是否是因為眼見中國傳統習俗受到中華民國之民法以及中華人民共和國之婚姻法所摧毀，而深有維護中國道統之歷史責任而捍衛納妾，不得而知。但是，他貴為行政局內舉足輕重的華人議員，由於他帶頭反對，史德鄰報告書的廢妾建議無疾而終。不過，香港廢妾之政治壓力，卻來自英國。

　　1957 年，英國國會議員就香港納妾問題，在英國國會提出質詢。按慣例，殖民地部需要問之港府，應如何答問。港督葛量洪在回覆殖民地部的一封電報中坦言：

　　　　我相信要令妾之消失的最好方法，就是透過教育及公眾意見逐步

---

① 史德鄰報告書，第 76（viii）段及 第 76（ix）段。

② 史德鄰報告書，第 76（xiv）段。

③ 史德鄰報告書，第 76（xv）段。

④ 委員會亦得悉羅文錦對此有保留。史德鄰報告書，第 76（ix）段。

⑤ 羅文錦, *Comments on the Report of the Committee on Chinese Law and Custom in Hong Kong*, Hong Kong: Hong Kong Government Printer, 1953, 第 28（9）段，第 11 頁。

⑥ 羅文錦, *Comments on the Report of the Committee on Chinese Law and Custom in Hong Kong*, 第 28（14）段，第 12 頁。

⑦ 羅文錦, *Comments on the Report of the Committee on Chinese Law and Custom in Hong Kong*, 第 28（15）段，第 12 頁。

施予壓力，而不是透過立法措施，令部分人受苦。①

葛量洪提交的一份附加資料指出，華人社會之反對，令廢妾問題變得複雜：

> 英國人的思維之中，納妾令人倒胃，但中國人的意見（百分之
> 九十九的人口）有其分量。行政局內的華人議員全部反對立法。②

面對華人領袖之強烈意見，葛量洪認為：

> 最好的方法，是讓事情擱在一旁，因為事情十分清晰：公眾意見
> 已逐步走向正確的方向，毋須急於求成。③

葛量洪道出了廢妾之難，在於行政局的華人代表之強力反彈。這班華人代表是殖民社會中的富裕階層，其往往以納妾為名，行買賣及玩弄婦女之實④。一般華人，三餐不繼，納妾幾近不可能，所以葛量洪所言，似乎名過其實。不過，當時殖民地部官員，倒對葛量洪之處境，有同情之意。殖民地部官員白朗寧（Browning）說：

> 雖然我十分支持一夫一妻之原則，我對於香港政府在此事情（的
> 反應），深表同情，我們一直相信，習俗及道德的事情，最好是透過教
> 育，而非立法來處理，我不認為，殖民地大臣會處於困難的境地，需
> 要為香港政府辯護。⑤

---

① "Telegram from Hong Kong（Sir A. Grantham）to the Secretary of State for the Colonies, 11th March 1957," 第 1 段 , CO 1030/819, *Chinese Laws and Customs in Hong Kong.*

② "Telegram from Hong Kong（Sir A. Grantham）to the Secretary of State for the Colonies, 11th March 1957," 第 3（2）段。

③ "Telegram from Hong Kong（Sir A. Grantham）to the Secretary of State for the Colonies, 11th March 1957," 第 4 段。

④ 鄭宏泰、黃紹倫：《婦女遺囑》，香港：三聯書店，2010，第二章。

⑤ "Minute by Mr Browning to Mr Terrell, 23 May, 1957," CO 1030/819, *Chinese Laws and Customs in Hong Kong.*

但是，英國國會並未放棄此事。1958 年 2 月，又有國會議員質詢香港廢妾的問題。香港總督葛量洪只能向殖民地部報告，將成立一個由華民事務司及律政司組成之委員會，重新檢討法例，最終達至廢妾之目標[①]。葛量洪明言，不可能立即廢妾[②]。1958 年 6 月，葛量洪向殖民地部報告，這個小型委員會業已成立，其職責包括考慮是否可以透過立法，讓中國舊式婚姻合法化，以及推動有關夫婦進行合法登記，而且，他又認為，委員會可進一步考慮在一定日期之後，立法強制婚姻登記[③]。

事隔一年，殖民地部的反應已截然不同。官員似乎難以接受港督的方案。特里爾（Terrell）語帶無奈，以譏諷的語氣說：「談到妾，似乎是一個很好的制度。或者它需要改進，而非取消。設立委員會似乎是一個好的主意。」[④] 另一名官員欽（Chinn）亦接着特里爾的看法道：「我同意。我希望我們不會被問到，如何就改進妾的制度提出建議！」[⑤]

委員會談了三年，終於有眉目。香港政府推出一份報告書進一步諮詢[⑥]。但殖民地部官員坦言，廢妾進展並不理想。殖民地部官員格威利姆（Freda Gwilliam）批評，英國在推動香港達致男女同工同酬，以及廢妾兩方面做得不夠[⑦]。在廢妾的問題上，她亦批評殖民地部內有官員不思進取：「我們似乎把事情交給一些不願意轉變的人作主導。」[⑧] 她認為：

[①] "Telegram from Hong Kong (Sir R. Black) to the Secretary of States for the Colonies, 5th February, 1958," CO 1030/819, *Chinese Laws and Customs in Hong Kong*, 第 3 段。

[②] "Telegram from Hong Kong (Sir R. Black) to the Secretary of States for the Colonies, 5th February, 1958," CO 1030/819, *Chinese Laws and Customs in Hong Kong*, 第 5 段。

[③] "Savingram from the Governor, Hong Kong to the Secretary of State for the Colonies, 19 June, 1958," 第 2 段 , CO 1030/819, *Chinese Laws and Customs in Hong Kong*, 第 3 段。

[④] "Minute by Mr R Terrell, 29 August, 1958," CO 1030/819, *Chinese Laws and Customs in Hong Kong*, 第 3 段。

[⑤] "Minute by Mr Chinn, 1 September, 1958," CO 1030/819, *Chinese Laws and Customs in Hong Kong*, 第 3 段。

[⑥] 報告書名稱為 *Chinese Marriage in Hong Kong, 1960*。

[⑦] "Minute, 5 May 1961" by Freda H Gwilliam, CO 1030/1346, *Chinese Laws and Customs in Hong Kong*.

[⑧] "Minute, 5 May 1961" by Freda H Gwilliam, CO 1030/1346, *Chinese Laws and Customs in Hong Kong*. 第 2 段。

　　（殖民地部）有責任盡量提供進步的意見，而且繼續提出意見，目
的在於在一段時間內，刺激某一些觀點。[①]

　　她批評，殖民地部以較為人性化及現代的方法，向香港提出意見，只會
讓中國男人不感到頻密及刺痛——而中國人最懂得的就是以「滴滴」（drip drip
method）的方法處理問題[②]。格威利姆是殖民地部的助理教育主任，歷來在殖民
地部致力推動婦女之教育，提倡男女擁有平等教育之權利，難怪她對於殖民地
部的拖拖拉拉作風，有強烈不滿。她不單針對殖民地部，亦針對香港政府於廢
妾問題上缺乏有力的承擔。

　　格威利姆的批評，與香港政府之慢慢板，成了強烈對比。如 1963 年 5 月，
香港政府曾諮詢殖民地部《關於婚姻的同意、結婚最低年齡及婚姻登記的公約》
的效力會否伸延至香港。不過，英國國會議員等不及了。1964 年 11 月，又有英
國國會議員提出有關香港繼承法的質詢，矛頭指出香港婦女在繼承方面之不平
等問題。香港總督戴麟趾依然老調重彈：

　　由於多種類的（婚姻）習俗，包括大部分人，都依據中華民國民
法第 980 至 988 條而締結成婚的新式婚姻，以及繼承的法律問題的複
雜性，令到進展困難，特別有好多其他更緊迫的事情，不斷令我們要
預先處理。當然，我們將嘗試走前一步，但我不認為在預計之中有任
何急速的發展。[③]

　　戴麟趾的說法，顯然得不到殖民地部的支持。海厄姆（Higham）十分關注
繼承法及婚姻法內的歧視條文[④]。他的意見得到當時的政務次官懷德女士（Eriene

---

① "Minute, 5 May 1961" by Freda H Gwilliam, CO 1030/1346, *Chinese Laws and Customs in Hong Kong*,
第 2 段。

② "Minute, 5 May 1961" by Freda H Gwilliam, CO 1030/1346, *Chinese Laws and Customs in Hong Kong*,
第 2 段。

③ "Telegram from Governor of Hong Kong (Sir D. Trench) to the Secretary of State for the Colonies, 18 No-
vember 1964," 第 2 段 , CO 1030/1704, *Chinese Laws and Customs in Hong Kong.*

④ "Minute by J. D. Higham, 9 February, 1965," CO 1030/1704, *Chinese Laws and Customs in Hong Kong.*

White）的同意 ① 。懷德女士是執政工黨的重量級人士，一直在黨內提倡男女平
等，備受尊重。

　　倫敦的壓力顯然沒有令香港政府加快進程。1965 年 2 月 11 日，香港輔政司
戴思德（Edmund Brinsley Teesdale）修函殖民地部有關改革的進度，說法悲觀：
「我恐怕我不能就實施 Ridehalgh/McDouall 報告書內的部分建議，提出一個立法
時間表。」② 殖民地部的官員對此非常失望。卡特（W. S. Carter）在錄事中指出，
「我認為，從現時（香港政府）的操作，而期望有任何改變的啟動的話，將是錯
誤的。」③ 卡特又認為，假如 Ridehalgh/McDouall 報告書的大部分建議得到採納
的話，「這將是一個很好的願景，就規管中國人的婚姻作出非常有用的開始，就
妾之問題作致命一擊，並符合聯合國有關婚姻的國際公約的要求。」④ 他批評香
港政府毫無主見，並建議強迫香港政府就此問題，在合理時間內總結完成 ⑤ 。後
來，香港政府終於在 1965 年 6 月提交一份報告的草擬本予殖民地部省覽。卡特
仔細研究報告書的內容之後，完全同意這份報告書的建議：

　　　　假如這些建議全部獲得（香港政府）採納的話，我認為我們不能
　　再要求香港政府更多了。他們（的建議）完全符合聯合國有關婚姻的
　　國際公約，而且更與新加坡的婦女約章的有關婚姻與離婚條文的要點
　　相同。納妾遭到禁止……當然，在我們能夠確定這些建議真正全面實
　　施之前，仍然有些事情要做。⑥

①　"Minute by L T Stapleton, 19 February, 1965," CO 1030/1704, *Chinese Laws and Customs in Hong Kong.*

②　"Letter from E. B. Teesdale to J. D. Higham, Colonial Office, 11th February, 1965," CO 1030/1704, *Chinese Laws and Customs in Hong Kong.*

③　"Minute by W. S. Carter to J. D. Higham, Colonial Office, 15 March, 1965," CO 1030/1704, *Chinese Laws and Customs in Hong Kong,* 第 2 段。

④　"Minute by W. S. Carter to J. D. Higham, Colonial Office, 15 March, 1965," CO 1030/1704, *Chinese Laws and Customs in Hong Kong,* 第 3 段。

⑤　"Minute by W. S. Carter to J. D. Higham, Colonial Office, 15 March, 1965," CO 1030/1704, *Chinese Laws and Customs in Hong Kong,* 第 4 段。

⑥　"Minute by Mr. W. S. Carter to Mr. Stapleton, 24th June 1965," CO 1030/1704, *Chinese Laws and Customs in Hong Kong.*

懷特女士回覆，對這份報告感到鼓舞①。這份報告的最終版本經行政局通過，以 Chinese Marriages in Hong Kong 為名推出，成為日後所稱的 Heenan/McDouall 報告書。卡特及懷特等均同意這份報告的意見，但香港政府卻堅持，需要殖民地部的正式批准。卡特指出，「（香港政府）暗示，本報告需要得到殖民地部的正式同意，因為這報告書是香港王室訓令外，有關剩餘（立法權力）的部分。」雖然殖民地部的法律意見不同意香港政府的見解，認為有關中國婚姻的問題並非屬於剩餘權力所覆蓋的領域。但是，卡特為保險起見，最終仍是尋求懷特的正式同意，因為：

> 這些建議本身就是一個主要以及史無前例地干擾香港的華人社區，無論日後法例的制定是否屬於剩餘權力，在極為艱辛的立法草擬工作展開之前，我建議得到殖民地大臣（或者閣下）之批准。②

最終，懷特亦點頭同意。她在錄事中說：

> 這當然是一個十分重大的轉變，事情已經在香港廣泛討論，並且與中國大陸的做法一致，可減低日後可能出現的難題。③

香港政府得到殖民地部首肯之後，在 1967 年發表了白皮書，即所謂《香港婚姻白皮書》，提出終極方案。但是，由於香港發生左派暴動，香港政府的立法部署，遭到一定干擾。在政治局勢大抵穩定之後，香港政府再重新推動改革。不過，已拖了近兩年。1969 年 2 月 26 日，港督在立法局施政報告中提到，將啟動婚姻法律改革的程序④。最後，婚姻改革條例草案在 1970 年 6 月 3 日提上立法

---

① "Minute by Mr. W. S. Carter to Mr. Stapleton, 24th June 1965," CO 1030/1704, *Chinese Laws and Customs in Hong Kong*. "Minute by Mrs. Eriene White to Mr. Carter, 25 June 1965".

② "Minute by W. S. Carter to Mrs. Eriene White, 2nd March 1966," CO 1030/1705, *Chinese Laws and Customs in Hong Kong*.

③ "Minute by W. S. Carter to Mrs. Eriene White, 2nd March 1966," CO 1030/1705, *Chinese Laws and Customs in Hong Kong*. "Minute by Mrs. Eriene White to W. S. Carter, 3rd March 1966".

④ Enclosure 6, in FCO 40/225 *Hong Kong Legal Affairs: Chinese Laws and Customs*.

局，在 1971 年 7 月 8 日通過 ①。

四　總結

自 1953 年史德鄰報告書提出改革中國法律與習俗，到 1967 年 5 月的《香港婚姻白皮書》為止，香港政府總共推出了三份報告及一份白皮書，為婚姻法的改革邁出了一大步。從中可見，殖民地政府之改革方向出現了轉化：1953 年討論的是中國法律與習俗的改革，理想宏大，幅度較廣；到了 1967 年的白皮書，只集中討論婚姻改革。換言之，殖民地政府原本的改革理想，在華人之反對、政治之壓力下，只變成中國婚姻改革，而不是大張旗鼓地，針對中國之習俗，全盤「西化」。

假如沒有英國政府不斷向香港政府施壓，香港政府為免得罪高等華人，可能不知拖到何時。過往，在討論英國殖民政府改革殖民地社會習俗的時候，我們很輕易跳入一個結論，即殖民地政府有意識及有計劃地透過法律去「創造傳統」，以西方文化較為優越之思維，創造了被殖民的人民之傳統文化，有意識地扭曲當地社會習俗。從檔案可見，英國殖民地部迫使香港政府加快廢妾，並非完全是一項有意識及有計劃之行動，意圖完全剷除中國習俗；又或者是基於殖民地「主人」（masters）之優越心理，向被殖民的「僕人」（servants）所推動的習俗洗刷（wipe out）之圖謀。反而，英國政府是基於國會議員之政治壓力，以及個別官員對男女平等權利之信念，不斷向港府施壓，以達致廢妾之目標。英國殖民地部基於中國法律之改變，以及西方對於納妾習俗之厭惡，迫使香港政府提出婚姻習俗之改革，推動廢除中國習俗內歧視婦女之做法，令香港之婚姻法律走上尊重男女平等之普世價值的道路。

① Hansard, *Hong Kong Legislative Council*, 8th July 1971, p.789.

三

司法：文化與實踐

香港司法機構的起源 [①]

尤韶華 [②]

一 歷史背景

在對 1997 年前後香港司法機構的整體框架有了基本認識之後，現在可以回過頭來追溯香港司法機構的起源。為了便於闡述，有必要對香港被英國佔領的歷史背景作一概述。香港的割讓是鴉片戰爭的後果。《穿鼻草約》、《廣州和約》、《南京條約》與香港的割讓直接相關，其中《穿鼻草約》、《南京條約》是香港司法機構設立的依據。

（一）割讓香港

1600 年，英國設立東印度公司，誘使印度農民種植罌粟，製成鴉片輸入中國。清嘉慶元年（1796），朝廷以鴉片輸入漸多，白銀外流，影響國計民生，且鴉片毒害人民為由，下詔禁止鴉片進口。但英美鴉片仍大量輸入，至道光十八年（1838）達 4 萬餘箱，導致銀價飛漲，財政困難。1838 年底，道光帝派林則徐為欽差大臣，赴廣州查禁鴉片。1839 年 3 月，林則徐到廣州，嚴厲禁煙，6 月在虎門海灘銷毀鴉片 230 餘萬斤，並多次打退英軍。

1840 年，英國在美、法兩國的支持下，發動戰爭。因廣州防守嚴密，英軍轉攻廈門，被閩浙總督鄧廷楨率軍擊退，遂乘浙江防務空虛，攻佔定海，又北犯大沽，要脅清政府談判。道光帝派直隸總督琦善到廣州議和，將林則徐、鄧廷楨革職。1841 年 1 月 20 日，琦善與英國在華商務總監督義律（Charles Elliot）在穿鼻洋（廣州虎門口外）會談，擅自議定《穿鼻草約》。主要內容為：（1）中國割讓香港，賠款 600 萬銀元，開放廣州為通商口岸；（2）英國撤出沙角、大

① 原載尤韶華：《香港司法體制沿革》，北京：知識產權出版社，2012，第 38-60 頁。
② 尤韶華，中國社會科學院法學碩士，現任中國社會科學院法學研究所研究員。

角炮台，歸還定海。琦善矇騙清政府，詭稱賠款為商欠，割香港是允許英人在外洋一小島寄寓。經廣東巡撫怡良揭發，並以義律發出的佈告為證，道光不承認此約，並將琦善革職查辦。

　　道光派宗室奕山率軍赴廣州對英作戰。1841 年 2 月英軍乘琦善撤除戰備，攻陷虎門。1841 年 5 月英軍佔領泥城、四方炮台，炮擊廣州。奕山求和，1841年 5 月 27 日與義律訂立《廣州和約》，允繳贖城費 600 萬銀元，賠償英國商館損失 30 萬銀元，清軍退出廣州城 60 里以外。英國獲得巨款後，又提出割香港、訂正約，旋即毀約，擴大戰爭。英軍相繼於 1841 年 8 月攻陷廈門，10 月攻陷定海、寧波，1842 年 6 月攻陷吳淞，7 月攻陷鎮江，進犯南京。道光派耆英、伊里布在南京議和，1842 年 8 月訂立《南京條約》，結束鴉片戰爭。

　　《南京條約》有 13 款，主要內容為：（1）中國向英國賠款 2100 萬銀元；（2）割讓香港；（3）開放廣州、福州、廈門、寧波、上海等 5 處為通商口岸；（4）中國抽收進出口貨的稅率由中英共同議定，不得隨意變更。《南京條約》被視為中國近代史上外國列強逼使清政府簽訂的第一個不平等條約，是中國開始逐步淪為半封建半殖民地社會的標誌。[①]

（二）義律公告中的臨時司法管轄措施

　　義律公告是英軍佔領香港後，在華商務總監督義律為迅即建立對香港的管理而頒佈的相關制度、原則、措施的文告。它是研究香港早期歷史所必須涉及的史料。由於研究者關注的側重點不同，對義律公告內容有關部分的取捨及重視程度不一，本文只注重其司法管轄問題。

　　義律公告發佈的依據是《穿鼻草約》。根據《穿鼻草約》割讓香港的條款，1841 年 1 月 25 日英軍登陸香港，26 日舉行升旗儀式，宣佈佔領香港。此事中英文書籍中均有記載[②]。諾頓－凱希在《香港法律和法院史》中記載：

① 鴉片戰爭史料豐富，著述眾多，觀點各異。鴉片戰爭的過程是中國近代史的基本常識，此處僅作為歷史背景，其史料和著述概不引證。
② 中文文獻如余繩武、劉存寬主編：《十九世紀的香港》，北京：中華書局，1994，第 49 頁。

　　在與中國的戰爭停止後，1841 年 1 月 20 日，英國在華商務總監督、英國女王在華全權大使海軍上尉義律，在澳門[①]以信函的方式告知英國臣民，宣佈香港島和港口割讓予英國政府。同月 26 日以英國女王維多利亞的名義正式佔領。[②]

　　1841 年 1 月 20 日，正是直隸總督琦善與英國在華商務總監督義律在穿鼻洋會談，擅自議定《穿鼻草約》的日期。而所謂「在與中國的戰爭停止後」，指英軍北犯大沽，要脅清政府談判，道光帝派琦善到廣州議和之事。《穿鼻草約》議定僅 5 日，英軍就登陸香港。愛德華《環球航海記事》記載了英軍佔領香港的全過程[③]。

　　義律公告有兩份，先後於 1841 年 2 月 1 日和 2 日發佈，發佈的對象各不相同，內容也大有區別。很多有關香港早期歷史的史料都收有義律公告[④]。按《香港法律和法院史》所載，1841 年 2 月 1 日公告的名稱為《致香港中國居民的公告》（*To the Chinese Inhabitants of Hong Kong Proclamation*），告知香港島居民，按照中國和英國內閣高級官員之間明確的政府協議，該島已經成為英國女王的領土。因此，居住在此的本地人，應當知道，他們現在是英國女王的臣民，對女王及其官員必須表示尊重和服從。他們將根據中國的法律、習慣和慣例（各種拷打除外），在一個英國裁判官的控制之下，由鄉村長老管理[⑤]。該公告的中譯本行文略有差異，內容為：

　　　　擬應照《大清律例》規矩主治居民，除不得拷訊研鞠外，其餘稍

---

① 戰爭期間英國人主要活動場所。

② J. W. Norton-Kyshe, *The History of the Laws and Courts of Hong Kong*, vol.I, Hong Kong: Vetch and Lee Limited, 1971, pp.3-4.

③ Edward Belcher, *Narrative of a Voyage Round the World*, vol.II, pp.147-148. 參見 J. W. Norton-Kyshe, *The History of the Laws and Courts of Hong Kong*, vol.I, p.4。

④ 中文文獻如《香港與中國——中國歷史文獻資料彙編（第一集）》，香港：廣角鏡出版社，第 164-167 頁。

⑤ J. W. Norton-Kyshe, *The History of the Laws and Courts of Hong Kong*, vol.I, pp.5-6.

無所改。凡有長老治理鄉里者，仍聽如舊，惟須稟明英官治理可也。[1]

　　1841 年 2 月 2 日公告的對象應該是在香港的所有華人、英國人及其他外國人。該公告宣佈，根據中國大臣琦善的簽章，香港島已經割讓給英國政府。香港將由英國在華商務總監督管理。香港島的本地人及移居此處的中國本地人將按照中國的法律和習慣管理，各種酷刑除外。而女王陛下的臣民，或來此處的其他人（非本島或中國的本地人），在香港所犯的所有罪行，將適用現在存在於中國的刑事和海事司法管轄權[2]。

　　兩份公告體現了義律在香港殖民地司法機構建立之前，利用現有司法體系立即實現對香港實行司法管轄的指導思想。相比之下，1841 年 2 月 2 日的公告更為全面。然而，1841 年 2 月 1 日的公告還是重要的。當時香港人口約 5000 人[3]，大部分應該是香港本地人。如何對在港華人實行司法管轄，是一個很現實的問題。而在港華人有利用鄉約自我管理的傳統，因而在司法機構建立之前以及在建立之後能夠有效地進行全面管轄之前，採用在港華人以華治華的方式，應當是最為可行的措施。

　　1841 年 2 月 1 日的公告英文文本表述 "They will be governed by the elders of villages"（鄉村長老管理）不是很明確，「鄉村長老管理」究竟是新設的還是原有的。中文文本的表述則更為準確，「凡有長老治理鄉里者，仍聽如舊」，顯示了香港本地人利用鄉約自我管理的傳統。既然由「長老治理鄉里」，那麼就只能根據中國的法律、習慣和慣例（according to the laws, customs and usages of the Chinese，中文文本是「擬應照《大清律例》規矩主治居民」）。為顯示英國的統治權，「鄉村長老管理」應在一個英國裁判官的控制之下（subject to the control of a British magistrate）。中文文本「惟須稟明英官治理可也」中，「稟明」與英文文本 "subject to the control of"（服從、支配、控制）也會產生歧義。在根據中國的法律、習慣和慣例管轄在港華人時，「各種拷打除外」（every description of

① 中國第一歷史檔案館編：《香港歷史問題檔案圖錄》，香港：三聯書店，1996，第 59 頁。

② J. W. Norton-Kyshe, *The History of the Laws and Courts of Hong Kong*, vol.I, pp.4-5.

③ J. W. Norton-Kyshe, *The History of the Laws and Courts of Hong Kong*, vol.I, p.5.

torture excepted，中文文本為「除不得拷訊研鞠外，其餘稍無所改」）顯示了英國的法制理念。

1841 年 2 月 2 日的公告除了重申對在港華人的司法管轄方式外，還確定了對在港英國人及其他外國人的司法管轄方式。即他們在香港所犯的所有罪行，將適用現在存在於中國的刑事和海事司法管轄權（shall fall under the cognizance of the criminal and Admiralty Jurisdiction presently existing in China）。所謂的「現在存在於中國的刑事和海事司法管轄權」，指的是英國設於廣州的刑事和海事法庭。

1833 年 8 月 28 日（英王威廉四世時期），英國議會頒佈《規範中國、印度貿易法案》（An Act to Regulate the Trade to China and India）。該法案規定，在中國境內設立一個英國的官方機構以處理英國在華商務，任命 3 人為英國在華商務監督（Superintendents of the China Trade），其中 1 人為總監督（Chief Superintendent）。該法案第 6 節規定，設立一個具有刑事和海事司法管轄權的法庭，以審理英國臣民在中國境內以及港口、錨地和中國海岸線 100 海里範圍內的公海所犯罪行。由其中一名商務監督主持該法庭[1]。根據該法案的條款，1833 年 12 月 9 日英王威廉四世會同議會發佈《在廣東任命法庭的命令》。規定該法庭應在廣東的陸地上或停泊在廣東港口的任何英國船隻上開庭，由臨時商務總監督主持[2]。

綜上所述，義律兩份公告，成為香港殖民地建立司法機構、行使司法管轄權的原始依據。《規範中國、印度貿易法案》、《在廣東任命法庭的命令》、義律兩份公告，在蘇亦工教授的著作《中法西用——中國傳統法律及習慣在香港》中均分別提及。該著作第一章以引證《規範中國、印度貿易法案》、《在廣東任命法庭的命令》開篇，以治外法權來論證「香港開埠前之中西法律文化衝突」，第二章以引述義律公告開篇，論證其與香港二元化法制確立的關係，將義律公告中提出的方案稱作「一島兩制」。因此，該著作給予義律公告極高的評價，認

---

[1] J. W. Norton-Kyshe, *The History of the Laws and Courts of Hong Kong*, vol.I, p.1.
[2] 參見尤韶華：《香港司法體制沿革》，附錄二〈在廣東任命法庭的命令〉，第 64-67 頁。

為「對香港歷史，特別是香港法制史產生了意義深遠的影響，因此歷來被法學家們視為在香港政制和法制史上極為重要的憲法性文件」①。從中國傳統法律及習慣在香港適用的角度看，義律公告所起的作用無疑是不能否定的，該著作對義律公告的評價確實是很有道理的。本文由於研究方向的不同，注重的程度與方式也有所不同。從香港司法制度的建立角度而言，義律公告僅僅是把廣東法庭的司法管轄權擴展到香港而已。《在廣東任命法庭的命令》中有許多關於司法制度及原則的規定。隨後不久，廣東法庭遷往香港，《在廣東任命法庭的命令》成為香港早期司法制度的基礎。

二　香港被英國佔領早期司法機構的設立

香港被英國佔領早期限定於英軍佔領香港之後，至香港立法會建立初期香港高等法院建立之前。鑑於當時有關司法機構的原始文件難以察考，這裏主要引述《香港法律和法院史》的記載和評論。

（一）《香港憲章》頒佈前的香港司法機構

《南京條約》正式割讓香港，而在此之前港英政府已經設立。

1. 裁判法庭的設立

1841 年 2 月 1 日《致香港中國居民的公告》發佈，公告稱香港中國居民「在一個英國裁判官的控制之下，由鄉村長老管理」。該公告成為設立裁判官的依據。據《香港法律和法院史》所載，1841 年 4 月 30 日義律以英國女王負責管理香港島全權大使的名義，在澳門簽章委任狀，任命陸軍上尉威廉・堅（William Caine）為香港首席裁判官（Chief Magistrate of Hong Kong）②。《香港首席裁判官委任狀》規定：

---

① 蘇亦工：《中法西用——中國傳統法律及習慣在香港》，北京：社會科學文獻出版社，2002，第 69-71 頁。

② J. W. Norton-Kyshe, *The History of the Laws and Courts of Hong Kong*, vol.I, p.6.

在當地人的案件中依據中國的法律、慣例和習俗（各種拷打除外），在所有其他認為違反治安或違反香港政府隨時頒佈的規定的案件中依據英國治安法律的慣例和習俗，行使權力。

同時在委任狀條款中規定了對犯罪的處罰範圍：

根據中國法律，任何處罰等級超過下列嚴重程度的犯罪案件，應移交政府臨時首長（the head of the government for the time being）判決：超過 3 個月的監禁，無論是否服勞役；或超過 400 港元的罰款；超過 100 鞭的肉刑；死刑。所有作出刑罰判決的案件應作記錄，包括案件的簡要記錄及判決書文本。①

實際上，威廉·堅還被任命為警察和監獄的主管，根據英國一般的治安法律，逮捕、扣押、釋放、處罰罪犯。根據《叛變法案》（*Mutiny Act*）及艦隊管理的一般法律，所有被認為違反治安或其他犯罪的人，應當移交相應的軍事長官處罰。該委任狀進一步授權並命令，安全地關押無論任何被認為在香港政府範圍內的犯罪（根據英國法律算是重罪）的人，及時向政府的臨時主管報告該項進程及其理由。②

1842 年 4 月 25 日義律修改了委任狀，賦予首席裁判官和海事裁判官的權力在一些方面有所增加：首席裁判官的民事管轄權（jurisdiction in civil matters）增加到 250 港元，如果必要有權監禁債務人。③

1841 年 5 月 15 日，在英國東印度公司服役的上校璞鼎查（Sir Henry Pottinger）被任命為在華商務總監督，以接替義律上尉。由於義律即將回國，6 月 19 日宣佈公告，英國女王會同議會任命佰麥（Commodore Sir John Gordon Bremer）準將為共同全權大臣。6 月 22 日，佰麥將代理在華商務監督詹森以在

---

① 參見尤韶華《香港司法體制沿革》，附錄三〈香港首席裁判官任命狀〉，第 67-69 頁。
② J. W. Norton-Kyshe, *The History of the Laws and Courts of Hong Kong*, vol.I, p.6.
③ J. W. Norton-Kyshe, *The History of the Laws and Courts of Hong Kong*, vol.I, p.12.

華商務總監督的名義（on behalf of the Chief Superintendent）負責管理香港政府。7 月 31 日，海軍中尉彼德（Lieutenant William Pedder, R. N.）被任命為港務長及海事裁判官，負責香港島的港口和海事裁判事宜。8 月 10 日，璞鼎查到達香港，出任英國女王惟一全權大臣（Her Majesty's Sole Plenipotentiary）及在華商務總監督職務，宣佈在女王另行下達旨意之前，他的前任關於香港島的一切安排繼續有效。8 月 24 日，義律途經印度孟買前往倫敦（11 月 6 日到達倫敦，翌年 6 月前往美國德克薩斯出任總領事）。[1]

《香港法律和法院史》引述 1842 年 1 月 1 日《香港公報》稱，1841 年 5 月至 8 月香港人口增長最快，當年已增至約 15000 人，監獄也已經建成。香港政府及監獄是香港最早的兩個建築。而本地的報紙《中國朋友》（The Friend of China）1842 年 3 月底稱，人口至少增至 2 萬人（據說許多人是由於違反中國法律或許要承擔刑事責任而被驅逐出來的），經常發生海盜和搶劫。司法機關由首席裁判官少校凱恩、翻譯 Samuer Fearon、法庭書記員（Clerk of the Court）、驗屍官（Coroner）、公證員（Notary Public）和作為海事裁判官和港務長的海軍中尉彼德組成。1842 年 7 月香港政府收到一本新版的規則，其中有幾個司法條款，但不適用於香港，因為香港還不具有自己的立法機構[2]。1842 年 8 月訂立《南京條約》，香港正式割讓。1842 年 9 月 3 日前驗屍官由翻譯兼任，9 月 3 日後 Edwards Farncomb 接任 Samuer Fearon 作為香港的驗屍官，宣誓就職[3]。1842年底首席裁判官法庭記錄的對嚴重犯罪的判決，除了數月的監禁外，還有 60 至100 竹板的處罰[4]。

綜上所述，香港裁判法庭 1841 年 4 月 30 日任命首席裁判官，1842 年 7 月任命海事裁判官，同年 7 月前已配備驗屍官。裁判法庭按照中國的法律、慣例和習俗處理本地居民的治安刑事案件，按照英國治安法律處理其他在港治安刑事案件。裁判法庭的刑事司法管轄權是 3 個月的監禁、400 港元的罰款和 100 鞭

---

① J. W. Norton-Kyshe, *The History of the Laws and Courts of Hong Kong*, vol.I, pp.9-10.
② J. W. Norton-Kyshe, *The History of the Laws and Courts of Hong Kong*, vol.I, p.12.
③ J. W. Norton-Kyshe, *The History of the Laws and Courts of Hong Kong*, vol.I, p.16.
④ J. W. Norton-Kyshe, *The History of the Laws and Courts of Hong Kong*, vol.I, p.17.

的肉刑。處罰嚴重程度在此之上的犯罪案件,應移交政府臨時首長判決。與軍事相關的案件應移交軍事法庭。如果有必要監禁債務人,首席裁判官的民事管轄權受案金額可增至 250 港元。

2. 裁判法庭的司法活動

《香港法律和法院史》引述了一份香港監獄的記錄,記錄了從 1841 年 8 月 9 日該監獄建立開始至 1843 年 9 月 8 日止,被投入監獄的罪犯的數字(歐洲人和中國人)。該記錄顯示了香港被英國佔領最初時期對囚犯的處罰方式,同時顯示了總督有時親自作為法官判案,1841 年 4 月 30 日首席裁判官的委任狀授予其司法管轄權的案件一直是移交給他親自處理。

該記錄分為兩部分,第一部分包含 482 個囚犯,其中中國人 430 人,印度水手 28 人,葡萄牙人 9 人,印度兵 5 人,美國人 1 人,其他的是除葡萄牙人外的歐洲人。第二部分包含 134 人,幾乎全部是歐洲水手。這些人中間,大約 20 個士兵是由軍事法庭判決的。其他人,除了少數由總督作出判決,其餘的水手則由海事裁判官判決。處罰只是監禁,在不同的案件中,監禁時間為 2 至 84 天不等。通常其監禁期是 2 到 3 個星期。1843 年 5 月 22 日 2 個歐洲人被軍事法庭判處終身流放。水手的犯罪大多是不遵守秩序或妨害治安。對於海員來說,同士兵一樣,喝酒就是犯罪,或是犯罪的誘因,由此應受到處罰。

對於中國人的刑罰是鞭打(flogging)、勞役(hard labour)和監禁。所有人,或幾乎所有人都受到鞭打,其數從 20 鞭到 100 鞭不等。只有少數人被鞭 100 鞭,許多人是 40 或 50 鞭,後者最為常見。鞭刑是公開進行的,罪犯背上貼着中文標籤,從監獄押往西市(at the west end of the Upper Bazaar,即集市西端)的鞭刑台(the whipping stand),執行法律判決,然後重新押回監獄。那些被判處勞役和監禁的囚犯,腳戴鐐銬,難以脫逃。但仍有大約 20 人脫逃,主要是在監獄建成後的第一年,第二年只有 4 人脫逃。許多人是在外出勞動時脫逃的。監禁期從 2 天到 4 年不等。2 人被判處 4 年,2 人 3 年,4 人 2 年 6 個月,23 人

2 年，24 人 18 個月，2 人 1 年，其餘的低於 1 年[1]。

1842 年 6 月，由於搶劫，有一囚犯被首席裁判官判處鞭打 60 竹板，並處 4
個月勞役。《香港法律和法院史》將其作為這一時期奇怪的判決例子：

> 該囚犯是改變信仰的中國人，穿歐洲人的服裝，割掉辮子，怪模
> 怪樣。即將日落時，該囚犯穿着自己的衣服，從監獄裏押解出來，沿
> 着女王路遊街，在一群歐洲人、印度水手、中國人面前，由一個歐洲
> 人執行鞭打。受刑後，該囚犯被帶回監獄。[2]

《香港法律和法院史》記述了第一個有記錄的驗屍案例：

> 1842 年 10 月 1 日，驗屍官 Edwards Farncomb 對一個中國人的死
> 因進行調查。其人的屍體在當天早晨被發現漂浮在港口附近，有一個
> 槍傷。其人據說是一伙盜賊的成員，闖入一個本地商人的住宅，後者
> 向其胡亂開槍。陪審團作出裁決：該中國人受到手槍的射擊。該案就
> 此結束。[3]

從上述記錄可以看出，裁判法庭按照其司法管轄權行使其職能。監禁的囚
犯大多數是中國人。同時，也可以知道，裁判法庭已經組成了陪審團。

（二）《香港憲章》頒佈後的香港司法機構

在《南京條約》經正式批准和交換之後，頒佈了《香港憲章》（*Hong Kong
Charter*），宣佈香港作為單獨的被佔領地，可以依法建立法院和享有完全的立
法權。璞鼎查被任命為香港首任總督，並保留其在華商務總監督的職務。《香港
憲章》及任命璞鼎查為香港總督的任命狀在 1843 年 4 月 5 日由英國女王親筆簽

---

[1] J. W. Norton-Kyshe, *The History of the Laws and Courts of Hong Kong*, vol.I, pp30-32.

[2] J. W. Norton-Kyshe, *The History of the Laws and Courts of Hong Kong*, vol.I, pp.12, 30.

[3] J. W. Norton-Kyshe, *The History of the Laws and Courts of Hong Kong*, vol.I, pp.16-17.

署①。

1.《香港憲章》關於司法的規定

憲章的主要內容為：

（1）在香港建立一個單獨的被佔領地。

（2）授權並責成總督在該地建立一個立法會（Legislative Council），立法會成員，除了總督以外，由該地的官員或其他人經英國女王任命擔任，按照女王的旨意行使職權。

（3）總督根據立法會的建議，有權為了該地的治安、秩序和良好的管理制定法律和條例；英國女王及其繼任者保留權力，在英國議會或樞密院的建議或同意的情況下，對上述法律及條例的全部或部分行使否決權。

（4）授權總督任命法官。在必要的情況下，任命聽審並判決專員（Commissioner of Oyer and Terminer）、治安法官（Justice of the Peace，香港中文稱太平紳士）以及其他必要的官員，以建立正當和公正的司法機構，使法律和條例得以實施。這些官員應就正當地行使權力、在司法事務中查明事實真相而進行宣誓。

（5）授予總督全權。根據情況，以英國女王的名義，或代表英國女王，豁免任何罰金、罰款和沒收。在任何案件中，這種豁免的數額限定在不超過 50 英鎊，並可以暫緩執行不超過 50 英鎊的罰金、罰款或沒收物的支付。

（6）授予總督全權。根據情況，以英國女王的名義，或代表英國女王，給予在本地任何法院，在任何法官、審判機關、裁判官面前以任何罪名被控告的罪犯無條件的赦免，或根據今後將在本地生效的法律或條例附加的條件赦免，或在該總督認為合適的時間，暫緩執行對任何上述罪犯的判決。②

1843 年 8 月 22 日《關於更好管理進入中國的英國臣民的法案》頒佈。該法案授權在華商務總督，只要是香港島的總督，在該島立法會的建議下，為了在中國的英國臣民的治安、秩序和良好的管理，隨時制定所有法律和條例，甚至

---

① J. W. Norton-Kyshe, *The History of the Laws and Courts of Hong Kong*, vol.I, p.20.

② J. W. Norton-Kyshe, *The History of the Laws and Courts of Hong Kong*, vol.I, pp.21-23.

可以違背女王和樞密院以前的命令。^①

綜上所述，按照憲章的規定，香港具有立法會，總督會同立法會擁有立法權、法官任命權、刑罰豁免及赦免權。按照《關於更好管理進入中國的英國臣民的法案》的規定，總督會同立法會能隨時制定所有法律和條例，甚至可以違背女王和樞密院以前的命令。

2. 裁判法庭的變更

1843 年 6 月 26 日，在《香港憲章》公佈之後，宣佈了一些新的任命，其中任命少校凱恩為首席裁判官，希利爾（Charles Batten Hillier）為助理裁判官，彼德中尉為港務長和海事裁判官。立法會的成員包括了首席裁判官的名字。6 月 27 日任命 44 名傑出的居民為治安法官^②。1844 年 1 月 11 日，在根據《香港憲章》設立的香港立法會第一次集會中，首席裁判官凱恩少校作為立法會成員宣誓就職^③。首席裁判官辦公室制定的民事費用表，經總督會同議會批准後，1844 年 1 月 18 日向公眾發佈。按《香港法律和法院史》的描述：

> 這些費用被普遍認為過高，並被視為有違公正的目的。此事受到很大的壓力，英國新聞界的注意力被引向這一題目。特別注意到這樣的事實，即徵收費用的法院的裁判官完全不懂法律。評論的要點毫無疑問地指向根據憲章立即任命法官的必要性。一家印度報刊對這個費用表加以評論，稱其為過高，並建議，如果立法會不適當地降低費用，公眾應該向帝國政府提出這一問題。在一項追索 250 港元的訴訟中，傳票的費用是 4 港元；傳票送達之後，逮捕令的費用是 20 港元；訴訟一開始，要求審訊或審理的費用是 20 港元；在案件被裁決或判決時，費用是 40 港元；或要求追索 250 港元的法庭費用是 84 港元，或者是追索額的 33%。而這些，正如報紙評論的，還不包括代理人和律師的費用。為什麼呢？該報繼續發表意見，印度老穆斯林政府從未徵

---

① J. W. Norton-Kyshe, *The History of the Laws and Courts of Hong Kong*, vol.I, pp.28-29.

② J. W. Norton-Kyshe, *The History of the Laws and Courts of Hong Kong*, vol.I, pp.24-25.

③ J. W. Norton-Kyshe, *The History of the Laws and Courts of Hong Kong*, vol.I, p.33.

收超過 1/4 的申訴額作為政府的訴訟份額。而這被認為是非常暴虐和
殘忍的。這些費用要麼被作為增加收入的手段,要麼作為限制訴訟的
手段。任何一種行為都被認為是不得當的。在立法學上,沒有任何一
種準則是更加無可爭辯的,即就所有的稅費而言,關於司法的稅費是
最輕的。因為所有的法律稅費有一種不可避免的傾向,以限制求助於
法院施以公正。而稅費越重,越完全地否定公正。無論什麼原因徵收
如此重的法庭費用,都可以造成人們對立法機構的不滿。其實,人們
對當時的政府形式,尤其是議會的不滿另有原因。據稱,正在考慮的
收費表是軍人立法者立法智慧的措施之一。在當時,立法機構大部分
是由軍人組成的。[①]

這是一場由於裁判法庭收取的費用過高而引起的爭議,而爭議由此延伸到
其他方面。過高的法庭費用被認為是增加政府收入或限制訴訟的手段。而無論
哪一種動機都被認為是不明智的,有妨礙公正的目的。人們的不滿另有原因,
認為立法機構大部分是由軍人組成的,過高的收費只是軍人立法者的智慧之一;
甚至對根據憲章立即任命法官的必要性提出質疑。

綜上所述,《香港憲章》頒佈後,對裁判法庭的司法人員重新作了任命,增
加了助理裁判官。首席裁判官作為立法會的主要成員,具有較高的地位。裁判
法庭制定的法庭收費表被認為過高,引發爭議。裁判官出身於軍人,被視為完
全不懂法律,是否根據憲章立即任命法官也遭質疑。

3. 廣東刑事和海事法庭遷往香港

1843 年 1 月 4 日,在溫莎召開的英國樞密院會議通過命令,並於 6 月 1 日
發佈公告,根據 1833 年 12 月 5 日議會命令將在廣東設立的刑事和海事法庭遷
往香港。該項命令的篇幅比較長,主要是重述並重申 1833 年 12 月 5 日的議會
命令。新的內容為:

---

① J. W. Norton-Kyshe, *The History of the Laws and Courts of Hong Kong*, vol.I, pp.33-34.

鑑於從今以後該法庭在香港島開庭是合適的，特命令從今以後該法庭在香港島開庭。該法庭將具有並行使司法管轄權，審理女王陛下的臣民在香港的犯罪行為。同時使 1833 年議會命令的其他方面繼續生效。

1842 年 12 月 20 日《刑事和海事法庭的程序規則》（*The Rules of Practice and Proceeding*）正式頒佈。斯科特（Alexander Scott）在該法庭從廣東遷往香港後出任特任法官（the Recording Officer）。而記錄並未顯示他在先前的地方或到達香港以後擔任過這一職務。[1]

據《在廣東任命法庭的命令》的規定：

（1）在該法庭審理任何向法庭提出的控告或起訴時，就所有事實或法律問題的爭辯，其程序應當與英國同類法院審理同類問題時聽審並判決以及提審囚犯出清監獄的程序相一致，根據本地現存情況的差異，在可行的範圍內保持這種一致。

（2）就上述每一項事實或事實與法律混合（mixed fact and law）的問題的爭辯，由臨時商務總監督及 12 人陪審團審理，並且在審理上述每一項問題時，對有利或不利於被控當事人的質詢，應公開舉行。

（3）該法庭在每項上述審理時，由該總監督作為主持法官，以該陪審團的裁決為依據，作出的判決應當開庭公佈。

以上是命令的核心內容，規定了法庭的主要程序。隨後該命令對制定具體規則的必要性提出要求，並授權制定規則，規定制定的規則生效和撤銷的方式。

該命令認為，有必要制定和規定程序規則以便在所有上述指控中遵守，明確在多大的範圍內與國王陛下在英國法庭聽審並裁決以及提審囚犯出清監獄的程序相一致，以及由於本地情況的差異，多大範圍內可能必須與上述程序相違背。該命令進一步規定，該臨時總監督被特別授權，應當依據前述條款，隨時

---

[1] J. W. Norton-Kyshe, *The History of the Laws and Courts of Hong Kong*, vol.I, pp.17,19.

頒佈當該法庭為了審理任何人而對其關押之時或之前，有可能必須採用和遵守的所有前述規則和程序——關於對其人取保候審；關於對任何人向法庭提出起訴狀，以及以任何罪名提出犯罪指控的方式方法；關於審理該項指控召集和傳喚陪審員的方式；召集並強迫證人出庭的方式；關於法庭的進程和實施該進程的方式；關於開庭的時間和地點；每一個奉命出席該法庭（根據國王陛下准許被特別受權臨時任命）的官員的職責；各項可能被認為需要規定的與該法庭司法管轄權相關的其他事宜。

該命令規定，所有上述規則一經頒佈就具有約束力，並從各自簽署的日期起生效。但是上述規則由該總監督遞交國王陛下的國務大臣以待國王陛下的批准或否決，那麼該規則從國王陛下的否決告知臨時總監督的時間起或以後失去約束力，或不再生效。該命令還規定，該法庭的所有訴訟、判決和裁定應當記錄並保存；該記錄應由總監督特別授予履行該項職權的該法庭的官員保管。[①]

1844 年 2 月 19 日，助理裁判官希利爾接任 1843 年 8 月死亡的斯科特出任刑事和海事法庭特任法官。3 月 4 日刑事法庭開庭，由總督璞鼎查以在華商務總監督的身份出任法官主持，由大陪審團就案件作出裁決[②]。希利爾在 5 月因赤柱設立裁判法庭而回任助理裁判官。刑事和海事法庭在 1844 年第 15 號法令中被廢止。該法庭開庭僅此一次。

綜上所述，1843 年 6 月 1 日發佈公告，根據英國樞密院命令將在廣東設立的刑事和海事法庭遷往香港，以處理英國人在香港的犯罪案件。1833 年《在廣東任命法庭的命令》繼續有效。該命令規定了法庭程序：運用英國法院的程序；案件由臨時商務總監督會同 12 人陪審團審理，公開舉行；該總監督作為主持法官，以該陪審團的裁決為依據，開庭公佈作出的判決。該命令允許根據本地現存情況的差異，在一定範圍內可與英國法院的程序有所區別，並授權就此制訂法庭規則，同時規定了規則生效、失效的方式。1843 年 6 月《刑事和海事法庭的程序規則》正式頒佈，任命了特任法官。但該刑事和海事法庭實際上並沒有

---

① J. W. Norton-Kyshe, *The History of the Laws and Courts of Hong Kong*, vol.I, p.3.
② J. W. Norton-Kyshe, *The History of the Laws and Courts of Hong Kong*, vol.I, pp.34,37-38.

有效地運行，只在 1844 年 3 月開過惟一的一次刑事法庭。《香港法律和法院史》評論説，儘管由於對以前事態的不滿意，這一問題已被關注，這一次遷移無論是意味着一項方便商務總監督（他的時間限制幾乎用來處理香港事務）的措施，還是作為對香港居民的臨時救濟，都不是很明顯。但是，只要這樣説就夠了，雖然法庭從廣東遷往香港，並建立了自己適當的程序規則，應該被認為是一項改革；然而，事實上無論機構和權力均是缺乏的，還完全不足以適應已經變化的事態。[①]

《香港法律和法院史》説，由於對嚴重犯罪的處罰不夠充分，人們呼籲改進司法機構，提出增加司法權力，降低司法費用（without an expensive judicatory）的要求。同時，也已感覺到缺乏一個完全依法建立的民事法庭（a properly constituted Court of civil jurisdiction）[②]。

三　述評

1840－1842 年的鴉片戰爭導致了香港被佔領。1842 年 8 月訂立的《南京條約》，結束了鴉片戰爭。1841 年 1 月 20 日欽差大臣直隸總督琦善與英國在華商務總監督義律擅自議定《穿鼻草約》。儘管道光帝事後不承認此約，並將琦善革職查辦，但是義律已據此於 1841 年 2 月 1 日發佈公告，成立港英政府。1841 年 4 月任命首席裁判官，設立裁判法庭，開始行使司法管轄權。隨後，設置海事裁判官、驗屍官。裁判法庭的刑事司法管轄權是 3 個月的監禁、400 港元的罰款和 100 鞭的肉刑。民事管轄權是 250 港元。處罰嚴重程度在此之上的犯罪案件，應移交政府臨時首長判決。與軍事相關的案件應移交軍事法庭。處理本地居民的案件適用中國法律，處理英國人及其他外國人的案件適用英國治安法律。當時已建立監獄，首席裁判官兼任警察和監獄的主管。監禁的囚犯中大多數是中國人，除了少數由總督作出判決外，其餘的由首席裁判官作出判決。水手是由海

---

① J. W. Norton-Kyshe, *The History of the Laws and Courts of Hong Kong*, vol.I, p.18.

② J. W. Norton-Kyshe, *The History of the Laws and Courts of Hong Kong*, vol.I, p.17.

事裁判官判決的。同時有陪審團裁決的記錄。

在《南京條約》經正式批准和交換之後，英國頒佈了《香港憲章》，宣佈香港可依法建立法院和享有完全的立法權，設立立法會，總督會同立法會擁有立法權、法官任命權、刑罰豁免及赦免權。《香港憲章》頒佈後，對裁判法庭的司法人員重新作了任命，增加了助理裁判官，首席裁判官作為立法會的主要成員。在廣東設立的刑事和海事法庭也遷往香港，頒佈了《刑事和海事法庭的程序規則》，任命了特任法官，但似乎沒有有效地運行。人們感覺對嚴重犯罪的處罰不夠充分，因此呼籲改進司法機構，提出增加司法權力；同時也感到缺乏一個完全依法建立的民事法庭，並要求降低司法費用。

在筆者看來，從廣東遷往香港的刑事和海事法庭，其組織形式也許不符合當時香港的實際情況，故難以運行。其畢竟不是正規法庭，在當時也只是臨時措施，在機構體制上對以後並沒有影響。當然，其程序規定對以後香港司法程序有重大的影響[①]。而裁判法庭儘管主要是由軍人組成的，但卻是香港早期惟一正常運作的司法機構，並一直延續存在。

因此，裁判法庭應視為香港司法體制的起源。其刑事司法管轄權是 3 個月的監禁、400 港元的罰款和 100 鞭的肉刑。鞭刑已經廢除，罰款的數額也由於各時期貨幣價值的不同難以比較。而監禁 3 個月的司法管轄權與 1997 年前後的裁判法院監禁 2 年的司法管轄權相比，權力較小。這可能與當時英國同類裁判法庭的司法管轄權相當。香港早期裁判法庭還有民事司法管轄權，但以刑事為主，難以顧及民事糾紛，裁判官也缺乏民事裁判能力。當時驗屍官設置於裁判法庭之內，會同陪審團裁決死亡案件，也應當作為死因裁判法庭的起源。這一時期的裁判法庭設置並無條例規定，其職能、司法管轄權及運作程序載於裁判官的委任狀。

---

① 參見尤韶華：《香港司法體制沿革》，第 233-264 頁。

糾紛與官司：利希慎的個案研究 [1]

鄭宏泰、黃紹倫 [2]

一　引言

　　無論是家庭糾紛、商業糾紛，或是政治糾紛，文明社會的處理手法，往往應將糾紛轉交法庭處理，讓專業獨立的第三者按法律規定作出公平公正的裁決，而非擅自採取野蠻、暴力及非理性的違法手段私下解決，影響社會治安、衝擊道德價值。自染指鴉片生意後，利希慎雖然聲名大噪，家族財富亦迅速增加，但同時亦招惹了不同人士在明在暗的漫罵與攻擊，帶來很多是非與爭執。當中的某些紛爭以文明方法處理，但亦有一些以野蠻及暴力的方法處理。本章將集中探討文明處理的部分，《遇害》一章則會集中討論野蠻及暴力的部分 [3]。

　　在香港的歷史上，在人生短短十多年間，一而再、再而三地碰上連串大型法律訴訟，經常要與律師、法官及政府官員打交道，甚至要多次踏足法庭，接受控辯雙方盤問，或是聽取訴訟結果，而且每次訴訟皆捷，舉止轟動中外社會的一時人物，相信非利希慎莫屬了。事實上，自 1912 年左右染指鴉片生意後，利希慎便官司不斷、是非纏身。撇除某些私底下的角力與爭執不談，單是那些告上法庭的訴訟，便已為數不少了，牽涉的人物都非泛泛之輩，更有政府部門及政府官員，牽涉的金額亦絕非區區少數，而官司不但曠日持久，訴訟費亦屬天文數字。以下讓我們將注意力轉到這些官司訴訟上，從而揭示利希慎為人做事的特質與家族企業的發展。

---

[1] 本文原載鄭宏泰、黃紹倫著：《一代煙王利希慎》，香港：三聯書店，2011，第 170-196 頁。收入文集時，經作者修訂。

[2] 鄭宏泰，香港大學哲學博士，現任香港中文大學歷史系教授；黃紹倫，牛津大學哲學博士，現任香港大學名譽教授。

[3] 鄭宏泰、黃紹倫：《一代煙王利希慎》，第 202-221 頁。

二　清盤

1914 年 3 月，一位來自大陸而名為孫輝山（Sun Fai-shan，譯音）的「裕興有限公司」（Yue Hing Company Limited）小股東，透過兩位名叫 D. McNeill 及 F. C. Jenkin 的大律師入稟香港法庭，控告以利希慎及馬持隆為首的兩名主要股東，指其在主持該公司的業務期間賬目不清，以不實欺詐的手法，詐騙其他股東，同時亦沒依照香港公司法的規定，召開股東會議，或是向公司註冊處呈交週年報表，要求將該公司清盤。面對部分股東的挑戰，利希慎、馬持隆，以及部分持相反立場的裕興有限公司股東當然亦不示弱，並透過 C. G. Alabaster 及 E. Potter 向法庭提出反對，駁斥原告人指控失實。由於雙方各執一詞，亦各不相讓，案件乃交由首席大法官（Chief Justice）William R. Davies 排期審理，名稱則為 In the Matter of the Yue Hing Company Limited。

法庭上的資料顯示，裕興有限公司按香港《1911 年公司法》（*Company Ordinance, 1911*）規定在 1912 年 4 月 26 日註冊成立，以每股 100 元發行 2,000 股普通股，集資總值為 200,000 元，用於發展鴉片生意，主要業務為「買賣生鴉片，並經營各種與鴉片相關的業務」，公司的登記地址為上環蘇杭街 95 號，其中的董事經理（Managing Director）為利希慎，另一名經理（General Manager）則為馬持隆[1]。

控告書指出，利希慎控制了裕興有限公司的運作，令股東之間的關係鬧得很僵，而公司的賬簿又有很多不清不楚的地方，甚至有「編造虛假交易以欺騙股東」的情況，當有股東要求解釋或索取更多資料時又被拒絕，並指利希慎及馬持隆不當地從中攫取私利，違反誠信。入稟狀同時指出，公司自成立後並沒按《公司法》規定舉行週年股東會，亦沒每年向股東彙報公司發展，公司註冊地址不久即從原來的蘇杭街 95 號搬到干諾道西 12 號——一個由馬持隆家族擁有的物業，但並沒通知公司註冊署等等[2]。

---

[1] Hong Kong Government, *Hong Kong Law Reports*, Vol.10, No.32（1915）.

[2] *The China Mail*, 28 January 1915.

完成初步法律程序之後，案件在 1914 年 4 月 22 日正式開審①。針對原告人一方提出之指控，被告人一方逐一加以反駁，雙方除分別呈交不同證人的書面供詞外，還傳召了一些證人到庭接受盤問，其他諸如賬簿及收據等證據，亦有呈堂。自 1914 年 4 月 22 日開審至 1915 年 3 月 31 日結案陳詞，加上 4 月 1 日法官作出裁決，案件審訊長達 29 天之久。對於這個案件的重點，法律觀點與裁決理據等問題，主審法官 W. R. Davies 在判詞中頗有具體而詳盡的說明，我們不妨以此作為討論核心，談談案件的來龍去脈。

先說「沒按公司法規定召開股東會議」的問題。原告人一方傳召了兩位董事（古彥臣及梁建生）及一位姓郭（Kwok，譯音）的會計，說明公司成立期間「沒按公司法規定召開股東會議」，但被告人一方則傳召四位董事（即利希慎、馬持隆及另外兩位據說是馬持隆親屬的姓馬董事），還有一位姓鄧（Tang，譯音）的員工，說明期間確實曾召開過股東會議，而會議召開前更曾發出（或收到）相關通告，出席之股東更曾在會議記錄等文件上簽名。古彥臣本人亦確認曾在一些會議記錄上簽了名，但他卻表示那只是後來應利希慎的要求簽署，是後來補簽的（minutes dating back to the required time），因利希慎告訴他那是為了遵守英國的法律。

對於原告人指公司自成立後沒向政府呈報「週年報表」，而註冊地址搬遷後又沒通知公司註冊署等等，法官則指出，原告人將案件告上法庭時，該公司其實尚沒超過法定要求呈交報告的期限，而被告人不久又補辦了各種手續，所犯的錯誤只屬「芝麻綠豆」，因而沒說得太多，我們亦略過不表，只將焦點集中在如下諸如賬目不清等較為嚴重的指控問題上②。

若說案件的核心之處，相信是「編造虛假交易以欺騙股東」一項了。法庭上，原告人一方主要列舉了四項交易，說明被告人管理公司期間的「賬目不清、交易不明」。至於這四項充滿疑竇的交易，則分別為：（一）「米高公司交易」（Michael & Company transaction），（二）「利華隆（公司）交易」（Lee Wa Lung

---

① Hong Kong Government, *Hong Kong Law Reports*, Vol.10, No.26（1915）.
② Hong Kong Government, *Hong Kong Law Reports*, Vol.10, No.32（1915）.

transaction），（三）「寶源號交易」（Po Yuen Firm transaction），以及（四）「高柏全交易」（Goh Pak Chuen transaction）。

由於「米高公司交易」及「高柏全交易」分別只牽涉 2 箱及 10 箱鴉片，金額不算太大，不是要點所在，法庭上的爭辯亦不多，我們因而略過不談；至於「利華隆交易」則與「寶源號交易」相關，牽涉的鴉片達 100 箱，當時估值高達 100 萬元，乃爭辯的重點。該案日後糾纏不斷，並演變成「百萬元鴉片案」（Million Dollar Opium Case），轟動中外社會。正是因為「利華隆交易」及「寶源號交易」極為重要，因而成為了雙方舌劍唇槍、激辯連連的關鍵，我們亦將焦點放在這宗交易之上。

針對「利華隆交易」，法官指出，從「貸款簿」（Loan Book）上看，在 1913 年 4 月 22 日，利希慎代表裕興有限公司與利華隆達成銷售協議，賣方答應將 100 箱鴉片售與買方，買方則先行向賣方支付 10 萬元訂金，該款項之後存入賣方設於 International Bank 的戶口①，雙方同意送貨日期為三個月之內，超過三個月而未能完成交易則合約作廢。換言之，到了 1913 年 7 月 23 日，如若買賣雙方不能交收，合約便會自動失效。法官因而指出，代表賣方的利希慎，應該是樂於看到「不能交收」的結果，因他可以大條道理地「撻訂」，坐收漁人之利。

從資料上看，利華隆之後確實沒有按協議完成交易，利希慎因而在 1913 年 8 月 27 日將該批鴉片轉售一家名叫成發源（Sing Fat Yuen）的公司，該公司原來由利希慎家族擁有。利希慎在法庭上作證時承認，成發源又在 1913 年 12 月 2 日將那 100 箱鴉片（另一說法為 98 箱，本書一律以 100 箱稱之）售與寶源號，而寶源號又為馬持隆家族擁有之公司②。

正是因為成發源乃利希慎家族的公司，而寶源號則為馬持隆家族的公司，兩人又分別擔任裕興有限公司的董事總經理及經理，一手安排各項交易，其他股東自然容易產生誤解，要求查核交易記錄時據說又遭拒絕，而若干重要數簿

---

① 對於這筆錢由誰存入，或是如何存入，利希慎與古彥臣的說法各異，法官認為兩者皆不可信，自己寧可從文件中尋找答案，引自 Hong Kong Government, *Hong Kong Law Reports*, Vol.10, No.32（1915）。

② Hong Kong Government, *Hong Kong Law Reports*, Vol.10, No.32（1915）.

又説不翼而飛、早已遺失，因而更令人覺得可疑，認為利希慎及馬持隆二人將那 100 箱鴉片左手交右手，從中取利，甚至有串謀欺騙其他股東的成分[1]。

原告人在控告書中甚至指出「如果屬於真實銷售，所銷售鴉片的數字、日期等，應出現在存貨簿（Stock Book）上」。法官亦頗認同這種看法，並指出這是最令人遺憾之事，乃不可思議的事情，暗指身為公司董事總經理的利希慎有不可推卸之責任。但同時又指出，能否提出確實證據，證明內裏的弄虛作假，則是原告人的責任，法庭不能憑空想像、臆測。

針對利華隆交易的細節與過程，雙方展示了不同證物，亦傳召了兩位主要證人。有關證物方面，有一張 10 萬元的收據，並有一封名叫方章操（Fong cheung-cho，譯音）的人交給利希慎的信函，通知利希慎及古彥臣有關「入數」（支付訂金）之事宜。另一方面，在貸款簿上，International Bank 的名目之下，其入賬日期似有改動的痕跡，新日期為 8 月 30 日（即原本必須完成交易的日子），在利華隆的結餘中，還看到取消第一次付款（4 月 15 日）10 萬元的記錄。至於在寶源號的貸款簿上，同樣的日子與金額，亦有這個入賬記錄。

兩位證人方面，一位叫張耀棠（Cheung Yew-tong，譯音），他乃張國操（Cheung Kwok-cho，譯音）的兄弟，張國操乃利華隆的股東，但他本人卻不能出庭接受盤問，亦沒提供書面供詞，甚至沒法找到他。張耀棠指自己兄弟負責利華隆的一切交易，保留所有交件，亦是他指示自己為交易入賬，從而說明自己清楚各項記錄，更是有根有據的。然而，法官認為張耀棠的口供並不可信，又指他出庭作供「並沒為利華隆交易添加光彩」[2]。

另一位叫古彥臣，他乃裕興有限公司的股東之一。在證人台上，古彥臣初時否認曾經看過該文件（收據），但在盤問後又指文件上的簽名並非他的手跡，再經過盤問後又承認那兩個簽名確是他的手跡，但卻信誓旦旦地表示他並不是簽在那個文件上，因他那時不在香港，但後來卻被證明他當時其實身在香港，而簽名的日子與 International Bank 上的日期相符。之後，他又指自己的簽名在

<hr />

[1] *The China Mail,* 23 April 1918; Hong Kong Government, *Hong Kong Law Reports,* Vol.10, No.32（1915）.
[2] *The Hong Kong Telegraph,* 12 May 1915.

公司另一本記錄上被人刪掉，因他有習慣在該簿的空白部分簽名。

　　古彥臣在作證時還透露一項消息，指大約在 1913 年 3 月份，利希慎曾向他提出建議，認為二人應聯同馬持隆，一起購下裕興有限公司的所有鴉片存貨，並指（中華民國政府）禁止從印度輸入鴉片的結果，必然會進一步推高鴉片的價格，但他本人在考慮過後則婉拒了利希慎的建議。言下之意是利希慎本來已有意運用個人影響力收購裕興有限公司的鴉片存貨，獨佔利益。但法官卻指古彥臣的證供前後矛盾，極不可信[1]。

　　針對兩位證人前後矛盾的證供，法官作出了嚴厲批評，認為「兩位主要證人本身玷滿了罪行」（Two main witnesses are themselves tainted with guilt），證供前後矛盾，充滿謊言，並不可信，又指若果法律賦予權力，他會要求證人之一的古彥臣承擔部分訴訟費[2]，言下之意是對方在法庭上作假證供，不盡不實，浪費法庭時間。

　　聽取了雙方有關召開股東會議及鴉片買賣等等的陳詞，以及控辯雙方代表律師在法庭上的滔滔雄辯，到宣讀裁決那天，法官特別作出鄭重聲明，指其判決並非根據利希慎或古彥臣等人在法庭上的證供，因他們的供詞皆不大可信，而是純粹以文件證物作為結論的依據（basing my conclusion mainly on the documentary evidence）。由於古彥臣確實曾在若干會議記錄上簽名，因而成為重要證明。法官還特別強調，該項控罪的舉證責任落在原告人一方的身上，但原告人卻不能提供充分確鑿的證據，因而只能判控罪不成立。

　　針對部分股東對公司的管理與運作感到不滿，並且要求法庭頒令將公司清盤一項。雖然身為大股東的被告人及部分其他股東表示反對，但法官在考慮過各方理由之後，則宣佈根據「公正及合理的原則」（justice and equitable），同意頒下判令，將公司清盤，並要求政府的破產管理署（Official Receiver Office）將裕興有限公司接管[3]。

---

[1] Hong Kong Government, *Hong Kong Law Reports,* Vol.10, No.32（1915）.

[2] Hong Kong Government, *Hong Kong Law Reports,* Vol.10, No.32（1915）.

[3] Hong Kong Government, *Hong Kong Law Reports,* Vol.10, No.32（1915）.

在談到訴訟費用（俗稱「堂費」）的問題時，法官又特別指出，按正常情況，大部分訴訟費用應由古彥臣承擔，因他浪費了法庭時間，但因法律沒賦予法官懲罰他之權力，因而作罷。退而求其次，法官裁定原告人的「堂費」可從該公司的財產中支付，而被告人則要自己承擔本身的訴訟費用[1]，算是為該案作一了結。

三　上訴

對於法官指「編造虛假交易以欺騙股東」之控罪不成立，原告人當然不滿，但兩位被告人則感到高興，之後衍生了另一波的訴訟（詳見下一節）。對於「堂費」如何支付的問題，原告人一方亦很不滿意，認為被告人應承擔所有「堂費」，因而提出上訴，但法官在內庭上訴聆訊中指出，法例上沒有給予「要求兩位董事（被告人）承擔所有費用」之權利，因而只能維持原判——即被告人只承擔本身之「堂費」，原告人之「堂費」則由裕興有限公司負責[2]。由於此點並非問題核心，法庭雖然維持原判，但雙方爭拗則並不算多。

另一方面，對於法庭同意小部分股東的要求將裕興有限公司清盤的判決，以利希慎及馬持隆等大股東為代表的被告人，亦深感不滿，認為判決只着眼於小股東利益，置「大股東」利益於不顧，厚此薄彼，因而向上訴法庭提出申訴。針對這些法律觀點上的分歧，上訴法庭在深入考慮後接受其申請，然後排期聆訊，令官司「欲斷難斷」。

由於被告人一方提出的上訴獲得法庭接納，原告人一方亦只能奉陪到底，雙方因而在 1916 年 3 月初再度在法庭相遇[3]。經過接近十天的聆訊，上訴法庭的兩位法官 Havilland de Sausmarez 及 J. Gompertz 終在 1916 年 4 月 29 日作出裁決，一致駁回利希慎及馬持隆等人的申請，維持首席按察司 W. R. Davies 的決

---

① *The South China Morning Post*, 13 May 1915.

② Hong Kong Government, *Hong Kong Law Reports*, Vol.11, No.82（1916）.

③ *The China Mail*, 6 March 1916.

定，認為小數股東的要求可以接受，首席按察司根據《1911 年公司法》第 130 章第 6 項的 justice and equitable 原則，頒令公司清盤的判決並沒不妥，並指股東之間「人人皆滿口謊話」（a pack of liars），彼此狐疑，完全沒有互信可言[1]，公司內部基本上已沒可能透過「內部會議的機制」（domestic forum）處理糾紛、解決分歧，清盤乃逼不得以的辦法[2]。

判決書中，上訴庭兩位法官還特別指出，裕興有限公司選擇在 1912 年中華民國誕生的歷史時刻創立，是因為股東一致認為當時的鴉片價格持續低沉並不合理，預期不久即會反彈，因而趁低價在市場上吸納大量鴉片，含有濃烈的投機意味。但是，鴉片價格並沒在短期內反彈，而是持續低沉，部分股東因而「打退堂鼓」，信心動搖，轉售利華隆的 100 箱鴉片，落訂後不肯完成交易，相信亦與此有關，從而說明確有此交易，不能完成交易則相信與炒賣失利有關，有其內在動機與原因。

另一方面，上訴法官又指出，公司數本極為重要的賬簿不翼而飛，又不能提供合理解釋，實在令案件變得疑點重重。其中一位法官在頒佈裁決時這樣說：「我的意見是此交易出現很嚴重的疑團，而這是值得展開全面調查的」（I am of the opinion that this transaction is open to the very gravest suspicion, and itself calls for the fullest investigation），再次暗示在正常的買賣與交易情況下，應該不可能出現這些不規則的行為[3]。

雖則如此，法官又認為原告人所傳召之證人，在法庭上的作供極不可信，前後矛盾，各種文件記錄又可證明雙方確曾進行實質交易，而公司股東之間的矛盾與成見又十分嚴重，因而維持原來之判決：一方面認為「編造虛假交易以欺騙股東」之指控不成立，另一方面則認為以「公正及合理的原則」將公司清盤的判決更能符合各方利益。

上訴法庭的一槌定音，並沒像預期般的令案件劃上句號。事實上，由於上

---

[1] *The Hong Kong Daily Press*, 15 March 1916.
[2] Hong Kong Government, *Hong Kong Law Reports*, Vol.11, No.53（1916）.
[3] Hong Kong Government, *Hong Kong Law Reports*, Vol.11, No.53（1916）.

訴庭兩位法官均認為小數股東可按 justice and equitable 原則將公司清盤，並指公司的很多交易均有很多疑點，結果不但上訴人一方感到失望，原告人一方亦覺心有不服，因為上訴庭提到的眾多疑點，正是他們認同的，因而牽扯出其他問題，引來另一波曠日持久的訴訟，令案件再次轟動社會。

四　追討

由於法庭頒下了清盤令，將裕興有限公司交由破產管理署接管，該署署長 E. V. Carpmael 隨即派出清盤官（Liquidator）接管該公司，進入清盤程序。經詳細點算後，清盤官認為，那 100 箱由利希慎轉售馬持隆名下寶源號的鴉片，實在頗不尋常。若果那宗交易確實有問題，那麼該批鴉片便應屬於裕興有限公司的財產；若果那是裕興有限公司的財產，那麼破產管理署便有責任將之追回。正是基於這種假設與推論，E. V. Carpmael 發函馬持隆的寶源號，要求對方交回那 100 箱鴉片，並一如所料地遭到拒絕。

本來，對於這種商業糾紛與貨款追討，應該由裕興有限公司的股東自行繼續追討，就算要告上法庭，由於那時的裕興有限公司已交由破產管理署接管，亦應由公司的剩餘資產支付。但是，經點算後，清盤官卻發現公司基本上已沒剩下太多值錢的資產，雖然部分股東答允支付訟訴費用，但財力不足，展開初步聆訊或者尚可應付，如若聆訊延長，則必然彈藥不足，沒法支付相信為數不少的訴訟費。為此，E. V. Carpmael 看來曾與律政司（Attorney General）金普（J. H. Kemp）深入商討後，認為基於保障並維護股東及債權人利益的原則，應將案件告上法庭，將問題與爭拗弄清楚，而建議看來應該獲得了應許。

結果，破產管理署署長正式展開司法程序，於 1916 年 12 月入稟最高法院，向寶源號、馬持隆及利希慎追討那 100 箱鴉片，並在該年的 12 月 18 日正式聆訊，案件名稱為：E. V. Carpmael v the Po Yuen, Ma Chee Lung and Lee Hysan。由於案件的焦點乃 100 箱鴉片，估價值 100 萬元，因而俗稱為「百萬元

鴉片案」(Million Dollar Opium Case)，聆訊再次轟動整個社會 ①。一如所料，司法程序展開後，雙方爭拗不斷擴大，案件亦遲遲未見了結之期，裕興有限公司的部分股東表示再沒財力支持繼續訴訟，要尋求政府方面之協助。

由於政府方面認同破產管理署署長的看法，因而在 1917 年 1 月 28 日同意接受該案，並且要求押後聆訊一段時間，讓政府查閱文件、了解案情。對於政府這種十分罕有的決定，最高法院主審法官 W. R. Davies 及 J. Gompertz（二人早前審理裕興有限公司清盤及上訴案，此案又交由他們主審）在 1917 年 8 月重開聆訊時，特別詢問政府代表——當時由律政司金普親自上庭——政府接手案件的立場與理據。面對法官的質詢，金普在回答時指出，政府插手案件的主要原因，是為了弄清某些法律觀點及來龍去脈——尤其是公義與真理，而不會理會公義站在哪一方。政府惟一的目標，「是要讓公眾看到公義在本案中得到貫徹」(to see that justice is done in this case)，而不應因為欠缺訴訟費而令公義得不到彰顯 ②。

對於政府直接介入案件，以公帑支持私人商業糾紛，被告人代表律師毫不示弱，表示被告人願意奉陪到底，將案件「打到終結為止」，讓法庭的裁決反駁各種指控，因為被告人的信譽已在此案中受到巨大損害。並指出，如果原告人因沒錢支付律師費而要中途終止案件，被告人就算贏了，亦會給人以口實，指「噢！如果我們仍有錢，我們一定可以證明這些指控」(Oh, we would have proved these charge if we have the money)。

被告人代表律師進而指出，民事訴訟期間，警方突然高調拘捕兩位被告人，表示會啟動刑事檢控程序，但之後又一直「懸而不決」，同時又不肯撤銷控罪（詳見下一節），這實在是對兩位講求信譽商人的一大威脅，亦是對他們的深痛折磨。「與很多商人一樣，其信譽乃最大資產」(like all men of business, their credit is a tremendous asset)，認為政府的舉動對被告人極不公平，要求早日還他

---

① *The China Mail*, 19 December 1916.
② *The South China Morning Post*, 21 August 1917.

們一個公道①。

聽完雙方的論點，主審法官表示明白個中的理據與關注，並同意民事訴訟與刑事訴訟乃不同部門之決定，互不關連，但法官同時又十分關注事件引來的公平聆訊問題，要求律政司注意，並希望政府明確表明當民事訴訟仍沒結果之前，不應啟動刑事檢控程序，而應等待民事案件審訊完畢後，再行考慮下一步的行動。對於法官的看法，律政司表示認同，但同時又作出補充，指「政府的看法，是等待完成民事控訴之後，再作刑事檢控，但並不表示已經放棄刑事檢控」②。

擱置刑事檢控問題之後，雙方再就「利華隆交易」是否是子虛烏有的「虛假交易」（bogus transaction）問題展開新一輪的爭辯。可惜，由於雙方並沒提出太多新論點，亦沒什麼新證據，而是重提一些最初聆訊或上訴期間已經陳述過的觀點，令人覺得似在拖延時間，或是老調重彈，缺乏新意。到了 1918 年 1 月中，雙方終於完成各項盤問，並在 1 月 28 日作結案陳詞，令人覺得漫長的訴訟終於到達終點，可望為這宗糾纏數年的案件畫上句號③。

五　刑檢

正如前述，當控辯雙方仍在為着那 100 箱鴉片問題而爭論不休之時，突然傳出另一驚人消息，警方在 1917 年 4 月份高調拘捕利希慎及馬持隆，之後將之轉解警察法庭（Police Magistrate），指二人在管理裕興有限公司期間「疏忽、詐騙與破壞誠信」（being neglect, fraud and a breach of trust），並控之以串謀欺詐之罪④：

> 兩名華商被控案：利希慎（永樂街 183 號）及馬持隆（干諾道西

---

① *The South China Morning Post*, 21 August 1917.
② *The South China Morning Post*, 21 August 1917.
③ *The South China Morning Post*, 27 January 1918; *The China Mail*, 28 January 1918.
④ *The South China Morning Post*, 15 May 1918.

12 號）分別為裕興有限公司之董事總經理及經理，兩人昨天被落案控
告於 1913 年 3 月 9 日串謀詐騙裕興有限公司財物—— 100 箱鴉片，
案件今早由（警察法庭）法官 J. R. Wood 主審。[1]

消息透露，有人向警方舉報，指馬持隆及利希慎在管理裕興有限公司期間
串謀欺騙公司的其他股東，要求警方介入，作深入調查。警方在開展初步調查
後，認同這些看法，覺得疑點重重，因而立案偵辦，並在 1917 年 5 月將利希慎
及馬持隆拘捕，然後轉送警察法庭。

初次開庭聆訊時，律政司代表律師 G. H. Wakeman 表示，由於民事案件早
已展開，且仍在審訊當中，在諮詢律政司的意見後，認為暫時押後刑事檢控，
讓民事案件審結後，再決定是否啟動刑事審訊程序[2]。對此，被告人之代表律師
C. E. H. Beavis 表示合理，並要求在此段期間保釋兩人外出，以便繼續進行民事
訴訟程序[3]。

對於政府律師代表及被告人代表律師分別提出之要求，法官 J. R. Wood 表
示同意。一方面宣佈將案件無限期押後，直至民事訴訟有裁決為止；另一方面
則同意讓兩人擔保外出，但要求每人必須繳交 5 萬元擔保金[4]，並且需依時向警
方報告，兩人才能避過被拘羈留囚禁之厄運[5]。

正如前述，由於最高法院法官認為民事訴訟期間，政府不應同時進行刑事
訴訟，希望律政司作出保證，等待民事訴訟了結之後，才進行刑事訴訟，並獲

---

[1] *The China Mail*, 31 May 1917.

[2] 對於警方在民事審理期間高調拘捕利希慎與馬持隆，但又計劃在完成民事審理之後才決定是否
刑事檢控的舉動，控方代表律師及主審法官曾提出質疑，律政司在回答時則指出，民事檢控與
刑事檢控分屬兩個不同系統，亦不互相隸屬，因而不存在以刑事手段影響民事訴訟，或是有意
打壓被告人的問題。據他所知，警方拘捕並刑事檢控兩人，乃他們的獨立決定，原因是警方認
為案件的表證已經成立（there is a prima facie case for criminal proceedings），與民事訴訟毫無關係。
引自 *The Hong Kong Telegraph*, 2 June 1917。

[3] *The South China Morning Post*, 2 June 1917.

[4] 據被告人代表律師 Eldon Potter 日後刻意向記者透露，警方當初要求 50 萬元之擔保金（a bail of
half million dollars），暗示政府方面一直有意為難兩名被告人，並不公平。引自 *The South China
Morning Post*, 15 May 1917。

[5] *The China Mail*, 31 May 1917; *The Hong Kong Telegraph*, 2 June 1917.

得律政司的接納與應許，刑事檢控因而一直沒有正式展開，但律政司卻清晰地表示，政府方面並沒放棄刑事檢控的計劃與權利^①。正是因為律政司堅持政府「並沒放棄刑事檢控」，兩位被告人及其家人仍然感到極大的威脅與困擾。

到了 1918 年初，當最高法院已經作出裁決，表示原告人的民事訴訟證據不足，指控並不成立之時，被告人代表律師 C. E. H. Beavis 曾向警察法庭提出撤銷刑事檢控之申請，認為最高法院既然已經作出清晰判決，警方沒理由仍然維持其「刑事檢控」的威脅，甚至仍要求兩位被告人依時到警察局報告，因為那是壓在兩位被告人身上的「巨大苦難」（a great hardship），不但極不公平，亦極不合適^②。

初時，警察法庭仍以「民事訴訟雖有結果，控罪不成立，但正式判決書仍沒發出」為由，拒絕被告人代表律師的請求：立即撤銷控罪，釋放兩人。一直到了 1918 年 5 月中，當最高法院正式宣佈民事訴訟之結果後，警察法庭才決定無條件撤銷對利希慎及馬持隆之控罪，令兩人如釋重負，獲得了真正的自由^③。

六　審結

由 1914 年 3 月入稟香港法庭，到正式開審，再到 1915 年 5 月初審完結後被告一方不服判決而在 1916 年 3 月上訴，然後是公司清盤期間破產管理署認為賬目與交易確有問題，在 1916 年 12 月另提訴訟，期間政府又曾在 1917 年 5 月提出刑事檢控，雙方無論是法庭之上，或是法庭之下，可謂花了不少唇舌。經過長達 151 天（自 1914 年 3 月開始計算）的爭辯後，最高法院法官終於在 1918 年 4 月作出裁決，一致認為控罪不成立，消息轟動中外社會，被告一方喜不自勝，政府及一些裕興有限公司之股東則明顯極感失望。

到底最高法院法官判決的理據是什麼呢？擴日持久的「堂費」又由哪一方

---

① *South China Morning Post*, 22 August 1917.

② *The South China Morning Post*, 26 April 1918.

③ *The South China Morning Post*, 18 May 1918.

負責呢？在宣讀其長達 54 頁的判詞時，法官逐點闡述其法律依據及參考案例，核心則集中於「利華隆交易」之上。對此，法官精簡地提出如下疑問，並且自己回答，說明判決的法律觀點：（一）1913 年 4 月 22 日的交易是否確實？答案是肯定的，因為各項交易均有記錄。（二）該項交易是否獲得股東同意？答案同樣是肯定的，因為賬簿上亦有股東（包括古彥臣）的簽名。（三）出售時的價格是否是最好價格？答案應是肯定的。（四）是否有支付貨款給公司？若果從（賬簿）購貨結存上看，貨款應該已經支付了 ①。

換言之，主審法官認為，「利華隆交易」並非如原告人所陳述般乃一宗子虛烏有的「虛假交易」，而是一宗確確實實、有憑有據的交易，該交易不但獲得各方簽名確實，亦曾支付訂金，辦妥各項基本手續，而交易的性質又與投機炒賣有一定關係。既為確實之交易，而買方後來又不能履行交易，被告人乃將之轉手，相關轉賣手續亦算清楚，基本上符合了公司運作的原則。

法官又再次強調，要證明被告人在管理裕興有限公司期間弄虛作假、刻意詐騙股東的法律責任在於原告人身上，但原告人卻一直未能提供確鑿證據，反觀被告人一方則提供了白字黑字的證據，因而只能判決指控不成立。判詞中，法官還特別提到，如果指控成立，被告人當然欺騙了股東；但是，若指控不成立，則那位堅持興訟的裕興有限公司股東（指古彥臣）屬於「一位勒索者」（an impudent blackmailer），甚至犯了「蔑視法庭」之罪 ②，暗示律政司信錯了人，在沒有全盤掌握案情之時捲入了私人民事訴訟 ③。

雖然法庭的判決是「被告人得直」，但卻沒有提及這次長達數年的法律訴訟開支如何分擔的問題。為此，最高法院法官、政府官員及雙方代表律師又再展開連場爭辯。原告代表律師認為，整個訴訟源於被告人的行為不當

---

① *The China Mail*, 23 April 1918.

② 針對原告人乃一位「勒索者及蔑視法庭者」的問題，我們想到利德蕙在《利氏源流》書中提到的一則逸事，指財富日增後的利希慎，曾「聽到傳言，謂嘉寮坊父母受土匪威脅綁架勒索」，於是乃將其父母遷至新會，在竹林里 28 號築屋奉養」，顯示案件審訊期間，利希慎及其父母或者真的曾經遭人恐嚇勒索，而利氏日後仍經常受到恐嚇，進一步說明涉案者其實亦並不簡單，彼此間的關係亦極為糾纏複雜。引自 Vivienne Poy, *A River Named Lee*, Ontario: Calyan Publishing Ltd, 1995, p.44。

③ *The South China Morning Post*, 15 May 1918.

（misconduct，意謂他獨攬大權、目空一切），訴訟期間仍然極為傲慢，加上被告人在其中一項指控中敗訴（應指公司清盤），因而不應獲得「堂費」。但被告人代表律師則提出另外三大理由，分別為：「疏忽、詐騙、違反誠信」（neglect, fraud and breach of trust），並解釋說，若果被告人在管理裕興有限公司期間沒有疏忽職守，沒有詐騙股東，沒有違反誠信，那他便是被誣告，應該獲得全部「堂費」，被告人的態度如何與訴訟無關①。

經過數年的反覆爭辯與抽絲剝繭，法官基本上認為原告人的指控缺乏真憑實據，因而接納被告人代表律師之言，認為單從法律的角度上看，被告人確實沒有「疏忽、詐騙、違反誠信」，並在 1918 年 6 月 17 日的判決書上清楚地指出：「指控查無實據，故被告人應該得直，兼得全部堂費」（to have full cost of action），原告一方必須為這次曠日持久的訴訟承擔所有「堂費」②。

正是這句「被告人應該得直，兼得堂費」，使本着「要讓公眾看到公義在本案中得到貫徹」原則，插手私人民事訴訟的律政司金普必須向立法局尋求撥款，支付這宗有史以來審理時間最長、「堂費」最貴、爭拗最多，而又最吸引中外社會注意的案件。

七　訟費

漫長訴訟結束後，當政商各界及普羅市民均以為案件已告一段落，報章主要版面將不會再被那宗「百萬元鴉片案」所佔據之時，事情又出現新的發展，令案件欲斷難斷、餘波未了。至於此時的爭辯重點，則轉到金普尋求立法局撥款，支付全部「堂費」的問題上。

由於當初決定插手私人訴訟，並需為案件敗訴而承擔所有開支，律政司只能硬着頭皮親赴立法局，解釋個中原因，同時接受立法局議員的質詢，以便尋求立法局的特殊撥款。1918 年 10 月 3 日，署理港督施勳（C. Severn）召開立

---

① *The South China Morning Post*, 18 May 1918.
② *The South China Morning Post*, 17 August 1918;《華字日報》，1918 年 8 月 18 日。

法局會議，至於其中之一的議題，則一如所料地是要求立法局撥款 151,039.70 元，用以支付這宗自 1916 年審到 1918 年為期接近 3 年的訴訟費，這引起部分非官守議員的強烈不滿和攻擊。

一向較為敢言的蘭杜（D. Landale）首先作出回應，指律政司當初「若不堅持把此案打到底，則無正義可言」的決定與行動過於急進，並質問律政司當初為何要捲入此宗原屬私人訴訟的案件？在政府作出干預行動之前有否評估過勝算的機會？牽涉如此巨大的金額為何沒有事前尋求立法局的批核？以及原告人又承擔了多少訴訟費用等等問題。

律政司金普的回答是：原告人已承擔了 1917 年前的費用，因為後來再沒財力支持其控告，乃尋求政府的支持，律政司在與破產管理署商量之後，覺得為了彰顯法律的公義，澄清某些法律觀點，因而答應接手該案。在接手該案之前，確實曾經作出評估，認為勝算機率很高，甚至覺得案件很快便可審結。但是，案件開展後，卻出現了若干變數，大出政府的意料之外。

金普進而指出，當案件仍在審訊之時，政府方面其實不方便討論案情，亦沒想到會承擔全部堂費，因而未能事先尋求立法局的撥款。至於原告人在第一階段的審訊過程中，則已花去高達 125,000 元的訴訟費了[1]。由於原告人已「彈盡糧絕」，而政府方面又認為案件疑點眾多，因而才決定介入，尋求法庭判決以澄清重要的法律觀點。

律政司的解釋雖然不無道理，但蘭杜及另一非官守議員何理玉（P. H. Holyoak）則仍表不滿，認為政府在「米已成炊」後要求納稅人「埋單」的做法不當，日後應盡量避免同類事件的再次發生，並要求以投票方式議決政府的提案。署理港督按其所請，要求全體出席會議的議員投票。結果，提案在 7 票贊成 4 票反對下通過，算是反對票數較多的其中一份政府提案了[2]。

若果我們將政府一方承擔了 15.1 萬元，而原告人一方早前又已承擔了 12.5

---

[1] 由於那個年代沒有今天般的法律援助，持不同意見的股東自然不能找些「身無分文的小股東」靠申請法律援助而控告大股東，然後將巨額的訴訟費轉嫁到普羅市民身上，而是必須自行承擔一切費用。難怪過去我們常說：打官司乃有錢人的玩意了。

[2]《華字日報》，1928 年 10 月 4 日；*The Hong Kong Daily Press*, 4 October 1918.

萬元的訴訟費加在一起，則會發現連串訴訟合共花去了 27.6 萬元之巨，佔該年港英政府全年財政總支出（1,625 萬元）的 1.7%，比率不可謂不高，難怪蘭杜及何理玉等議員會如此「肉痛」了。一句話，不論是案件的複雜程度、牽涉其中的人物或團體之多、金額之大、審訊期之長，以及訴訟費用之重，此案相信是香港開埠以來最轟動的，亦是香港司法訴訟歷史上的一個特殊紀錄。

八　誹謗

轟動一時的詐騙及串謀官司剛過十年後的 1928 年 3 月 26 日，利希慎再次惹上官司，這次的案件同樣極為轟動。該案乃一宗誹謗案，原告人乃澳門官員羅保（P. J. Lobo），他透過代表律師 C. G. Alabaster 及 H. G. Sheldon 入稟香港法庭[①]，控罪身為香港居民但曾在澳門經營鴉片生意多年的利希慎，在 1927 年 10 月底向澳門總督、立法局議員及律師等派發信函──被告人稱為陳情書（petition，為了方便討論，下文一律採用此名稱），惡意攻擊原告人，令其名譽受損，要求禁止其行動，並賠償損失。由於牽涉港澳兩地政商名人，到庭聽審者不少，報章的報導亦巨細無遺，十分詳盡。

案情透露，自從又成公司（Yau Seng Company，或稱 Yau Sing Company）取代利希慎的裕成公司（Yue Sing Company，譯音）[②]，成為澳門新的「鴉片農主」

---

① 說來奇怪，此案牽涉的公司及業務均在澳門，原告及被告又擁有澳門居民身份，連事件的發生地亦在澳門，但為何原告不把案件交到澳門法庭審理而是選擇香港法庭呢？是對香港法庭的審理較有信心，抑或是害怕案件在澳門審理會引起尷尬呢？或是另有不可告人之內情呢？個中原因十分耐人尋味，相信只有牽涉其中的人才會知曉。

② 此公司的名稱、管理及資金組成在不同報告或文件上各有不同，利德蕙指裕成公司成立於 1924 年，所有股權由利希慎兄長利裕成一人所有，公司成立資本有 300 萬，三分之一由利氏家族擁有。引自 Vivienne Poy, A River Named Lee, p.59。在法庭上，利希慎作供時指出，該公司原由兄長所有，但已轉交堂侄，而他本人則為總經理，掌管所有事務。在 300 萬元的創立資本中，他本人投資 80 萬元，120 萬元由利氏家族擁有，即佔了總投資額的三分之二，餘下三分之一（即 100 萬元）則屬於朋友的投資，說法與利德蕙略有出入。在港英政府的文件中，當提及該公司的名稱時，誤用為 Lee Sing 或 Lee Shing，與 Yue Sing 之名不同，這相信是利裕成名字翻譯上的混淆，而管理及資本投資方面的說法，則與利希慎法庭上作供時所提到的資料十分一致。可參考 The Hong Kong Telegraph, 29 March 1928; CO 129.508.7, "Report on the Examination of Some Account Books Relating to the Macau Opium Farm for the Years 1924-27" (22 October 1928)。

而擁有經營鴉片專營權後，利希慎便向澳門社會各界發出大量被指有損原告人名譽的陳情書，批評澳門政府發出新專營權的手法不夠透明，違反公開公正的投標程序，甚至暗指又成公司以 12 萬元的價錢賄賂有關官員，當中的 7 萬元由一位與政府有聯繫的「阿樂」（Ah Nok，譯音）交給「督婆」（Tuk Po，譯音），另外 5 萬元則由「盧保」（Lo Bo，譯音）轉交「蔡東」（Tsoi Tung）。

由於羅保乃管理鴉片事務官員，名字又與 Lo Bo 的發音相同，因而提出控告，指利希慎的陳情書損害其名譽。原告人代表律師還指出，陳情書中，除「盧保」暗指羅保外，「阿樂」是指與政府有關係人士[1]，「蔡東」則為澳門殖民地政府的庫務司（Treasury），可見被告人刻意誣衊原告人，指其協助又成公司獲得鴉片專營權，舉動屬於無中生有，損害了原告人的名聲。

入稟狀還補充，被告人在陳情書中附有一張購入又成公司股權的收據，該收據在於說明又成公司成立時曾在穗、港、澳三地公開集資 200 萬元，作為經營鴉片業務的啟動資本。原告人代表律師進而指出，被告人過往在澳門經營鴉片生意中獲利巨大，到專營權被終止後，導致嚴重虧損，因而產生仇恨，對原告人作出了惡毒的舉動，令原告人名譽受損[2]。

被告人代表律師為 E. Potter 及 F. C. Jenkin[3]，兩人在回應原告人各種指控時表示，被告人過往一段時間在澳門經營鴉片業務，一直均按合約規定向政府履行各項責任，並曾為澳門政府及社會作出服務與貢獻。作為原來的鴉片專營商，被告人相信，在討論新專營權時，就算他不能獲得優先的待遇，起碼亦應獲得政府公平的對待。剛好相反，在專營權轉手之前，被告人不但沒有獲得知會，專營權的轉手又非通過公開拍賣的途徑，因而讓被告人覺得政府黑箱作業。被告人代表律師還補充說，被告人與羅保既素未謀面，又沒私人恩怨，沒

---

[1] 此位「阿樂」，不知與當時的「同善當值理會主席崔亞諾（Joel J. Choi Anok）」有否關係。可參考施白蒂：《澳門編年史：二十世紀》，金國平譯，澳門基金會，1999，第 183 頁。

[2] *The China Mail*, 26 March 1928; *The Hong Kong Telegraph*, 26 March 1928.

[3] 驟眼看，此時控辯雙方所聘用的代表律師陣容，與十年前的相比，頗有「似曾相識」之感。十年前站在利希慎反方的 F. C. Jenkin，此時轉為代表利希慎出庭；十年前站在利希慎一方的 C. G. Alabaster，此時則改為站在反方。只有 E. Potter 一如既往地獲得利希慎的青睞，兩次均代表他出庭應訊。

理由誹謗對方，陳情書只是針對政府部門或行政程序的有欠公允，而非針對個別人士^①。

為了澄清「盧保」與「蔡東」等澳門官員是否曾經收受賄款的問題，案件主角羅保及澳門庫務司 Plinio Tinaco 亦以證人身份到庭作證。當被告人代表律師盤問羅保：「若果那句子只提及『5 萬元由盧保交給庫務司』，你會否覺得那是誹謗」時，羅保的回答則是：「不會」。另一方面，當 Plinio Tinaco 被問到如何回應陳情書的指責時則表示，澳督曾將該陳情書交給他，責問他是否受賄，他作出否認，並曾因此致函利希慎，詢問陳情書所指之事，利希慎給他的回信指出，陳情書中所指，只針對政府部門，並非個別人士。為此，Plinio Tinaco 致函澳督，要求就事件展開調查。

法庭上其中一個有趣的爭論，竟然是一個中文詞語的英文（葡文）翻譯。該詞的拼音為 Tuk Po，原告人代表律師認為發音與 Chok Po（「作保」）相似，意思可理解為「作為保證金」（as security）^②，但被告人代表律師則表示不同意，認為該詞語應指一個人，而非指一樣東西。以證人身份作證，本身為葡萄牙大律師並曾在澳門執業多年的 C. M. Leitao 博士在法庭上指出，該詞應是「督婆」的譯音，意思是指澳門的「總督老婆」（wife of the Governor），暗示澳門政府的更高層官員的家人可能牽涉其中^③。

---

① *The Hong Kong Telegraph*, 26 March 1928.

② 由於原告人乃政府人員，其刻意將 Tuk Po 一詞詮釋為 Chok Po（「作保」）的舉動，似乎讓人覺得是有意轉移公眾視線，不想事件拉扯到更高層官員的身上。事實上，從不同資料上看，港、澳兩地政府均知道 Tuk Po 一詞是指「督婆」，即「澳門總督的老婆」。在 1920 至 1928 年這 8 年間，澳門一共出現了 7 任總督（或署理總督），他們分別為施利華（H. M. C. da Silva，任期為 1919 年 8 月 23 日至 1920 年 5 月 20 日）、馬加良斯（L. A. de Magalhaes Correia，任期為 1922 年 5 月 20 日至 1923 年 1 月 5 日）、羅德禮（R. J. Rodrigues，任期為 1923 年 1 月 5 日至 1924 年 7 月 16 日）、山度士（J. A. dos Santos，任期為 1924 年 7 月 16 日至 1925 年 10 月 18 日）、米也馬嘉禮（M. F. de Almeida Maia Maglhaes，任期為 1925 年 10 月 18 日至 1926 年 7 月 22 日）、壚些喇（H. de Lacerda，任期為 1926 年 8 月 1 日至 1926 年 12 月 8 日），以及巴波沙（A. T. S. Barbosa，任期為 1926 年 12 月 8 日至 1931 年 1 月 2 日）。以上資料可參考施白蒂：《澳門編年史：二十世紀》，第 137-244 頁。從這個資料看，澳門的總督幾乎「年年換人」，其中的米也馬嘉禮是被「解除總督職務」的，壚些喇的任期則只有 3 個多月，他是在巴波沙仍沒履新前署任總督一職，巴波沙的任期較長，接近 5 年。從時間的次序看，「陳情書」中提到的那位「督婆」，應該便是他的老婆。

③ *The Hong Kong Daily Press*, 28 March 1928.

　　到利希慎被盤問時，控方律師除了刻意攻擊利希慎因失去鴉片專營權令投資虧損嚴重而埋下誹謗原告人的不滿情緒，還質問利希慎大量印製「陳情書」背後的動機，並嚴厲批評利希慎為「兩面派」（Jekyll and Hyde），在不同場合以不同面目或身份示人，並指利希慎一方面說裕成公司乃姪兒（兄長之兒子）一人所有，但又表示自己、家人及朋友擁有一定股份，一切業務更只由他一人負責，明顯是「名實不符」。

　　證人台上，見慣風浪的利希慎並沒被控方律師嚇倒，而是立場強硬地作出回應，交代事件的各個枝節。首先，利希慎表示，大量印製「陳情書」的原因，是由於印刷商在報價上表明，不能只印很少的數量，在一定數量之內，價格是一樣的。既然如此，他便要求印多一點，反正印多了又不會另加費用。

　　針對裕成公司的組織與運作問題，利希慎指出，該公司原本由其兄長擁有，後來才由其堂姪接掌，並由他本人出任總經理，該公司的創立資金有 300 萬元，三分之二由個人及家族擁有，其中的 80 萬元來自利希慎本人，120 萬元來自利氏家族，三分之一則屬於親戚朋友的投資。內部股份的分配雖然分散，但該公司在法律上的登記，則屬他姪兒一人擁有的獨資公司，只是其姪兒將一切營運大權交給他而已，他並非兩面派。

　　對於鴉片生意因專營權被終止而引致嚴重虧損的問題，利希慎直認不諱，表示在專營權內，他只收回四分之一股本，餘數全皆投放在鴉片生意上，澳門政府突然收回專營權，確實導致了公司及家族的巨大損失[①]。雖則如此，他卻認為問題的關鍵在於澳門政府，所以他才向政府部門反映不滿，並非針對個別人士。

　　聽完控辯雙方不同觀點與理據後的 4 月 17 日，法官 Henry Gollan 終於對這次轟動港澳兩地的誹謗官司作出判決，認為被告人的舉動雖對原告人造成一

---

① 對於利希慎這次在法庭上十分大方地提到投資虧損的問題，港英官員 J. D. Lloyd 日後在一份報告中指出，事件確實令公司蒙受一定的損失，利希慎在法庭上作出正面回應，有可能是另有用意的，因那些投資在裕成公司身上的小股東對此十分不滿，利希慎正好藉此說明是澳門政府的不公平行為導致了公司的虧損，而非公司的經營管理或錯誤決策。可參考 CO 129.508.7, "Report on the Examination of Some Account Books Relating to the Macau Opium Farm for the Years 1924-27"（22 October 1928）。

定程度上的名聲損害，但並沒充分證據證明被告人的攻擊為惡毒的，對原告人造成巨大傷害。法官又認同被告人代表律師的講法，指 Tuk Po 一詞應是指一個人，而非一樣東西，背後原因則是被告人刻意誤譯，令人產生語帶相關的感覺，既有「作保」之意，亦有暗指「澳督老婆」之意。法官進一步指出，如果陳情書有誹謗之嫌，應是「另有其人而非原告人」（person other than the plaintiff）。綜合各個因素，法官判決「指控罪不成立」[1]。

　　誹謗官司雖然落幕，但日後仍有一些相關資料透露出來，令人對這次事件有更深層次的認識。第一個引人注意的問題是，利希慎既然一直未獲知會專營權已轉交又成公司，他後來又為何會突然獲悉此消息，因而可以迅速採取行動，發出「陳情書」阻礙專營權的運作呢？利德蕙的解釋頗令人玩味。他這樣寫：

> 　　祖父是在陰錯陽差的情況下得知又成公司的消息的。原來又成公司在香港印度商業銀行亦設有户頭，銀行信差弄錯買辦指示，將一張原送交澳門鴉片種殖場，而又蓋有又成公司簽章（已背書——原注）的支票，誤送交了祖父。經祖父連日追查之下發現，又成公司在銀行開户數日之後，即通知銀行又成公司已獲得澳門鴉片專賣權[2]。

　　勿論是真的巧合，或是另有內情，利希慎在米已成炊之後才得到消息這一點，相信是十分肯定的。

　　第二個引人注意的問題，是案件既然牽涉澳門高級官員，甚至是「督婆」，那麼港英政府與澳葡政府之間有否一些眉來眼去呢？利德蕙指出，「羅保涉嫌干預香港政府，為呂儉畢所受刑事控訴脫罪」[3]。從一份金文泰（C. Clementi）在 1927 年 12 月 21 日寫給英國殖民地部的信函中，我們發現，一位名叫 Senhor

---

[1] *The China Mail*, 18 April 1928; *The Hong Kong Telegraph*, 18 April 1928.
[2] 引自 Vivienne Poy, *A River Named Lee*, p.60。
[3] 引自 Vivienne Poy, *A River Named Lee*, p.60。

Barbosa 的澳門官員 ①，在事件發生初期曾經由澳來港拜會金文泰，呈上利希慎之陳情書，詢問意見。金文泰表示自己早在（1927 年）7 月份已收到報告，並指據他所知，澳門政府向有關公司收取的「年費」，其實是陳情書所指（12 萬元）的 10 倍。金文泰進而指出，雖然他本人覺得 Senhor Barbosa 乃忠誠之人，但亦相信他本人會覺得被冒犯，至於會否採取手段還擊利希慎，則沒有具體說明；另一方面，在接觸過葡萄牙（駐港）總領事之後，金文泰獲知，當時的澳門政府仍沒打算對利希慎採取法律行動 ②，可見事件在港澳兩地的政府高層，其實亦極為震撼，並且曾經考慮各種應對的手法。

　　第三個引人注意的問題，是既得利益集團到底有何反應呢？經營鴉片既然牽涉巨大利益，有關人等又為此花費了大量金錢，利希慎卻採取「一拍兩散」的手段，將原本心照不宣的問題公開，甚至大肆批評，明顯破壞了很多人的「好事」，令他們覺得見財化水，有些甚至有可能因此而丟掉烏紗。利希慎因此招來各方仇恨，似乎不難理解。據利德蕙記述，自案件開審前，利希慎便曾多次收到恐嚇信函，威脅會對其家人不利，但利希慎則表現得頗為自信，沒有認真面對，因而招來了日後的殺身之禍。

九　結語

　　將家庭、商業或政治紛爭轉交法庭處理的手法，雖然較為文明、公正，但其費用卻極為昂貴，並非財力較弱者所能負擔。至於法律條文與訴訟程序複雜，又非教育水平較低的市民所能輕易應付，而法庭的審判必須以法律為圭臬，裁決又必須以證據為基礎，當遇到法律的灰色地帶，而取證又有局限時，審判與裁決亦難避免地會出現偏差，公道與正義亦不能充分彰顯。換言之，以法律解決爭執的方法雖然有很多可取之處，但同時又有很多障礙令人卻步，難

---

① 這位叫 Senhor Barbosa 的澳門官員，極有可能是當時的澳門總督。葡語中，Senhor 一字乃是對某人之尊稱，意指先生、閣下，而當時在任的澳門總督，則為 A. T. S. Barbosa。

② 引自 CO 129.508.7, "Report on the Examination of Some Account Books Relating to the Macau Opium Farm for the Years 1924-27"（22 October 1928）。

怪社會上總會有人認為「打官司」只是「有錢人的遊戲」，法庭只是詮釋法律界定下的所謂「正義」，而非真正代表正義。利希慎在法庭上的每戰皆捷，不難令人想到裕興有限公司的小股東、政府的執達吏與律政署官員，甚至是澳門的羅保等對手。易地而處，他們認為裕興有限公司的運作或利希慎的所作所為有欠公允，花費平生大量積蓄而不惜將事件告上法庭，原本希望以文明手法討回公道，但最後卻因證據不足或舉證困難等問題而落得兩手空空，其失望與怨憤之情不難想像。

利希慎在香港及澳門經營鴉片引來連串爭執的問題，令我們想到何鴻燊與胞妹何婉琪因澳門旅遊娛樂有限公司（簡稱「澳娛」）股權問題近年來所誘發的不斷糾紛。據何婉琪一方供稱，1960 年代，「澳娛」奪得了澳門博彩業專營權，該公司原來股本為 300 萬元，她投入 200 萬元，但經營不久即將股權增加至 1,000 萬元，令她的股權被大幅削弱。她甚至宣稱期間「未獲任何分紅」，股東間又常有紛爭。到了八九十年代至 2008 年「澳娛」計劃上市時，她更設法以司法手段阻撓其在港上市。在阻撓「澳娛」上市的問題上，何婉琪除了入稟港澳兩地法庭，試圖以法律手段禁止其上市外，還去信上市委員會反對「澳娛」上市之申請[1]，並持續不斷地在兩地報章刊登廣告或啟事[2]，甚至自資出版書籍、雜誌及光碟等等，抨擊何鴻燊[3]。顯然，對何婉琪來說，司法一直未能「彰顯」公義，故她才會採取其他方法去表達要求，或影響輿論。另一方面，何婉琪的法律顧問莫超權兩度遇襲[4]，以及另一代表律師何俊仁亦曾經遇襲[5]，雖然警方未能找出「幕後黑手」，但如此的巧合，難免惹人聯想。

無論如何，對某些人而言，在對司法制度失望後，或者會衍生偏激的想法，甚至會採取「非常」的手段，在他們心目中，既然代表社會正義的法庭不能給他們一個「公道」，他們便不惜以破壞社會秩序的行徑來討回一個「粗糙的

[1]《信報》，2007 年 12 月 2 日。

[2]《明報》，2006 年 8 月 14 日。

[3] 何婉琪：《十姑娘回憶錄之與魔鬼抗衡》，香港：壹出版有限公司，2007。

[4]《東方日報》，2003 年 1 月 22 日。

[5]《明報》，2006 年 8 月 21 日。

正義」（rough justice）了。當然，亦有人會將暴力行為視作「兩手準備」，在明以司法抗爭，在暗則磨刀霍霍。在利希慎的個案中，到底是有人不滿裁決憤而走險，還是為免對簿公堂而「江湖事、江湖了」。有關這方面的內容，可參考《一代煙王利希慎》後續章節的深入討論①。

---

① 鄭宏泰、黃紹倫：《一代煙王利希慎》，第 202-221 頁。

從屬行政的司法與濫權的憲兵部門 [①]

鄺智文 [②]

一　日據時期的司法

　　戰前的香港司法相對獨立，法治架構和精神健全。可是，日據時期卻只有法治（rule by law），並無法制（rule of law）可言。雖然日本當局及以後論者多以「軍政」和「民政」時期分開軍政廳以及總督部時期，但兩者的統治結構分別不大，司法更幾乎完全相同。簡言之，日據時期的司法和警權完全從屬於軍部和行政系統，是軍政廳／總督部「法令統治」的延伸。日據時期司法之專制，連日本東洋經濟新報社在 1944 年出版的《軍政下之香港》亦不得不尷尬地承認「司法關係的法令內容尚未充實，因此難以討論」[③]。

　　軍政廳成立後，香港進入軍法時期，軍政廳法務部長即是第 23 軍的法務部長古木一夫法務少佐。總督部取代軍政廳後，即發佈了《軍律令》、《軍罰令》、《刑事審判規則》、《刑事緊急治罪條例》、《民事令》、《民事審判規則》、《刑務所規則》，以及《香港佔領地總督部軍律會議所管轄既判決未判決囚犯拘禁辦法》等法令（「1942 年香督令 1 至 8 號」）[④]，並成立「軍律會議」、「民事審判機關」以及「民事法庭」，此全由總督部法務部負責[⑤]。法務部直屬幕僚部，主管仍是第 23 軍法務部長古木一夫。古木在香港淪陷初期至 1944 年底長期留港，期間不但

---

① 本文原載鄺智文：《重光之路──日據香港與太平洋戰爭》，香港：天地圖書有限公司，2015，第 83-90 頁。

② 鄺智文，劍橋大學東亞及中東研究學院博士，現任香港浸會大學歷史系助理教授。

③ 東洋經濟新報社編：《軍政下的香港》，香港佔領地總督部報導部監修，第 111 頁。

④ 鄺智文：《重光之路──日據香港與太平洋戰爭》，附錄三，第 476-483 頁。

⑤《第 1462 號　香港佔領地總督部參謀長　軍法會議軍律會議民事法廷事務開始の件》，1942 年 3 月 10 日，《昭和 17 年「陸亞普大日記第 5 號」》，《陸軍省大日記》，JACAR，Ref: C06030047500。

是法務部長、亦是法院法官、甚至是監獄長。他曾經參與判決華洋犯人死刑[①]，戰後被稱僅次於憲兵隊長野間賢之助的「香港第二號戰犯」[②]。

在日據時期，所有以普通法（common law）為原則的香港法律被廢除，取而代之的是以上的緊急法令。《軍律令》內容極為簡單，任何人只要被指「對帝國軍有叛逆行為」、「間諜行為」，以及「妨礙帝國軍之安寧或軍事行動」，即可由軍律會議以《軍罰令》治罪[③]。軍律會議由總督委任三名軍官組成，其中一人是法務軍官（即古木），不設律師或陪審團。《刑事審判規則》則規定所有刑事案件均交由軍律會議處理。《民事審判規則》亦同樣簡陋，規定「審判由審判官獨自執行」以及「對於一切審判不准作不服之申訴」。由於總督部毫無監管司法以及防止貪污的機制，亦不受議會、傳媒或市民監督，這種安排可製造無數貪污機會。

1943 年 2 月，總督部容許譚雅士等 12 名香港華人以及歐亞混血兒律師重新執業，但他們的主要工作是協助總督部法務部處理民事法例的問題，並不能參與「軍律會議」以及刑事案件的審理[④]。當時，全港只有 17 名律師執業。直至同年 10 月 15 日，香港的司法制度才略作改革，所有和軍方有關的犯罪仍交由軍律會議處理，但其他刑事和民事案件則交由「法院」審理，另成立檢察廳，並從東京地方裁判所派出一名法官負責[⑤]。直至 1944 年，仍只有刑事法例（《刑事令》）大致完備，民事法例尚未整理完成，因為總督部承認不能以日本法例完全取代香港的普通法制，而且「不能無視殖民地時期的權利義務以及法令習慣」[⑥]。由於總督部在戰爭期間未能完成整理香港的民事法例，因此日據時期香港的土地法例與登記政策大致仍沿用殖民地時期的制度，新界的土地問題亦未

---

① 包括英軍服務團的人員，詳見鄺智文：《重光之路——日據香港與太平洋戰爭》，第六章第七節，第 321-348 頁。

② South China Morning Post & the Hong Kong Telegraph, 20/11/1947. 此項資料由文基賢（Christopher Munn）提供，特此鳴謝。

③《香督令特輯》，香港：亞洲商報出版，1943，第 1 頁。

④ 東洋經濟新報社：《軍政下的香港》，第 117 頁；《總督部公告》，1943 年 2 月 20 日。

⑤《總督部公告》，1943 年 10 月 20 日；"Fortnightly Intelligence Report No.1," 25/9/1943, TNA, CO 129/590/22; "Fortnightly Intelligence Report No.3," 23/10/1943, TNA, CO 129/590/22.

⑥ 東洋經濟新報社編：《軍政下の香港》，第 116 頁。

有任何安排^①。

二　憲兵隊崛起

在日據期間，香港治安由香港憲兵隊負責，但憲兵權力日大，最終形成以憲兵為中心的恐怖統治。香港淪陷之時，身在香港的日軍憲兵大多隸屬 1941 年 12 月 16 日根據第 23 軍命令成立的興亞機關，其任務主要是在香港作戰期間搜捕滯留於香港和九龍的中國政治、經濟以及社會名人，並殺害部分國民政府在港人員（例如居住在藍塘道的國府財政部人員）。

興亞機關前身為負責刺探香港情報的「香港機關」，更名後仍暫由曾經設立特務機構「梅機關」的矢崎勘十少將遙制^②。興亞機關設有「機關長」，由陸軍中佐岡田芳政擔任，屬下有陸軍中尉井崎喜代太和 1 名伍長，以及 6 名附屬人員，包括化名「田誠」的日軍少尉阪田誠盛。阪田曾於 1940 年在港收買親日的三合會，組織「天組」、「佑組」協助日軍^③。在 1 月底，日軍在香港共有憲兵中佐 1 人、尉官 6 人、準尉 8 人、曹長 15 人，以及軍曹、伍長、兵長 120 人。他們成為香港憲兵隊的骨幹^④。

興亞機關司令部本為半島酒店，但 12 月 30 日後則遷往香港島的香港大酒店（Hong Kong Hotel）。興亞機關在日軍佔領九龍時已四處把國民政府和香港殖民地的重要人物集中於半島酒店軟禁。部分政要則被軟禁在家，例如曾任北洋政府交通總長以及廣州國民政府財政部長的葉恭綽^⑤。憲兵隨日軍登陸香港島後，即開始逮捕或以「保護」為名監視滯留港島的華人政要和精英，並根據以下準則分類：與重慶關係密切者、親日分子、中間派、共產黨、英籍在港華人

---

① 鄺智文：《重光之路——日據香港與太平洋戰爭》，第四章第二節，第 114-138 頁。

② 金雄白：《汪政權的開場與收場》，台北：李敖出版社，1987，第 5 頁。

③ 鄺智文、蔡耀倫：《孤獨前哨：太平洋戰爭中的香港戰役》，香港：天地圖書有限公司，2013，第 329-334 頁。

④ 《香港佔領地總督部に人員增加配屬の件》，1942 年 1 月 23 日，《昭和 17 年「陸亞密大日記第 3 號 1/2」》，《陸軍省大日記》，JACAR，Ref：C01000042500。

⑤ 金雄白：《汪政權的開場與收場》，第 6-7 頁。

名流。除了第二類得到日軍的保護外,其他各類人士均於 30 日前後被帶到香港酒店。可是,正如興亞機關在報告中提到的,不少國民政府的特務已經潛入地下。為追捕他們,日軍特地起用前香港政府政治部密探鍾瑞南以及其他華人密探[①]。此外,和日本合作的廣東省政府亦派警員協助日本憲兵[②]。截至 1942 年 3 月 5 日為止,逃脫失敗,被興亞機關捕獲的民國要人共 34 人[③]。

日軍希望佔領香港以捕獲民國政要的打算並不成功,被捕的最高級政要如顏惠慶、陳友仁、許崇智、葉恭綽、李思浩等雖活躍於民初政局,但全部於 1928 年國民政府定都南京後淡出政壇,影響力有限。即使他們願意投日,對汪精衛政權亦無大幫助。在香港戰役前,不少民國要人如宋子文等已經離開,宋美齡等亦於九龍淪陷前由啟德機場乘飛機逃回中國內地,陳策中將及其隨員則隨同英軍在守軍投降之時乘坐魚雷快艇逃出,陶希聖、李濟深等則混在難民中逃出香港[④]。日軍只捕獲了部分國府駐港金融人員,例如各行經理。日軍其後把各人強行送到上海,但包括顏惠慶、陳友仁等民國元老仍堅拒在汪精衛政權任職[⑤]。如上述,磯谷曾一廂情願地要求他們「盡力協助中日兩國結束戰爭」,但他們在戰爭期間卻少有參與政治活動[⑥]。

1942 年 2 月 20 日,香港總督部正式運作的第一個指令(「1942 年《香督指第 1 號》」)就是確立憲兵在香港的權力。這個指令規定成立香港憲兵隊,並確立其權限,使之不但負責維持香港治安,更是日本陸軍在香港的情報機關。香港憲兵隊主要任務異常廣泛:[⑦]

---

① 《興亞機關業務報告》,1942 年 2 月 10 日,第 8-9 頁;"Kukong Intelligence Summary No.1," 28/5/1942, ERC, EMR-1B-01, HKMP.

② 林仁:〈日軍攻佔香港時策劃汪偽廣東警察接收香港英警察機構概況〉,《廣州文史資料存稿選編第 2 輯軍政類》,北京:中國文史出版社,2008,第 256-257 頁。

③ 《興亞機關業務報告》,1942 年 2 月 10 日,第 8-9 頁。詳見鄺智文《重光之路——日據香港與太平洋戰爭》,附錄五,第 489-491 頁。

④ "Condition Outside the Camp," TNA, CO 980/59.

⑤ 金雄白:《汪政權的開場與收場》,第 9 頁。

⑥ "Waichow Intelligence Summary No. 66," 25/2/1944, ERC, EMR-1B-02, HKMP.

⑦ 《香督指第 1 號》,1942 年 2 月 20 日,《昭和 17 年「陸亞密大日記第 8 號 3/3」》,《陸軍省大日記》,JACAR,Ref: C01000125300,第 11-14 頁;亦見小林英夫、柴田善雅:《日本軍政下の香港》,東京:評論社,第 74-75 頁。

一、保護軍事機密

二、掩護軍事行動和軍事設施（軍隊直接保護者除外）

三、遏止敵人及不法分子的諜報、宣傳，以及謀略

四、收集治安情報

五、監管香港佔領地總督部管區所有出入境、軍需品以外的物資出入、居住、企業、營運和其他商業行為

六、監管並檢查出版、集會、結社等群眾運動、槍械、火藥、爆炸品、郵政、通訊、無線電、電台、攝影等和影響軍事及治安的活動

七、處理對外（和中立國人有關的）警察事務

八、管理軍人及軍人家屬的紀律

九、監視日人不良分子

在總督部時期，香港憲兵隊直屬香港佔領地總督部參謀長，不受任何其他機構制衡。憲兵隊亦負責統領總督部的警隊，即所謂「憲查」。日本總督部稱之為「憲警一元」的系統[1]。由於不少憲查來自三合會，因此憲兵對香港社會的影響力極大。在 1942 年 2 月至 1945 年 2 月期間，香港憲兵隊隊長是陸軍中佐由野間賢之助。擔任香港憲兵和警隊的高級指揮官如下：

● 香港憲兵隊長：野間賢之助中佐—金澤朝雄
　　○ 香港島憲兵隊長：金澤朝雄—小倉倉一
　　○ 九龍憲兵隊長：米野忠生—鹽澤邦男—平尾好雄
　　○ 水上憲兵隊長：小畑千九郎
● 警務課長：平林茂樹—金澤朝雄
　　○ 香港警察局長：上原幸吉陸軍大尉
　　○ 九龍警察局長：鹽澤邦男陸軍少佐

---

①《狀況報告》，1942 年 4 月 2 日，第 12 頁。

1942 年初，香港憲兵隊在港九新界各地有以下管區及分隊：[①]

表 1：香港憲兵隊編制

香港憲兵隊本部（總部位於前最高法院，兼管大嶼山、南丫島等鄰近港島的離島）	
香港島憲兵隊	香港島西憲兵隊管區（總部位於灣仔） 香港島西地區憲兵隊 大道西、鴨巴甸、薄扶林、醫院道、山頂憲兵派遣隊 香港島東憲兵隊管區 香港島東憲兵隊（總部位於北角） 筲箕灣、太古、灣仔憲兵派遣隊
九龍憲兵隊管區	九龍地區憲兵隊（總部位於九龍巡理府） 紅磡、油麻地、深水埗、九龍城憲兵派遣隊
新界憲兵隊管區	新界地區憲兵隊（總部位於上水） 新田、元朗、沙田、大埔、荃灣憲兵派遣隊
水上憲兵隊管區	香港水上憲兵隊 香港水上兵派遣隊、尖沙咀水上兵派遣隊

　　據曾於香港擔任憲兵派遣隊長的仲山德四郎統計，1945 年香港有日本憲兵約 200 名（其中軍官 35 人）、輔助憲兵（日文稱「補助憲兵」）約 200 名、通譯等約 40 名[②]。1942 年 3 月 20 日，總督部報告指香港當時共有 3,400 名華人和印度憲查以及消防手[③]。日軍成立了警憲學校，至 1944 年 9 月共訓練了七期學生，每期約 100 人[④]。

　　憲兵隊執行任務時，可援引《刑事緊急治罪條例》和《香港警察犯處罰令》[⑤]，自行處理較輕微案件而無須送交司法部審訊。《刑事緊急治罪條例》容許憲兵即

---

①《狀況報告》，1942 年 4 月 2 日，第 107-111 頁。

② 仲山德四郎：《私記香港の生還者》，自行出版，1978，第 104-105 頁。

③《狀況報告》，1942 年 4 月 2 日，第 12 頁。

④ "Kweilin Intelligence Summary No.67," 22/9/1944, ERC, EMR-1B-04, HKMP.

⑤ 鄺智文：《重光之路——日據香港與太平洋戰爭》，附錄四，第 484-488 頁。

時決定三個月以下監禁和 500 元以下的罰款,《香港警察犯處罰令》內容包括一般社會規則,如購票乘車等,但亦有鉗制自由或容許警憲輕易入罪的條例,例如第 27 條「為流言浮説或虛報以惑詑人者」、第 28 條「為粗暴或不穩之言論行為以害公安者」、第 29 條「在屋外講演政事或紛亂政事之事項者」等。憲兵面對不同人士時,所使用的警力亦有所不同。例如軍人、軍屬、日本人均只能由憲兵處理,敵國人士(英、美、荷軍民)由憲兵和輔助憲兵處理,第三國人士則由憲兵、輔助憲兵以及華人和印人憲查共同負責。

　　由於憲兵可隨時治罪,又有權控制出入境、物資出入、居住,以及一切商業行為,因此權力極大,亦有不少貪污機會[①]。憲兵亦負責查探盟軍間諜活動以及強制疏散人口,因此他們實際上可以「治安」為名隨時侵犯人身自由,強行把市民逐離殖民地或拘押在赤柱監獄,甚至把市民逼供至死。總督磯谷廉介手握極大權力卻少有管束憲兵,更對隊長野間賢之助極為倚仗,經常和他一同公開活動[②],使憲兵就如納粹德國的「蓋世太保」般橫行[③],市民生活在恐怖統治之中。據日軍赤柱監獄的記錄,1942 至 1945 年間一共有最少 350 人在赤柱監獄死亡,其中一半人被處決,另一半則死於日軍虐待或營養不良[④]。被日軍憲兵在其他地點殺害或就地處決的人數就難以統計了。日本海軍亦有自己的情報機構「香港武官府」,但由於日本海陸軍之間的隔閡,因此海軍的情報人員與隸屬陸軍的憲兵隊少有工作往來,亦甚少交換情報。憲兵甚至跟蹤海軍軍官,並將其劣行上報東京,因此海軍軍人對他們極為忌恨[⑤]。逃出香港的市民亦提到連普通日兵甚至日本民政人員亦非常害怕憲兵[⑥]。

　　1944 年 9 月,為加強控制,香港憲兵隊在政治科以下成立了「特別高班」

---

① 鄺智文:《重光之路──日據香港與太平洋戰爭》,第 114-138、173-183 頁。
② 憲兵隊長的權責本不包括陪同總督視察等公開活動,但野間卻不斷為之,可見野間影響力之大。
③ 逃出香港的香港大學教授王國棟語。"Copy of Letter from Dr. King to his Wife," TNA, CO 980/133.
④ "Commissioner of Police to Director of Medical Services," 11/11/1947, HKRS 42-1-16.
⑤ 甘志遠:《南海の軍閥甘志遠──日中戰爭下の香港・マカオ》,蒲豊彥編,東京:凱風社,2000,第 135-136 頁。
⑥ "Notes of a Conversation on the 7th April," TNA, CO 980/133; "Statement from British Civilian who Escaped from Hong Kong," TNA, CO 129/590/22.

（和日本的祕密「特高警察」相同），監視所有日、華以及中立國市民。至此時，憲兵在香港的劣行終於傳到日本本土。第 23 軍參謀長富田直亮在戰後被訊問時提到，1944 年 12 月他離開日本出任第 23 軍副參謀長時已聽聞香港憲兵腐敗的問題，抵港後，駐港軍官向他披露憲兵隊的問題，並提出撤換憲兵隊長野間。最後，野間於 1945 年 1 月被調走（其後出任大阪憲兵隊長）[1]。1945 年 3 月，總督田中久一把警政和憲兵隊分開，另行成立直屬總督部參謀長的「香港警察總局」，接管憲查，憲兵只負責情報工作。戰後英國審訊野間的繼任者金澤朝雄時，他找來證人聲稱改革後的憲查和憲兵已有所收斂[2]。日軍投降時，香港共有日軍憲兵 200 名、香港警察總局屬下的憲查約 2,500 名，以及約 500 名消防手[3]。

---

[1] "Statement of Major-General Tomita Naosuke," WO 235/999；亦見 Philip Snow, *The Fall of Hong Kong: Britain, China and the Japanese Occupation*, New Haven: Yale University Press, 2003, p.408。

[2] Philip Snow, *The Fall of Hong Kong: Britain, China and the Japanese Occupation*, pp.210-211.

[3] 仲山德四郎：《私記香港の生還者》，第 104-106 頁。

香港司法文化的過去、現在與未來[①]
——兼與內地司法文化比較

顧敏康、徐永康、林來梵[②]

考古發掘的文物以及現存的文獻資料表明，香港自古就是中國領土，中國歷代政府均對其進行管轄，建制設防，施行中國法律[③]。而在中國封建社會末期，即在鴉片戰爭前，香港仍屬於清政府管轄，施行的是清律。因而，這一時期香港的法律文化仍在中華法系的控制和影響之內。直到鴉片戰爭以後，香港接受英國的管治，法律文化才發生了根本性的變化。

今天的香港無疑是一個現代法治社會。但相對於英、法等西方國家，香港法治社會的形成過程迅速而短暫。當然，其中原因是多方面的，毋庸諱言，最主要的原因恐怕是殖民地因素[④]。正是在英國及其殖民政府的主導下，香港法律文化逐步擺脫中華法系的控制和影響，直至最後完全演變為普通法系的成員——特別是司法文化方面。但香港在建設自己司法文化的時候並沒有完全按照英國的司法制度依葫蘆畫瓢，而是非常謹慎且有步驟地設計和發展，且形成了自己的鮮明特色。香港回歸後，香港司法文化已經發生了若干變化，今後的發展路向及其與內地司法格局的互動態勢，更是值得關注和研究的問題。

[①] 本文原載於《華東政法學院學報》，2001 年第 6 期。

[②] 顧敏康，威拉姆特大學法學博士，現任香港城市大學法律學院教授；徐永康，南京大學歷史學博士，現任華東政法大學法學院教授；林來梵，立命館大學法學博士，現任清華大學法學院教授。

[③] 國內已經有學者考察過這個問題，具體內容參見趙秉志主編：《香港法律制度》，北京：中國人民公安大學出版社，1997，第 3-4 頁。

[④] 香港殖民政府的完全建立是在 1899 年，當時的英國殖民者不顧清政府的抗議，迫使清朝官員離開九龍城，並將其納入殖民地版圖。1946 年日本侵略者被趕出香港後，英殖民者重建香港殖民政府，且與抗戰前的殖民政府沒什麼兩樣。直到五十年代才開始醞釀成立代表香港民眾的政治機構。參見 Hong Kong: Human Rights, Law and Autonomy: the Risks of Transition. 資料來源：http://www.anmesty.org，最後訪問日期：2001 年 9 月。又有學者認為，從第二次世界大戰末到 1980 年代早期，大多數香港人對參與政治活動無興趣。參見 Norman Miners, *The Government and Politics of Hong Kong*, Hong Kong: Oxford University Press, 5th ed. 1995, p.32.

一　法律淵源及其演變過程研究

香港的法律淵源有一個發展演變的過程。這一過程既是香港殖民政府積極推導的結果，也是香港法律文化自身發展的必然。由於當時政治形勢的複雜性以及香港固有傳統的堅韌性，香港的法律淵源具有複合性特徵，其形式也非常多樣化。

（一）中國的法律及習俗

在英佔初期，香港還近乎一個荒島，居民很少，且都是漁民和農民[①]。毫無疑問，這些居民生活在清帝國律例和本地習俗之下。因此，1841 年當英軍統領布倫默將軍率兵登陸香港並宣佈香港為英國屬地時，也曾為如何在香港適用法律而煩惱不已。因為一方面，自己所熟悉的英國法律顯然並不完全適合這片神祕陌生的東方土地；另一方面，完全適用清帝國法律也不符合自己想要改造這塊殖民地的理想模式。但是「不管怎樣，新的統治者意圖建立起一種為他們所熟悉、並將比原有的制度遠為『高明』的一種法律制度。」[②] 最後，善於妥協並且務實的英國人採取了折中的辦法：首先是把英國法引進香港，同時也保留香港居民觀念中那些根深蒂固且又符合人道主義精神的行為規則。當然，新的統治者對於香港原有的男人可以納妾等陋習並未完全摒棄，這項政策的標誌便是1841 年 2 月 2 日由英國皇家海軍艦長、英國在華商務總監督以及英國在華利益全權代表義律向香港居民頒佈的命令——《義律公告》。

《義律公告》宣稱香港已割讓於英國，其政府職權，現時由在華商務總監督行使；香港政府的必要法例、規條，現時由英商總監督發佈；香港島所有英籍人和外國人均受英國法律保護和管轄等。同時《義律公告》又宣稱「在未獲女王陛下進一步指示之前，香港島上原有居民及所有居港華人，均受中國法律及

---

① 據統計，在 1841 年，香港島只有人口 7500 人，靠耕作、捕魚和貿易為生。參見 Hong Kong: Human Rights, Law and Autonomy: the Risks of Transition. 資料來源：http://www.anmesty.org，最後訪問日期：2001 年 9 月。

② 〔英〕彼得·威斯萊·史密斯：《香港法律制度》，馬清文譯，香港：三聯書店，1990，第 40 頁。

習慣之約束，但所有拷打刑罰除外。」

所謂「中國的法律及習慣」中的「法律」主要是指《大清律例》。適用於香港地區的清朝法律主要包括：有關婚姻家庭方面的法律，例如《大清律例》規定，男子可以納妾，因此香港華人納妾被視為合法，這一規定直到 1971 年香港頒佈《婚姻改革條例》之後才被廢除；有關繼承方面的法律，按照《大清律例》，只有男子才有繼承權，這一規定在 1971 年 10 月 7 日之前法院一直嚴格遵守着；有關土地方面的法律；有關抵押方面的法律，如中國古代法律規定的特有的「典權」制度。而「習慣」主要是指當時香港固有的地方風俗和習慣。這種習慣的內容必須符合被香港法院認可並賦予法律效力的條件：一是這種習慣必須是 1843 年就已存在，香港法院 1969 年的一個判決指出：「我們採用某些法律是在 1843 年時已實際存在的中國法律習慣，如對無遺囑死亡的財產要求。」再如 1904 年在一個關於土地使用權糾紛的案件中亦指出，被告不能在屬於他的海灘的一部分土地上建築，因為當地漁民要求保持他們在這塊土地上晾曬魚網的習慣權利，這個習慣已被證明至少在 70 年或更早前已經存在[1]；二是必須被當地的居民普遍承認和接受；三是必須既不有悖於現行法律，又不違背正義和公平。

正是根據《義律公告》，一個半世紀以來，香港法院的法官在審理案件時，形成了這樣一個規則：在審理香港華人之間的糾紛時，如果英國的成文法和判例法對香港的情況或其居民不適用，而立法局又沒有制定可適用的成文法，香港當地亦未形成相應判例法時，對這個司法空缺就應適用中國清代的法律和習慣來填補[2]。據此，也有學者認為《義律公告》的目標是在香港建立起一種二元化的法律體系：香港華人繼續依從中國法律及習慣，英國人及其他各國人則接受英國法的統治[3]。雖然這並不一定是香港統治者後來所追求的法制理想，但是，就其初始適用法律治理香港地區時的實踐，我們應該承認這是客觀

---

[1] 〔新西蘭〕瓦萊里・安・彭林頓：《香港的法律》，毛華等譯，上海：上海翻譯出版公司，1985，第 28 頁。

[2] 趙秉志主編：《香港法律制度》，北京：中國人民公安大學出版社，1997，第 45 頁。

[3] 參見蘇亦工：〈義律公告與一島兩制——香港二元法制的確立〉，香港法律教育信託基金編：《中國內地、香港法律制度研究與比較》，北京：北京大學出版社，2000，第 38 頁。

存在的事實。

　　保留並適用「中國的法律及習慣」，不過是英國人在香港地區的一種統治策略而已。因為，英人在香港的首要措施之一，就是把英國法律引進香港。這種策略表現為他們對涉及「公法」領域的問題如憲法、行政法等，大多按照英國法律文化的模式處理，並不向中國固有的法律文化讓步。這主要表現在法律淵源方面，直到 1966 年為止，1843 年 4 月 5 日以前存在的英國法律都被應用於香港。但是，引進英國法律有一限制性條款：英國法律凡不適合於香港環境和香港居民者，都排除在外①。這一限制性條款其實也為香港司法文化提供了一個法律機制：法官在審判案件、適用法律時擁有較大的自由裁量權，但同時其創造性的司法權之運用，必須符合英國人的正義觀念和傳統。

（二）英國在香港適用的成文法

　　當然必須承認，英國殖民者引進英國法律文化特別是司法文化的過程是相當漫長且又有步驟的。就在《義律公告》頒佈不久，即 1843 年 4 月，英國統治者又公佈了兩個具有憲法性的法律文件《英王制誥》和《王室訓令》，其中就有司法官員的任免以及司法官員須向總督負責的規定。1844 年，香港制定了最早的《最高法院條例》，其中第五條規定：「當 1843 年 4 月 5 日香港成立本地的立法機構後，既有之英國法律將在香港執行，但不包括不適合本地情況或本地居民的英國法律，亦不包括已由上述立法機構另立新法取代之英國法律。」上述一般性規定已為後來制定的《英國法律適用範圍條例》所採納。依其規定，仍然適用於香港的 1843 年以前的英國法令只有 34 個，條例一一列出了其名稱。而對 1843 年後的法令，法院可通過如下方式適用於香港地區：（一）樞密院命令；或（二）法規中包含有明確的規定或這樣的含義；或（三）香港立法機構

---

① 1844 年的《高等法院條例》（*Superme Court Ordinance*）第 3 條規定，英國的普通法和衡平法如果適合殖民地和居民的環境則都應在香港有效。1966 年的《英國法的使用條例》（*Application of English Law Ordinance*）第 3 條也有類似的規定，但該條例去掉了將 1843 年 4 月作為分界線的規定。參見 Anne Carver, *Hong Kong Business Law*, Hong Kong: Longman Hong Kong, 1995, p.2。

的條例①。除上述王室特權文件以及國會法令等成文法之外，英國外交及聯邦事務大臣的指令、各種法規與規則也是香港法院審判案件時的法律依據。②

（三）香港制定的成文法

香港本地殖民政府也制定了數量眾多的成文法規範。1843 年，香港成立了立法局，陸續制定了 500 多章的法例，全部被收入《香港法律彙編》。立法局還可以授權一些組織和團體立法，這種法律規範被稱為「附屬規則」。但香港法院在審判案件的過程中，可以基於一定理由宣佈某項「附屬規則」沒有法律效力。

（四）英國以及香港的判例法

如同其他曾受英國殖民統治的國家和地區一樣，香港地區也採用移植英國的判例法。判例法包括普通法和衡平法。香港在《英國法律適用範圍條例》中強調聲明：「普通法和衡平法的原則均在香港有效。」它們是「適合香港環境及其居民的」。1976 年修正的香港《最高法院條例》指出：「在一切民事案件中，普通法和衡平法應由高等法院執行，如同其在英國由高等法院和上訴法院執行一樣。」香港《英國法律適用範圍條例》還規定：「普通法在環境需要時可以修改，但任何修改只能由樞密院命令、英國議會通過法律或當地議會的決議去決定。」

英國法是香港法的基礎和核心，判例法當然也是決定香港法本質屬性的重要法律淵源。但是，香港適用的判例法也有其明顯特徵。首先，雖然香港是英國殖民地，但只有英國上議院和樞密院司法委員會的判例，才能成為香港法院

---

① 李澤沛主編：《香港法律概述》，香港：三聯書店，1993，第 28 頁。
② 英國在殖民地附屬國推行本國法律有不同的情況，一種是確定一個日期，從這個日期起，英國的普通法、衡平法及在英國普遍適用的法律，即不是只適用於特定領域的法律，而是適用於某殖民地，但不符合當地情況者除外；另一種是確定一個日期，在這個日期以後主要參照在英國統治下形成的印度法律來建立該殖民地的法律制度，而英國本國的法律反而只具有輔助性質。在以上兩種情況所確定的日期以後，英國根據需要繼續為殖民地附屬國制定法律，同時，殖民地附屬國立法機關成立後，根據總督的意志，也為本地立法或者修改不適合本地情況的英國法律。參見由嶸、胡大展主編：《外國法制史》，北京：北京大學出版社，1989，第 396 頁。香港的情況有其特殊性，因此，法律制度形成的過程也不完全一樣。

的具有約束力的判例法。其次，由於香港的終審權在英國樞密院，所以英國的判例法不論何時生效，都對英國法院有約束力。再次，英聯邦其他成員國的判例也有可能對香港法院有約束力。最後，香港法院在審判實踐中也發展出了自己的判例法①。

香港的法律淵源還有習慣與權威著作②、香港參加的國際條約③等。當然，這些並不是主要的法律淵源，但在審判的過程中，香港法院無疑必須遵守。

綜上所述，香港法律基本框架大致可以歸納為：國際條約（含協議）約340部；英國制定法約300餘部；英國以及英聯邦成員國的普通法和衡平法；中國清朝法律和習慣；香港本身的法律，即條例、附屬立法、普通法、衡平法和習慣法，其中條例和附屬立法500餘部，判例100多冊。④

香港回歸後，其法律淵源的形式又發生了很大變化。根據1984年12月19日簽署的《中英關於香港問題的聯合聲明》以及1990年4月4日七屆全國人大三次會議通過的《香港特別行政區基本法》的規定，香港法院適用的法律淵源主要有：國際條約（含協議）；中國法律（僅限於基本法，列於基本法附件三的全國性法律以及在戰爭狀態或緊急狀態下由全國人大常委會命令在香港特別行政區實施的有關全國性法律）；予以保留的香港原有的法律；香港特別行政區立法機關制定的法律。其中最為顯著者是《基本法》的制定、頒佈和實施。《基本法》確立了香港的新的憲制結構，也改變了香港的司法制度。香港法院在審理案件時，必須遵守和實施《基本法》的有關規定。

從上述內容可以看出，香港法官在審判案件時所依據的法律淵源具有如下特徵：

首先是法律淵源的多元性。香港的法律淵源不僅有英國制定法和判例法，有香港自己的制定法和判例法以及香港參加的國際條約，還有中國的法律和習

---

① 參見李澤沛主編：《香港法律概述》，第32-33頁。
② 參見張學仁主編：《香港法概論》，武漢：武漢大學出版社，1999，第51-52頁。
③ 參見董立坤：《香港法的理論與實踐》，北京：人民出版社，1999，第77-85頁。
④ 吳雪元：〈香港回歸祖國前後適用的法律之比較研究〉，《經濟與法律》（香港）第4期。

慣。因此，「可以説，香港是一個多元結構、世界上少有的特別法制區域。」① 在香港回歸後，又有了全國人大制定的基本法等。而在內地，法官在審理案件的過程中，所依據的主要法律淵源是制定法以及有權的法律解釋，至於判例法尚未作為一種法律淵源，內地也不存在香港法律淵源中的那種二元體制。

其次，判例法在香港法律淵源中具有優越性地位。儘管香港自 19 世紀末特別是 20 世紀後半期以來，不斷加強成文立法，但與其他普通法系國家、地區一樣，判例法在香港法律體系中仍佔主導地位並起着決定性作用。因為香港的法律原則依舊存在於判例法之中；在司法實踐中，成文法主要還是通過判例法的檢核發揮作用。內地不存在判例法這種法律形式，成文法幾乎是惟一的法律淵源的表現形式。

二 香港司法機關及其權限的演變過程研究

（一）香港各司法機關的形成過程

香港司法機關之建立及發展有一個漫長的過程。其實，早在 1833 年 12 月，英國人為了保護英國在華貿易和英國商人利益，就在廣州設立了一個執行英國法律的法院。當時該法院的正裁判司也即首席法官是由軍人擔任，主要審理在中國犯罪的英國臣民。但其管轄權於 1841 年擴大到香港，而這正是香港法院的前身②。1841 年，義律率軍佔領香港後，委任陸軍軍官威廉・堅為裁判司，明確規定其擁有維護治安、拘捕和判決犯人的權力；又委任海軍軍官威廉・畢達為海事裁判司，職權與前者相似。兩年後刑事和海事等法庭由廣州遷至香港，正式宣佈香港法院成立。並任命威廉・堅為裁判司，有權審理在香港或在中國大陸，或在中國沿海一百英里內公海上犯法的英國人。

1844 年 3 月前，香港的民事案件是由一個軍方人員組成的裁判司署審理。後來，香港殖民政府又任命了負責刑事訴訟的正按察司和律政司、負責民事訴

---

① 吳雪元：〈香港回歸祖國前後適用的法律之比較研究〉，《經濟與法律》（香港）第 4 期。
② 參見李澤沛主編：《香港法律大全》，北京：法律出版社，1992，第 49 頁。

訟的助理裁判司。這樣，裁判司署便負責審理一般的刑事案件和民事案件。

1844 年 10 月，香港立法局頒佈《香港高等法院條例》，正式成立了高等法院。

1862 年，香港又設立簡易裁判法院，以處理小額債務訴訟案件。但到 1872 年，這些案件又被收歸高等法院管轄。這種情形持續了約 80 年，直到 1953 年香港地方法院成立後，民事案件和簡易裁判權才移於地方法院管轄。並規定，如果當事人對香港高等法院的判決不服，可向倫敦樞密院上訴。這也說明，倫敦樞密院才是香港的終審法院。

1912 年，香港又頒佈了《合議庭條例》，規定以合議庭代替上訴法庭。但在 1975 年，香港又成立上訴法院取代了合議庭。直到此時，香港的司法體系才最終宣告形成，司法機構才最後確立。

從上述香港法院縱向的歷史發展過程可以看出，香港司法體制是隨着司法實踐的需要，以英國司法模式為藍本逐步形成的。當然，香港的司法體制也有其鮮明特徵：司法系統的最高領導者首席按察司，即最高法院首席法官由英國女王任命；整個法院系統分為五級，按審級依次為專責法庭和審裁處、裁判司署、地方法院、最高法院原訟法庭（即高等法院）、最高法院上訴法庭（即高院上訴庭）。但實際上，英國樞密院司法委員會才是香港法院的最高司法審級。

1997 年 7 月香港回歸後，司法體制又一次發生變化。最主要的變化是《基本法》第 19 條第一款規定：「香港特別行政區享有獨立的司法權和終審權。」這意味着香港以自己的終審法院——最高法院上訴庭取代了英國樞密院司法委員會。而「原在香港實行的司法體制，除因設立香港特別行政區終審法院而產生變化外，予以保留。」[①]

---

① 趙秉志主編：《香港法律制度》，第 22 頁。沈宗靈先生在分析內地與香港法制的差別時也指出：「對在原香港實行的司法體制，惟一的重大變化是設立香港特別行政區終審法院，而在 1997 年恢復行使主權以前，香港的終審權是由英國樞密院司法委員會掌握的，這一樞密院是英國作為君主諮詢者的古老機構，以後成為英帝國所有殖民地和附屬國的最高上訴機關。終審權屬於主權範圍，對香港恢復行使主權當然否定英國樞密院司法委員會所擁有的對香港司法權的終審權。」參見沈宗靈：〈中國內地與香港法律制度的重要差別〉，魏振瀛、王貴國主編：《中國內地與香港地區法律比較研究》，北京：北京大學出版社，1998，第 6 頁。

（二）香港各司法機關的管轄權

從橫向的內容來看，香港司法體制較複雜，不僅法院審級比較多，不同審級的法院數量也很多。香港法院有審裁處、死因裁判法庭、少年法庭、裁判司署、地方法院、最高法院原訟庭和最高法院上訴庭等。[①]

香港的審裁處是一種仿照英國行政裁判庭形式設立的準司法性質的審裁機構，旨在分類解決一些常見簡易案件，以減輕法院訟累。這些不同種類的審裁處各自擁有自己專門的審判管轄權，回歸前審裁人員由總督委任。目前，香港主要有四種審裁處：一是 1973 年依據《勞資審裁庭條例》設立的勞資審裁處，一般設於地方法院內；二是 1974 年設立的租務法庭（後改稱土地審裁處）；三是 1975 年依據《小額錢債審裁庭條例》設立的小額錢債審裁處；四是 1987 年設立的色情物品審裁處。這些審裁處的訴訟程序簡易，訴訟費用較低，並經常促成當事人和解，所以極有效率。當然，對於裁決不服的，當事人有權上訴到相關法院。

裁判司署又稱裁判官法院或裁判司法庭，是香港的初級刑事法院，主要審理較輕微的刑事案件。香港現有 10 所裁判所，其審判人員稱為「裁判司」。裁判司署的刑事審判管轄權較大，包括審理各種可檢控的罪行和可按簡易程序治罪的違法行為，但權力有限，通常對一項罪名最高只能判處監禁 2 年或罰款 1 萬港元[②]。裁判司署內還附設少年法庭和死因裁判庭。前者與英國治安法院內附設的少年法院相似，目前銅鑼灣等四個裁判司署內設有少年法庭；後者是依據《死因裁判官條例》設立的，與英國的驗屍法庭相似。

香港共有維多利亞等 6 個地方法院，主要審理原屬高等法院管轄的標的不大的民事案件（如訴訟標的金額在 12 萬港元以下的索賠案件）和有限的刑事案件（可判的最高刑期是監禁 7 年）。

最高法院原訟庭又稱為高等法院，對民事和刑事案件擁有「無限管轄權」。

---

① 香港法院的設置情況可詳見 http://www.info.gov.hk/organisation/cindex.htm，最後訪問日期：2001-09-10。

② 具體內容可參見趙秉志主編：《香港法律制度》，第 643-644 頁。

這就意味着最高法院原訟庭在處理案件的種類上不受訴訟標的大小和最高刑罰方面的限制，因而審理的案件極為廣泛。

最高法院上訴庭又稱上訴法院，是香港最高審級的上訴法庭，主要審理最高法院原訟庭和地方法院提出的上訴案件以及土地審裁處提出的上訴案件。同時，最高法院上訴庭還有權對其他任何法院提交的法律問題作出裁決。

（三）香港司法機關與內地司法機關的比較

與中國內地的司法機構相比較，香港的司法機構有如下特點：

第一，香港司法機構具有濃厚的英國司法機構的色彩，司法機構專門性的法院（庭）數量也較多，且具有較大的靈活性。儘管內地也有專門性的法院，但是這類法院是以行業性質為劃分標準的，如軍事法院、森林法院、海事法院和鐵路法院，並且除最高人民法院以外，這些專門法院均有自己一套垂直的監督體制。

第二，香港司法機構法官的來源多樣化，為香港司法保持普通法的特色提供了紮實基礎。例如，香港的終審法院有常任法官 4 名（包括首席法官），非常任法官 12 名，其他普通法適用地區法官 9 名，其中大多數具有海外法學教育背景和外國國籍[①]；他們在任職前已有 10 年以上的執業經驗[②]。相對而言，內地司法機構法官的來源較單一，選拔和考核的方法也相對簡單，尤其缺乏一支高素質的涉外專業審判隊伍[③]。

第三，香港的司法機構是隨着香港司法實踐的發展而逐漸完善的。而內地的司法機構是在政權建立之後，很快就形成了自己完整的體系。因而，從這種意義來說，香港的司法機構之完善更像是經驗性的產物，而內地司法機構更似

---

① 資料來源：http://www.info.gov.hk/jud/guide2cs/html/cfa/judg1st.htm.，最後訪問日期：2001-09-10。又《香港基本法》第 90 條只規定終審法院的首席法官必須由在國外無居留權的香港永久居民中的中國公民擔任。這種制度的明顯不足是法官在進行司法審查時容易忽視對中國法律的適用，並過分強調香港法院按普通法對《香港基本法》享有的司法解釋權。1999 年審理的吳嘉玲一案就是典型的例子。參見 Ng Ka Ling & Others v. Director of Immigration, [1999] 1 HKLRD.
② 參見徐克恩：《香港：獨特的政治架構》，北京：中國人民大學出版社，1994，第 118-119 頁。
③ 萬鄂湘：〈加入 WTO 與我國的司法改革〉，2001 年 5 月 18 日在上海「中國入世的前奏——國際專家圓桌會議」上的發言。

惟理主義的產物。

　　第四，香港法院（庭）是惟一的司法機構，負責提起公訴的檢察官屬於行政官員；而在內地，法院和檢察院都是專門的司法機構。

　　第五，香港的司法機構一旦建立，就具有相當大的穩定性，很少有大的改變。而內地的司法機構命運多舛、坎坷多變，受其他權力的干擾較嚴重，例如在十年內亂中，作為司法機構的法院和檢察院竟然被廢置。

　　當然，香港與內地的司法機構之不同還表現在其他許多方面，例如內地一度將司法機構作為實行人民民主專政的工具，香港的司法機構則一直自詡為超脫於當事人雙方利益之上的維護社會正義和公平的工具。

三　香港司法制度及其特點研究

　　司法制度主要是指司法機關及其工作人員如法官執行或解釋法律，把法律應用到具體案件的審理和判決中的制度。香港的司法機關負責審訊一切檢控案件，裁定市民之間或市民與政府間的民事糾紛。為公平解決糾紛、處斷案件，香港的法律也規定了許多具體的司法制度，如無罪推定、法無明文規定不為罪、法不溯及既往等原則以及法律援助等司法制度。但與內地的司法制度相比，筆者以為香港較有特色的是司法獨立制度、司法審查制度以及陪審團制度。

（一）香港的司法獨立制度及其特點

　　儘管在西方人例如英國人或法國人眼裏，普通法系和大陸法系有很大差別，這種感覺在敏銳的東方人中也會存在。但在大多數的東方人眼裏，西方國家具體的法律形式和制度可能會有差別，但其法治的法律本質卻相同。如就司法獨立而言，英國的規定肯定與法國有不同，但就其司法獨立的精神——法官在審理案件時不受任何方面的干涉、管束，特別是不受任何行政部門或個人的干涉，即使是上級法院也不能任意過問下級法院的審判，而只能根據訴訟程序，當案件上訴到上級法院的時候，才有權對該案發表意見，作出新的判

決——而言，卻是大同小異。香港幾乎完全移植了英國司法制度，非常強調司法獨立精神。從形式上及其司法實踐來看，香港確實相當嚴格地遵循着司法獨立原則。

當然，所謂司法獨立並非絕對，實際上香港的司法獨立也有限制，其中表現最明顯的是在英國管治期間，總督儘管一般並不干預法院審判，但仍或多或少操縱了司法權。這種影響表現在：總督有權任免法官，使法官在審理案件時，不得不考慮總督和政府的立場、意見；總督有權根據《英王制誥》的規定，改變法院的一些重要判決，如赦免共犯等[①]；總督還擁有很大的立法權，可通過立法來影響法官和法院的司法權。

內地主張法院獨立審判，但沒有實行嚴格意義上的司法獨立制度，法官在審理案件時也並不能真正獨立。這主要表現在三個方面：一是法官必須服從黨的領導，服從黨的組織紀律；二是法官一般情況下不能獨立審理案件，而必須組成合議庭共同審案；三是合議庭在一定的情況下必須服從法院內部的審判委員會的領導和決定。儘管法律規定審判人員在審理案件的過程中不受其他組織、人員和團體的「非法」干擾，但是他們卻很難排除「合法」的干擾。

（二）香港的司法審查制度及其特點

司法審查制度也稱違憲審查制度，是通過司法程序審查或裁決立法或行政是否違憲的一種制度，它最先產生於美國。但是英國不存在司法機關審查立法是否合憲的問題，也不存在這樣一種制度，因而司法機關無權審查和宣佈某項法律違憲。

不過，英國的司法審查有着自己特殊的含義，一般是指：第一，英國樞密院對殖民地立法機關頒佈的法律進行審查，如發現其有違英國法律和政策，就有權宣佈該法律無效並予以撤銷。第二，英國高等法院（王座法院）審查行政行為、法令或下級法院的判決，如果有錯誤，或發佈禁止令，禁止某項行為或某項法令的執行；或下調卷令，將其材料調出重新審查；或下執行令，命令某行

---

① 參見董立坤：《香港法的理論與實踐》，第 312 頁。

政部門或下級法院強制執行某項裁決或決定。

　　香港的司法制度類似於英國，因而其司法審查制度也與英國相似。香港的司法審查權由香港高等法院行使。但這種司法審查主要針對下級法院，具體包括：第一，移交高等法院覆審的命令。高等法院有權覆審下級法院審判的案件，如果發現判決有明顯錯誤，有權予以更正。第二，在一定條件下，高等法院還可對香港行政部門的行政行為進行司法審查，如果認為某行政行為顯失公正會引起市民的投訴時，可向該行政部門發出更正命令。當然對於此種命令，高等法院並不能強制執行，而只起到一種督促作用。第三，香港法院有權監督各行政部門和獨立的管理機構制定的附屬立法的執行，並審查其內容是否違法。法院有權命令行政部門或獨立的管理機構停止執行某項附屬立法，甚至在一定情況下可宣佈附屬立法無效。

　　較之香港的司法審查制度，內地的司法審查制度有自己的特色，表現為三方面。

　　首先，內地的法院沒有權力審查某項法律或法規違憲，即使在審判過程中發現某項行政規範性文件與效力層級更高的法律或法規相抵觸，也只能不予適用，而不能宣佈其無效。內地的違憲審查權由全國人大常委會行使。

　　其次，在審理行政訴訟案件的過程中，如果法院發現行政主體的行政行為違法或顯失公正，可以判決行政行為無效或撤銷行政行為或要求行政主體重新作出行政行為，從這一點而言，內地法院對行政機關的監督權似乎更大。

　　最後，對於人民法院的判決，如果行政機關不予執行，人民法院有權強制執行，並有權建議有關機構給予相關的行政領導應有的行政處罰。

（三）香港的陪審團制度及其特點

　　陪審團制度最初產生於英國，後來傳播到世界各地的普通法系國家。陪審團制度也有着自己漫長的發展過程，其間也不乏興盛和衰微。在 18 世紀初葉，大部分英國法院審理的案件都有陪審團參與。但 18 世紀中期之後，民事案件漸少採用陪審團。當今英國法院在審理案件時，只有諸如誹謗等少數民事案件仍採用陪審團，不過，較重大的刑事案件大都採用陪審團。相反，目前陪審團制

度在美國更受重視。現在，西方國家特別是普通法系國家在審理比較重要的案件時一般都會組成陪審團參與審判。香港也採用了陪審團制度，而且較之於英國，很有自己的特色。

香港陪審團的組成方式與美國不同。美國的陪審團一般由案件的雙方當事人或其代理人（或辯護人）選出；而香港的陪審團是從一群有資格的公民中隨機抽選（即抽籤式）選出。每個陪審團由 7 位市民組成，他們必須符合年齡介於 21 歲到 65 歲之間、懂英語等條件。凡符合條件的市民都有義務被抽選至陪審團參與案件的審判，這是其法律責任。如果有市民拒絕履行這種責任，可被判處罰款甚至入獄。參與陪審團的市民在案件結束後，仍回到其原有的工作和生活中去。

根據香港現行法律，刑事案件的被告是否有權申請陪審團參與審判，取決於該被檢控案件的性質。如果是性質較輕的案件，便在裁判司署或地方法院審理，這樣不會有陪審團出席參與，而由法官單獨審判；如果犯罪性質比較嚴重，通常由律政司選擇在地方法院還是在高等法院審理，這時是否採用陪審團要視情況而定。但是所有在高等法院審理的案件都必須採用陪審團。

陪審團在審訊過程中起着十分重要的作用。一般而言，在陪審團聆聽案件的審理之後，就退庭商議。商議時任何人包括法官都不能與陪審團聯繫。陪審團有權自己作出裁定，宣佈被告有罪或無罪，即進行事實審。然後由法官進行法律審，即根據陪審團宣佈被告有罪的決定，依法裁定其應受怎樣的刑事處罰。

中國內地沒有採用陪審團制度，但是採用了人民陪審員制度。早在 1950 年代頒佈的《憲法》、《人民法院暫行組織條例》以及《人民法院組織法》中，就都規定了陪審員制度。1979 年通過的《法院組織法》和《刑事訴訟法》再次重申：人民法院審判第一審案件，除簡單的民事案件和輕微的刑事案件外，都由審判員和陪審員組成合議庭進行。1983 年，全國人大常委會又作了調整：「人民法院審判第一審案件，由審判員組成合議庭或由審判員和人民陪審員組成合議庭進行；簡單的民事案件、輕微的刑事案件和法律另有規定的案件，可以由審判員一人獨任審判。」《民事訴訟法》和 1996 年重新修訂的《刑事訴訟法》也作了相似的規定。

中國內地的陪審員在執行職務期間，擁有與審判員同等的權力，有權參與所辦案件的全部活動，並且按照少數服從多數的原則作出判決和裁定。除被剝奪政治權利的人以外，所有年滿 23 歲的公民都有權被選為人民陪審員。通常陪審員是由地方各級人大選出，定期輪流到人民法院參與審理案件，也有少數陪審員是在法院邀請的情況下，由被邀請的單位臨時推薦而充任的。

可見，香港的陪審團制度和內地的人民陪審員制度儘管有些相似之處，如其目的都是為了監督和制約法官的專斷，簡單案件一般不採用陪審，陪審團成員或陪審員都是經挑選充任的且都有一些條件等等，但二者之間的區別卻更為明顯和重要。這種不同首先表現在人員的資格要求方面，除了年齡限制外，香港法院還有懂英語等條件，而內地僅要求未被剝奪政治權利；其次，選任方式也有差別，香港的陪審團成員一般由訴訟當事人方在有資格充任的市民中選定，而內地的選任方式非常嚴格，大多由各級人大選出；再次是二者的權力和所起的作用也有區別，香港的陪審團一般行使事實審的權力，而內地的陪審員擁有與法官同等的權力，即既有事實審、又有法律審的權力。當然，這種權力的行使必須按照少數服從多數的原則進行；最後，兩地法院在審案過程中採用陪審團的條件也不同，香港第一審一般不採用陪審團，但最高法院的所有案件都必須採用陪審團，而內地一般只要求第一審由審判員和人民陪審員共同組成合議庭，這樣除法律已規定除外的情形外，只要是第一審，不管法院的級別，都可以採用陪審員，但不是要求一審案件一定要有陪審員參加。

儘管香港法院與內地法院採用的是不同的陪審制度，但是很難簡單地說這二者之間孰優孰劣。只有那些能真正做到使案件得到公平、公正的審理的制度，才是適合自己情況的好制度。

四　香港司法文化的特徵研究

從上述內容中可以看出，香港司法文化經過 150 年的發展，已形成了自己鮮明的特色：

（一）明顯地帶有普通法系的特徵

必須肯定的是，香港司法文化明顯地帶有普通法系的特徵，這與香港屬於英國殖民地有着直接關係。英國在統治香港的 150 多年間，不遺餘力地推行英國法。從這層意義而言，甚至可以說香港司法文化曾經是英國司法文化的一部分。這又主要表現在五個方面：一是法官適用的法律淵源具有英國式的多元化特徵。二是司法機構很相似，類型和數量眾多，法院體系複雜，司法權較分散，甚至某些立法機構和行政機關也同時與法院享有司法權。三是很多司法制度也幾乎是完全從英國移植而成，如法官任命制度，律師制度等，從而保證了香港律師和法官具有較高的素質。四是完全採用英國式的對抗制訴訟程序，當事人雙方通過法庭辯論和詢問證人澄清事實，法官不主動詢問證人和搜集證據，而是處於中立地位，充當衝突雙方的公斷人，這與內地法官在訴訟中處於非常積極的地位、法院與檢察院在刑事訴訟中分工合作的職權主義訴訟程序大相徑庭[1]。最後是法官在法律的發展過程中起着凸出的作用，可以說，像英國法一樣，香港法主要也是法官司法活動的產物，儘管今天香港也有了許多制定法。

（二）香港司法文化具有多元化特徵

許多研究香港法律文化和歷史的權威學者認為，香港存在着一種二元化的法律體系和法律文化[2]。在香港回歸前，其法律文化中的一元是在引進英國法基礎上建立起來的普通法系；另一元是英國統治香港時保留下來並一直適用的中國清代的法律和習慣。當然，在香港法律文化的二元結構中，不同的時期，二元所起的作用和所處的地位也有所不同。香港回歸後，法律文化實際上出現了三元結構。這第三元就是全國人大及其常委會制定的適用於香港的法律，如《香港特別行政區基本法》和《中華人民共和國憲法》中相關的規定等[3]。再如，適用於香港的國際條約來源也在向多元化發展，在香港回歸前，適用於香港的國

---

① 也有學者提出中國的刑事訴訟構造其實是「流水作業式」的，以區別大陸法系的糾問式刑事構造。參見陳瑞華：《刑事訴訟的前沿問題》，北京：中國人民大學出版社，2000，第 231-242 頁。
② 參見 Berry Su, *The Common Law in Chinese Context*, Hong Kong: Hong Kong University Press, 1992。
③ 參見董立坤：《香港法的理論與實踐》，第 67-74 頁。

際條約都是英國締結或加入的；但是根據《基本法》的規定，回歸後香港適用的國際條約則有香港原適用的大部分國際條約、中國中央政府締結並決定適用於香港的國際條約以及香港特別行政區以「中國香港」的名義加入的國際條約等三類國際條約。

與上述事實相應的情況是，香港的司法文化也呈多元化的特徵。早在英國佔領香港之初的 1841 年，英國便確立了二元化的司法體制。其中最有力的證據就是《義律公告》所宣稱的內容：

> 是以香港等處居民，現係歸屬大英國王之子民，故自應恭順樂服國王派來之官，其官亦必保護爾等安堵，不致一人致害。至爾居民向來所有田畝房舍產業家私，概必如舊，斷不輕動。凡有禮儀所關鄉約律例，率准仍舊，亦無絲毫更改之誼。且為奉國王另降諭旨之先，擬應照《大清律例》規矩主治居民，除不得拷訊研鞫外，其餘稍無所改。凡有長老治理鄉里者，仍聽如舊，惟須稟明英官治理可也。倘有英民及外國人等至害居民，准爾即赴附近官前稟明，定即為爾查辦。……倘嗣後有應示之事，即由派來官憲隨時曉諭，責成鄉里長老轉轄小民，使其從順毋違，特示。[1]

次日，義律又發佈了內容大致相同的一份公告，重申了前言。不管學者們怎樣爭議，在事實上，香港還是建立了二元化的司法體制：對華人依舊適用中國的法律及習慣；對英國人以及其他外國人適用英國法。例如，在 1915 年判決的 Ho Tsz Tsun v. Ho Au Shi and others 案中，首席法官 Rees-Davies 判定：將英國法適用於以前由習慣法調整的中國家庭制度有違於《義律公告》的有關規定。該法官明確指出《義律公告》為香港建立了一種二元的司法體制[2]。

但隨着英國文化、思想和政治觀念等對香港的影響日益加深以及香港本地政治、經濟和文化的發展，傳統中國文化包括司法文化對香港的影響日漸式

[1] 轉引自蘇亦工：《義律公告與一島兩制——香港二元法制的確立》，第 37-38 頁。
[2] 參見 10 HKLR 69〔1915〕。

微。這正如著名學者歐德禮所言，香港殖民地法制史可以簡單地描述為英國法的逐漸擴張和中國法律及習慣日益萎縮的過程[1]。

　　1870 年代陸續生效的一系列法例，如《婚姻改革條例》以及《無遺囑遺產繼承條例》等，實際上已經敲響了香港「中國法律及習慣」的喪鐘[2]。以後「中國法律及習慣」的內容不斷被新制定的法律吸收或改良，因此，儘管其在香港社會的影響猶存，但終將消亡的命運似乎已不可避免[3]。

　　香港回歸後，司法文化中又多了內地司法文化這一元。其中最明顯的表現：一是香港法院在審理案件時必須遵循全國人大及其常委會制定的適用於香港的相關法律；二是全國人大常委會可以行使《基本法》解釋權以推翻香港終審法院在判案時對《基本法》作出的解釋；三是香港與內地的法律衝突和司法協助不再是原先類似兩個國家之間的關係，而是一國內部不同區域間的法律衝突和司法協助的關係了。在這個國家內部有着幾乎完全不同的兩種司法制度，因而在許多案件的審判中，必然會產生諸多的司法爭議問題[4]。從深一層次看，這種司法爭議的存在，表明了香港法律制度在回歸後呈現出一種無法自我克服的不足，香港應該檢討如何在實施《基本法》的過程中既要發揮普通法的傳統，又要融入中國法的相關制度，從而實現比較客觀的司法獨立制度。

（三）香港司法文化的形成過程具有典型的惟理性和建構主義特徵

　　這裏所謂的「惟理性」和「建構主義」是指香港的司法文化在很大程度上是統治者推行和移植英國司法文化而形成的。從這層意義而言，香港的司法

---

[1] Peter Wesley-Smith, *The Source of Hong Kong Law*, Hong Kong: Hong Kong University Press, 1994, p.207.

[2] Evans, "Common Law in Chinese Setting," [1971] HKLJ, p.3, note 5.

[3] 但在我們研究的司法文化這一層面，「中國法律及習慣」未必會消失無蹤，因為在實行判例法的法域，法官本身就可以憑藉自己對法理的認識靈活地判案。有學者從香港高等法院大法官楊振權對一件信託糾紛案的處理上，就看到了在法理裁斷的同時，不忘道德規勸的做法，並感歎：「在香港這樣一個法制社會，體察人情、關注倫理到如此地步，可敬可歎。」參見霍నిం福：〈英國法理與中國人情的璧合〉，香港法律教育信託基金編：《中國內地、香港法律制度研究與比較》，北京：北京大學出版社，2000，第 261 頁。

[4] 陳弘毅：〈回歸後香港與內地法制的互動：回顧與前瞻〉，香港法律教育信託基金編：《中國內地、香港法律制度研究與比較》，北京：北京大學出版社，2000，第 11-29 頁。

文化是「人之設計」而並非「人之行動」的產物。也就是説，香港法治社會的形成以及司法文化的成功並非如哈耶克所言是「自生自發的」、「內部秩序的」產物[①]。

香港本是荒蕪小島，人跡罕見，經過 150 多年的殖民統治後，已成為世界著名繁華都市和金融商業中心，近現代的司法機構和司法制度也從無到有逐步發展和完善起來了。但這並不主要是香港的立法機構或司法機構根據香港本地的經驗和傳統逐漸積累而成的，相反，香港殖民統治者一開始就引進了英國的司法文化。例如，根據 1844 年香港《最高法院條例》，英國法適用於香港，這樣，香港引進了英國司法機構的設置及其權限的劃分、法官制度、律師制度等等。即使對香港本地的司法文化有所保留，也是堅決剔除其非人道的部分（如刑訊）和陋習。

最令人印象深刻的是，英國的判例法可以適用於香港。眾所周知，判例法是最具地域色彩和民族特徵的法律形式，但事實就是這樣，內容適合的英國判例法竟然可以直接適用於地處遙遠東方的香港。法國思想家孟德斯鳩説過這麼一句意味深長的話：「為某一國人民而制定的法律，應該是非常適合該國的人民的；所以如果一個國家的法律竟能適合於另外一個國家的話，那是非常湊巧的事。」[②]想想英國在海外的殖民地，好像從未有過如同香港這樣取得巨大成功的例子，其中的原因很值得我們探討。

從英國法對外輸出的歷史來看，它是隨着歐洲經濟發達地區實行資本原始積累，向外佔領和掠奪殖民地開始的。在殖民統治時期，宗主國為了保護本國商人、廠主的利益，為了掠奪殖民地附屬國人民，而強制推行本國法律。但殖民地附屬國原有的法律和習慣並沒有完全被取代，因為從宗主國的實際需要來看，為了達到自己的目的，需要採用西方的行政管理制度以及契約法、公司法、票據法、海商法等一系列法律，而就殖民地附屬國人民的社會生活和處理內部關係來説，西方法律則是格格不入的，在廣大農村地區更是如此。

①〔英〕哈耶克：《法律、立法與自由》（第一卷），鄧正來等譯，北京：中國大百科全書出版社，2000，第 52-77 頁。
②〔法〕孟德斯鳩：《論法的精神》，張雁深譯，北京：商務印書館，1961，第 6 頁。

　　殖民主義者為了維持殖民地附屬國社會的穩定，在某些領域保留了原有法律和習慣。而且，利用當地的上層分子和統治勢力是殖民主義者慣用的方法，保留某些原有的法律和習慣則有助於這種利用。所以，總體來說，在殖民主義入侵以後，亞非拉國家的法律在公法、民商法和民事訴訟法等領域推行西方法律，而在身份、婚姻家庭與繼承方面則保留原有法律和習慣[①]。比如，英國東印度公司 17 世紀初葉在印度經營貿易以後，逐漸在政治上控制了印度大部分地區，直到 1858 年由王室充任英屬印度的統治者之前，公司都作為英國王室的受託人管理着印度。在相當長一段時期裏，東印度公司控制下的地區均單獨適用英國法，但後來規定：所有涉及繼承、婚姻、社會等級和其他宗教慣例及制度的訴訟，伊斯蘭教徒適用古蘭經（Koran）教規，印度教徒適用聖典（Shastra）規範。在上述事宜方面，受英國法管轄的聚居區有加爾各答、孟買等所屬的市鎮，而其他地區則受它們各自的習慣法管轄。如果沒有習慣法，仍可適用英國法。至於其他一切問題則繼續適用英國法。這樣，就產生了雙重體制的法律，一種是按地域範圍的屬地法；另一種是因人而異的屬人法[②]。而香港的法律傳統是以英國法為主，本土化的東西只有碩果僅存的「新界習慣法」。

　　法律移植應該是一種惟理建構主義的策略。毫無疑問，就香港司法文化與英國司法文化的聯繫之緊密程度而言，香港法幾乎可以稱為是英國法的翻版。如果說日本曾經是移植大陸法系法律文化最為成功的國家的話，那麼可以說，香港是移植普通法系法律文化最為成功的地區。相對而言，移植判例法國家的司法文化具有更大的困難，因而也需要更高的智慧和技術。這方面，香港在殖民者進入前，原本人口稀少，沒有健全的司法機構，也未形成固定成熟的司法制度，可能是便於普通法全方位輸入的最重要原因，因為惟有這才是其他地區都不具備的條件。而香港經濟迅速發展的歷史也使其法律制度構建的特點更為引人注目，因為這一法律制度中的許多內容無疑對香港經濟的成功起着保障和促進作用。

---

① 由嶸、胡大展主編：《外國法制史》，第 395 頁。
② 上海社會科學院法學研究所編譯室編譯：《各國憲政制度和民商法要覽‧亞洲分冊》，北京：法律出版社，1987，第 319-320 頁。

五　香港司法文化與內地司法文化的交流與互動趨勢

香港在回歸前，其法律文化包括司法文化非常具有開放性，與世界各國的交流相當頻繁且富有成效。例如，香港終審法院依法有權根據自己的需要邀請其他普通法適用地區的法官參加香港法院對案件的審判。如此開放的司法文化，可以說是舉世罕見。但是，「以前，香港是英國統治下的殖民地，對於當時的香港法制來說，中國法制猶如任何一個『外國』的法制，並不與香港法制發生有機的、互動的關係」[①]，兩地司法文化之交流和互動的情形很少。其中的原因很複雜，如香港是普通法系的成員，而內地則屬社會主義類型的法，當然從形式上來看，內地更具大陸法系的特徵；但是，更重要的原因是政治上的因素。這樣，香港與內地的司法文化的交流大都停留在司法業務層面上[②]，而無實質上的互動關係。

（一）兩地司法文化交流與互動的需求

香港回歸祖國後，兩地之間司法文化的交流與互動也有了可能和必要。首先，是一國兩制為兩地司法文化的交流與互動提供了政治基礎。也就是說，以前人為的政治方面的障礙已經不復存在。其次，香港與內地的司法文化差異巨大，這種差異不只是表現在形式上，更重要的是表現在本質上。這樣，在一國兩制下「兩套截然不同的法律理念在產生相互作用的初期，在一些重要概念有待釐清，正確的理解有待形成、憲制性成例有待建立的階段，出現訴訟是不可避免的。」[③] 因而，兩地之間的交流與互動也是大勢所趨。再次，不同法系之間的融合，已經是世界法律發展的大趨勢。20 世紀以來，世界上主要的法系已經開始拋棄固守傳統壁壘的做法，不斷地剷除法系偏見，取長補短，從而使自

[①] 陳弘毅：〈回歸後香港與內地法制的互動：回顧與前瞻〉，第 10 頁。

[②] 這種交流大多局限於兩地律師在商業方面，並且雙方主要是配合客戶生意上的需要，彼此交換專業資料。後來也只是香港律師把律師行開到內地而已，官方之間的交流非常少見。參見周永健：〈積極交流、加強溝通〉，《中國內地、香港法律制度研究與比較》，北京：北京大學出版社，2000，第 75-76 頁。

[③] 梁愛詩：〈新憲制建設的里程碑〉，1999 年 12 月在香港九龍東區扶輪社餐舞會上的致辭。

身的內涵日益豐富和完善，使一切合理的元素得以共存並發展。例如，大陸法系國家已開始改變往日那種刻板的閉門造車的立法方式，修正法官是法律的奴僕、法官在審判過程中只起自動售貨機的作用的習慣做法，開始注重經驗，吸收判例法的優點；而普通法系國家也一改過去那種只注重案例和經驗以及過分信任法官的傳統做法，開始提倡法典化運動①。香港與內地之間的法律文化，雖然並不具有純粹的法系差別，更多的是法律制度及其性質的不同，但在一國兩制的政治基礎上，兩種不同的法律文化之間一樣存在着交流與互動的必要性。只有這樣，兩地司法文化之間才能取長補短，發展和完善自身。最後，隨着兩地經濟和文化的開放與交流，各種交往急劇增多，不可避免的是糾紛也會增多，因此，如何在一國兩制的前提下解決兩地之間有可能因不同的司法文化而帶來的司法方面的衝突與困難，已成為司法文化交流與互動的直接動因。

（二）兩地司法文化交流和互動的形式

香港與內地司法文化之間交流和互動的形式多樣，但具體而言，大致有這麼兩種情形：

一是從宏觀的方面來看，香港與內地之間的司法文化之間可以互相學習，取長補短，從而使自己的司法文化更加完善。

香港與內地兩地之間在司法文化方面的交流和互動是以一國兩制為政治基礎的，而法律上的基本前提則是《基本法》的制定和實施。《基本法》是在廣泛聽取意見和建議的基礎上由全國人大制定的憲法性法律，它是中國法律的一部分，是全國性的法律；同時《基本法》又是香港的憲法性文件，高於香港的其他法律，這就意味着香港法院在適用普通法、衡平法、條例、附屬立法和習慣法時，都必須以不與《基本法》相違背為前提。

毫無疑問，在司法實踐的過程中，兩地本屬於不同法系的法律文化在一國兩制的新憲制下得到了充分交流甚至融合。這正如律政司梁愛詩女士所言：「雖

---

① 徐復雄：〈論基本法確立的香港新憲制架構〉，肖蔚雲、饒戈平主編：《論香港基本法的三年實踐》，北京：法律出版社，2001，第 11-12 頁。

然兩種法律制度在各自管轄範圍中獨立運作，但也不是完全不相干的。《基本法》正如是兩種法律制度的交匯點。」① 香港高等法院首席法官陳兆愷先生也指出：「世界上沒有一個制度是十全十美的，每一個法律制度和傳統都各自有它的優點和弱點。有學者認為成文法和普通法兩個法律制度和傳統應該補充不足。過去中港兩地的法律制度和傳統已開始朝這方向發展。……我深信這是一個正確和必須的方向。這也是國際的大方向。」② 筆者以為，把這種觀點放在兩地司法文化的交流與互動方面，也非常具有遠見。陳兆愷先生作為香港高等法院的首席法官，說出這樣意味深長的話，表明香港司法界確實已經把兩地法律的交流與互動作為一種發展的方向。

內地最近 20 多年來已開始重視法律，着手推行社會主義法治，且取得了令人矚目的成就。內地所實施的司法制度完全不同於普通法系的司法制度，因而也就有異於香港的司法制度。但是，內地根據自己的實際情況，也吸收了包括普通法系司法制度在內的西方司法制度的長處。因此，內地與香港的司法文化有了一些趨同的因素。如內地 1996 年修訂的刑事訴訟法，進行了許多程序上的改革，引進了普通法系的一些制度和原則：參考了無罪推定原則，規定只有法院才有權定罪；改變了辯護制度，使被告的律師能夠提前介入訴訟，等等。再如，中國內地疆域遼闊，民族眾多，且各地各民族的經濟、文化、風俗以及傳統差異極大，法官素質也參差不齊，針對這一情況，最高人民法院已日益重視通過公佈典型案例來指導各地司法工作。實際上，儘管判例法不是內地法院的法律淵源，但是典型案例對於各地法院還是有着相當的約束力，故最高法院公佈的典型案例也起着類似於香港判例法的作用。

二是從微觀的方面來看，回歸以後的香港與內地必然會有數量眾多的司法往來，需要互助與合作，但是在合作過程中，必然會遭遇許多司法文化方面的衝突，因為兩地的交流與互動其實也是不同司法文化傳統之間的博弈與協調的過程。

---

① 梁愛詩：〈基本法建立的新憲制架構〉，1999 年 11 月 2 日在香港大學聖約翰學院晚宴上的致辭。
② 陳兆愷：〈中港法律制度發展的前景〉，《中國內地、香港法律制度研究與比較》，北京：北京大學出版社，2000，第 35-36 頁。

香港回歸之前，即使與內地發生司法方面的聯繫，也是按照國際慣例和國際條約的規定解決問題。但是，香港回歸後，與內地已不再是原來類似國與國之間的關係，而是一國內部不同地區或地方與中央之間的關係。很明顯，有些以前適用於香港與內地的有關司法的國際慣例和國際條約已不能再繼續採用；但同時香港與內地的地方司法機關以及中央司法機關之間也不是單純的地方與地方或地方與中央的關係，而是特別行政區與其他地方或特別行政區與中央的關係。「這樣，在一個統一的國家內形成了兩個截然不同的法律區域：中國內地實行社會主義法律制度，在香港實行現行的以英國普通法為主的法律制度，各自都有獨立的立法權、司法權和終審權，由此而發生的涉及中國內地與香港的法律關係將不可避免地因不同的法律規定發生衝突。這種衝突不是主權國家之間的法律衝突，而是在統一主權國家之內不同法域間的法律衝突。」①

不言而喻，在這種情況下，香港與內地司法文化的交流、衝突與互動也極為特別和複雜：一方面，香港與內地之間的司法機關不但會發生法律適用方面的衝突，而且會發生管轄權方面的衝突；另一方面，基於一國兩制的政治前提，香港與內地之間的司法機關更多地會強調互相協調與合作，以現實地面對共同的司法問題，如兩地之間的司法協助以及判決的承認和執行等。下面分別述之：

首先是司法管轄權之衝突及其協調。香港與內地的司法管轄原則很不相同，這樣在一個案件同時涉及香港與內地時，根據香港的司法管轄原則和中國有關的管轄規定，香港與內地對該案件都享有管轄權，這就引起了香港與內地的管轄權的衝突。如「張子強案」和「李育輝案」所引起的刑事案件管轄權的衝突。對此兩案，根據中國《刑法》和《刑事訴訟法》的有關規定，內地司法機關擁有司法管轄權；但同時，根據香港法律其司法機關也有司法管轄權，結果雖然兩案最終由內地法院審判，但卻引起了爭議。這兩個案件之所以會發生管轄權方面的爭議，是因為《基本法》和相關的法律對上述情況未加明確規定。可以預見，以後這種情況還會發生，因為法律無法規定將來可能發生的一切情況。在這層意義上，或許上述案件的處理及其處理的方式會為將來類似的案件

---

① 董立坤：《香港法的理論與實踐》，第 366 頁。

提供「先例」，因為一國兩制語域下的司法問題不僅是一個理論或法律的問題，更是一個實踐的問題。

其次是法律適用之衝突及其解決。如果一個案件既涉及到香港又涉及到內地，那麼勢必涉及到香港與內地的法律，發生兩地的法律衝突，在這種情況下，兩地法院應怎樣處理是一個非常現實和複雜的問題。如果是刑事案件，那麼根據刑法原理，一國法院對刑法的適用與其法院的刑事管轄權是一致的。也就是說，一旦該國法院對該案件行使了刑事管轄權，那麼該法院就應該適用本國的刑法。這與民事案件的法律衝突情況不同。在民事案件中，當法院決定它對某件有跨境性質的案件享有民事司法管轄權後，還可以依據衝突法原理，選擇是適用本國法律還是他國法律來處理該案。香港與內地解決這種涉外民事糾紛的法律規定和原則儘管有不少相似的地方，但是更多的是不同——即使是採用相似的法律衝突規則，在實際的運用和理解上也大有不同。例如，對於當事人雙方對適用法律未作選擇的經濟合同，香港和內地的衝突法都主張適用與合同有最密切聯繫的國家或地區的法律。但是，對於何謂「最密切聯繫」，香港與內地的法院的理解和規定也可能極不相同。因此，香港與內地的法院在面對具體案件時，不僅會有實體法的衝突，還會有衝突法的衝突[①]。

在目前，短期內，香港與內地之間不大可能制定一部像西方聯邦制國家那樣適用於聯邦內部的區際衝突法，這有傳統習慣方面的因素，也有心理意識方面的差異。所以，如果要順利解決香港與內地的法律衝突，在相當長一段時期內，兩地還必須各自依據自己的衝突法規則，選擇適用香港或內地的相關法律。這既要求香港的司法人員和機關熟悉內地的法律以及相關的法律適用規則，也要求內地的法律工作者和司法機關熟悉香港的法律以及有關的法律適用規則，只有這樣，才能協調香港與內地諸多的法律衝突。

最後是司法協助與合作。香港與內地之間的司法協助主要包括訴訟文書的送達、證據的調查以及判決的承認和執行等內容。其中最為複雜和困難的是對兩地法院判決的承認和執行問題，因為現在香港與內地之間不存在任何關於相

---

① 董立坤：《香港法的理論與實踐》，第 379-380 頁。

互承認和執行各自法院判決的具體規定。目前，香港法院的判決要在內地得到承認和執行，必須按照《民事訴訟法》第 204 條規定的程序和條件進行審查通過方可執行；而內地法院的判決要在香港執行，必須依據香港《外地判決（相互執行）條例》規定的程序和條件進行登記才能得以實施。但是，這種規定既繁瑣又不大符合香港是中華人民共和國一個特別行政區的法律事實，因此有學者提出，可由內地各省、自治區和直轄市的高級法院與香港高等法院達成相互幫助執行對方判決的司法委託協定，在對對方法院的判決經過簡單的形式審查程序之後，對香港的判決依據《民事訴訟法》規定的程序予以執行，香港法院對執行內地法院的判決予以同樣的協助。①

（三）香港與內地之間司法文化交流與互動的趨勢

從上述分析可以看出，香港與內地之間的司法交流、衝突、協調和互動的主要趨勢：一是兩地司法文化在交流、衝突、協調和互動的過程中，會出現趨同化的發展方向。儘管內地目前的法治程度不高，司法文化更是負着傳統的重累，但是隨着內地經濟、政治和文化的逐步開放和發展，在「全球化」的今天，內地的司法文化也會逐步與世界接軌。

當然，司法文化也是一種地方性知識，香港與內地的司法文化永遠都不大可能完全一樣，但是兩地的司法文化中對於正義、公平和平等等價值觀念和美好理想的追求應該是相同的。因為司法文化的形式有可能是地方性的，但其價值內核卻是普適的。還可以預見的是，在香港與內地司法文化趨同化的過程中，內地會表現得更為積極和主動，因為這是國際潮流，也是大勢所趨。對此，原香港首席大法官楊鐵樑先生早在 10 年前就指出：

> 在 1997 之後的五十年內，香港法律和司法制度應該是沒有本質
> 上的變動。一點不變是不可能的，只是基本上變化不大。在這五十年
> 內香港將繼續是一個保持資本主義制度的社會，繼續是擁有現在法理

---

① 董立坤：《香港法的理論與實踐》，第 392-393 頁。

的、現在本質的、現在原則的法律和司法制度，也就是說，香港人在1997年後將繼續擁有他們一百多年來比較習慣的一套法律。在這段時間內，內地也在變化，而且在香港人看來，這種變化的幅度還很大。到了2047年，整個中國的面貌將又是另外一個樣子。一般地說，香港人都認為內地現在政策的大方向是對的。在2047年之前，內地和香港的距離有些是應該能夠縮短的，尤其是那些接近香港的開放城市的繁榮可能與香港是同水平的了，那時內地的法律和司法演變到什麼程度不好說，但從現在來看，大原則——法治確定下來了。在今後的幾十年內，香港和內地雙方都是要互相學習、互相交流的。當然雙方隔閡很久，彼此都很陌生，要達到思想上的融洽交流並不是很容易的。這是一個長期的任務，法律上的交流尤其如此。[1]

香港與內地的司法文化交流與互動過程中的第二個趨勢是，在相當長一段時期內，兩者之間會衝突與協調共存，爭議與對話同在，同時在兩種司法制度中間，會保持一個緩衝區，以便雙方互相適應，逐漸磨合。在這一過程中，模糊和寬容是非常重要的價值尺度和理想目標。由於兩地司法文化的價值取向、程序觀念、法治意識、傳統偏見和民眾心理等方面的巨大差異以及相關法律的缺席，香港與內地之間在具體案件的操作上肯定還會出現不同的處理方式，因而衝突不可避免。但是，理性終究會佔上風，兩地最後還是會在一國兩制的原則下現實地解決相關的問題。這樣，兩地有望制定一些只適用香港與內地的區際性的協議和條例，並且這些處理爭議的手段和方式可能會為處理內地與澳門以及將來的一國兩制下的台灣的相似問題提供借鑑。

---

[1]〈一九九七年後香港法律展望〉，黃炳坤主編：《「一國兩制」法律問題面面觀》，香港：三聯書店，1989，第76頁。

香港法律中的「最終承認規則」：歷史與前景 [①]

於興中 [②]

一 緒論

　　香港自從 1842 年正式成為英國殖民地以後，不久即接受了英國的法律制度，一直延用至 1997 年 [③]。根據這一事實似乎可以推斷出：1997 年以前，英國法律制度中的「最終承認規則」，即哈特教授反覆強調過的「凡經女王與國會制定者皆為法律」這一事實理所當然的也應該是香港法律制度中的「最終承認規則」[④]。1997 年以後，香港回歸中國大陸，成為中華人民共和國領土的一部分。主權的變化使香港原有法律制度中的「最終承認規則」，即「凡經女王與國會制定者皆為法律」失去了效力。但同時《中華人民共和國香港特別行政區基本法》（《基本法》）又規定香港實行不同於大陸的法律制度 [⑤]。這就意味着回歸以後，香港雖然成為中華人民共和國的一個特區，但大陸法律中的「最終承認規則」並不一定就是香港法律中的「最終承認規則」。因此，香港法律中的「最終承認規則」究竟是什麼，便自然而然地成為政治實踐和學術研究所關注的一個重要問題。而這個問題的重要性在 1999 年因為終審法院居港權判決引起的人大常委會釋法事件而變得更為重要，成為目前香港法制發展中最關鍵的問題，關係到香港法律制度的合法性、香港憲政秩序的發展方向和同大陸憲法及法律制度的

---

① 原載於《香港社會科學學報》總第 22 期，後收入於興中：《法治與文明秩序》，北京：中國政法大學出版社，2006，第 287-312 頁。

② 於興中，哈佛大學法學博士，現任康奈爾大學法學院講座教授。

③ 參見 Peter Wesley-Smith, *The Sources of Hong Kong Law*, Hong Kong: Hong Kong University Press, 1994。

④ 參見 H. L. A. Hart, *The Concept of Law*, London: Oxford University Press, 1961, p.99。

⑤ 參見《中華人民共和國香港特別行政區基本法》第 8、19 條及第四章第四節，香港：三聯書店，1999，第 4、7、24-25 頁。

聯繫，乃至香港政治法律文化發展的前景等重大理論問題和現實需要，因而非常具有探討的必要①。

那麼，什麼是香港現行法律中的「最終承認規則」？是《基本法》、「一國兩制」、「港人治港」、「高度自治」、「五十年不變」等特殊憲法原則，還是《中華人民共和國憲法》抑或全國人民代表大會？有學者指出，香港法律中的「最終承認規則」是《基本法》，也有學者認為是《中華人民共和國憲法》②。本文認為香港法律中的「最終承認規則」既不是《基本法》，也不是《中華人民共和國憲法》，而是《基本法》所體現的「一國兩制」、「港人治港」、「高度自治」、「五十年不變」等特殊憲法性原則和香港政府官員、立法、司法、執法人員、律師、社會精英以及普通公民對這些特殊憲法原則的認同與接受。這一觀點包括兩個層面：一是理想、原則、規範的層面，二是現實的層面。它體現了「一國兩制」的精神，兼顧中港兩地的利益和關懷，其理論來源是中國政府關於「一國兩制」的思想和法理學界關於法律制度中的「承認規則」學說③。

因為「承認規則」並不是一個人們耳熟能詳的概念，本文擬從探討「承認規則」的概念入手，進而討論1997年以前香港法律中的「最終承認規則」，以便更好地理解現行香港法律中的「最終承認規則」。與此相適應，本文由三個主要部分組成。第一部分評介法理學中對「承認規則」這一概念的基本認識，指

---

① 關於該居留權案事件，參見佳日思等編：《居港權引發的憲法爭議》，香港：香港大學出版社，2000。該書討論比較詳細，並附有有關文件，極有參考價值。

② 從 Peter Wesley－Smith，Yash Ghai 和 Michael Davis 的著述中可以看出，他們傾向於認為基本法是香港法中的「最終」承認規則，而凌兵則認為中國憲法是香港法中的「最終」承認規則。參見 Yash Ghai, *Hong Kong's New Constitutional Order: the Resumption of Chinese Sovereignty and the Basic Law,* Hong Kong: Hong Kong University Press, 1997；Peter Wesley-Smith, Albert H. Y. Chen（eds.），*The Basic Law and Hong Kong's Future*, Hong Kong: Butterworths, 1988；Michael Davis, *Constitutional Confrontation in Hong Kong: Issues and Implications of the Basic Law*, St. Martin's Press, 1990；佳日思等編：《居港權引發的憲法爭議》所載〈居港權引發的憲法爭議〉一文。

③ 有關「承認規則」的論述，除前引 Hart 著作外，請參見 J. Raz, *The Concept Of A Legal System*（2nd ed. 1980）；L. Fuller, *The Morality Of Law*（Rev. ed. 1969）；Kent Greenawalt, "The Rule Of Recognition And The Constitution," 85 *Mich. L. Rev.* 621（1987）；N. Maccormick, *H. L. A. Hart*（1981）；J. Raz, *The Authority Of Law*（1979）；Coleman, "Negative And Positive Positivism," 11 *J. Legal Stud.* 139（1982）；Postema, "Coordination And Convention At The Foundations Of Law," 11 *J. Legal Stud.* 165（1982）；Soper, "Legal Theory And The Obligation Of A Judge: The *Hart*/Dworkin Dispute," 75 *Mich. L. Rev.* 473（1977）。

出這一概念不僅是一個規範性的概念，同時也是對一種事實的陳述。第二部分回顧 1997 年以前香港法律制度中的「最終承認規則」，藉以同現行香港法律制度中的「最終承認規則」相對照。第三部分對《基本法》、《中華人民共和國憲法》、「一國兩制」、「港人治港」等有可能成為香港法律中的「承認規則」的規範性文件、政治原則及憲法性原則逐一評價，指出回歸後的香港法律制度雖然屬於中華人民共和國法律制度的一部分，但其「承認規則」卻不同於大陸法律制度中的「承認規則」。

二　什麼是「承認規則」？

哈特教授在其力作《法律的概念》第三章重點闡述了一個頗有意思的概念，名之曰「承認規則」[①]。其核心思想是，任何法律制度中都存在一個最終權威，賦予該法律制度的所有規則以法律效力[②]。但究竟什麼是法律中的「承認規則」，哈特似乎並不十分肯定，或者說他的論述給進一步探索這個概念留下了比較大的餘地。儘管如此，其基本思想即一個法律制度中有一個最終的權威這一點還是比較清楚的。我們大概可以把它看作是一種具有啟發意義的分析模式的雛型。

哈特認為法律規則可以分為主要規則和次要規則兩類，前者設定義務而後者授予權力。主要規則規定什麼可為、什麼不可為以及為達到一定的目的應該採取何種行為。次要規則是關於規則的規則，是主要規則背後賦予其法律效力的規則。哈特對次要規則論述頗多，似乎將它們視為法律制度之所以為法律制度的關鍵所在。他指出，主要規則作為一種控制形式普遍存在於簡單社會形態中，它們是社會控制所必不可少的。而在一個較複雜的社會中，光有設定義務的主要規則顯然是不夠的。在複雜社會中除了設定義務的主要規則外，還需要有針對這些規則的合法性、有效性和適用性等等而設定的次要規則。而這些次

---

① H. L. A. Hart, *The Concept of Law*, pp.97-119.
② H. L. A. Hart, *The Concept of Law*, pp.97-119.

要規則的存在恰恰也就是判斷一個法律制度存在與否的根據①。

哈特認為次要規則主要有三種：即「承認規則」、「改變規則」和「審判規則」。「承認規則」的作用在於確定某一個或者某些決定性規則是否具有法的效力的標準。改變規則的作用在於授權官員制定新的規則或者取消舊的規則，授權公民改變他們自己或他人的法律地位或者法律關係。審判規則的作用是授權機關或者個人就一定情況下某一條規則是否已被違犯，以及應處何種制裁做出裁決，規定必須遵守的審判程序，授權審判者指導其他官員實施懲罰，以此使制裁集中化②。

可以看出這三種次要規則中「承認規則」主要是針對法的最終權威，法律規則出處的合法性以及法的效力問題。改變規則擬解決的是法律制度的穩定、繼承與發展的問題。審判規則主要着眼於法的結果、法律制度運作的程序和法的實施的問題。如果從英國人慣用的實質與程序的二分法的角度來看，主要規則是實質性的而次要規則則是程序性的、授權性的。

在三種次要規則中，「承認規則」是最重要的。因為它是一個法律制度存在和統一的基礎。哈特認為每個法律體系中都必然包含着用以評價這一法律體系中的其他規則的標準。在現代法律制度中，法律出自不同的淵源：諸如立法機關、法院判決、習慣、商業慣例等等。一條規則的法律效力可以通過引證其出處來予以評價。上述出處都可以看作是「承認規則」③。一個法律制度中的規則往往具有等級性，「承認規則」也相應地具有等級性。在「承認規則」的等級中有一條應該是最高、最終的「承認規則」。譬如在中國的法律體系中憲法被看作是最高層次的法律，即所謂根本大法。其次是人大及其常委會制定的全國性的基本法律，再次是國務院及其各部委及地方政府制定的行政法規，而人大的法律、國務院及地方政府的法律是不應該與憲法相抵觸的④。

---

① H. L. A. Hart, *The Concept of Law*, pp.97-119；並請參見沈宗靈：《現代西方法律哲學》, 北京：法律出版社，1983，第 154-159 頁；張文顯：《當代西方法學思潮》，瀋陽：遼寧人民出版社，1989，第 222-226 頁。

② H. L. A. Hart, *The Concept of Law*, pp.97-119.

③ H. L. A. Hart, *The Concept of Law*, pp.97-119.

④ 參見張春生編：《中華人民共和國立法法釋義》，北京：法律出版社，2000，第 3-4 頁。

　　這裏所牽涉到的實際上是一個非常重要的法理學問題，即一個法律制度的合法性問題。關於這個問題，法學史上存在過的各法學流派都曾經作過不同的解釋。譬如在神權統治如日中天的中世紀，人們認為法律制度的合法性存在於法律是上帝賦予的這一説法之中，也就是説人之所以要遵守法律是因為法律是上帝賦予的①。而以理性為基礎的古典自然法學派則認為人之所以要遵守法律是因為法律是理性的體現，也就是説一個法律制度的合法性是建立在客觀理性之上的②。而在以統治者及主權者的意志為法律本質的實證主義法學派看來，一個法律制度的合法性完全是由於主權者賦予的③。這些觀點在歷史上的不同時期都曾經佔有統治地位，而隨着時間的推移先後失去了其可信性。新分析法學拋棄了法律的最終權威為強治力的説法，而熱衷於從規則體系中探尋法的最終權威。在凱爾森的純粹法學中，法的最終權威是一個所謂基本規範④，而哈特則提出了關於「最終承認規則」的説法，試圖為法律制度的合法性提供一種新的解釋。

　　令人難以把握的是，依照哈特的意思，所謂「承認規則」並不是一條明確規定的規則，而可能具有多種表現形式。與其説是規則，不如説是事實。哈特自己舉的例子乃是英國法中的「最終承認規則」即是「凡經女王與國會制定者皆為法律」⑤。這實際上是一個事實的陳述而不是規則。

　　在哈特研究的基礎上，其他學者對「承認規則」這個概念也作過探討。比如，朗·富勒、約瑟夫·拉茨、尼爾·麥考密克、肯特·格林沃特及安東尼·塞柏克等人對這個概念都有正面或反面的論述⑥。從他們的論述中可以看出，「承

---

① 〔美〕哈樂德·J.伯爾曼：《法律與革命》，賀衛方等譯，北京：中國大百科全書出版社，1993。
② 〔德〕康德：《法的形而上學原理》，沈書平譯，北京：商務印書館，1991。
③ 〔英〕奧斯丁：《法學講演錄》，支振鋒譯，南昌：江西教育出版社，2014。
④ 〔奧〕凱爾森：《法與國家的一般原理》，沈宗靈譯，北京：中國大百科全書出版社，1996。
⑤ 參見 H. L. A. Hart, *The Concept of Law*, 1961。
⑥ 參見 J. Raz, *The Concept Of A Legal System*（2nd ed. 1980）；L. Fuller, *The Morality of Law*（Rev. Ed. 1969）；Kent Greenawalt, "The Rule Of Recognition And The Constitution," 85 *Mich. L. Rev.* 621（1987）；N. Maccormick, *H. L. A. Hart*（1981）；J. Raz, *The Authority Of Law*（1979）；Coleman, "Negative And Positive Positivism," 11 *J. Legal Stud.* 139（1982）；Postema, "Coordination And Convention At The Foundations Of Law," 11 *J. Legal Stud.* 165（1982）；Soper, "Legal Theory And The Obligation Of A Judge: The Hart/Dworkin Dispute," 75 *Mich. L. Rev.* 473（1977）。

認規則」並不是一條具體用文字明確表達的規則。在很大的程度上它只是一種事實。很多學者都持這一觀點。

拉茨就乾脆把「承認規則」理解為社會事實。它不是被制定或宣佈的，它的存在體現在社會實踐中，即體現在法官、行政官員、公民個人及其法律代理人把某一規則確認或接受為一個法律規則的活動之中[①]。哈特自己也說「『承認規則』僅僅是作為法院、官員和個人在依據某種標準確定法律時而從事的複雜而又習以為常的實踐而存在的」[②]。

哈特之所以提出「承認規則」的說法還在於為法律制度的變化，尤其是為法律制度中最終權威的變化提供一種解釋。這一點對於本文研究的主題尤為重要。從「承認規則」的角度看，一個法律制度之所以合法是因為該法律制度存在的社會中的社會成員，包括政府官員、法官及民眾對該法律制度的接受和承認。譬如說在英國，其法律制度之所以合法是因為人們習慣上接受了「凡經女王與國會制定者皆為法律」這樣一個事實。因為「承認規則」的實現取決於該規則的被接受與否，如果一個法律制度的最終權威發生了變化而這些變化被官方和民眾所接受，那麼這種變化就是合法的。而隨着這種變化產生的制度也就是合法的。這樣一種說法為法律制度的變化提供了一個靈活的解釋。

簡言之，「承認規則」並不一定是一條明確表述的規則，它在很大的程度上是一種社會實踐，一種事實，一種同意或者認可。

闡明了「最終承認規則」的概念以後，我們可以進一步來探討香港法律中的「最終承認規則」。如果以一九九七年為分界線，香港法律中的「最終承認規則」可以分兩段來討論，即殖民地時期和香港成為中華人民共和國特別行政區以後香港法律中各自的「承認規則」。

---

① 參見 Joseph Raz, "On the Authority and Interpretation of Constitutions: Some Preliminaries," Larry Alexander（ed.）, *Constitutionalism: Philosophical Foundations*, Cambridge: Cambridge University Press, 1998, p.152。
② H. L. A. Hart, *The Concept of Law*, p.107.

三　1997 年以前香港法律中的「最終承認規則」

（一）1997 年以前香港法律體系的基本構成

第一個用槍炮打開中國大門的國家是英國，對中國原有法律制度最為不滿的也是英國，但是英國的普通法卻始終沒有成為中國大陸法律制度改革的藍本。即使到現在，延用普通法的美國已經成為世界上許多國家摹仿的法治國家，中國的法制改革者們對其仍然抱着模棱兩可的態度。其中的原因相當複雜，主要可能是因為中國自古就注重成文法和法律制度的單一化和系統化，很難接受像普通法這樣一個繁文縟節、支離破碎的法制模式。只有在香港這個小島上，英國的法官們才有機會向中國人一顯身手。1842 年香港正式成為英國的殖民地以後一直以英國法律制度為其法律的基本淵源，加上英國王室向歷屆港督頒佈的敕令、英國國會頒佈的適用於大英帝國殖民地及香港的立法、香港政府頒佈的立法、附屬立法，以及中國傳統習慣和法律，形成了一套結構鬆散、內容龐雜的法律制度。但其主要組成部分仍是英國的普通法和衡平法。

1. 普通法和衡平法

普通法是英國法的基本淵源，因此常成為英國法的代名詞。當然人們對普通法一詞的含義具有不同的看法。一般而言，在使用普通法這一概念時，人們大都指英國在 13 世紀以後形成的，基於習慣和王室法院訴訟令狀的判例法體系。內容涵蓋民事、刑事訴訟等各個方面。普通法注重案例、法官及程序，是一種以法官為中心的法律制度，這和大陸法系以規則為中心的法律制度是迥然不同的。普通法在英國得以發展、延續，大約是英國人比較注重傳統和經驗，對過去有着執着的愛好使然。

普通法的制度極其複雜、繁冗，諸如巡迴審判制、令狀制度、程序先於權利、遵循先例等等，多以具體案例為標準，不具系統性。在數百年的歷史演變中，普通法系也恰恰因為其非成文法的特點而在世界法系中保留了一席重要之地。今天人們在談到普通法時，幾乎把它等同於以判例法為主的英美

法律制度[1]。

英國入主香港之後，開始在香港實行英國法律制度，但對象僅限於英國人和外國僑民。1841 年 2 月英軍佔領香港。英國在華商務總監督義律在香港貼出告示，申言英國及外國僑民務須遵守英國法律[2]。隨着香港的發展，殖民政府根據英國制度建立了法院，法官由英國人擔任，用英語審案。全港適用英國法律，要求所有法院都必須受上訴法院及樞密院司法委員會決定的約束，必須遵守由貴族院判決中所體現出的普通法原則。即便是與香港無關的一般判例對香港法院也有參考作用[3]。

在適用普通法的同時，英國也在香港推行其法律制度中的另一個重要組成部分，即衡平法[4]。衡平法是英國法律傳統中與普通法相輔相成的一種法律制度。根據英國封建傳統，臣民在得不到普通法法院的公平處理時，最後可以向國王提出申請，由王室顧問大法官根據衡平法原則加以處理。經過一個較長時間的發展，到了 15 世紀末，英國設立了大法官法庭，專門負責處理衡平案件，並形成了一套獨特的衡平法原則和慣例。從此衡平法成了與普通法相並行的一種獨立的法律制度。

普通法法院和衡平法法院並行的狀態產生了一些職責分工及訟訴程序上的混亂。1873 年英國議會通過《最高法院組織法》，對英國司法機關作了重大改革，將普通法法院和衡平法法院合而為一，建立了單一的最高法院，統一適用普通法和衡平法。

衡平法的產生是為了彌補普通法上的不足，因此衡平法相對於普通法也寬容得多。譬如衡平法的原則之一是重意思，輕形式。強調對案件實質內容的重視應勝於對形式的重視。這恰好是對普通法（尤其是英國普通法）重形式正義遠勝於重實質正義的補充。同時衡平法的產生也是為了進一步填補普通法的空

---

[1] 關於普通法的一般著作，參見 Oliver Wendell Holmes, *The Common Law*（1923）; Roscoe Pound, *The Spirit of the Common Law*（1921）; Melvin Aron Eisenberg, *The Nature of the Common Law*, 1988。

[2] 董立坤：《香港法的理論與實踐》，北京：人民出版社，1999，第 138 頁。

[3] 董立坤：《香港法的理論與實踐》，第 138 頁。

[4] 董立坤：《香港法的理論與實踐》，第 139-140 頁。並參見 Peter Wesley-Smith, *The Sources of Hong Kong Law*, p.131。

白，進一步落實普通法。所謂「衡平法追隨法律」即是此意。法律史家麥特藍也認為普通法和衡平法的關係是法典主體與輔助內容，法律條文與條文注釋的關係[①]。

事實上，所謂衡平法並不是一套完整詳盡的法律規定，而是一種靈活方便、程序簡單的處理糾紛的方式。指導衡平法運作的乃是一些源自羅馬法、教會法和英國習慣法的準則和格言。如果説普通法是通過案例、根據規則做出司法決定，那麼衡平法則是根據原則來做出司法決定。而根據原則做出司法決定歸根到底還是根據社會的公平和正義觀及法官的良心來審理案件做出判決，所以衡平法的準則之一是「衡平法以良心行事」[②]。

英國在把普通法推廣到其統治和佔領地區的同時，也將衡平法推廣到這些地區。香港在《英國法律適用條例》中明確規定「普通法和衡平法的原則均在香港有效」。在 1976 年修正過的《最高法院條例》中進一步聲明「在一切民事案件中，普通法和衡平法應由高等法院執行，如同其在英國由高等法院和上訴法院執行一樣」[③]。

2. 王室敕令和訓令

英國人入主香港之後，英政府通過一系列由作為英國最高統治象徵的英王發佈的敕令和訓令等，對香港的法律地位和殖民政府的組成、權力範圍及其運作方式一一作了規定。這些文件包括 1843 年 4 月 5 日宣佈香港為英國殖民地的《英王敕令》；1861 年 2 月 4 日英王頒佈的《九龍敕令》；1898 年 10 月 20 日發佈的《新界敕令》等。規定香港政制和政府結構的主要法律文件是 1917 年 4 月 20 日的《英王制誥》，以及作為《英王制誥》補充的以英王的名義發給總督和殖民政府的一系列《王室訓令》。《英王制誥》自 1917 年在香港政府憲報公佈生效起到 1985 年止共修改過 11 次，現共有條文 21 條。《王室訓令》自公佈以來

---

① 由嶸主編：《外國法制史》，北京：北京大學出版社，1992，第 474 頁。

② 關於衡平法的一般著述，參見 R. A. O' Hara, *Common Law and Equity in Great Britain*（1989）；J. H. Baker, *An Introduction to English Legal History*（1979）。

③ 董立坤：《香港法的理論與實踐》，第 140 頁。並請參見 Peter Wesley-Smith, *The Sources of Hong Kong Law*, chapter 2。

到 1985 年共修改過 15 次^①。

3. 制定法

殖民地時期香港適用的制定法主要包括適用於香港的英國立法，被稱為「條例」的香港政府立法及被稱為「附屬立法」的香港行政法規。

（1）適用於香港的英國立法

根據英國國會 1865 年制定的殖民地法律有效法的規定，凡英國議會或樞密院制定或做出的有關殖民地事務的法律、命令，在香港可以適用。香港立法局制定的法例如果與上述法律、命令相違背，應視為無效。在《英王制誥》中也強調英國女王有權制定一切必要的以維持香港穩定的法律。但英國國會的立法應該通過什麼程序在香港適用並沒有明確的界定。直到 1965 年香港立法局根據樞密院應用英國法律的命令制定了《英國法律適用條例》，具體明確了英國國會立法在香港適用的程序和條件^②。

《英國法律適用條例》將在香港適用的英國法律分為兩類：一類是 1843 年 4 月 5 日前，即英國准許香港根據本地特點由立法局制定和頒佈香港地方法規以前在香港適用的英國法律。這類法律共有 66 項。香港立法局可根據當地需要對這部分法律通過決議進行修改或刪減。這些法律中有些在香港回歸以後仍然有效，其中包括 1361 年的《太平紳士法》和 1619 年的《人權保護令》等。另一類是 1843 年 4 月 5 日以後由英國制定的只限於香港使用的英國國會立法，共有 121 項。這部分法律的性質和適用根據有所不同，其中 59 項是英國專門為殖民地制定的普遍直接適用的。這些法的名稱前多冠以殖民的字樣，以便於同本土性質相同的英國法律加以區別^③。

（2）香港政府的立法——條例

1843 年 4 月，根據英國政府的訓令，香港政府組織了立法局和行政局，根據英國政府關於香港地位的《英王制誥》和《王室訓令》，香港政府可以根據香

---

① 董立坤：《香港法的理論與實踐》，第 134 頁。
② 董立坤：《香港法的理論與實踐》，第 135 頁。
③ 董立坤：《香港法的理論與實踐》，第 136 頁。

港具體情況制定適用於香港的立法、地方性法規。香港的地方性法規由立法局建議和同意，並須經總督的批准。立法局制定生效的法規總稱為條例①。一百多年來，香港制定了大量的條例，它們構成了香港法律的主體。這些條例不能違反英國女王關於香港地位的《英王制誥》和《王室訓令》的一貫規定，並接受殖民地法律效力的約束。

(3) 香港的行政法規——附屬立法

這種所謂的法不是經由立法機關制定的，而是由立法機關授權行政機構或是授權各種獨立的管理機構在某一特殊的領域內制定，用以調整某種特殊法律關係的規則、章程、條例和細則等等，實際上是一種行政規則。這種規則制定的程序、效力及其監督方法基本上是照搬了英國行政立法和行政司法的一套作法，其中還汲取了美國行政立法和行政司法的有關經驗②。

4. 中國法律及習慣

1841 年英國人剛佔領香港時，當時的英國在華商務總監督義律在同年 2 月 1 日頒佈的告示中曾明確宣佈：「官方執行治民，概以中國法律、風俗習慣為準」。在 2 月 2 日頒佈的告示中更加明確地宣佈在香港實行兩種法律制度：「島上華僑子民應照中國法律習慣統治之」。「凡屬英國及外國僑民，務須遵守英國法律。」③ 但是此後不久，香港所實行的兩種法律制度變為一種法律制度，無論是外國人或英國人還是中國居民都必須使用英國的法例。中國法律和習慣只有在英國法律不適用於香港的情況或者居民時才被使用。這裏的中國法律主要指的是大清律例，習慣主要指的是中國傳統中有關土地使用、抵押和遺囑等方面的習慣④。

(二) 1997 年以前香港法中的「最終承認規則」

以上對香港法律制度構成的簡單描述旨在為討論香港法律制度中的「最終

---

① 董立坤：《香港法的理論與實踐》，第 141 頁。
② 董立坤：《香港法的理論與實踐》，第 142 頁。
③ 董立坤：《香港法的理論與實踐》，第 144 頁。
④ 董立坤：《香港法的理論與實踐》，第 145 頁。

承認規則」提供背景。從以上描述可以看出回歸以前香港法律體系中的等級依次為憲法性文件（《英王制誥》、《王室訓令》）、國會立法、普通法與衡平法、香港政府立法、香港行政法規等。其中《王室訓令》、國會立法和普通法似乎可以放在同一個層次上。但在這一個等級體系中我們還是不能清楚地看到香港法律制度中的「最終承認規則」是什麼。但值得考慮的可能性包括英國法中的「最終承認規則」和適用於香港的憲法性文件。

1. 英國法中的「最終承認規則」作為香港法的「最終承認規則」

既然香港作為英國的殖民地沿用英國法律，那麼把英國法律中的「最終承認規則」看作香港法律中的「最終承認規則」是順理成章的。前文提及，根據哈特的見解，英國法中的「最終承認規則」是「凡經女王與國會制定者皆為法律」，也就是說英國法律制度合法性的總源頭即是這一事實。這一條「最終承認規則」也同樣適用於香港及其他實行英國法的殖民地。香港雖然有獨立的立法局，但該立法局制定法律的權限受到國會立法和英王的制約，因此立法局並不具有最終權威。香港雖然也有其法院系統，但並不具有終審權。這恰好從另一方面表明香港法律中的「最終承認規則」不在香港法律本身，而是在殖民地以外的英國法律體系中。

2. 憲法性文件作為「最終承認規則」

哥倫比亞大學教授格林沃特曾經寫過一篇文章，把哈特的「承認規則」應用在美國法律制度中，指出美國法律制度中的「最終承認規則」乃是美國憲法及其修正案[1]。這一點頗有意思，因為美國的法律也是承襲自英國，但是由於美國有其自己制定的憲法，而這憲法賦予美國法律制度合法性。當然美國的成立本身就意味着對英國法律制度中「承認規則」的拋棄和否定。

關於香港的憲法性文件，前文已經提到過最主要的是《英王敕令》、《英王制誥》和《王室訓令》。如果說《英王敕令》只是表明了香港成為英國的殖民地這一事實，那麼《英王制誥》則規定了香港政府的結構和組織形式以及立法局的設立。港督可以根據立法局的建議和意向決定有關香港治安、秩序和管理的

---

[1] Kent Greenawalt, "The Rule Of Recognition And The Constitution," 85 *Mich. L. Rev.* 621（1987）.

法律。根據《英王制誥》，英國政府保留可以不同意這些法律的權力，並且可通過樞密院為香港制定法律。該文件還規定港督有權任免法官和其他公務人員，有權處置土地，准許赦免等等。《王室訓令》則是對《英王制誥》的進一步說明，它規定了香港政府工作的方式，行政局和立法局的組成與一般的規程細則[①]。這些憲法性文件大體上規定了香港法律制度的合法性，為香港法律制度中的法律規則合法性提供了鑑別的標準。

因此，在這種意義上來說，這些憲法性文件本身也就是一種「承認規則」。只不過，它們並不是「最終承認規則」。更何況，英國本來就是一個並不重視成文憲法的國家，憲法性的文件成為「最終承認規則」的可能性極小。如其不然，哈特也可能不會把「凡經女王與國會制定者皆為法律」視為英國法律中的「最終承認規則」。除此而外，還有兩項法律多多少少具有「承認規則」的特點。這就是《殖民地法律適用法》和《英國法律適用條例》。這兩項法律明確了英國法律在香港適用的情況，即哪些法律適用、哪些法律經過修改可適用和哪些法律不適用於香港等等。可以把它們也看作是賦予香港法律合法性的「承認規則」。

四 1997 年以後香港法律中的「最終承認規則」

（一）1997 年以後香港法律的構成

主權的變化使香港法律的構成也發生了變化。這些變化主要有以下幾個方面：1. 香港特別行政區《基本法》取代了 1997 年以前適用於香港的憲法性文件，包括《英王制誥》、《王室訓令》等。2. 部分廢止了香港原有法律。香港特別行政區《基本法》第 8 條規定：「香港原有法律，即普通法、衡平法、條例、附屬立法和習慣法，除同本法相抵觸或經香港特別行政區的立法機關做出修改者外，予以保留。」該法第 160 條還規定：「香港特別行政區成立時，香港原有法律除由全國人民代表大會常務委員會宣佈為同本法抵觸者外，採用為香港特別行政區法律，如以後發現有的法律與本法抵觸，可以照本法規定的程序修改

---

① 參見《英王制誥》、《王室訓令》，《香港政府憲報》，1917 年 4 月 21 日。

或停止生效。」「在香港原有法律下有效的文件、證件、契約和權力義務，在不抵觸本法的前提下繼續有效，受香港特別行政區的承認和保護」[①]。3. 設立了香港特別行政區立法機關，並賦予其制定適用於香港的法律的權力。根據《基本法》第 2 條及第 73 條的規定，香港特別行政區享有立法權。該立法權由立法會行使。立法會可以制定任何它有權制定的法律包括民法、刑法、訟訴法、商法等。但該立法機構無權制定有關國防、外交和其他按照《基本法》規定不屬於香港特別行政區自治範圍的法律。而且香港立法機構制定的法律也不得與《基本法》相抵觸[②]。4. 將中國大陸的個別全國性法律適用於香港。全國性法律即全國人民代表大會和它的常務委員會制定的法律。由於實行一國兩制，香港特別行政區保持着原有的法律制度，全國性法律一般不在香港特別行政區實施。在香港特別行政區實行的全國性法律包括《關於中華人民共和國國都、紀年、國歌、國旗的決議》、《關於中華人民共和國國慶日的決議》、《中華人民共和國國籍法》、《中華人民共和國外交特權與豁免條例》、《中華人民共和國國旗法》、《中華人民共和國國徽法》，以及《中華人民共和國政府關於領海的聲明》等[③]。5. 適用於香港特別行政區的國際條約。在香港特別行政區適用的國際條約包括香港特別行政區成立前就已在香港適用而香港特別行政區成立後經轉換仍繼續在香港適用的國際條約和香港特別行政區成立以後才開始在香港適用的國際條約[④]。

（二）1997 年以後香港法中的「最終承認規則」

1997 年以後由於主權的變化及《基本法》的實施，香港法中的「最終承認規則」也發生了變化。香港原有法律中的「最終承認規則」，無論是「凡經女王與國會制定者皆為法律」這一事實，還是《英王制誥》、《王室訓令》等憲法性文件都失去了效力。代之而來的是一套全新的「承認規則」。問題在於，這一套全新的「承認規則」到底是什麼，答案並不是不言自明的。

---

① 《中華人民共和國香港特別行政區基本法》，香港：三聯書店，1999，第 42 頁。
② 《中華人民共和國香港特別行政區基本法》，第 3、20 頁。
③ 《中華人民共和國香港特別行政區基本法》，第 47 頁。
④ 董立坤《香港法的理論與實踐》書後附有 1997 年前後香港適用的國際條約的清單，可參考。

　　由於一國兩制是一種新的嘗試，與之相適應的法律制度安排也沒有既定模式可以遵循。加之香港和中國大陸兩地法律制度本身的複雜性和重大差異，因此 1997 年以後香港法律制度中的「最終承認規則」成為比較難以把握的問題。學者們對此問題的看法大體上可以歸為兩類：一種認為香港法中的「最終承認規則」應該存在於包括基本法在內的香港法律內部，另一種則認為香港法中的「最終承認規則」不在香港，而在大陸 ①。

　　第一種看法認為，如果說主權的變化終止了女王與國會制定法律這一事實，那麼《基本法》則為回歸以後香港法律中的「最終承認規則」提供了基礎。《基本法》第 8 條規定，香港原有法律，即普通法、衡平法、條例、附屬立法和習慣法，除同本法相抵觸或經香港特別行政區的立法機關做出修改者外，予以保留 ②。這一條規定賦予或者承認了香港原有法律制度的合法性，使香港的法律制度並不因主權的變化而廢止。因此，可以說《基本法》中的這條規定就是回歸以後香港法中的「最終承認規則」。

　　第二種看法有兩種表現形式。其一認為，因為《基本法》是全國人民代表大會制定的，人大有權修改《基本法》而人大常委會則有權解釋《基本法》。因此把人大及其常委會制定並解釋《基本法》這一事實看作是香港法中的「最終承認規則」似乎更為合理。其二認為，人大制定《基本法》所依據的乃是中國憲法第 31 條。該條規定「國家在必要時得設立特別行政區。在特別行政區實行的制度按照具體情況由全國人民代表大會以法律規定」③。該憲法規定似乎才是真正的適合於香港法中的「最終承認規則」。

　　這兩種看法都有其理論的立足點，但都有商榷的餘地。第一種看法的明顯缺點在於：1. 它強調兩地制度的不同，把《基本法》看作一份沒有根源的文件，傾向於強調「兩制」，而忽視了一國的前提，忽視了回歸以後，香港法律制度和

① 參見 Yash Ghai, *Hong Kong's New Constitutional Order: the Resumption of Chinese Sovereignty and the Basic Law*；Peter Wesley-Smith, Albert H. Y. Chen（eds.），*The Basic Law and Hong Kong's Future*；Michael Davis, *Constitutional Confrontation in Hong Kong: Issues and Implications of the Basic Law*；佳日思等編：《居港權引發的憲法爭議》。
②《中華人民共和國香港特別行政區基本法》，第 4 頁。
③《中華人民共和國憲法》，北京：法律出版社，2000，第 13 頁。

大陸法律制度之間的新的關係。2. 它忽視了基本法的部分解釋權屬於人大常委會這一事實。基本法雖然把一部分解釋權賦予香港終審法院，但卻保留了有關中央和特別行政區關係的事務的解釋權①。這一部分保留的權力對於「最終承認規則」而言是不可忽視的。

　　第二種看法的兩種表現形式的共同弱點在於：1. 它凸出了「一國」，忽視了「兩制」。把一種特殊的情況作為一般來對待，失之合理。之所以制定《基本法》，就在於貫徹「一國兩制」的政策。《基本法》也明確規定中國法律，包括憲法不適用於香港的法律制度②。如果把中國憲法看作是香港法律中的「最終承認規則」，不符合「一國兩制」的精神，也有悖於制定《基本法》的初衷。2. 它混淆了一個基本事實，即制定某一條法律的形式依據並不等於該法律的「最終承認規則」。《基本法》之所以是《基本法》並不是因為憲法第 31 條使其然。《基本法》之所以是《基本法》是因為它是「一國兩制」政策的法定化。而憲法第 31 條也是為體現這個政策所作的預設。它並不是一條「最終承認規則」。

　　這兩種看法的共同點是，它們都從實證主義和形式主義的立場出發界定法律中的「承認規則」。它們的共同弱點是：1. 忽視了「承認規則」實踐性的一面③。如前所述，「承認規則」的關鍵在於處於該法律制度中的政府官員、法律人員及其他工作人員對某一規則、事實或實踐的認同與接受。根據邏輯分析得出某一條規則是該法律制度中的「承認規則」只是指出了「承認規則」的一個方面。更重要的是應該研究實踐層面上的「承認規則」。也就是說香港人接受的規

①《基本法》第 158 條規定，參見《中華人民共和國香港特別行政區基本法》，第 40 頁。

②《基本法》第 18 條第 2 段規定「全國性法律除列於本法附件三者外，不在香港特別行政區實施。」憲法是全國性法律之首理應屬不實施之列，但內地有些學者並不同意這種看法。參見王叔文主編：《香港特別行政區基本法導論》（修訂本），北京：中共中央黨校出版社，1997，第 87-91 頁。

③「承認規則」作為一種社會實踐的觀點廣為學者們所接受，包括法律實證主義者和自然法學派的學者。參見 J. Raz, *The Concept Of A Legal System* (2nd ed. 1980)；L. Fuller, *The Morality Of Law* (Rev. ed. 1969)；Kent Greenawalt, "The Rule Of Recognition And The Constitution," 85 *Mich. L. Rev.* 621 (1987)；N. Maccormick, *H. L. A. Hart* (1981)；J. Raz, *The Authority Of Law* (1979)；Coleman, "Negative And Positive Positivism," 11 *J. Legal Stud.* 139 (1982)；Postema, "Coordination And Convention At The Foundations Of Law," 11 *J. Legal Stud.* 165 (1982)；Soper, "Legal Theory And The Obligation Of A Judge: The Hart/Dworkin Dispute," 75 *Mich. L. Rev.* 473 (1977)。

則，才是真正的「承認規則」。2. 兩種看法都忽視了香港原有法律中的「承認規則」。普通法本身有一系列的「承認規則」，這為普通法法官所熟知。比如遵循先例和審判權包括解釋權的成規都是「承認規則」。一個下級法院的法官之所以引用上級法院或以前的判例，就是因為他承認這些先例中的規則為有效規則。如果他不認可某些先例中的規則，他就很可能不引用那些先例①。

由上可見，把《基本法》或中國憲法看作香港法中的「最終承認規則」的觀點有些失之偏頗，並不符合分析法學關於「承認規則」的基本觀點，也沒有忠實體現「一國兩制」的精神。這一課題尚有進一步研究的必要。本文認為，香港法中的「最終承認規則」存在於「一國兩制」、「港人治港」、「高度自治」及「五十年不變」等由《基本法》認可適用於香港的特殊憲法原則與香港政府官員、法律人員及其他工作人員對上述憲法原則的認同與接受之中。這一觀點包括兩個方面。一是對上述特殊憲法原則的確認，二是對它們的接受。

憲法原則可以分為一般原則和特殊原則。一般原則是實質性的普遍適用的原則，如法治原則、人權保護原則、權力分立與制衡原則等等。特殊原則是針對具體場景適用的原則。上述「一國兩制」、「高度自治」等原則僅僅適用於特別行政區，屬於特殊憲法原則。根據特殊原則和規則先於一般原則和規則的原理，「一國兩制」等特殊憲法原則應先於法治原則、人權保護原則及其他實質性憲法原則。換句話說，在香港的現有憲政秩序中，是這些特殊憲法原則賦予了一般憲法原則生存的理由。由於實行一國兩制，香港才有可能實行法治原則、人權保護原則、權力分立與制衡原則等在自由主義國家盛行的普遍憲法原則。因而特殊原則也是實質性原則的「承認規則」。

另一方面，作為特殊憲法原則，「一國兩制」等本身並不具有生命力。當香港政府官員、法律人員及其他工作人員將這些原則在實踐中反覆應用，形成共識之後，這些原則才能成為真正的「承認規則」，成為評判香港法律體系中的法律規則的合法性的標準。接受這些原則比確認它們還要困難。一經確認並接受，才會有香港法律中的「承認規則」。具體而言，這種接受包括立法、執法、

①　選擇有利於自己判決的先例是普通法法院法官習以為常之事，參見德沃金、波斯納等人的著述。

司法等多方面的接受。即立法機關通過制定法律將這些原則體現在立法之中，行政機關在具體和抽象行政行為中貫徹這些原則，司法機關通過具體案件的辦理將這些原則轉換為普通法的原則和規則。後一點尤為重要、困難，且費時費力。

基於以上理解，這種「承認規則」具有多元性、生命力、民主性和創造性。多元性表現在它不是由某一個最終因素構成，而是包含了若干個最終因素。充當「承認規則」的不是一個單一的因素，而是由多種複合因素所組成。比如《基本法》的解釋權，並不是由人大常委會所獨攬，而是人大常委會和香港終審法院及普通法院共用。與多元性相適應的是民主性。在某種意義上來說，多元即意味着民主。具有民主性的「承認規則」由於其多元因素的關係，避免了從上往下強加施予的殖民主義者式的慣例。人們對「承認規則」的認同不是由於被強加給他們所致，而是因為在實踐中通過處理具體事務或案件主動地去接受它。

更重要的是，這種「承認規則」，即憲法特殊原則加港人認同接受的「承認規則」是一種充滿活力的規則。它不是一條死的或者被動的規定。但這些特殊憲法原則本身需要進一步具體化，它們只有在具體的立法、執法和司法活動中才能獲得生命力。普遍認同也就是對這種生命力的肯定。

這種多元、民主、具有生命力的「最終承認規則」本身就是一種創造。歷史賦予了香港一個創造的機會。它的特殊情況不宜適用一般意義上的，即一元的被動的授予權力的「最終承認規則」。它需要一種符合自己情況的「最終承認規則」。多元、民主的「承認規則」體現了多元、民主的最終權威安排，使中央和特別行政區能夠在「一國兩制」的前提下共同或分別擔當香港法律中的最終權威。

將香港法律中的「最終承認規則」作如此理解，符合中國政府「一國兩制」政策的精神，在理論上忠實於哈特教授及分析法學派關於「承認規則」的學說，在實踐上符合香港的特殊情況和香港現有法律制度的要求。

「一國兩制」是對一件比較棘手的歷史問題所採取的實用主義對策[①]。這種

---

① 「一國兩制」原是中國對台灣問題制定的策略，未在台灣開花，先在香港結果。

對策已經被證明是明智而可行的^①。儘管在具體執行上沒人知道應該採取什麼模式或遵循什麼樣的規矩，「一國兩制」的政策對大陸和香港的關係提供了指導思想和「最終承認規則」。香港的政治制度安排和法律制度安排都旨在體現這種精神。

如果説把《基本法》看作香港法中的「最終承認規則」的觀點只注重「兩制」，割裂了《基本法》與中國法律、香港與中國的聯繫；如果説把中國憲法視為香港法中的「最終承認規則」的觀點只注重大陸法律和香港法律制度的統一性，因而導致傾向於「一國」而忽視「兩制」的內容；那麼把「一國兩制」、「港人治港」、「高度自治」、「五十年不變」等特殊憲法原則加上香港政府官員、法律人員及其他工作人員的認同和接受視為香港法中的「最終承認規則」的觀點則比較真實地體現了「一國兩制」的精神。特殊憲法原則出自中央政府，體現了中央政府的要求，香港官員的認同出自香港本土，體現了香港人民的意志。兩者合而為一，既有一國的關懷，也有兩制的內容。

根據這條「最終承認規則」，衡量香港法中的某一規則是否具有法律效力，得視兩方面的可能性。其一是，該規則是否違背了「一國兩制」、「港人治港」的精神；其二是，該規則是否為香港官員、法律人員及其他工作人員所接受認同。符合這兩方面要求的，即具有法律效力，反之，則不具有法律效力。

五　結論

香港於 1997 年回歸中國大陸之後，法律制度發生了一些變化。其法律中的「最終承認規則」也發生了變化。回歸以前「凡經女王與國會制定者皆為法律」的英國法中的「最終承認規則」在香港失去了效力，代之而來的是一套全新的「承認規則」。但這套規則究竟是什麼，學者們持有不同看法。

---

① 參見肖蔚雲編：《香港基本法的成功實踐》，北京：北京大學出版社，2000。該書輯有中港學者在《基本法》實施兩年後對該法及與之相關的問題的評價。並請參見張國良、端木來娣主編：《香港「一國兩制」的成功實踐》，北京：新華出版社，1998。該書收有《基本法》實施一年後香港政府官員對該法及其建立的社會、政治、經濟體制的評價。

一種觀點認為香港《基本法》即是回歸以後香港法律中的「最終承認規則」，強調香港法的獨立性，偏重於「兩制」。另一種意見認為香港《基本法》乃依據中國憲法制定，不具有最終權威，而中國憲法才是香港法中的最終權威，把香港法律制度看作中國法律制度的一部分，側重於「一國」。

本文認為這兩種看法都失之偏頗，未能充分體現「一國兩制」的基本精神。本文提出了一種多元、民主、具有活力且富創造性的「最終承認規則」，即由「一國兩制」、「港人治港」、「高度自治」及「五十年不變」等特殊憲法原則與香港政府官員、法律人員及其他工作人員對這些特殊憲法原則的接受與認同相結合的「最終承認規則」。文章從全面理解哈特教授及分析法學派有關「承認規則」的理論入手，指出「承認規則」這一概念不僅指某一事實或規範，而且包括官員的認同和接受這一面。文章進而指出由於「一國兩制」政策的獨特構思，由於香港法律制度和大陸法律制度的重大差異，不能機械地把中國法中的「承認規則」簡單地應用於香港的法律制度上。應該對香港法律制度中的「承認規則」採取一種創造性的看法。憲法特殊原則加上官員的認同與接受這條「最終承認規則」符合《基本法》、「一國兩制」的精神，也符合分析法學的理論觀點。更重要的是，它與香港的現實情況密切相關。採取這樣一種開放的態度，有利於執行「一國兩制」的政策，有利於香港憲政秩序的發展和兩地法律制度在堅持各自的傳統的基礎上互動配合。

四

時代：秩序與價值

懷柔殖民管治模式 [①]
——香港的獨特民主路

劉兆佳 [②]

一　緒論

　　與其他西方國家的殖民地相比，香港在一個半世紀中所經歷的殖民管治頗為獨特，其獨特性主要體現在英國人的懷柔（benign）管治方式上 [③]。懷柔管治的基本特徵包括尊重法治、人權與自由，保護私有產權，有限職能政府（limited government），輕徭薄賦，讓自由市場和公平競爭在經濟領域中發揮主導作用，保持財政政策、貨幣政策和港元幣值的穩定，盡量少介入和干預華人社會的生活、傳統、習慣和宗教，盡量減少暴力鎮壓手段在管治中的角色，在施政上重視民意搜集和廣泛諮詢，盡可能避免擾民和加重民眾負擔，實行輕巧治理（light governance）等。

　　懷柔管治是高壓和高度剝削性管治的反面。然而，必須指出，懷柔管治並沒有改變香港政治體制的威權或獨裁本質，因為香港總督在「殖民地」的憲政架構中大權獨攬，而且社會上不存在挑戰殖民政府的政治力量。懷柔管治之所以在香港出現，是「殖民地」政府刻意選擇自我約束權力運用的結果，而其目的是讓香港發展為一個對英國以至大英帝國有價值的商埠，特別是當香港須要

---

① 原載劉兆佳：《香港的獨特民主路》，香港：商務印書館，2014，第 1-28 頁。
② 劉兆佳，明尼蘇達大學哲學博士，現任香港中文大學榮休講座教授。
③「懷柔」是中國古代政治詞彙，指用政治手段籠絡和安撫其他民族或國家，使其歸附自己。《史記‧鄭世家》：「秦，嬴姓，伯翳之後也，伯翳助舜，懷柔百物。」《漢書‧郊祀志》：「天子祀天下名山大川，懷柔百神，咸秩無文。」又《三國志‧魏書‧陳群傳》：「懷柔夷民，甚有威惠。」王勃《三國論》：「愚知（曹）操之不懷柔巴蜀，砥定東南，必然之理也。」

與其他中國沿海因不平等條約而開放的通商口岸競爭之際。①

　　必須指出的是，「殖民地」的懷柔管治並非從一開始便出現，而是經過長年累月，汲取教訓和積累經驗後逐步錘煉而成的。一些缺乏歷史認識和視野的人往往把英國人在撤離香港前夕的管治方式視為貫徹於整個「殖民地」時期的管治模式，這是以偏概全，過分美化了香港的「殖民地」過去②。就以廉潔政府為例，在 1974 年總督特派廉政專員公署成立以前，香港政府和商業機構的貪污和賄賂活動是非常猖獗的，而廉政建設也是經過長時間和克服不少障礙後才取得良好成績的。長期在香港工作並致力為貧苦大眾請命的英國人杜葉錫恩女士的親身經歷，就形象地揭露了殖民管治陰暗的一面。③

　　事實上，儘管懷柔手段乃殖民政府的主要管治策略，但筆者必須指出，鎮壓手段（coercion）的重要性從來沒被英國人低估，而且在緊要關頭會毫不猶豫地運用。相關例子在香港的「殖民地」歷史中絕對不少，戰後較觸目的事例是殖民政府在了解到在「文化大革命」中處於水深火熱狀態的中國政府無意收回香港後，遂下定決心以武力鎮壓那個由香港左派勢力發動的「反英抗暴」行動。事實上，殖民政府對於那些矢志效忠中國共產黨並懷有反帝國主義思想的香港

---

① 筆者曾對英國人的管治方法作概括性的分析，參見 Lau Siu-Kai, *Society and Politics in Hong Kong*, Hong Kong: The Chinese University Press, 1982。前殖民政府布政司鍾逸傑（David Akers-Jones）在其辦公室內有一幅字畫，上面寫有中國古代大哲學家老子《道德經》中「治大國若烹小鮮」的字句。香港的殖民管治頗能得到「治大國若烹小鮮」的精髓。

② 長期以來，對香港「殖民地」歷史的研究沒有得到學術界的充分重視，因此文獻稀少。大部分學術著作來自英國學者，他們往往從西方人的角度出發，集中描述「殖民地」的政府和制度，傾向美化殖民管治，而對華人社會的形態和變化一般既認識有限，亦着墨不多。比較重要的香港史著作包括 G. B. Endacott, *A History of Hong Kong*, Hong Kong: Hong Kong University Press, 1964；Frank Welsh, *A History of Hong Kong*, London: HarperCollins, 1997；Steve Tsang, *A Modern History of Hong Kong*, Hong Kong: Hong Kong University Press, 2004；John M. Carroll, *A Concise History of Hong Kong*, Lanham: Rowman & Littlefield, 2007. 內地學者的研究其實相當依賴英國學者的研究成果，但卻過分誇大香港華人的反殖情緒和民族意識。可參考元建邦編著：《香港史略》，香港：中流出版社，1987；余繩武、劉存寬主編：《十九世紀的香港》，香港：麒麟書業，1994；余繩武、劉蜀永主編：《20 世紀的香港》，香港：麒麟書業，1995；劉蜀永主編：《簡明香港史》（新版），香港：三聯書店，2009。試圖從香港華人社會的角度探討香港歷史的更少，可見 Jung-fang Tsai, *Hong Kong in Chinese History: Community and Social Unrest in the British Colony, 1842-1913*, New York: Columbia University Press, 1993；蔡榮芳《香港人之香港史：1841-1945》，香港：牛津大學出版社，2001。

③ 參見 Elsie Tu, *Colonial Hong Kong in the Eyes of Elsie Tu*, Hong Kong: Hong Kong University Press, 2003。

左派組織和人士心懷戒懼，長期以來以壓制、孤立和排斥手段對付。

　　無可否認，鎮壓手段在整個香港殖民管治歷史中的角色只是位居次要，原因其實十分簡單。既然絕大部分從內地移居香港的華人是為了逃避內地的戰亂或找尋發展機會而自願成為「殖民地」人民，則他們自然沒有推翻殖民政府的誘因。再者，香港的華人其實不願意接受滿清、國民黨或共產黨政府的統治，並以香港為「避難所」和「庇護所」。在明知香港不可能走向獨立的情況下，他們也不希望以中國政府的管治來交換英國的殖民管治。因此，在一個半世紀的殖民管治中，英國殖民者其實得到了來自中國政府特別是中國共產黨政府的「政治補貼」，從而無須害怕香港的華人會受到民族主義和反殖思潮的感染而「揭竿而起」。因此，既然鎮壓手段在大部分時間只擔當「引而不發」和「備而不用」的「阻嚇」角色，英國也無須在香港派駐大量的軍隊。[①]

　　不可否認，英國人在香港的懷柔管治，對香港日後民主發展的作用和影響甚為深遠。簡單地說，懷柔管治顯著地降低了香港人的政治不滿和怨氣，緩和了香港人的民主訴求，限制了香港各式民主運動的規模，因此讓各種政治保守勢力有足夠的時間、空間和機會去塑造香港的民主發展路向。鑑於英國人的懷柔管治模式對香港民主發展的重要性，筆者認為有必要對之作較詳盡的論述。

二　殖民香港的目的

　　首先要確定的是英國人在 1842 年攫奪香港為其「殖民地」的目的[②]。在 19 世紀中葉，英國國內已經隱約出現反對帝國主義、殖民主義和奴隸貿易的呼

---

① 需要指出的是，相對於香港的人口來說，香港警察的數量其實不少，原因是香港警察也承擔了部分的一般在其他地方由軍人負責的鎮壓任務。

② 早在 1793 年，馬嘎爾尼勳爵（Lord Macartney）率領代表團到中國向清朝的乾隆帝提出通商的要求時，英國政府曾經指示他向中國政府提出取得一個島嶼的請求。內皮爾勳爵（Lord Napier, 即律勞卑）在 1834 年再次促請英國政府提出這請求。他們的盤算是：這個島嶼會讓英國商人獲得更大的個人安全的保障；它會讓法院在英國的控制下運作，對當時維多利亞時代的英國人來說法律秩序就等於文明；它如能自由運作的話，會成為一個大型的貿易展覽場所；最後，這個島嶼會提供具有莫大戰略價值的軍事和海軍基地。這即是說，英國謀求在中國沿岸奪取領土的意圖早於鴉片戰爭發生前已經存在。參見 G. B. Endacott, *Government and People in Hong Kong, 1841-1962*, Hong Kong: Hong Kong University Press, 1964, p.12。

聲，因此究竟英國是否應該迫使滿清政府割讓一片土地，並在其上建立英國的殖民地曾經引發爭論。一種意見認為，在中國沿岸的土地上興建殖民地，將會長期製造中國人對英國人的怨恨，英國在該殖民地上的管治將會遇到源源不絕的來自中國人的挑戰和干擾，代價會很巨大。況且，英國之所以決定與中國開戰，主要目的在於迫使滿清政府在法律上容許鴉片貿易及開放數個通商口岸以方便英國對華貿易。就算要在中國領土上建立殖民地，香港的地理位置和其「荒島」（barren rock）的性質也不一定比其他島嶼如舟山為優勝。不過，中英兩國在 1842 年簽署不平等的《南京條約》，正式割讓香港予英國前，英國軍隊已經在 1841 年佔領了香港，並鼓勵英國商人和一些勾結英國人的華人在香港進行開發。這些人的利益與香港會否繼續由英國人管治有密切關係。在英國商人的遊說與壓力下，既然英國政府起初也沒有強烈反對在中國土地上開拓殖民地的動機，香港遂「自然地」或「順理成章」地成為英國的「殖民地」。可以說，從一開始，香港和英國的商業利益便緊緊地纏結在一起，深深地左右着香港往後的發展。

然而，香港畢竟是英國人倚仗其「船堅炮利」的軍事優勢，並以殺戮不少頑強抵抗的中國人而換取得來的，加上白種人的種族優越感、「白種人的負擔」（white man's burden，即上天賦予白種人對有色人種的教化責任）的思想和基督教傳教士的激情，英國人在香港「開埠」所開具的理由絕不限於商業和經濟利益。為了「合理化」殖民管治，英國人極力凸出一些崇高的使命，並強調那些使命在建構殖民管治方式時的指導作用。

按照那些主張在香港建立英國「殖民地」的人的說法，攫奪香港的目的是要建立一個有利於英國對華和遠東貿易的商埠據點，該據點處於英國的完全和絕對「主權」之下，實施由英國人確立的制度、法律和政策。這個商埠雖然是英國的「殖民地」，但卻歡迎全世界的人才和資金，因此具有「世界性」（cosmopolitan）的特色。除了貿易和經濟意義外，香港還具有防衛和軍事上的重要性。同樣重要的是，香港要在原屬中國的地方，示範一種有別於滿清政府的野蠻和落後的管治方式，該方式凸顯開明、法治和對個人的尊重。此外，香港還負有宣揚西方文明和「教化」中國人的使命。據克里斯多夫·芒恩

（Christopher Munn）的分析，在「殖民地」的始創者的「願景」（vision）中，香港不單是中國貿易的最大百貨商場（emporium），也是英國良好管治的示範場、歐洲文化的展覽廳和東西方的銜接點。在香港，東西方的禮儀、制度和技術以有建設性和互利的方式進行相互交流。[1]

　　從一開始，香港在法律上便是英國的「皇家殖民地」（crown colony），殖民政府直接受到英國政府的指揮和監控，並向英國政府負責。殖民政府的責任，是「代表」和「照顧」所有香港居民包括那些只在香港短暫居留的人的利益和福祉，而不單純是英國人或已歸化英國的香港居民的利益和福祉。當然，這個殖民政府的自我定位沒有完全得到在香港的英國人的認同。這些人覺得他們才是率先到香港這個「荒島」開發和定居的開拓者，相對於那些後來才移居到香港並只打算作短暫居留的華人，他們才真正是香港的主人，因此他們屢次要求取得參與「殖民地」管治的權力和地位。這些英國人的政治要求並沒有得到英國政府和殖民政府的積極回應，主要原因是如果順應他們的要求的話，這些人會以他們的偏狹利益為依歸，大英帝國的利益會因而受到損害，而香港將難以發展為一個能夠吸引各方人才和資金的「國際性」商埠，香港管治的「公平性」會下降，同時種族矛盾會激化[2]。事實上，從一開始，英國人便以家長心態處理與香港華人的關係，並以「居高臨下」的姿態俯視其華人「子民」。

　　在長達一個半世紀的殖民管治時期內，儘管經過不少風風雨雨，英國人從

---

[1] Christopher Munn, *Anglo-China: Chinese People and British Rule in Hong Kong, 1841-1880*, Hong Kong: Hong Kong University Press, 2009, p.2.

[2] 香港的英裔居民曾經在 1894 年和 1916 年向英國政府提出在香港實施由他們主導的自治政府（self-government），但兩次都被否決。英國的殖民地大臣里彭勳爵（Lord Ripon）於 1894 年對此提出的反對理由是，香港是一個位於外國邊界地區的屬於帝國並為帝國利益服務的據點，因此不適宜由當地的英國人來進行自治。此外，當時英國的兩大政黨也一致同意認為，如果授予香港的英國人更大的政治自治權的話，會與英國肩負的保護香港華人利益的道義責任有抵觸。香港英裔居民的「無理」要求，反而更堅定了英國政界對於香港是皇家殖民地的原則的執着。英國政府的看法是，香港華人的利益最好是由英國政府殖民地部來照顧，而不是由香港本地的人數極少的英國人進行「寡頭」管治，即使這些人是以某種民主辦法選舉產生的。同時，英國人又不認為佔香港人口大多數的華人具備條件來治理香港，特別考慮到香港的經濟重要性和帝國利益的巨大。鑑於香港社會的人口變動不經，華人和歐洲人自願到香港來的目的都是為了本身的利益，現有的殖民政府已經基本上滿足了他們的需要，並且為他們提供了必要和最低限度的治理，讓香港的不同群體能夠工作和居住在一起，所以改變香港的管治模式並無需要。參見 G. B. Endacott, *Government and People in Hong Kong, 1841-1962*, pp.122-135。

來沒有認真考慮過主動將香港交還中國。當然，不時有英國人質疑香港對英國的價值，小部分人則刻意貶低香港對英國的經濟意義，目的是讓香港的華人覺得英國之所以維持香港為她的「殖民地」的利益並非出於自身利益，而是履行對香港人的道義責任和殷切關懷。前殖民政府中央政策組首席顧問顧汝德（Leo F. Goodstadt）曾這樣描述香港對英國的價值：倫敦對於在二次大戰後繼續保留香港為殖民地的誘因很弱。這個殖民地已經變為英國的一個遙遠的前哨基地，其戰略意義很低，而其對聯合王國的商業價值非常有限[1]。

　　不過，這個論斷經不起事實的考驗。歷史證明，英國竭力抵擋來自美國總統羅斯福和中國領導人的巨大壓力，甘冒破壞盟國間的團結合作之險，堅決反對在日本戰敗後把香港交還中國。背後的原因不言而喻，那就是香港對英國的戰略和商業價值非凡。英國學者懷特菲爾德（Andrew J. Whitefield）翻查了大量英國政府的解密檔案，對英國在二次大戰期間的香港政策進行認真的探究，從中得以細味英國人對香港的態度。幾乎所有英國官員和政客都同意，能否從日本人手中收復香港和大英帝國的存亡與榮譽有密切關係，香港的經濟價值反而不在重要考慮之列。為了保留香港為英國殖民地所需要付出的代價，卻從未有過認真探索：

> 　　香港是英國在遠東恢復其帝國的鑰匙，並且在更大的範圍而言，香港更是在全球維繫英國的帝國野心的鑰匙。……假如英國被迫放棄香港，那將會為她其他的殖民地造成先例。……可以毫不誇張的說，英國在遠東的外交政策往往是從香港的棱鏡來觀察的。[2]

懷特菲爾德指出，對英國政府來說：

> 　　從財政和戰略方面來量度，香港並不重要。英國認為香港並非十

---

① Leo F. Goodstadt, *Uneasy Partners: The Conflict Between Public Interest and Private Profit in Hong Kong*, Hong Kong: Hong Kong University Press, 2009.

② Andrew J. Whitefield, *Hong Kong, Empire and the Anglo-American Alliance at War, 1941-1945*, Hong Kong: Hong Kong University Press, 2001, p.4.

分有用或者很容易防守。相反，跟帝國的其他部分一樣，香港恰好是
她的殖民地而已。……英國的政客有這樣一種心態，那就是把「聲譽」
和「榮譽」看得比明智的策略更重要。……有趣的是，人們往往不從
經濟或戰略角度看帝國，而是從道德層面。即便殖民地不被視為來自
上帝的「付託」，它們也起碼從道德標準來衡量。普遍的看法認為英國
有責任讓世界「走向文明」。①

儘管香港一直以來對在「遠東」做生意的英國商人有莫大價值，但其對大
英帝國的經濟重要性在二次大戰後才特別明顯。縱然如此，在二次大戰期間，
英國人已經深謀遠慮，考慮到了香港日後的經濟價值：

> 中國大陸動盪不已的政治局面，使得英國更意識到在香港擁有一
> 個穩定的貿易據點的重要性。……英國缺乏資源，而戰後的 [國際] 經
> 濟關係又不明朗。……香港遂被描繪成英國在遠東的最核心的利益，
> 因此 [從日本人手中] 收復香港至關重要。②

總之，從歷史研究得知，長期以來，香港對英國在經濟、戰略、政治和精
神上的意義和價值都不少；對英國商人來說涉及的利益尤其巨大。「九七」問題
出現前，英國人已經殫心竭慮地謀求各種保存香港為其「殖民地」的辦法，而
在「九七」問題出現之後，英國政府更是無所不用其極地阻擾中國收回香港。
因此，任何質疑香港對英國的價值之說，應該被視為無稽之談。

三　「先有『殖民地』，後有『殖民地』人民」

既然香港作為英國「殖民地」是英國人在對華及遠東貿易的橋頭堡，則
如何將香港建設為繁榮和穩定的商埠，便是英國殖民者在進行管治時重中之

---

① Andrew J. Whitefield, *Hong Kong, Empire and the Anglo-American Alliance at War, 1941-1945*. pp.17-25.
② Andrew J. Whitefield, *Hong Kong, Empire and the Anglo-American Alliance at War, 1941-1945*. p.165.

重的考慮。

首先，英國的政策排除了讓香港發展為好像澳大利亞、加拿大或美國般為歐洲人移民和定居的殖民地。香港的經濟功能、面積和氣候不容許它成為大規模和永久的以歐洲人為主體的聚居地。同時，英國政府與「殖民地」精英的共同看法是，不應該鼓勵勞工階層的歐洲人遷徙到香港，因為這些人無法跟那些工作勤快和工資低廉的華人勞工競爭。此外，需要引以為憂的是，歐洲人假如在香港因競爭失敗而沉淪潦倒的話，會給英國殖民者們帶來負累和尷尬①。在這個大前提下，香港的開發與發展除了需要吸引歐洲商人和資本外，更需要鼓勵大量的來自中國大陸的殷實商人、名流紳士、技術工人和一般勞工到香港來，特別考慮到他們也可以被吸引到中國沿岸的其他通商口岸發展。

為了達到這些目標，一開始英國侵略者便宣佈香港為「自由港」，是「友善營商」（business-friendly）的地方，並為此訂立了一系列相關的法律和政策。殖民政府確定了推動自由貿易、保護私有財產、建構公平法治、維護新聞自由、崇尚宗教多元化、實施開明與輕巧管治為殖民管治的一些基本原則。殖民政府非常有意識地將香港的懷柔管治與滿清政府的「野蠻」管治對比，刻意凸出香港營商和生活環境的優越性，目標在於鼓勵它屬意的華人的來歸。

在長達一個半世紀的殖民管治中，尤其在二次大戰之後，香港的法治、自由、人權、行政管理、廉潔、民生和經濟狀況都取得長足的發展。「繁榮」和「穩定」不單是香港的基本現實特徵，逐步也演變為香港人珍惜的重要「道德」「價值」。在所有西方殖民地中，香港的成就是驕人的。

「先有『殖民地』，後有『殖民地人民』」是香港作為英國「殖民地」的最佳寫照，更是香港作為「殖民地」的與眾不同之處。英國人迫切需要吸引大批中國大陸的華人到香港來定居、工作和發展，香港必須是一個能夠讓他們覺得可以安身立命和發家致富的好地方。因此，懷柔殖民管治不單不可或缺，更是區別香港與其他絕大部分英國和其他西方國家的殖民地的主要特徵。在其他殖

---

① Christopher Munn, *Anglo-China: Chinese People and British Rule in Hong Kong, 1841-1880*, Hong Kong: Hong Kong University Press, 2009, p.57.

民地，懷柔管治絕無僅有，反而剝削和壓制才是常規。

　　與其他殖民地的最大分別，是香港「殖民地」的人民是「甘願」成為「殖民地」臣民的。這樣不是說殖民政府與華人合作無間、融洽相處。事實上，在早期的香港，由於英國人是以侵略手段奪取香港的，內地的官員、士紳和群眾，以至部分香港的華人都對英國人有惡感和敵意，華人與殖民政府、英國人和香港警察互不信任、互不了解、互相防範且時有摩擦。香港華人尤其是勞動群眾因為爭取自身利益、不滿受到不合理或粗暴對待、受到內地反對帝國主義壓迫的思潮和運動的感染、受到內地政府或政治勢力的動員、受到中國民族主義的號召或因為中國與西方列強發生戰爭等因素的影響，經常會策動和參與一些反殖民政府和反帝國主義的行動。[①] 1922 年和 1925 年爆發的兩起省港大罷工是一例，不僅是最大規模的事件且程度激烈；1967 年出現的「反英抗暴」行動是另外一例。不過，真正矢志要推翻殖民政府的行動則少之又少，而且往往受到香港華人精英的反對和壓制。總的來說，在整個「殖民地」歷史中，殖民管治基本上沒有遇到來自香港華人的嚴峻挑戰。

　　由於重洋遠隔，通信不便，即便在法律上和制度上香港殖民政府受到英國政府的嚴密監督和控制，但實際上殖民政府享有相當大的自治權力，可以根據香港的具體情況自行進行管治[②]。隨着時間的推移，儘管交通和通信條件越來越發達，殖民政府累計下來所取得的自主性反而越來越高，在 20 世紀甚至出現一些殖民政府為了維繫它在香港華人中的威信和「認受性」，從而為了「促進」香港利益而「損害」「宗主國」利益的事例[③]。

　　當然，英國政府插手香港事務的例子也不少，特別是當香港出現財政困難而需要倫敦救援、殖民政府在某些問題上缺乏研究能力和相關知識、有英國國

---

① 參見 Jung-fang Tsai, *Hong Kong in Chinese History: Community and Social Unrest in the British Colony, 1842-1913*；蔡榮芳：《香港人之香港史 1841-1945》。

② 從 1948 年開始，殖民政府在財政上的自主權不斷增加。殖民政府每年的財政預算案自 1958 年起無須在通過前先交由英國政府審視。1972 年後港幣不再與英鎊掛鈎，殖民政府可以自行決定其財政儲備中投放於英鎊的比例。

③ 參見 Leo F. Goodstadt, *Uneasy Partners: The Conflict Between Public Interest and Private Profit in Hong Kong*, pp.xix-xxi。

內政黨或勢力企圖要香港採納它們提倡的「開明」、「進步」政策或在英國重大利益攸關的時候。不過總的來説，英國政府還是願意盡量尊重殖民政府經過對當地情況研判和衡量後所擬定的政策，而殖民政府又擁有不少可以「抵禦」和「糊弄」宗主國政府的板斧，由此殖民政府的高度自治地位得以逐步確立。[①]

　　必須指出的是，英國人的懷柔管治體系不是一蹴而就的，而是經過長期的實踐、調整和努力慢慢形成的。殖民管治模式的不斷「完善」，體現了英國人的政治智慧、務實主義和靈活應變能力。他們不受僵化的思想教條左右，惟一的考慮是保障大英帝國的榮譽、權力和利益，以及在香港的有效管治。簡單的説，香港「殖民地」建立後的頭三十年，殖民管治頗為高壓、不公和粗疏。稍具雛形的懷柔管治形態在 1870 年代開始出現，並逐步演進。1941 年末日本佔領香港，沉重打擊了大英帝國和英國人的聲譽，加上二次大戰後帝國主義和殖民主義在美國、蘇聯和「第三世界」的譴責聲中聲名狼藉，以反帝反殖為職志的由中國共產黨締建的中華人民共和國的成立，大批西方國家的殖民地紛紛走向獨立等情況的出現，迫使殖民政府在戰後進一步和不斷改進懷柔管治策略。隨着英國人意識到香港「九七」問題的臨近，英國人的懷柔管治更臻完美。殖民政府最後甚至試圖通過「代議政體」的變革讓香港蛻變為一個「主權在民」和有力量抗拒中國政府「干預」的獨立政治實體。

四　「高等華人」

　　「九七」問題出現之前，殖民管治的大前提是英國完全擁有對香港的「主權」，而殖民政府則牢牢掌握所有的政治權力，並以此對香港實行直接管治（direct rule）。英國一方面不容許中國大陸的中央政府和地方政府插手香港事

---

① 可參考 Norman Miners, *Hong Kong under Imperial Rule 1912-1941*, Hong Kong: Oxford University Press, 1987；Gavin Ure, *Governors, Politics and the Colonial Office: Public Policy in Hong Kong,1918-58*, Hong Kong: Hong Kong University Press, 2012；李鵬廣：《管治香港：英國解密檔案的啟示》，Hong Kong: Oxford University Press, 2012。

務，另一方面也不讓中國的法律在香港實施①。

不過，與此同時，英國人對香港的華人卻懷有強烈的種族歧視、恐懼、懷疑和排斥心態。他們覺得華人落後、愚昧、狡詐、骯髒、難以捉摸和難以控制。在為數眾多的華人的包圍下，英國人缺乏安全感②。英國人不願意與華人有不必要的接觸，交談時堅持用英語，也缺乏認識和欣賞華人社會和中國文化的動機。以此之故，在直接管治的框架下，英國人需要有一批華人領袖來充當殖民政府和華人社群的中間人，協助殖民者對華人進行管理和控制，進而爭取華人對殖民管治的接受和支持。

然而，殖民政府基本上不容許華人領袖和團體擁有實質權力，特別是武裝力量。因此，那些協助殖民政府管治香港華人的華人領袖並非好像一些其他英屬殖民地的地方領袖般具有自己的政治、財政和鎮壓手段，甚至可以使用當地的傳統習俗和法規來進行間接管治 (indirect rule)③。所以，英國人懷柔管治的核心內容，是根據社會環境的變化和政治的需要，不斷從華人社會中物色和培養那些能夠充當政治中間人的華人精英，把他們吸納到「殖民地」的管治架構中來，讓他們成為殖民政府的「同路人」(fellow traveler)④。

另一方面，殖民政府的「社會不干預」政策保存了華人社會的「完整性」和「自我調理」功能，使得華人社會能夠有效處理部分源於華人中間的問題和

---

① 英國政府起初其實是願意讓「殖民地」的華人受到滿清的法律所管轄，並由「殖民地」的華人官員負責執行。不過，這項頗為寬鬆的政策卻得不到「殖民地」的官員的支持。他們認為如果英國的法院不能完全主導的話，殖民政府便難以維持香港的治安。他們認為可以讓華人保留其風俗習慣，前提是它們不抵觸香港法律，但在香港實施中國法律則萬萬不可。參見 G. B. Endacott, *Government and People in Hong Kong, 1841-1962*, p.38。

② 參見 Leo F. Goodstadt, *Uneasy Partners: The Conflict Between Public Interest and Private Profit in Hong Kong*, pp.20-26。

③ 就算在新界地區，儘管鄉村領袖和士紳階層在英國人佔領新界前一直都擔當政治領導的角色，但在「殖民地」時期這些人基本上沒有獨立權力，只是殖民政府直接管治新界的裏助者而已。參見劉潤和：《新界簡史》，香港：三聯書店，1999，第 39-82 頁。

④ 金耀基以「行政吸納政治」(administrative absorption of politics) 來形容這個政治現象。他認為殖民政府這樣做的好處和目的是防止在華人社會中出現有能力挑戰殖民管治的政治領袖。參見 Ambrose Yeo-chi King, "Administrative Absorption of Politics in Hong Kong: Emphasis on the Grassroots Level," *Asian Survey*, vol.15, No.5 (May 1975), pp.422-439。另外可參考 Law Wing Sang, *Collaborative Colonial Power: the Making of the Hong Kong Chinese*, Hong Kong: Hong Kong University Press, 2009。

需要。眾多的華人家庭和民間組織通過「社會包容政治」（social accommodation of politics）的過程，讓一些可能演化為政治議題或爭端的事情在華人社會中得以「化解」和「消融」，減少它們為殖民政府製造麻煩的機會[①]。那些被殖民政府吸納的華人領袖作為華人社會的重要人物，肯定也在「社會吸納政治」的過程中發揮着重要作用。

然而，在香港「殖民地」開埠後的頭三十年中，殖民政府實施的不但不是懷柔管治，反而是高壓和粗暴的治理方式。當時殖民政府的管治機構處於草創階段，人員、資源、制度和經驗缺乏，法律不健全，健康和衛生情況欠佳。英國人雖然蓄意建立香港為自由港，但實際上貿易並不自由和公平，各種壟斷性行業、營業許可證、間接稅、合法與非法的苛政雜稅充斥於市。華南地區社會不安，經濟凋敝，政局糜爛，導致大量遊民、貧民、賤民和不法分子大批湧入香港，造成盜賊橫行，治安不靖的局面。更甚者，在內地政府和社會賢達的抵制下，一般擁有財富和名望的人不願意移居香港。

跟印度、新加坡、鴉片戰爭前的廣州和那些因不平等條約的簽訂而開通的中國沿海的通商口岸不同，香港原來的人口稀少，沒有地方上的政治組織和領導，所以殖民政府在管治過程中無法如印度和新加坡般馬上在香港找到本地的社會領袖來充當政治「中間人」，並依靠他們對那些暫居和無根的華人移民實施社會和政治控制。在這種惡劣條件下，殖民政府一方面對華人社群採取撒手不管的態度，另一方面則為了維持治安無奈借助一些不良分子作為控制華人的工具。這些人包括那些背叛中國、為英國軍隊攻打中國和侵佔香港提供支援的華人，以及那些從事走私、盜竊、賣淫和祕密會社活動的人。不過，這些人在華人居民中不受尊重，雖然在社會控制方面發揮一定效用，但卻難以提升殖民政府的威信。所以，殖民政府還要高度依賴武力鎮壓、嚴刑峻法和各種控制手段（比如宵禁、罰款、拘役、鞭笞、帶枷示眾、每年進行人口調查）來維持治安和實施管治。

[①] 參見 Lau Siu-kai and Ho Kam-fai, "Social Accommodation of Politics: the Case of the Young Hong Kong Workers," *The Journal of Commonwealth and Comparative Politics*, vol.20, No.2（July 1982）, pp.172-188。

其時，殖民政府粗暴介入和干擾華人的日常生活和方式，華人社會的風俗習慣不受尊重。在維持治安和改善衞生的前提下，公平執法形同具文，甚至嚴苛和專橫的滿清法律和刑法亦被隨意地應用到華人身上。緊急法律和權力經常被動用。反對殖民政府和殖民管治的行動時有發生，主要來自下層群眾，原因是反抗一些高壓措施和執法的行為。內地發生的反對帝國主義壓迫的事件，中國與西方列強的衝突戰爭和革命活動，都會激發部分香港人的反殖情緒和行動。雖然香港沒有出現大規模推翻殖民政府的運動，但殖民政府與一般群眾之間存在某種緊張關係卻是不爭的事實。

自 1870 年代開始以來，香港的管治情況有所好轉，一個由英國遣派到香港的精英政務官階層主導的、具有較高行政能力的官僚系統逐步建成，他們當中部分人甚至通曉中文和粵語，少數人後來更以香港為家 [①]。尤為重要的，殖民政府開始找到合適的華人精英充當管治伙伴。然而，將個別華人領袖正式納入殖民管治架構中還需要十年左右的實驗和觀察。1880 年出現第一位成為立法局議員的華人——伍才（即伍廷芳），委任他的原因是為了貫徹當時的香港總督軒尼詩（John Pope Hennessy）的安撫華人的政策。大體上，這個籠絡或吸納華人精英的過程並不順暢，有時頗為笨拙，原因是殖民政府依靠華人精英源於現實管治需要，但對他們卻不存信任和尊重。事實上，缺乏華人精英的協助，殖民政府要有效治理為數眾多但又不停流動的華人居民委實不易。

19 世紀中葉爆發的嚴重而持久的太平天國起義，大大加劇了內地的戰亂、貧困和天災。中國政治和經濟危機深重。老百姓流離失所，顛沛困頓。大批富裕階層人士、社會賢達和普通百姓紛紛移居香港。華人社會中逐漸從下而上湧現出一批有錢、有勢、在華人眼中有名望的華人領袖。這些人主要是殷實商人，而他們也是儒家思想的傾慕者。他們發家致富之後，通過慈善公益事業，為他人排難解紛，聯繫宗親鄉誼，組織宗教禮拜等活動，在華人中嶄露頭角，既取得華人社會的領導地位，復又得到內地政府的尊重和殖民政府的承認。這

---

① 參見曾銳生：《政務官與良好管治的建立》，香港：香港大學出版社，2007；John P. Burns, *Government Capacity and the Hong Kong Civil Service*, Hong Kong: Oxford University Press, 2004。

些頗具威望又有一定群眾基礎的華人領袖的崛起，讓殖民政府得以籠絡他們和他們的組織為其管治上的「小伙伴」，承擔作為殖民政府和華人社群間的中間人的任務。在 1860 和 1870 年代，殖民政府與華商精英間的政治聯盟陸續締建。1870 年東華醫院的出現，標誌着華商的政治地位的正式確立。殖民政府承認和倚重華人社會組織之同時，仍然高度依賴警察和其他治安力量來對付勞動群眾。殖民者與華商間的共同階級利益凌駕於華商和華人群眾間的共同種族利益。殖民政府對華人精英和一般民眾給予不同的待遇。這種區別對待的管治手腕，在華人精英和華人民眾之間逐漸形成裂痕並明顯體現在階級矛盾上。

　　隨着華人在經濟上的重要性和影響力不斷提高，華人社會中的等級秩序也逐步成型並不斷發展。英國人一方面承認該等級秩序，另一方面則以政治力量予以進一步塑造，賦予高等級的華人若干程度的政治權利和影響力，使其更為正規化及與殖民政權更有機地連接起來，從而將「高等華人」逐漸納入正式的管治架構當中。這樣做的理由其實反映了英國人對華人社會領袖的懷疑和擔憂，深恐那些政治效忠難以確定的人會擁有獨立和強大的群眾基礎和政治力量[①]。

　　當然，殖民政府也巧妙地運用其政治權力與威望，刻意扶植一些原來在社會上不為人知的華人，讓他們成為華人社會的領袖。值得注意的是，殖民政府的意圖並非是要強加一些缺乏威信的人予華人社會，反而是揀選那些在華人社會中已經有一定名望的人才加以培植和提拔。英國人的目標是讓他們擁有的政治權力與「高等華人」的社會地位融合起來，互相輝映。如此一來，在那些「高等華人」的襄助下，殖民政府獲得被殖民者更多的支持和信任，而殖民政府的「認受性」和管治能力也隨之而提升。在這種政治和社會格局下，殖民政府與華人社會中的較高階層的利益趨於一致，彼此都需要有效地駕馭和控制華人社會

---

① 殖民政府通過法律對一些影響力巨大的華人組織（東華醫院、保良局）進行「規範化」並加強監督，並逐步讓它們在財政上越來越依賴政府撥款，其自主性自然亦拾級而下。香港早期的由華人組成的地方保安力量最後被納入團防局體制內也是一個明顯的例子。參見 Elizabeth Sinn, *Power and Charity: A Chinese Merchant Elite in Colonial Hong Kong*, Hong Kong: Hong Kong University press, 2003。

中的低下階層與勞工階層，即便他們相互間的猜疑和誤解揮之不去[1]。事實上，香港歷史上不少的罷工和鬥爭事件都是通過殖民政府和華人精英的「精誠」合作才得以平服或壓制的[2]。

隨着社會的變遷和政治形勢的發展，在懷柔管治的策略下，殖民政府所倚重的華人精英也出現變化。據陳偉群的研究，香港在 19 世紀末已經出現了一個華人領袖間的等級結構。在法定和正式的架構中，華人領袖的等級地位按照他們在殖民管治架構中所獲得的任命而排列。這個排列自高至低為：1. 立法局的非官守議員；2. 太平紳士；3. 團防局成員；4. 東華醫院和保良局的管理委員會委員；5. 東華醫院的董事；6. 保良局的董事；7. 其他慈善機構、行會和街坊組織的負責人[3]。這些人當中很多是積極從事公益、慈善和宗教活動的殷實商人。他們深受傳統中國文化熏陶，且往往以「儒商」自詡。此外，一些在歐洲人與華人做買賣時充當「中間人」的買辦（comprador）也逐漸嶄露頭角，成為華人社會的翹楚。

五　吸納華人精英

當殖民政府在香港推廣西方教育後，加上愈來愈多華人有條件放洋留學，香港湧現了大量的接受了西方價值觀和生活方式、具有在現代商業和公共機構中工作經驗或擁有高級專業資歷（比如律師、醫生、會計師、大學教授）的華人精英。這些人在二次大戰後愈來愈受到殖民政府的青睞。可以這樣說，在回歸前夕，殖民管治的華人「同路人」以深受西方熏陶的商人、行政管理人員和專業人士為主。當然，為了應對 1966 年和 1967 年的騷亂所揭示的社會內部矛盾和階級衝突，殖民政府也開始爭取若干能夠反映普羅大眾的訴求、利益和不

---

[1] Leo F. Goodstadt, *Uneasy Partners: The Conflict Between Public Interest and Private Profit in Hong Kong*, pp.9-10.

[2] 這從華人精英與殖民者在 1884、1922 和 1925 年的罷工事件中採取共同立場上可見一斑。

[3] W. K. Chan, *The Making of Hong Kong Society: Three Studies of Class Formation in Early Hong Kong*, Oxford: Clarendon Press, 1991, pp.113-114.

滿的人進入管治架構之中。

　　隨着籠絡或吸納華人精英的規模的不斷擴大和手法的日趨嫻熟，一整套搜尋、物色、鑑別、提拔、培訓和晉升華人政治「同路人」的系統也一步一步建立起來，而且廣為有政治野心的華人所熟悉。即便殖民政府不容許華人擁有實質權力，但一旦得到英國人的賞識，華人精英也可以取得一定的政治影響力。更重要的是，他們因此在社會上和家族與朋輩間享有地位和榮譽。殖民者的恩寵對商人而言價值不菲，因為它反映商業信用和政治關係的深厚。

　　這套籠絡華人精英的系統主要由兩部分組成。

　　較為重要的是諮詢架構。為數眾多的諮詢委員會與機構，有着不同層級的重要性和政治地位，而其成員的委任權掌握在殖民政府的手裏。殖民政府將其有意籠絡的華人精英按照其資歷委任進那些諮詢組織之中，並依據他們的表現（特別是他們對殖民政府的忠誠度）讓他們拾級而上，最後進入立法局和行政局。殖民政府的計劃，是要在華人精英中樹立一個英國人認可的領導等級制度（leadership hierarchy），讓較高級的華人精英對較低級的華人精英進行領導和監控，確保他們能夠團結一致，紀律嚴明，並且死心塌地為殖民政府效忠和服務。

　　另外一套籠絡手段是頗為完備的勳銜制度，主要的勳銜由英國君主代表大英帝國授予，而不同的勳銜又代表不同的榮譽和地位。殖民政府懷柔策略的聰明之處，在於其勳銜制度的嚴謹性。英國人不會隨便向華人精英頒授勳銜，除非他們的確有功於殖民管治，同時他們在華人社會中確實受到一定程度的尊重。如此一來，政治權力的承認與社會人士的認同便糾結在一起。英國人十分明白，要提升殖民管治的「認受性」，殖民政府所依靠的華人精英必須是那些老百姓願意認可的人。一般來説，老百姓擯棄的人也是殖民政府不會認可的人。

　　在這裏我必須明確指出，殖民政府培植華人精英「同路人」的目的，絕對不是要在其眼皮下產生一股獨立於英國人而又強大、團結和具有群眾基礎的華人政治勢力，尤其是一個其力量足以與殖民政府抗衡的政治權力中心。假如真的出現這個情況，不但殖民管治會受到嚴峻考驗，中國政府對英國人的意圖亦會產生懷疑，而更為麻煩的是一系列意想不到的政治事件和現象可能會接踵而來，從而令香港的政治前景蒙上陰影。所以，殖民政府不但不會鼓勵被籠絡的

華人精英正式地組織起來，甚至會想辦法使他們難以扭成一塊。英國人希望看到的情況是每一個華人精英分子都縱向地依附於殖民政府，接受它的領導和指揮，而不是橫向地相互聯繫起來。英國人要確保所有政治的「恩典」和酬庸都只能來自殖民政府。所謂「最高等」的華人精英比如行政局首席非官守議員，對其他華人精英基本上沒有獨立的賞罰權力，因此難以利用那些權力來培植自己的「幫派」。歸根究底，「最高等」的華人精英在英國人眼中只不過是「最忠心」和「最資深」的被籠絡者或政治工具而已。

受到殖民政府垂青的華人精英自然以商界和依附於商界的專業精英為主，原因是英國人相信他們的實質利益與自己的大體上一致，而且他們所擁有的巨大利益會讓他們成為忠實的殖民管治的擁護者和捍衛者。在實際政治操作中，英國人與那些華人精英巧妙地結成一個「非神聖同盟」。簡單地說，殖民政府承諾為華人精英營造一個有利於他們發家致富和光宗耀祖的良好環境，而華人精英則心領神會地不會因為其巨大財富而萌生政治野心或覬覦政治權力。在這種情況下，某種金錢和權力的結合便油然而生，為有效的殖民管治和香港的繁榮穩定提供穩固的基礎。

當香港前途問題在 1970 年代末開始出現時，殖民政府與華人社會的上層精英已經結成為管治盟友，在政治利益和階級利益上有極大的共同性和連結性。更重要的是他們共同的反共意識和抗拒香港回歸中國的情意結盟。應該說，殖民政府的懷柔管治已經達到「最高境界」。英國人一方面能夠在壟斷政治權力下爭取到華人精英成為其政治上的「小伙伴」，並借助他們對「殖民地」人民進行有效管治。在直接管治的前提下，讓華人精英發揮某種程度和形式的「間接」管治職能。不過，英國人始終對華人精英保持警惕、懷疑和戒懼心態，盡量減少與他們在工作和合作以外的接觸，對其對英國人的忠誠不寄厚望①。另一方面，華人精英既擁有政治特權、社會地位，而其自身利益又得到充分照顧。

---

① 在二次大戰期間，日本曾侵佔香港。在日本統治香港期間，不少過去是殖民政府「同路人」的華人精英轉而與日本人合作而成為英國人眼中的「通敵者」（collaborators）。英國人「光復」香港後，沒有和那些華人精英「算賬」或報復，因為殖民政府覺得仍然需要他們的支持。然而，華人精英的「往績」很難令英國人對華人精英推心置腹。

他們與殖民政府共同對一般百姓進行社會和政治控制，防止香港出現挑戰殖民管治的政治行動或動盪。雖然在種族上有矛盾，但華人精英與殖民管治者卻有着共同的階級利益，因此可以說在某種意義上華人精英與殖民管治者是政治和經濟的「利益共同體」。在政治層面，華人精英作為缺乏獨立權力基礎的政治附庸，其實比英國人更保守。儘管華人精英的地位來自他們在華人社群中的地位，但他們的政治地位卻來自英國人的授予，他們因此與英國人一樣蔑視和害怕下層群眾。自然地，任何來自華人社會的對殖民管治的威脅，也會被視為對華人精英的政治威脅。

六　華洋界線及意識形態建設

當然，香港經濟的持續發展，民眾生活水平的提高，個人發展機會的充裕，華人社會自我解決問題的能力，殖民政府的「輕巧」治理策略，公共行政的廉潔與效率，香港人對中國政府的抗拒和擔憂等等，都為殖民政府的懷柔管治提供了良好的條件和背景。

必須承認，於實施懷柔管治之同時，種族不平等的情況仍然若隱若顯地存在。在大部分的香港「殖民地」歷史中，社會上「種族隔離」的情況雖然持續減少，但沒有完全消失。工作、居住、學校、醫院、休閒等機構和設施，都呈現出某種程度種族分隔的情況。種族間在法律和審判上的不平等頗為凸出[1]。就算在華人社群中，較高社會階層的華人（經常被謔稱為「高等華人」）受到殖民政府較好的待遇，但華洋界線仍然森嚴。「殖民地」的英國官員如果與華人通婚，其仕途必受影響。「高等華人」要打進英國人的社交圈子中絕不容易。就連那些自命高度「洋化」的華人也或明或暗地感受到英國人的種族傲慢和歧視。當然這些情況隨着時間的推移有所淡化和改善，但種族矛盾和分野卻從來沒有消除，也不可能消除。

---

[1] 外國人聚居的地方不容許華人入住（山頂和長洲分別於 1904 年和 1919 年被劃為只容許歐洲人居住的地方）。外國人與華人有不同的學校。權利、法律和司法上不公平，華人罪犯易受酷刑對待。

　　除了懷柔管治策略外，英國人在有意和無意之間進行了與鞏固殖民管治有關的政治主張或意識形態的「建設」工作。誠然，和法國或西班牙的殖民政策不一樣，英國人認為英國文化至為優越，難以為其他民族所完全吸收，頂多在某些方面和表面上加以仿效，所以沒有一套「同化」（assimilate）殖民地人民的計劃。相反，在不少的英國殖民地中，當地的傳統文化、宗教、習慣和風俗得到一定的尊重和保留，除非它們嚴重抵觸英國人的道德觀念①。這樣做的一個好處是殖民者不會因為與被殖民者發生文化衝突而增加管治的困難。在香港，情況也差不多。一般來說，英國人容許香港的華人社會保存自己的習俗和傳統，但有時也會致力廢除一些比如「妹仔」的陋習。部分殖民地官員甚至「入鄉隨俗」，到華人廟宇參拜、喜愛中式美食或選擇以中藥治病。然而，為了強化殖民管治的「認受性」、爭取華人精英和群眾對殖民政府的歸順和鼓勵內地華人來歸，殖民政府其實也在政治思想建設方面做了不少工作，以提升殖民者在意識形態上的主導或支配地位。

　　雖然沒有證據說英國人在這方面有一個系統的政治計劃或工程，但幾方面的措施卻的確屬於「思想工作」的範疇。比如說，凸出英語在就業上的重要性，在學校內宣揚西方文化的優越性，貶低中文的價值，削弱中國歷史的傳授，容許媒體和部分政治勢力對中國政府進行批判和詆毀，減少公職人員與中國的接觸，重用深受西方思想熏陶的華人精英，壓抑親中國政府的團體和人士等。不過，對筆者來說尤其重要和成功的，是「殖民地」時期出現的一些「口號」和詞語在殖民管治中的巨大政治作用。「諮詢民主」、「香港乃民主櫥窗」、「繁榮」、「穩定」、「法治」、「人權」、「自由」、「公平競爭」、「平等機會」、「放任主義」、「積極不干預」等名詞、口號甚至「符咒」（mantra）的提出並深入人心，實際上大大「美化」了殖民管治，讓香港華人覺得香港是一個現代化和「民主」的社會，殖民政府在建構香港的「主導思想」方面肯定「居功至偉」。毫無疑問，這些零碎的「思想」與殖民政府的懷柔管治相互配合，也互相強化，對鞏固殖

---

① 人類學尤其是社會人類學之所以在英國特別發達，原因是英國學者可以在大量的英屬殖民地中從事對當地「土著」的近距離觀察和研究。他們對那些非西方的事物相當好奇，也「珍而重之」。事實上，英國的人類學者對保存當地的文化和風俗頗有貢獻。

民管治發揮了很大的效果。

　　總的來説，在香港前途問題在 1970 年代末出現的時候，香港殖民政府的懷柔管治策略和體系已經相當完備、牢固和成功。殖民政府在香港人心中的政治「認受性」相當高。殖民政府所建立的制度體系、施政路向和公共政策被視為香港繁榮和穩定的基石。儘管香港存在不少社會矛盾和階級摩擦，但殖民管治已經被普遍接受。一般人甚至認為殖民管治會繼續不斷，「千秋萬代」。這種安於現狀的心態窒礙了任何要求改變現狀的呼聲和行動。

　　香港獨特的殖民管治背景對香港日後所走的民主發展道路影響極大。政治學者經常提到「路徑依賴」（path dependence）概念，即是説過去發生的現象會制約往後事態的發展。換言之，前一階段的發展規範了後一階段的發展，因為政治發展不是從一張白紙出發，而必須建築在原有的條件和因素之上。所以，香港獨特的「殖民地」經歷在幾個方面影響到香港的民主發展。首先，既然香港的繁榮、穩定、自由、人權、廉政、善治、平等機會等「好東西」都來自威權型的殖民管治，則民主改革便不重要；不但不重要，人們甚至會憂慮民主化會否給那些「好東西」帶來負面作用。第二，既然絕大部分人在殖民管治下都或多或少獲得了實質利益，變成了「殖民地」中的既得利益者，除非有強大的理由，則變更現狀便不是選項。第三，在對「殖民地」的現狀滿意的情況下，香港難以孕育反對力量和反對派的領袖。民主運動縱有，也規模有限。第四，在懷柔管治下，香港出現了一個勢力龐大的華人精英階層。他們是香港繁榮穩定的中流砥柱，是維護原來的權力和利益分配格局的保守力量。無論是英國政府或是中國政府，都不能不重視和照顧他們的利益。民主發展既然會引發群眾力量的抬頭，華人精英自然對民主改革持保留或反對態度。這個植根於香港的龐大利益階層的存在，他們長期依靠當權者保護和照顧的情況以及他們對低下階層的恐懼，是香港民主發展的巨大阻力。這幾方面的看法，在以後的討論中會有進一步的闡述。

矮化的公民概念：
生活秩序與民間公共文化 [①]

呂大樂、呂青湖 [②]

一　導言

　　香港社會在 1970 年代所經歷的一項重大轉變，是它成為了生命共同體，除在市民大眾中間形成了一份認同之外，還在社會層面上出現了一種新的秩序。從某個角度來看，那套社會秩序其實並沒有什麼很特別之處；市民開始重視秩序（表現於他們懂得排隊的公眾行為）、大致上不爭先恐後、不亂拋垃圾、不隨地吐痰、講求衛生等，絕非香港所獨有的一種公德及秩序。但從另一角度來看，則這是香港人在七十年代逐漸感受得到，在彼此之間開始存在的一些共有的生活元素。我們總覺得，要了解香港本土認同與意識的形成，不能忽略上述社會秩序及其帶來的生活經驗。

　　那種覺得香港社會逐步成為生命共同體的感覺，並不止於公共秩序與文化的形成，同樣重要的是一般人對其他共處於這塊殖民地的香港人，開始抱着一種新的態度。在社會救濟、福利、服務方面，這表現於無償捐血逐漸在本地華人（尤其是年青一代）之中變得普及，令血庫走上自給自足的狀況 [③]。另一個例子是公益金百萬行（1971 年開始），參與的市民既是捐款人，同時也參與勸捐，身體力行之餘，也要説服別人這是一項有意義的公益活動 [④]。1972 年「六一八雨災」，市民積極響應救災，其象徵意義在於香港已不再像以往般需要依靠海外物資救災，而是社會內部亦開始形成一種自發參與救濟的社會力量。到了七十年

---

① 本文原載呂大樂：《那似曾相似的七十年代》，香港：中華書局，2012，第 121-136 頁。

② 呂大樂，牛津大學社會學博士，現任香港教育大學亞洲及政策研究學系講席教授；呂青湖，華盛頓大學哲學博士，現任香港教育大學亞洲及政策研究學系助理教授。

③ 呂大樂：《山上之城》，香港：香港大學出版社，2000。

④ 參見呂大樂：《凝聚力量：香港非政府機構發展軌跡》，香港：三聯書店，2010。

代末，「歡樂滿東華」以一件媒體上的慈善盛事的形式出現，能深入社會基礎，普羅大眾共同參與大型公益籌款，象徵香港市民（包括生活條件一般的公屋街坊）願意為自己社交圈子以外而有需要的人，出錢出力，伸手援助。

　　具體上，究竟這種社會秩序及相關的公德概念是如何形成的，我們所知甚少。限於資料的性質，本文的討論與分析恐怕亦不可能直接回應這個問題。這一種在七十年代逐漸成型的公共行為與文化，雖然並非當時港英殖民政府隻手所促成，但必須承認「清潔香港」和「撲滅暴力罪行」兩次大型社會動員，的確產生了一些效用。那兩次運動的特點，是它們並不只是宣傳與教育的工作，而是殖民政府自覺有需要走進社區，以社區參與（community involvement）的方式來進行動員。不過，有趣的是，基於殖民政府的種種限制（例如對於釋放政治權力，特別小心翼翼），那些社會動員的過程與效果，總是存在種種自我矛盾（例如既要鼓勵投入和參與，但又不容許活動溢出其原有的範圍或轉化為政治訴求）的地方，以至那種市民的動員，不會進一步發展為一種全面的（包括政治參與及社會方面的權利）公民權（citizenship）及相關的意識[1]。我們感興趣的問題是：在當時的殖民統治框架底下，政府會鼓勵發展出哪一種市民觀念。

　　我們一再強調，由於資料所限，我們無法直接了解香港市民的主觀感受及看法；究竟當年他們是怎樣看待殖民政府推動「清潔香港」和「撲滅暴力罪行」兩次大型社會動員，我們未有深入了解。我們在本文所打算做的，是將當時殖民政府在推動上述社會動員時的一些考慮呈現出來，並且討論那種社區參與、社區建設的局限。不過，儘管那種由殖民政府所推動的社區參與、社區建設的政治過程並不會導致全面的公民權的出現，但對建構關於「公」的、市民責任感的概念，卻看來有一定成效。在殖民政府所推動的那種有限度的公民權及公民意識之下，香港市民似乎發展出他們自己的一套，一種民間的公共文化，並且促成了一種新的公共秩序的出現。要直接探討這個問題，需要另一個以完全

---

[1] Agnes S. Ku & Ngai Pun（eds.），*Remarking Citizenship in Hong Kong*, London: Routledge Curzon, 2004, pp.4-5. 這種既想鼓勵社會參與但又不容許超出於限定範圍的情況，同樣見諸殖民政府處理青年事務之上，參見吳萱人：〈那隻催生的手也是那隻扼殺的手——《青年世界》如何與香港政府鬧翻？〉，《明報》，1997 年 5 月 19-20 日。

不一樣的方法來進行的研究。我們在這裏所能做到的，只是為了在相關議題上提出新的假設之前，有所準備而已。

二　走入社區

社區建設或類似的概念，並非六七十年代以後才出現的新生事物。早在 1954 年，香港政府的社會福利主任的報告便有提到社區發展（community development），其意思大概是指當時政府推動成立的街坊福利會[①]。而在第一份有關社會福利的白皮書——《香港社會福利工作之目標與政策》裏，亦有將社區發展列為社會服務之其中一種，其「目標在於鼓勵及協助個人及團體使為所屬社區及整個社會共謀福利」[②]。當然，正如很多批評所指出，戰後初期的殖民政府根本就沒有一套社會發展的完整想法[③]，對社區發展的理解更是相當狹窄，不能跟後來所提出的類似概念相提並論。

不過，話雖如此，當時港英殖民政府在《香港社會福利工作之目標與政策》裏所表達的觀念，是值得留意的。首先，那是在一般及抽象的層面上，殖民政府在六十年代所考慮的問題，跟後來的沒有太明顯的分別。基本上，它主要的目的在於協助居民適應新環境，發展認同感，彼此和睦相處，令他們負起對社會的責任[④]。如果說當時的構思有何特點，那恐怕是殖民政府其實無意視社區建設為優先項目，甚至活動經費也期望由參與者自付：

> 協助團體及社區，使其中個人及家庭從互不相干之關係中聯繫

---

① 參見 Siu Ling Lam, *The Role of Government in Community Building*, unpublished MPA Thesis, University of Hong Kong, 1993, p.23。

② 香港政府：《香港社會福利工作之目標與政策》，香港：香港政府印務，1965，第 2 頁。

③ 周永新：《香港社會福利的發展與政策》，香港：香港大學出版印務，1980，第 32-35 頁。

④ 在「世界難民年」的推動之下，香港政府獲美國政府及英國世界難民年委員會的經費支持，先後於黃大仙、荃灣、觀塘及大坑東開設社區中心。社區中心之設立主要是回應大量來自中國大陸的難民，他們多住於第一、第二型徙置區，社區設施與服務可幫助適應香港環境，融入社會。參見蕭鄧婉儀：《香港社區中心服務的發展》，香港社會工作人員協會編：《社區工作——社區照顧實踐》，香港：香港社會工作人員協會出版，1994，第 182 頁。

起來。居住在「新城市」及徙置大廈的居民，缺乏自然聚結力，所以亟應啟發其屬於同一社區的感覺，使在新環境中感到安適，而逐漸成為安定的單位。新城市與正在萌芽發展中之社區，例如徙置區等，一經成立，即應開始建立社區精神的工作。……使新遷入者與當地人民融合相處，而使人數眾多之新社區趨於穩定，為啟發居民對社會負起責任之精神，在有社區服務之處應鼓勵彼等參加、組織及辦理各項活動，並付出活動所需之經費。①

事實上，殖民政府在那份社會福利白皮書裏所強調的觀點，是「依照中國之傳統，凡因貧窘、過犯、疾病或天災等而有所需求之社會福利措施，均屬個人委託，至少在理論上應由其家庭或在必要時由其家族負責」②，而政府的立場是「盡力支持與鞏固這種『家庭』責任感」③。從政府的角度，當時香港的社會狀態是：

> 香港人士所組成之社會並非渾然一體之社會，亦不具備由演進而成，又為大眾接受之各種傳統與價值，俾有效解決都市之福利問題，同時大部分人均須在擠迫環境之下求生，鮮有餘力應付其他。④

而所謂的社區建設的重點，只在於幫助市民（當中不少是移民）適應環境，提升社會整合，而尚未發展出對市民積極參與的期望。

從這個角度來看，七十年代初的「清潔香港」及「撲滅暴力罪行」兩次大型社會動員是殖民政府的新嘗試。垃圾、公共衛生、治安都可以說是香港社會的老問題，所以這裏所講的「新」，在於政府處理問題的方法。以「清潔香港」為例，早於 1949 年市政局就曾經舉行 Anti-Litter Week，然後在 1959 年至 1964 年有 Keep Your City Clean 運動，而 1965 年至 1971 年則是 Keep Your District

---

① 香港政府：《香港社會福利工作之目標與政策》，第 8 頁。
② 香港政府：《香港社會福利工作之目標與政策》，第 4 頁。
③ 香港政府：《香港社會福利工作之目標與政策》，第 4-5 頁。
④ 香港政府：《香港社會福利工作之目標與政策》，第 4 頁。

Clean 運動 [1]。有見於新加坡的清潔運動十分成功（政府代表曾於 1969 年及 1970 年兩度前往考察），於是港督戴麟趾在 1970 年年底於立法局發言並且指出問題，稍後成立了「全港清潔運動委員會」。「清潔香港運動」正式在 1972 年展開，而開幕儀式則由當時到任還未夠一年的港督麥理浩來主持。

一改以往零散的工作與宣傳來推廣清潔和公共衛生，「清潔香港運動」是以一個全面的運動的方式來進行。政府投入的活動經費是 450 萬元，動員了 13 個政府部門協助推行該運動，反垃圾隊增加至 48 隊，垃圾箱亦由全港 4,123 個增加至 19,764 個，等等。「政府為了顯示他們對是次運動的支持，更首次動員全港公務員參與該活動，港督亦已分函政府各機關首長，要求他們對此次運動予以合作。」[2] 除人力、物力之投入外，「清潔香港運動」的推行亦包括相關法例的訂定，以加強政府檢控「垃圾蟲」的能力 [3]。不過，最重要的一環，還在於社區參與。

> 從規劃最早階段開始，便意識到全面的社區參與的需要。政府可以而且已經做了的是供應人手、器材、交通工具及所有財政上的支持，令運動發展起來。但假如沒有從草根由下而上的，社區內每一位人士很實在的支持，則一定不太可能達至此運動的組織者所爭取的成效。[4]

---

[1] 有關「清潔香港運動」之發展，參見以下資料：HKRS 337-4-5396: "The 'Keep Hong Kong Clean' Campaign' and its Problems（Speech delivered by Dr. Denny M. H. Huang to the Kowloon Rotary Club on 4th May 1972）"、HKRS 337-4-5396: "The 'keep Hong Kong Clean' Campaign: its Background and Development, 11th January 1973"、HKRS 684-5-82: "Towards a More Responsive Society（Text of a Speech by the Deputy Secretary for Home Affairs）, 8th August 1973" 以及周淑健：〈清潔香港與公民身份的形成〉，香港中文大學社會學系哲學碩士論文，2006。

[2] 周淑健：〈清潔香港與公民身份的形成〉，第 46 頁。當時的盤算是公務員約有 10 萬人，再加上其家人，整個隊伍佔全港人口的八分之一。所以，只要發動起來，應可影響社會上其他市民。參見 HKRS 618-1-548: "From Colonial Secretary to all Civil Servants, 26th August 1972"。

[3] 當中關於市民在其居所的 20 呎範圍內負責保持清潔及將垃圾清除，涉及市民所須負上的責任，曾引起過爭論。

[4] HKRS 337-4-5396: "The 'Keep Hong Kong Clean' Campaign: its Background and Development, 11th January 1973".

　　「清潔香港運動」的創新之處在於將社區動員和參與也包括在內。「清潔香港運動」的社區參與乃通過民政署的系統來發動，將全港劃分為 74 個推行運動的地區，平均每區約有 45,000 人。配合那 74 個推行運動的地區，每區設立一個由 20 至 25 名市民所組成的分區委員會。後來，在分區委員會之上，又成立 10 個民政區委員會，由分區委員會的主席、其他地區領袖及政府部門代表所組成 ①。在這個架構底下，最基層的單位是互助委員會（簡稱互委會）。互委會以大廈為組織單位，最低限度可由 3 人（主席、祕書及財政）所組成，但他們必須得大廈內不少於 20% 居民（業主或租戶均可）認可。由 1973 年開始展開組織工作，至年底已成立 1,217 個互委會，翌年再增至 1,575 個 ②。

　　緊貼着「清潔香港運動」而推出的，是「撲滅暴力罪行運動」（1973 年年中）。殖民政府之所以推出兩大運動，一方面是回應民間的憂慮（尤其是治安問題）及關注的問題（如環境清潔及公共衛生），另一方面是它的領導層視此為建立市民對政府信心的重要工作。在推動「清潔香港運動」的過程中，Forsgate 便向政府反映意見，表示「清潔香港運動之成功，對在公眾心目中建立政府於處理環境衛生方面有無可靠和有效的領導能力，至為重要」③。而在推動「撲滅暴力罪行運動」的過程中，麥理浩親自發信給民政司陸鼎堂（Donald Luddington）爭取全力支持，並指出：

> 我毋須向你強調公眾對暴力罪行的深刻關注，或它對政府信譽的重要性。明顯地這要求政府部門與公眾之間一次重要的合作，藉此嘗試並改變目前的趨勢。④

　　對殖民政府而言，這兩個運動是在民眾之中建立對政府的信心的重要工

---

① 詳見 M. Y. So, *The Assessment of Potential and Limitation for Community Development of District Level Associations*, unpublished MSW Thesis, University of Hong Kong, 1975, pp.20-21。

② M. Y. So, *The Assessment of Potential and Limitation for Community Development of District Level Associations*, pp.21-22.

③ HKRS 337-4-5396: "Forsgate to Norman-Walker, 17th May 1972".

④ HKRS 684-5-83: "MacLehose to Luddington: Fight Violent Crime Campaign, 14th May 1973".

程①。而要做到這個效果，殖民政府決定進入社區。

三　不徹底的社會動員

　　究竟應該如何評估「清潔香港運動」和「撲滅暴力罪行運動」的效果與成績，這不容易找到一個一致公認的答案。如果説它們移風易俗，大大提高了香港人的責任感及公德心，我們不敢確定這兩次運動是促成改變的惟一和獨立的因素②。但在生活經驗層面的認知，我們在七十年代又確實可以感受得到一些老習慣開始改變，而一種對公共生活及相關秩序的觀念亦開始形成。至於殖民政府方面，它在兩次大型運動之後，更為自覺地去發展社區參與。這明顯地表現於麥理浩在 1976 年 10 月所宣讀的施政報告：

　　　　……我們的目標，是建立一個不會產生壞分子的社會，一個市
　　民互相關懷和具有責任感的社會。我們的社會計劃正是向這個目標邁
　　進，因為如果社會不關心市民，市民自然也不會關心社會。③

而在他的社區參與和組織的工作上，互委會佔上一個重要的位置：

　　　　成立組織完善而工作積極的互助委員會，由居民選出委員，互委
　　會可隨時與有關政府部門接觸，尋求意見及協助。……政府不打算在
　　這方面獨斷獨行，因為硬性組織或千篇一律的方式並無好處。同時採
　　用多種不同的途徑和形式，反而會有更佳的效果。……我們的理想，
　　是以各住宅樓宇及工業樓宇的互助委員會、街坊福利會及較大區域的

---

① 關於憂慮市民對政府缺乏信心，同時政府在他們心目中信譽低落的問題，是港督戴麟趾離任前
　　所提出的問題，參見呂大樂《那似曾相似的七十年代》第七章的討論。從這個角度來看，我們
　　可以理解為何戴麟趾會有興趣參考新加坡的經驗，並開始籌備「清潔香港運動」。
② 人口結構轉變和土生土長一代的成長，肯定是必須考慮的因素。參見呂大樂：《山上之城》，香
　　港：香港大學出版社，2000。
③ 香港政府：《1976 年 10 月 6 日立法局會議席上總督麥理浩爵士施政報告》，香港：香港政府印
　　務，1976，第 15 頁。

分區委員會為基礎，由民政主任、社區及青年事務主任和康樂體育主
任執行日益擴大的服務計劃來加以支持和協助，共同達成這個目標。
這些工作統由民政司及其屬下工作人員協助、調配和指導。①

通過成立互委會及建立一個以地區為基礎的政府與社會接觸和溝通的架
構，港英政府先後針對社區整潔和打擊暴力罪行的問題，進行了社會動員。而
麥理浩有意進一步鞏固這個基礎②，並以此作為殖民政府與民間社會之間的新的
聯繫。

可是，任何人只要細心觀察，便不難發覺那以互委會為基礎的社區建設和
社區參與，有相當明顯的弱點。在評論 1976 年施政報告中的社區建設與組織的
概念時，馮可立點出了它的行政管理取向：

> 在缺乏強大的精神號召力量之下，社區建設政策轉向微觀層面的
> 發展方向。它只是確定了互助委員會的存在價值及功能，訂定了社區
> 及青年事務主任在推展公民教育時的責任與角色，以及確定教育司署
> 的康樂及體育事務組提供康樂及體育設施任務等等細緻的行政協調關
> 係。這個政策的效用，只是增強了市民與政府溝通的機會，使市民對
> 政府的種種措施有多些了解，減少不必要誤會。③

而在社區參與的意義上，有研究者指出：

> 政府既無意於在市民之中提高民主政治參與的精神，亦並非視社
> 區建設為一個鼓勵市民決定他們的需要和就此進行工作的過程。社區
> 建設更似是一種從上而下，由政府高層所制訂，而交到下層去執行的

---

① 香港政府：《1976 年 10 月 6 日立法局會議席上總督麥理浩爵士施政報告》，第 15 頁。
② 更多有關的討論，參見呂大樂：《那似曾相似的七十年代》，第七章。
③ 馮可立：〈香港社區發展的政策分析〉，莫泰基等編：《香港社區工作：反思與前瞻》，香港：中
　華書局，1995，第 24 頁。

政策。官民之間的合作只是達成政府所訂定的目標的手段。[①]

最為有趣的是，當時港英政府亦十分自覺，要深入基層來推動社區建設，很有可能會自行引爆一些社會問題，並且造成令政府尷尬的處境。以下所節錄的，是一段民政司不能向分區委員會透露和不可刊印的指引：

> 由於管理問題以私人房屋最為嚴重，民政主任、新界政務專員及地方委員會應集中其力量，在私家樓建立互委會。如果有足夠人手的話，他們亦可在較新的公共屋村（即三至六型的前徙置區、前廉租屋或房委會的公屋）內鼓勵成立互委會。第一及第二型公屋因其一般狀況及缺乏社區設施而特別難處理。而有一種感覺是到那些公屋去成立互委會，很可能會適得其反，成為令人尷尬的因素，而不是一種資產。所以，雖然假如有一群居民接觸民政事務處時，他們應得到一般情況下的支援，但民政事務處及分區委員會實不應主動在那些公屋發展互委會。[②]

到了 1975 年，當時已有超過 1,600 個互委會，政府開始分析其現狀與未來。在一份題為《互委會之未來》的文件裏[③]，內容顯示當時政府已留意到一些現象和問題。舉例：互委會與業主立案法團之間存在不同的意見與取向，而政治滲透（案例是一名市政局議員嘗試尋找互委會的支持，簽名爭取恢復執行死刑）、互委會有機會成為壓力團體、互委會之間有可能組成聯會等現象，已在討論之列。當中最有趣的是如下兩點。一是關於互委會的問題，除上述列舉的之外，該報告還指出互委會的成員開始有一種身份意識：

---

① 參見 Siu Ling Lam, *The Role of Government in Community Building*, p.35. 那種自上而下，凸顯政府主導，旨在吸納和利用的發展，是限制互委會有進一步發展的重要因素。參見 H. L. Fung, *Two Models of Public Participation*, unpublished MSW Thesis, University of Hong Kong, 1978；M. Y. So, *The Assessment of Potential and Limitation for Community Development of District Level Associations*。

② HKRS 684-5-82: "Secretariat for Home Affairs, 12th June 1973".

③ HKRS 488-3-37: "The Future of MACs, 25 July 1975".

較以前花更多時間於一些儀式及活動之上，即是他們傾向於向外爭取社會地位，而不是向內了解現存問題。……正如一些喜歡曝光的志願團體所經歷，對風頭及知名度的着迷，會削弱互委會在提供全面的互助服務的效能。這可能是缺乏新的目標的其中一種間接後果。[1]

二是政府在推動互委會時的不足之處。該報告指出：

假如民政署於 1973 年最初成立互委會時不是純粹追求數量的話，大多數問題或者是可以避免的。要互委會有更強的領導能力、減少受三合會滲透的機會，最有效的方法是在成立階段小心照顧，重質而不是重量。[2]

翌年在另一份檢討互委會發展狀況的文件上，互委會的組織問題再次受到關注：

雖然理論上只要取得建築物內 20% 居民的同意，便可以成立互委會，但今天在前線的工作經驗，是沒有一個互委會是以低於 50% 居民同意情況下而成立的。不過儘管如此，很多互委會並未能引起熱情的反應，亦未可以得到居民對他們的工作長期合作（例如鄰舍巡邏更隊的人手）。結果是大部分工作（從中所有居民均會受惠）落在逐漸減少的人身上，挫敗感浮現，而那類互委會有可能逐步減少投入，以至變為冷感。這種情況有可能滋生其他更嚴重的問題，例如互委會為領袖所濫用或為顛覆／犯罪分子所滲透的風險而有所提升。[3]

更值得注意的是，殖民政府在政治方面的考慮，就更是小心翼翼：

---

[1] HKRS 488-3-37: "The Future of MACs, 25 July 1975".
[2] HKRS 488-3-37: "The Future of MACs, 25 July 1975".
[3] HKRS 488-3-37: "Review of MACs, 26th March 1976".

　　公屋居民的單一背景亦會促使他們形成挑戰建制的統一陣線。a)
結盟的趨勢：房屋署長對成立以座為單位的互委會，或該等座互委會
串連起來而成立處理聯誼及康樂活動的全村居民委員會，不會提出異
議，但他肯定不會期望互委會聯合起來而成為一個大型的團體，自稱
可代表以萬計的居民有關房屋管理方面的利益。雖然公屋居民的背景
的劃一性為結盟提供了共同的基礎，但過去互委會並未有表現出有這
樣的意圖，或者這是因為受到民政處的工作人員主動勸阻所至。事實
上早已存在於民政處下面地方委員會的大型諮詢系統，是另一個令人
覺得沒有必要成立互委會的聯合組織的因素。b) 政治野心：跟聯盟
這個意念相關的是，互委會宣稱有其代表性的地位。民政處並不鼓勵
這種態度，而這亦因互委會於個別組織或作為集體的層次上，並非每
一項地方或政策的題目都得到諮詢，而進一步削弱了它們的身份。假
如真的出現一個聯會，互委會的聯盟有可能在地區層次或社會上的影
響力，跟街坊會或鄉議局的相若，能發揮一定的影響力及權力。以目
前的情況而言，互委會並未能表現出一種超出其社區的政治野心。c)
壓力團體：儘管互委會本身並非壓力團體，但它們有可能自發地在地
區問題或可能性略低的在一般利益（例如彩虹及高超道場外投注站事
件、加租、電話費／公共服務／交通費加價等）採取一種強烈的反建制
的立場。互委會具備成為壓力團體的潛質的價值，在政府以外的團體
（如社區組織協會、楊震服務中心、鄰舍輔導會）早已有所認識，而它
們亦有落在這些組織手上或遭操控的危險。王室警察的清除工作應可
阻止激進人士成為互委會的幹事，但他們仍可於幕後發揮對互委會的
影響。如果房屋署不先進行工作，填補這個空間的話，則激進分子有
機可乘，成立他們類似互委會的組織。[1]

事實上，以上所講並不只是殖民政府的一些憂慮那麼簡單。在實際操作層

---

[1] HKRS 488-3-37: "Review of MACs, 26th March 1976".

面上，殖民政府也絕不想街坊、市民產生誤會，對他們的政治身份和角色有過高的期望。所以，在分析互委會的政治價值時，殖民政府肯定它們在「推銷政府政策及收集社會的回應上至為重要」，不過：

> 同樣重要的是避免將此「制度化」或「正規化」，並納入恆常的溝通渠道，以至默認了它們是具代表性的意見組織。雖然無人會反對經常以互委會來傳達政府資訊，但它們最好是不定期或輪流作為測量市民反應的平台來使用。[1]

簡而言之，殖民政府本身對互委會於組織層面上所可能出現的政治成長，亦小心翼翼，諸多提防。

四　矮化的社區參與

七十年代香港社會的政治封閉程度基本上限制了互委會作為基層社區參與組織的進一步發展。殖民政府不單無意推行民主化，連將部分權力下放或確認互委會作為基層代表，亦甚為抗拒。它想做到的，只是市民通過社區參與來協助它的行政管理。

殖民政府在這方面的立場，可見於它分析市民參與「撲滅暴力罪行」中的角色。在該文件裏討論到政府在對付暴力罪行的過程中，它可以期望市民如何協助其工作。對公眾的要求和期望方面，是「表現出一份市民的責任感（civic responsibility）」，而較詳細的說明是：

> 鼓勵本地居民有一份市民的責任感，乃政府一向的目標。但要在香港做到這一點，則有一些眾人皆見的困難。一些困難已由學校的公民教育所克服，不過進展緩慢。清潔香港運動亦已在民眾之中，培養

---

① HKRS 488-3-37: "The Future of MACs, 25th July 1975".

出一種圍繞着垃圾問題的一份市民的責任感。一個針對暴力罪行而跟
清潔香港類似的運動，應以進一步鼓勵這種市民的責任感為目的。[①]

　　殖民政府所期望的，是市民提高市民的責任感之後，不會有進一步的政治
要求。那是一種由上而下和有組織的參與。「清潔香港」和「撲滅暴力罪行」兩
次運動的特點，是以大型社會動員的方式來提高市民的責任感。這是七十年代
之前所未見的。至於其真正成效，尚有待深入研究。我們初步的觀察是，香港
市民絕非照單全收。事實上，差不多跟那兩次社會動員同步發生的，是本地的
城市社會動員[②]。殖民政府從來不能將市民參與完全納入其官方渠道之內。至於
從七十年代開始於香港社會所形成的公共文化與生活秩序，有多少是官方動員
的結果，有多少是民間自發的回應，值得好好了解和討論。

---

① HKRS 684-5-71: "Report on the Working Party on Community Involvement Against Crime, 7th February 1973".
② 呂大樂、龔啟聖：《城市縱橫：香港居民運動及城市政治研究》，香港：廣角鏡出版社，1985。

國家認同與文化政治 [1]
——香港人的身份變遷與價值認同變遷

強世功 [2]

香港回歸無疑觸及到國家認同問題。傳統帝制中國的政治認同建立在對中國歷史文化的認同基礎上，而近代以來，中國經歷了從傳統「文明國家」向現代「民族國家」的轉型。一方面要發展出在多元民族基礎上塑造「中華民族」或「中國人」的概念，從而奠定現代國家的民族認同基礎，另一方面要發展出現代國籍法，對文化意義和基於血緣的民族意義的「中國人」的概念加以改造，發展出「中國公民」、「海外華僑」、「海外華人」等法律上嚴格界定的身份概念。香港回歸以來，香港居民不僅觸及到「公民身份」的問題，而且觸及到文化認同和政治認同問題。正是在文化認同和政治認同的問題上，香港展現出其特別複雜的一面。

一　香港人的身份變遷

（一）「中國人」的歧義與「香港華人」的形成

從種族意義上講，香港絕大多數居民都是「漢人」；而從文化意義上講，他們都屬於地地道道的「華人」。英國人在佔據香港的時候，就意識到中國廣闊的地緣和悠久的歷史文化傳統，無法進行「殖民」，而只能進行商業貿易。正因為如此，在漫長的殖民時期，香港人從來沒有意識到他們與內地居民的區別。然而，這一切由於 1949 年中華人民共和國的成立發生了某種轉變，因為中華人民共和國的文化認同基礎不是傳統中國的儒家正統文化，而是馬克思主義和共產主義。這樣，「中國人」這個具有永久歷史文化傳統的概念在 1949 年就發生了

---

① 本文原載於《文化縱橫》，2010 年 12 月號，第 110-115 頁。
② 強世功，北京大學法學博士，現任北京大學法學院教授。

斷裂性的變化：其一是認同中國歷史文化中儒家正統思想的「傳統中國人」，國民黨的「中華民國」雖然加入了許多現代的因素，甚至引入西方基督教因素，但基本上繼承了這一傳統。尤其是「中華民國」到台灣之後，蔣介石更有意識地訴諸中國傳統文化的正統地位來與大陸中華人民共和國進行文化抗衡。其二是信奉馬克思主義並繼承中國歷史中革命傳統的「新中國人」。由於中華人民共和國在國際上作為中國的代表獲得了普遍的認可，「中國人」這個概念往往等同於「新中國人」，以區別於差不多等同於「華人」概念的「舊中國人」。

在這種背景下，香港人的身份認同也因為文化認同發生了分歧：究竟認同「傳統中國人」，還是認同「新中國人」。而大陸與台灣對香港人的稱呼也不同，前者對香港人的正式稱呼是「香港同胞」，而後者在回歸前稱之為「香港僑胞」。而香港人給自己一個相對兼顧法律屬性和文化屬性的中性稱呼：「英屬香港華人」，簡稱「香港華人」，以顯示自己在文化身份和法律身份上與「中國人」的不同。

（二）「香港人」的社會與文化認同

身份建構必須以區別於他人的「自我意識」開始。大約從 1960 年代開始，「香港人」作為一個獨立的身份建構開始緩慢形成。這是由多方面特殊的歷史背景和人為努力的政治建構促成的。其一，中華人民共和國成立之後，內地與香港之間的邊境自由流動受到了限制，香港居民逐漸穩定下來，在 1960 年代香港出生的第二代已經差不多佔到了人口的一半，他們割斷了對內地的歷史記憶和文化傳統，逐漸形成了香港本土一代共同的歷史記憶和情感認同。其二，在這個時候，香港經濟迅速增長，作為「亞洲四小龍」出現，而與內地的經濟蕭條形成了明顯的對比，香港人的「優越意識」強化了其與內地的區別。其三，港英政府在 1967 年鎮壓反英抗議運動之後，開始對香港的治理進行大刀闊斧的行政和民生改革，獲得了香港精英的政治認同。其四，香港人開始自我的文化塑造，在大眾文化方面，以李小龍為代表的香港功夫電影、許冠傑為鼻祖的粵語流行歌曲和金庸為代表的武俠小說成為「香港文化」的象徵。「香港人」在建構作為「他者」的大陸人的過程中確立了自我身份認同。1970 年的「香港是我家」

不僅是一種文化推動，也成為香港人日常生活的一部分。

進入 1980 年代，由於「九七大限」給香港人帶來了普遍的恐慌和不安，這種共同命運加速了「香港人」的歸屬認同，進一步鞏固了香港本土意識。至此，「香港人」的社會建構基本完成，所謂「香港人」就是居住在香港、分享香港粵語文化的中國人。

（三）「香港人」政治認同的分歧

香港人政治意識的覺醒是從國民革命開始的。香港是中國共產黨早期工人運動的最主要基地，1925 年的長達一年的「省港大罷工」是中國人反抗殖民主義的一次愛國工人運動。但此時香港人是作為「中國人」來反抗殖民主義的。隨着近代以來香港社會乃至中國社會的階級分化，香港人的政治認同和文化認同也發生了根本的分歧。以香港工人為主體的「香港左派」認同中國共產黨的主張，而以商業上層精英為主體的「香港右派」認同國民黨的主張，由此在 1949 年之後香港政治認同分歧引發了香港人身份認同的分歧。

1967 年的反英抗議運動就是「香港左派」反抗英帝國主義和殖民主義的愛國主義運動，但這場運動遭到港英政府的徹底鎮壓，且港英政府利用「冷戰」背景，在思想文化上將「香港左派」和中國革命系統地解釋為蘇聯「極權主義」，由此「香港左派」的「中國人」身份的政治認同受到極大打擊。與此同時，港英政府為了培養認同英語和西方文化的香港人並對大英帝國保持忠誠的香港精英，推出一套系統的文化馴服計劃。比如通過創辦香港大學、香港中文大學等，在香港系統地進行英文教育和殖民主義教育；通過唱英國國歌、向英女王照片敬禮、參加童子軍以及接受大英帝國形形色色的胸章等形式，培養其年輕一代認同英國文化並對英女王效忠；通過搞新潮舞會、開放賭博（尤其賭馬）、推廣「獅子山下」「少年警訓」等大眾文化項目，培養一種無政治意識的娛樂文化等。而在「冷戰」背景下，效忠國民黨的「老式右派」也逐漸與新興的效忠英國的「新式右派」合流，並隨着港英政府在 1976 年代推出的「行政吸納政治」，香港右派差不多與港英政府在政治上合流。

1980 年代香港進入回歸歷程，中央明確提出了「港人治港」的口號，使得

「香港人」從一個自然的社會文化群體變成政治群體。正如林泉忠先生所言，「『治港』的『港人』究竟是什麼人？是『香港左派』，還是『香港右派』」？這一問題構成了香港回歸以來乃至香港回歸之後的根本政治問題。主權政治引發政治認同的分歧。

二　「愛國者治港」與「後殖民政治」

（一）「愛國者」：政治的概念

香港回歸引發了香港的主權政治，而主權政治從來都是圍繞政治統治權展開的。在中西文明衝突的背景下，香港回歸之後在「港人治港」的背景下，究竟是認同中華人民共和國的「香港左派」來管治香港，還是認同港英政府和英女王的「香港右派」管治香港，無疑是香港主權政治中的根本問題。正如在革命戰爭年代，「誰是我們的敵人，誰是我們的朋友，這個問題是革命的首要問題。」正是在統治權歸屬的政治意義上，「港人治港」的具體內容就變成鄧小平所強調的「愛國者治港」。

「愛國者」是圍繞政治主權者而形成的政治概念，這個概念的政治性決定了這個概念隨着政治條件的變化而發生改變。由此，「愛國者」是一種富有彈性的概念，它成為基本法作建構的國家法律主權背後活生生的政治主權，正是它給基本法賦予了活生生的政治生命，從而使我們看到基本法的運作不是死的法律機器，而是活的政治鬥爭。正是這種鬥爭的政治性，為基本法賦予了生命的氣息，從而使得基本法成為「活的基本法」（living basic law）。由於中華人民共和國的政治主權者乃是中國共產黨，正是依賴共產黨的政治性，以及由此形成的「統一戰線」理論，「愛國者」概念就從屬於「統一戰線」理論。

（二）「後殖民政治」

「後殖民政治」是指殖民地在擺脫宗主國的殖民統治之後，陷入了政治認同上的矛盾困境。一方面殖民地試圖擺脫對先前宗主國的依賴，由此引發民族主義和愛國主義的高漲；但另一方面，由於長期的殖民主義教育，尤其是後殖民

政權往往掌握在宗主國培養的政治精英手中，從而使得殖民地在後殖民時期不可避免地在文化思想上依賴於先前宗主國。由此，殖民地在後殖民時期，就會在宗主國與殖民地之間的文化認同上陷入糾纏不清的複雜關係中。

英國在香港統治了一百多年，香港從器物、制度到語言和思維意識乃至價值判斷和文化認同都不可避免地打上了英國殖民地的烙印。然而，中央採取「一國兩制」、「平穩過渡」的方針，沒有「砸碎舊的國家機器」，也沒有觸動香港的政治意識形態。由此，香港回歸之後，由「愛國者治港」的思路所帶來的全新的國家認同、政治認同和文化認同必然與香港殖民地時期形成的國家認同、政治認同和文化認同發生衝突。香港「傳統左派」在香港政治上陷入尷尬的地位：一方面他們在事實上已經被逐步平反並開始逐步登上政治舞台，可另一方面，在香港右派精英主導的政治意識形態上，他們依然被看作是身份可疑的「左仔」、「土共」甚至「暴徒」。與此相類似，香港的「民主派」也處於類似的身份尷尬中：一方面他們作為香港的精英階層在和平過渡中繼續擁有既得利益並擁有香港社會的政治認可，但另一方面由於他們不認同中央的主權權威，而被看作是不合時宜的「港英餘孽」，甚至被看作是「漢奸」。香港回歸以來，香港政治中充滿了後殖民政治的辯論。「左仔」、「土共」甚至「暴徒」這些概念被用來形容傳統愛國陣營，而「港英餘孽」、「親英反中」、「漢奸」等概念又被用來形容反對派陣營，雙方都被對方捆綁在「原罪」上。由此，「愛國愛港陣營」與「民主派」之間的政治鬥爭，很大程度上是一場政治認同和文化認同的鬥爭，是一場發生在意識形態領域和政治認同領域之中的「文化戰爭」。

在這種「後殖民政治」的背景下，中央按照《基本法》恢復對香港的主權，必然導致香港「反對派」對中央行使主權權力的挑戰和質疑。比如 1999 年 6 月全國人大常委會關於居港權的「釋法」在香港法律界和社會上掀起軒然大波，他們質疑「人大釋法」是對香港高度自治的破壞，並將其看作是「香港法治的死亡」；港區政協委員徐四民在北京召開全國政協會議期間就香港問題發表評論，被看作是中央干涉香港的高度自治；中央政府駐港聯絡辦副主任王鳳超就香港某些人支持李登輝的「兩國論」發表評論，也被質疑為中央干預香港的高度自治；而香港爆發亞洲金融危機之後，中央推動粵港經濟合作以期提升香港

經濟的動作也被懷疑為內地「吞併」香港。尤其是 2002 年的「23 條立法」和 2004 年 4 月關於香港政制發展問題的「人大釋法」和「人大決定」更被看作是中央干預香港的高度自治。

面對後殖民政治的遺產，中央為了有效行使香港主權，自然強調「愛國者治港」這一基本法的政治原則，愛國愛港陣營也批評「反對派」缺乏愛國意識。比如立法會議員李柱銘等人經常到美國尋求支持，就被批評為將「香港事務國際化」，從而被香港的愛國愛港陣營批評為「漢奸」。「愛國者」討論直接觸及到了後殖民政治的核心：究竟什麼是「愛國」？誰是「愛國者」？這種政治認同分歧便轉化為關於「香港核心價值」的爭論。

三　「香港核心價值」之爭

2004 年 6 月 7 日，香港一批受過西方教育的知識分子和中產專業人士連署發表《捍衛香港價值宣言》，捍衛「港人引以自豪、也與全球現代化文明接軌的一些體現香港優勢的核心價值，它們包括：自由民主、人權法治、公平公義、和平仁愛、誠信透明、多元包容、尊重個人、恪守專業。」

《宣言》的核心思想在於將香港理解為一個「命運共同體」，一個為香港人提供「安身立命、追尋意義」的文化政治實體。在這樣的政治立場上，香港價值差不多是港英政府時期建立起來的基本價值理念。《宣言》透露出擔心中央對香港恢復行使主權會導致香港價值的衰亡。儘管《宣言》的發起人之一張炳良認為，「在回歸後談香港核心價值，若失去中國視野，如於浮沙上興建堡壘，須明白香港命運已與國家命運緊扣一起。」但是，這裏所謂的「中國視野」既不是「停留於浮薄的歷史共同體」，也不是現實的政治中國這個共同體，而是「走近未來的命運共同體」。香港作為「命運共同體」對於中國的意義就在於它是「未來中國」這個命運共同體的守護者。恰如《宣言》所言，「維護香港核心價值，也體現港人在中國現代化進程中的文化使命」，這樣的使命亦如當年新儒家將香港看作為未來中國承擔文化使命一樣，反映出西方自由派的國家政治認同所存在的內在緊張，即他們不見得要認同當下的中國，但會認同他

們心目中的未來中國。

　　這樣的《宣言》一推出，無疑遭到了愛國愛港陣營的批評，認為《宣言》有「去中國化」之嫌，尤其根本不提香港的愛國主義傳統，而香港「左派」恰恰將此看作是香港的核心價值，即一貫反對港英政府的殖民統治，堅持香港的主權屬於中國，堅定支持香港回歸祖國懷抱。這種潛在的敵對情緒使得「愛國主義」與「香港價值」之間似乎形成不可化解的緊張，甚至打破了「一國」與「兩制」之間的微妙平衡，繼而引發香港的悲情：香港核心價值的討論實際上觸及到了香港歷史上「左派的幽怨」與「右派的悲情」。這種對立的情緒顯然不利於特區政府有效施政，也不利於香港的和諧穩定。為此，中央果斷介入香港的政治話語中，在愛國主義的主基調下，提出了「溝通」、「包容」和「團結」的新政治話語。時任全國政協副主席、中共中央統戰部長的劉延東在香港接見各界代表的講話中，專門給香港各界贈送了十六字真言：「愛國為根、團結為重、發展為要、自強為本」，尤其強調「在堅持『一國兩制』方針和《基本法》的基礎上，求『一國』之大同，存『兩制』之大異，不論什麼階層、什麼黨派、什麼團體、什麼人，都要廣泛團結。在香港這樣一個多元化的社會，存在各種不同的政治訴求和利益差異是正常的，關鍵是要加強溝通，增進理解，擴大共識。即使一時達不成共識也不要緊，可以先放一放，留待以後逐步解決。只要多一點理性，多一點對話，多一點包容，就沒有解決不了的問題。」

　　中央提出的「溝通團結」、「求同存異」獲得了香港主流民意的支持。「民主派」內部出現分化，「泛民主派」的立法會議員劉千石提出「和解論」，認為香港社會分化最終損害的是香港利益，因此希望中央和「民主派」各退一步，「釋出善意，加強溝通」。儘管劉千石的「和諧論」遭到了「民主派」內部的批評，但「和解論」恰恰是香港主流民意希望看到的。為此，2004年7月5日，愛國愛港陣營由「香港發展論壇」召集人陳啟宗發起推出《新香港核心價值宣言》。《宣言》並沒有提「愛國主義」，顯然是為了避免將愛國主義與中產專業人士提出的香港核心價值對立起來，從而避免香港社會的分化。畢竟，「愛國者」概念本身就是一個富有彈性的概念。

　　香港核心價值的辯論實際上是政治認同的辯論，其中自然觸及到近百年來

中西文明衝突中，中國文明如何面對西方文明、吸納西方文明的問題。在「愛國主義」的語境中，香港的殖民地歷史似乎變成了「原罪」，可「愛國主義」本身又無法為香港人提供真正的生存意義，畢竟他們與內地居民在公民身份上的法律區隔實際上妨礙了他們全面參與到國家的政治生活中去。

四　「新香港人」與「命運共同體」

「務實政治」的理念自然影響到香港人的身份認同。在特定歷史背景下建構的「香港人」概念本身就預設着區別於「中國人」的獨立內涵，以至於在香港社會的「民調」中，不斷重複着「香港人」、「中國人」、「中國香港人」的概念框架，這實際上為香港的政治認同預設了陷阱。在香港回歸之後，伴隨着中央在香港恢復行使主權，在「後殖民政治」下圍繞政治認同展開的爭議中，香港人必須對自己的身份認同進行重新定位。

2007 年，行政長官曾蔭權發表了《香港新方向》的「施政報告」。他認為「國家的崛起帶來了香港發展的新機遇，也會帶動香港進入一個新時代。」由此提出「香港人要展示新時代精神，要進一步裝備好自己，推動新時代發展，做一個新香港人。」「新香港人」提出之後，引發了香港社會的廣泛爭議。概括來講，「新香港人」並非是與「舊香港人」截然對立的概念，而是香港人面對香港回歸祖國的現實，面對中國崛起的現實，如何走出封閉的「小島」心態，以務實精神，調整香港人的心態和政治認同，肯定香港價值。在「一國兩制」的框架下，要從國家的角度看香港，從國家的角度定位香港，從而確立「中國香港」的觀念。

試論香港民主化的法治基礎 [①]
——歷史考察與現實分析

高旭晨 [②]

一 香港的民主化

民主是一項古老的政治制度,產生於二千多年前的古代希臘,確切地說,主要產生於雅典城邦。古希臘的民主是一種簡單的民主,蘇格拉底認為:「凡是所有的人都有資格被選為官吏的地方,是民主政治。」[③] 雖則簡單,但是其實行政治選舉的核心內容已經確定。

古代希臘的民主制度建立在特定的法治基礎之上。這種法治的基本點就是市民自覺遵守法律。在希臘歷史中,我們可以找到非常多的實例。特別著名的有兩個,一個是蘇格拉底,另外一個是阿里斯提德。

在古希臘,實行民主政治的法治基礎是守法。蘇格拉底認為,守法就是正義。[④] 他為了守法,在受到不公正的審判後,寧可平靜等待死亡的來臨也不選擇逃離雅典。色諾芬為我們留下了關於蘇格拉底在生命最後時光的記述,他寫道:阿帕拉朵拉斯是一個非常熱愛蘇格拉底的人,他說「可是,蘇格拉底,看到他們這樣不公正地把你處死,這是令我最難忍受的。」據說蘇格拉底用手撫摸着他的頭,同時微笑地問道:「親愛的阿帕拉朵拉斯,難道你希望看到我公正而不是不公正地被處死嗎?」[⑤]

還有阿里斯提德,雅典最著名的政治家,提洛同盟的創始人,他也認為,「誠篤無欺的言行是奉公守法的市民惟一最正確的保證。」他因為受到民眾的嫉

---

① 本文原載於《民主法制評論》,2014 年卷。
② 高旭晨,法學博士,中國社會科學院法學研究所研究員。
③〔古希臘〕色諾芬:《回憶蘇格拉底》,吳永泉譯,北京:商務印書館,1984,第 181 頁。
④〔古希臘〕色諾芬:《回憶蘇格拉底》,第 164 頁。
⑤〔古希臘〕色諾芬:《回憶蘇格拉底》,第 164 頁。

妒而被放逐。在古代雅典，如果民眾要放逐一個人，就把他的名字寫在一個貝殼或瓦片上，交到市民大會堂指定的地點，當一個人的名字依照這種方式被寫在貝殼或瓦片上的數量超過 6000 個時，他將要被放逐 10 年。據《希臘羅馬名人傳》記載：

> 有個目不識丁有如小丑的傢伙，把阿里斯提德看成一個普通的市民，拿出陶片要求他代為寫上「阿里斯提德」這個名字。阿里斯提德感到很驚奇，於是問這個人是否阿里斯提德做了哪些事對他造成損害。這個傢伙說道：「與這個毫無關係，何況我根本不認識他，聽說他每到一處開口閉口就是公理正義，已經讓人厭煩。」據說，阿里斯提德聽到這番話啞口無言，只有把寫上自己名字的陶片交到他手裏。①

而現代的民主制度依靠什麼呢？也是依靠自覺遵守法律，不過其範圍更加寬泛，不僅僅依靠個人的遵守，也依靠全社會的遵守。民主不僅僅是要享受民主的好處，也要承擔民主的後果，用一句通俗的話來說，就是願賭服輸。也就是說，民主實際上是一種社會選擇，對於依靠規則獲得選擇優勝的社會群體而言，他們獲得了暫時性的勝利，而其他也具有選擇權的社會群體要認可並尊重選擇的結果，而不能以各種理由去否認這個結果。比如，美國的總統選舉使用選舉人票制度，分各州計票，贏者通吃，即獲得該州的所有選舉人票。在這種制度下，可能會出現這種結果，即獲得選舉勝利的一方，在總的選民票數上可能落後於落選的候選人。比如，在 1958 年的總統選舉中，尼克松的總體選票多於肯尼迪，但肯尼迪的選舉人票領先，故肯尼迪當選，而尼克松只能表示祝賀，而那些大多數的選民也坦然接受這個結果。這大概也算願賭服輸的一種方式吧。

香港的民主化進程引起了許多關注，而香港民主化進程中遇到的種種問題，使得這種關注有轉化為學理性探討的必要。學理性探討最重要的是要持一

---

① 〔古羅馬〕普魯塔克：《希臘羅馬名人傳》第一卷，席代岳譯，長春：吉林出版集團有限公司，2009，第 595 頁。在該台灣學者的譯本中，阿里斯提德被譯為亞里斯泰德。

種平衡的心態，一種公正的客觀態度。但我們看到，無論是香港學者還是內地學者，在探討這個問題時，往往失去了學術所需要的公正與嚴謹。

對於香港民主對民主的追求，我們應該抱着支持的態度，因為我們不應該由於香港在民主化過程中與內地發生爭執，就失去理性的判斷，對香港的民主化持否定、對立的態度。進而甚至貶低民主制度，貶低民主的價值，過分誇大民主制度的負面作用。[①]

同時，也有些著述每每提出香港本身無民主的論點，認為香港的民主都是英國為破壞中國收回香港而設立的障礙物，或民主是中央的恩賜物。對於障礙，必欲取締而後快；對於恩賜，香港民眾應該感恩戴德，不能過分索取。這些言論都是不負責任的，是對於解決香港問題沒有益處的，其結果只能加劇雙方的疏離感，加深互相之間的爭拗。

有學者甚至認為，香港歷史上民主的缺乏一定程度上有利於法治環境的形成。其認為，「民主最大的弊端在於形成多數人的暴政，多數人的暴政是恐怖的，對法治危害很大。」[②]實際上，在香港歷史上，法治的積極作用主要在於制約香港總督的極端權力，因為其不但擁有行政權，也實際擁有立法權。應該說，香港法院幾乎從來沒有針對所謂社會上多數人的事件發生。

為了凸顯香港民主化過程中的非理性因素，為了揭示香港激進民主派的弊端，而不惜貶低民主的價值，誇大民主的負面作用，這種傾向是不可取的，甚至是危險的。它不但會抑制香港社會追求民主的正當行為，也會抑制我們建立社會主義法治的進程。

鄧小平說：「沒有民主就沒有社會主義，就沒有社會主義現代化。」[③]這一點是我們必須要堅定不移地加以維護的。我們在任何時候都必須堅持走民主的道路，向着民主化的道路邁進。對於香港社會對民主的追求，在基本價值觀的層面上我們要予以支持。

---

① 在一本介紹香港社會價值觀的研究成果中，列舉了民主制度的六大弊端，失去了學術應有的中道。
② 陳麗君等著：《香港人價值觀念研究》，北京：社會科學文獻出版社，2011，第156頁。
③《鄧小平文選（1975-1982）》，北京：人民出版社，1983，第154頁。

　　當然，民主制度只是社會政治制度的一種，它不能解決所有的問題，甚至有時候會由於自身的不完善而導致許多問題的發生，但這不是我們懷疑民主的理由。

　　近代民主已與古代民主有所區別，但本質是一致的，人民可以自由而安全地生活，可以憑藉選舉的手段選舉政府，並依靠民選的政府保障自己的權益不受任何權勢的侵襲。民主制度並不是一種完美無缺的政治制度，但它最合乎一般民眾的需要和追求，對於社會上大多數民眾可以起到保障自由、保障生命、保障財產安全的作用。這是不容置疑的。當人類的智慧還不能找尋到一種現實可行的更好的制度形式時，堅持民眾制度是值得我們為之奮鬥的。民主制度可以超越以所有制劃分的社會制度，它可以在資本主義制度和社會主義制度之間架構一座橋樑。這對於實行「一國兩制」的現代中國有着特別的意義。的確，實行民主制度會產生許多問題。林毓生先生曾言：

　　　　實行民主會產生許多問題，這些問題與實行別的政治制度所產生的問題比較起來，雖然最不壞，但卻是相當不理想的。①

　　雖然有問題，但這些問題到底是最不壞的。如果把民主制度當做人類社會的終極理想（或最理想的現實），往往會忽略了民主的諸多問題，也可能會導致民主的崩潰或實質性的破產。

　　香港的民主化進程，決定了其必須有相應的法治做為基礎，而回歸前香港原有的法治中缺乏維護民主的成分，這是不爭的事實。香港的民主化問題是一個很複雜的現實問題，同時也是一個歷史問題。英國在對香港進行的一百多年殖民統治期間，民主化進程極為緩慢，雖然有過這方面的設想和計劃，但都沒有付諸實施。第一次世界大戰期間，引入民主代議制的問題曾被提上議事日程。按照方案，立法局和行政局的非官守議員應由選舉而非任命產生。1916 年1 月，殖民地大臣收到一份請願書，請求書要求建立「能夠更好地代表本殖民地

---

① 林毓生：《中國傳統的創造性轉化》，北京：三聯書店，2011，第 22 頁。

商人意願」的政府。請願書建議，為實現上述目標，立法局應增加 4 名非官守議員，使非官守議員在立法局形成多數，行政局應增補兩名非官守議員。

> 請願書遭到毫不客氣的回絕，但要求改革的壓力一直延續到戰後。……即使英國政府曾經考慮過改變香港的政制，在戰後非殖民化和附屬國人民要求權利的氣氛中，這樣的舉措在政治上也是不可想像的。[1]

1941 年 9 月至 1947 年 5 月，楊慕琦爵士出任香港總督。在此期間，其提出了著名的「楊慕琦計劃」。楊慕琦對代議制政治的好處深信不疑，他的第一項舉措就是建議修改《香港憲章》，以期使本地區居民更充分、更負責地參與自身事務的管理。[2]

楊慕琦爵士詳細闡述了一份計劃，把「重要的政府職能」轉交給「一個基於完備代議制的市議會」。這些計劃以「楊慕琦計劃」聞名。雖然楊慕琦實際上只是轉述一個殖民地部戰時委員會擬定的意見。在倫敦英商中華社會的那些大班的支持下，該委員會建議把市政局徹底改組為一個民主機構，同時擴大立法局的代表權。1944 年 8 月 26 日，楊慕琦爵士公佈了令人滿意地達成一致的方案：

> 立法局三分之二的席位由直接選舉產生，華人與非華裔人選各佔一半，其餘席位由代表團體任命。在立法局，官守議員與非官守議員人數相等，從而使總督掌握了否決權。作為代議制機構，市議會的長處在於可以把選舉權擴大到全體成年人，不論是否屬於英國臣民；而立法局的投票權被認為必須限於只佔人口一小部分的英國臣民。[3]

如所共知，這個機會沒有成為現實，直到 1980 年代，香港的民主化基本

---

[1]〔英〕弗蘭克·韋爾什：《香港史》，王皖強、黃亞紅譯，北京：中央編譯出版社，2007，第 449 頁。
[2]〔英〕弗蘭克·韋爾什：《香港史》，第 487 頁。
[3]〔英〕弗蘭克·韋爾什：《香港史》，第 487 頁。

處於停滯狀態。當時，香港學者就認為，在英國殖民統治期間，香港沒有建立起民主政治體制，但的確形成了一個法治社會，香港的法律制度是完備而開明的。① 而在九十年代，英國出於政治目的，違背中英聯合聲明的立場，單獨搞了所謂推進香港民主化的政改方案，受到中國方面的堅決抵制。②

馬嶽認為：「一般對香港民主運動的分析，都認為七十年代的學生運動和社會運動，是香港八十年代民主運動的先驅。」③1982 年，第一屆區議會成立，大約三分之一的議席由普選產生，三分之一是官守議席，三分之一是委任議席。香港立法機構的真正存在是很晚近的事情。馬嶽稱：「1985 年之前的立法局屬於『服從性』和『極少數』的議會，對殖民政府的影響力不大。」④1991 年立法局引入直選後，行政立法關係產生了根本的變化。選舉的產生也導致了香港政黨的興起。「香港本地的政黨，是九十年代立法局引入直選後才開展的。」⑤香港學者認為：「1995 年至 1997 年間，可以說是歷史上香港立法機關影響力最大的一段時間。」⑥實際上，這種看似很大的影響力因為其沒有任何前景可言，其實效性也大打了折扣。

由此看來，在回歸之前，香港民主的發展確實很不健全，社會民眾的民主意識也很薄弱，而相應的法治更沒有作為民主制度基礎的條件。

香港回歸後，香港的民主化開始了穩健而堅實的推進過程。據統計，香港以政治選舉為目的或從事相關政治活動為主的政治團體約七百個。香港的社會輿論和一般政治分析把它們大致分為四大類：親中派、民主派、工商派和中間派。⑦有學者認為，《基本法》所涉及的政治架構，即行政架構中的委任制與立法機構的選舉制趨勢，對回歸後的香港政治生態的影響是：

---

① 參見李明堃：〈八十年代香港社會內部衝突的新形勢〉與〈香港社會階層的研究〉(1981)，轉引自黎熙元：《香港的社會分層與社會流動》，北京：北京大學出版社，2008，第 21 頁。
② 參見魯平：《口述香港回歸》，北京：中國福利會出版社，2009。
③ 馬嶽：《香港政治：發展歷程與核心課題》，香港：香港中文大學出版社，2010，第 21 頁。
④ 馬嶽：《香港政治：發展歷程與核心課題》，第 87 頁。
⑤ 馬嶽：《香港政治：發展歷程與核心課題》，第 57 頁。
⑥ 馬嶽：《香港政治：發展歷程與核心課題》，第 88 頁。
⑦ 黎熙元：《香港的社會分層與社會流動》，第 208 頁。

工商界領袖或主要集團對政治選舉的公開參與較少；中產階級人士參政相對於其他階層的人士都顯得凸出並熱情高漲；中下層人士仍然處於政治遊戲的學習階段。[1]

2007 年 12 月 29 日，第十屆全國人民代表大會常務委員會通過了《關於香港特別行政區 2012 年行政長官及立法會產生辦法及有關普選問題的決定》，其中規定，2017 年，香港特別行政區第五任行政長官的選舉可以實行由普選產生的辦法；在行政長官由普選產生以後，香港特別行政區立法會的選舉可以實行全部議員由普選產生的辦法。這個規定，實際上已經公佈了香港民主化的時間表，雖然從理論上講到 2017 年也可能不開始雙普選，但從目前香港的政治發展來看，實行普選勢在必行。

2017 年，香港特首普選安排已經臨近，但各方面對此並沒有做好認真的研究準備。特別是民主派，沒有進行真正有深度的學理上、現實操作上、未來發展上的研究論證，而是停留在對立與試探。他們樂於挑起論戰，而不能理性地進行論戰，而內地的學者也往往難以理性對待。在論戰中，學者們普遍失去了理性判斷的立場，「學術論爭政治化是這場論戰的最大特色」[2]。香港的民主派，從名稱上就似乎佔據了道德上的高地。實際上，我們可以說，絕大多數香港的政治團體都是以民主作為其政治綱領的，故所謂民主派應該稱為激進的民主派。香港社會對於民主的方向在認識上是一致的，但在過程的選取上立場不同，觀點也不同。總體而言，對於民主派來說，激進就是真民主，漸進就是假民主，緩進可能會導致被主導。

似乎有這樣的跡象，在未來的選舉中如果不能選出激進民主派所能接受的人選，他們寧可普選流產，然後可以就此繼續指責中央沒有誠意，不民主，干預港人治港。這種傾向是危險的，應該以理性而有節制的態度予以回應。筆者認為，在現實的基礎上努力推進，準備在未來的歷史中接受考驗，才是最正確

① 黎熙元：《香港的社會分層與社會流動》，第 213 頁。
② 朱國斌：《香江法政縱橫》，北京：法律出版社，2010，第 33 頁。

的選擇。筆者認為，無論香港現實有沒有所謂民主的基礎，但必須要有民主制度下應有的社會心態。這種心態比任何制度都重要，因為只有在這種心態下才能保障民主制度的力量得以發揮，而不是被抑制、被利用、被扭曲。這種心態就是我們在前面所提及的願賭服輸的心態。在民主制度下，實際上必然要決出輸贏，也就是要有比賽的機會。在這種機會下，你不但要準備贏，也必須準備輸。只贏不輸的心態是民主的死敵。

在現實中，即使是最頑固的香港政治人士，也都不得不承認回歸後，香港的憲政體制發生了根本性的變化。既然承認了這種憲政上的變化，就應該承認，其法治也會發生相應的變化。馬嶽認為，香港政制發展 20 多年來的爭論，核心矛盾有二：其一，「一國兩制」下，中央政府希望確保香港施政不會偏離中央方針，與香港主流民意希望民主自治矛盾。以民主普選方法產生特區政府，無法保證選出來的政府必然與中央意願符合，因此中央政府一直不放心讓香港人全面普選。其二，中央政府與香港民主派在主要政治問題上缺乏互信。在這種情況下，雙方難以就政制發展進行有效的溝通，且中央政府害怕開放政權，會令民主派奪得權力而威脅其管治，故在政制發展上選擇以控制為先，而非信任由香港人自行商討發展歷程。①

實際上，這兩個核心問題的真正核心只是一個，如何很好地貫徹「一國兩制」，保障香港的繁榮和穩定。中央希望確保香港施政不偏離的中央方針如此，而香港人意圖自行商討發展亦是如此。在雙方互相信任的基礎上，這個核心可以落實，而如果不信任、不尊重，則會偏離很遠。

香港的知識階層並非不了解民主政治的不確定性，馬嶽稱：「真正的民主普選是沒法保證結果的，能保證結果的選舉，往往都是不公平的選舉。」②而事實上，香港的民主派是否真正能夠有足夠的能力和智慧接受真正民主的考驗？從近十餘年來的政治爭拗中，我們似乎沒有看到香港民主派的平常心。他們總是以一種受難者的形態表現受到不公平待遇後的委屈，總是或明示或暗示一旦按

---

① 馬嶽：《香港政治：發展歷程與核心課題》，第 113 頁。
② 馬嶽：《香港政治：發展歷程與核心課題》，第 115 頁。

照他們的方式普選，他們一定會大獲全勝。而對於大獲全勝後如何執政又沒有真正有建設性、有說服力的理論依據和政策框架。故而筆者認為，香港民主派既然對普選充滿信心，那麼必須要認真地進行理論研究，提出切實可行的政策綱領，以使中央可以認可，使民眾有明確的期待。

「根據香港特別行政區的實際情況、循序漸進發展香港的民主制度」是中央主張並支持在香港特別行政區發展民主的一貫立場。我們應該看到，在香港民主化的道路上會出現許多問題，其中也會不乏與法律相關的問題。如果不能對這些問題做深入細緻的學理研究，不能事先預測可能產生的誤解，就不能及時、有效地推進香港民主制度的建立和發展。而其中最重要的就是在「一國兩制」的基礎上，推動香港法治與時俱進，成為香港民主化的堅實基礎。

二　香港的法治

香港回歸以前的法治是一種純粹英國式的法治，中國本土的影響很小，更沒有形成法律上的「二元」。

大凡一種法律制度於一個社會中生成，或一個社會接受一套固有的法律制度，必要有與這種法律制度相適應的社會文化基礎。香港在英國早期植入英國法時，其無疑是植根於英國文化的，此時的香港社會的中國文化必與英國法相抵觸，而負責將其改造，以使其與英國法相適應的工作，大都是由教會教育及最初的司法實踐來完成的。再者，實際上由於當時香港的社會規模過小，其遠離中國文化主流區域，這種抵觸很小。

我們在研究香港早期法律時，必須十分清楚地看到，早期的香港社會與我們所知的香港相距甚遠。如果不理解這一點，則在研究中勢必會使其所研究的香港法制，模糊於一片混沌的背景中。

應該說，早期的香港社會是一個生成的社會。即，它是一個全新的社會。其中社會母體過於幼小，幾乎可以忽略不計。而這一點，或為研究者所忽視，或由於其意圖說明香港文化傳統源於中國而有意掩飾。就連一些嚴肅的學術著作裏也會有這個問題，即盡量誇大早期香港與內地的聯繫。而如果採用極

端一些的觀點，則可以說香港實際上沒有什麼文化傳統，儘管其社會生活方式與中國是基本相同的。當然，香港是中國的固有領土，這一點實際上沒有必要作過多的強調，因為似乎沒有人對此予以否認。不然，也就沒有英國從中國割讓香港這一事實了。英人佔領香港以前，清政府在島上派駐由千總、把總等統率的綠營兵。其駐防和巡邏的地區稱為汛地。道光二年（1822）《廣東通志》載：「紅香爐水汛由千總、外委各一員，率領汛兵撥配米艇巡洋」①。道光二十一年（1841）閩浙總督顏伯燾奏摺稱：「香港為商船內駛必由之路，其島曰紅香爐，上有營汛居民，並非偏僻小港可比。」②但不可否認，若非英人佔領，其地位並不十分重要。因為以當時中國的航運水平，現在的維多利亞港並沒有顯示什麼價值。鴉片戰爭前，香港的島內地方事務多由當地耆老按照清朝的法律和鄉約處理。這一點與內地別無二致。

第一次鴉片戰爭以前，香港島只有約 5,000 中國居民。1841 年 5 月 15 日港英當局首次於《香港公報》第二期上公佈的人口資料顯示，當時共有華人 7,450人，其中原住民 4,350 人，1,100 人為新移民（其為商人和英人的勞工），另外2,000 人為水上居民。全島只有一些私塾，5 名私塾先生，50 名學生。從現有資料看，鴉片戰爭以前，本地學生沒有任何進學的記載。也就是說，不可能形成與中國內地相接近的文化水平。

香港社會的構成一方面是移民形成，起初最重要的成因有二：其一，香港被英國宣佈為自由港，漸成商業中心，商民也隨之不斷增加。其二，鴉片戰爭以後，中國南方的社會生活處於動盪之中，特別是太平天國運動爆發後，大批的內地居民為避戰亂，從內地遷居香港。另一方面，根據 1860 年《北京條約》割讓九龍半島南部及 1898 年《展拓香港界址專條》租讓新界，香港已非一孤立的海島，而是有一定的地域（香港為 75.6 平方公里，新界的陸地面積達 975.1平方公里），有一定的人口及相對獨立的政治地域。新界是實質上具有中國社會文化傳統的地區，其曾對英國的統治進行了頑強的抵抗，一戰於大浦，二戰於

---

① 轉引自余繩武、劉存寬主編：《十九世紀的香港》，北京：中華書局，1994，第 11 頁。
②《籌備夷務始末》（道光朝），北京：中華書局，1964，第 1094-1095 頁。

林村，三戰於上村，動員民眾數千人。所以，所謂香港適用中國法律與習俗的案例，實際上多為新界地區。

香港法律制度是在英國根據不平等條約對香港取得佔有權的基礎上構造出來的。根據《南京條約》第三條的規定：中國「大皇帝准將香港一島給予大英君主，常遠據守主掌，任便立法治理」。從英國國內法的根據來說，香港法制的模式是英國殖民地的法律制度模式，依照英國《殖民地條例》的規定治理香港。從中國意義上說，香港法律制度的建立，應以其英國殖民地地位的確定為時間界限。所以，雖然英國佔領香港為 1841 年，《南京條約》訂立為 1842 年，但直到 1843 年 4 月 5 日，英女王會同樞密院發佈敕令，規定香港為英國殖民地，才完成英國的國內立法程序。九龍和新界成為英國殖民地的時間分別是 1860 年 10 月 24 日和 1898 年 10 月 20 日，但其對九龍和新界的敕令實際上缺乏條約規定的基礎，特別是對新界的法治權應有一定的限制。但此後的香港法庭堅持只能執行英女王的敕令，實際上不認可這種限制。

一般認為，有三種類型的法律構成了香港法律。其一為憲法性法律，它是英國法，包括英王敕令在內的決定香港地位的憲法性法律。其二，英國國內法，香港 1845 年第 6 號法例第 4 條規定：英國法律除對香港不適合者以外，在香港均有充分的效力。1865 年英國制定了《殖民地法律有效法》，據此規定了適用於香港的英國國內法具有效力；1965 年香港立法局也制定了《英國法律適用條例》，英國法包括普通法和衡平法。其三，香港本地制定的條例及附屬立法。還有人認為，香港法還應包括中國的法律和習俗。

英人佔領香港後，義律（Charles Elliot）與伯麥聯名於 1841 年 2 月 1 日頒佈了第一個公告，其中稱：

> 至爾居民，向來所有田畝房舍產業家私，概必如舊，斷不輕動。凡有禮儀所關，鄉約律例，率准仍舊，依無絲毫更改之議。且未奉國主另降諭旨之先，擬應大清律例規矩之治，居民除不拷訊研鞠外，其餘稍無所改。凡有長老治理鄉里者，仍聽如舊。……責成鄉里長老，

轉轄小民，使其從順毋違。[1]

次日，義律又在「威爾斯利」號上發表英文宣言稱：今後本島華人將按中國法律和習俗治理，所有前來港島的英國人和外國人，只要遵從香港英國政府的管轄，即可享受英國法律的保護。[2]實際上，《義律公告》中所稱對中國法律的尊重，即是一種安撫的手段，也是一種對外關係的慣用語，義律本人在 1837 年 9 月 25 日致廣東巡撫祁𡎚的信中也曾稱：其任務是管理英國在廣州的貿易，悉心督促廣州英商尊重中國法律和習俗。

關於《義律公告》的性質，有兩種不同的意見：一種認為其具有法律效力，並由此認為香港法律為二元法律，即中國的法律和習俗是其中的一元；另一種意見稱其只是一種安民告示之類的東西，且公佈於《南京條約》締結以前，以後也沒得到英國國內的認可，義律本人的身份也沒有制定法律的權力，由此否認其法律效力。從立法的角度上看，《義律公告》的確沒有法律效力的依據。但在香港的司法實踐中，它曾被引用，並形成判例。在這種意義上，它具有一定程度上的法源意義。實際上，《義律公告》中所提出的這種適用原則，也被以後的香港法律認同，如 1844 年第 10 號法例第 25 條規定：香港華人犯罪，法官可「按中國習慣」懲罰之。同年第 15 號法例也有相似的規定。但應該提出，這種規定比從《義律公告》中所推出的法律意義，已在內涵上有較大的實質性縮減。其形式僅局限於刑罰方式的範圍裏。在實質意義上，香港只適用一種法律，即英國法。1855 年 10 月，輔政司馬撒爾奉港督包令之命通告全港華人：

　　鑑於香港島是英國領地的一部分，受英國法律支配，⋯⋯因此無論何國國民，凡膽敢以身試法者，必將受到英國法律的懲處。

關於香港的法律到底是一元還是二元，學術界存在着分歧。持二元論者認

---

[1] 原題目為「英夷在香港出示」，參見中國史學會主編：《鴉片戰爭》（四），上海：上海人民出版社，1962，第 239-240 頁。

[2] 參見賽耶：〈香港的誕生、少年和成年（1841-1862）〉，轉引自余繩武、劉存寬主編：《十九世紀的香港》，第 50 頁。

為，在香港歷史上很長一段時間實行的是二元化法制：

　　所謂二元，即：一元是引入的英國法律，另一元是中國法律，包括中國傳統法律和英國在香港制定的法律。[①]

　　這種認識是偏頗的。香港法律自始至終只有一元，即在香港實行的英國法。其本源是英國法，因為英國為香港殖民地的母國。持二元論者多以 1841 年《義律公告》，1856 年《華人遺囑效能條例》中的規定，及 1910 年《新界條例》中有關婚姻、繼承方面的規定作為在香港實行中國法的論據。

　　香港的法治是一種具有獨立品質的法律制度，是一種比較純粹的普通法制度。實際上，由於香港實行普通法制度，其在判決中可以引述、參考多種法源，但其最終會轉化為香港本地的法律。甚至有些人認為，《大清律》也是在香港可以適用的法律，這是非常模糊的觀念。姑不論清朝覆滅以後，《大清律》的規定仍然是香港法官在判案時的參照，他們會詢問有關專家證人有關這方面的內容；就是在清朝存續期間，《大清律》也沒有成為香港施行的有效法律。如果香港法院在清朝時認可《大清律》，在民國時認可《六法》，在其後認可中華人民共和國的法律，才是真正的二元。而普通法的開放性決定了它可以參考、引述諸多法源，故其終歸為一元的法律。不然，由於其可以援引英聯邦國家的案例，豈非成為一種「多元」的法律。所以，筆者認為，香港的法治至始至終都是一元的，是一種英國式的法治。

　　英國人對香港的華人在法律上的確曾採用區別對待的方法。但並非出於對中國法律與習俗的尊重，而是對華人的一種歧視。如第十任港督德輔在對《保留歐人區法例》所作的解釋中稱：「目前華人還缺乏獲得真正的進步所必需的品質，而且在未來的長時期內很可能仍缺乏這種品質。」再比如，香港法例有禁止賭博的規定，但對華人未做這種限制。這種法外的特惠，實際上是對華人的侮辱。後來在教會的干預下，才取消了這種特殊的規定。

---

① 董茂雲等著：《香港特別行政區法院研究》，北京：商務印書館，2010，第 35 頁。

　　同時，由於香港島和南九龍的社會構成的形式，其中國習俗實際上並不被尊重。只有新界地區由於其固有文化的原因，部分習俗可以被法庭認可。該習俗形成的時間應是於法律規定的記憶時間，即 1843 年以前形成的。同時，英國法是一種極為重視程序的法律，只有在正當程序下被適用的法律才是具有效力的法律。依何種程序比引用何種法律更體現法制的實質。中國的法律和習俗在此限制下，很少被認可。所以，籠統地把所謂的「中國的法律和習俗」稱為香港法的內容是不對的，至少是含混的。在香港的法律史上，完全依照中國法律和習慣進行審理的案件似乎沒有。它只能被認為是華人居民因其以往的制度和文化而形成的，對決定法律事實有一定作用的依據。

　　從實際上看，香港的華人社會在 19 世紀沒有形成一種獨立的文化主流。儘管其依據人數上的多數構成了一個巨大的文化群體，但依據這種群體並不能使華人成為政治與文化上的主導勢力，他們沒有通往社會上層的途徑，如獨立的考試制度等，而必須以接受英國文化為步入上層的前提。從這個意義上，英國文化是香港文化的主導，它也是香港法律制度的文化基礎。

　　實際上，接受一種法律制度，並不意味着全部接受其文化。但必須有必要的文化認同，有必要的對話渠道。直到現在，香港也不能稱為基督教地區。香港人供奉菩薩、祖先、關公、財神的數量和認真程度遠超過對基督教，但他們幾乎完全認同了基督教的存在本身，並接受了許多積極的東西。

　　中國法與西方法律的衝突在於基本的價值觀念，而不在具體的法律制度上，也不在法條與法律用語上。普通法是一種開放的法律體系，其法源具有多樣性的特點。但其法律性質一般需要判例予以認同。從這種意義上，中國的習慣並不是法律，而是可以被認定的法源之一。

　　香港實際上是一個移民地區，不過其移民多為中國人。其構成了社會主體。但在早期的香港，他們只是民眾的主體，而不是社會生活，特別是政治生活的主體。所以，中國的文化傳統根本不是香港法的基礎。香港法治是以西方基督教文化傳統為基礎的。

　　由於以往香港的法治基礎是西方式的，故在香港回歸後會有與新型的香港社會不相吻合的地方，更與內地的法治基礎多有不合。而在「一國兩制」的

原則下，這種法治必須要自我發展、自我完善、主動變更，以適應新的現實需要，更成為香港民主化的基礎。

香港的法治基礎，主要通過司法獨立性體現出來。香港的司法部門較之行政部門（以往立法隸屬於行政），更為香港社會所接受。香港社會在司法與行政的衝突中，往往更傾向於司法。香港的司法也有挑戰行政權力的傳統。香港第一任最高法院首席大法官曉吾（Hulme Walter John）就曾經與當時的第二任港督戴維斯（德庇士）發生過激烈衝突，曉吾堅決反對總督對司法的干預，並堅持總督應該稱呼其為法官大人。最後的結果是戴維斯總督失去香港社會的支持，不得不提前辭職。2001 年，香港學者就兩個有關法官的問題進行了調查。其一，法官的公正性。問題是：香港的法官審案一般都公正獨立，不會偏袒涉案的任何一方。明確表示同意的，佔 56.7%，明確回答不同意的，有 16.4%；其餘為「普通」或「不明白」。其二，社會對法官的信任感。問題是：法官是否能被信任。表示信任或很信任的，合為 63.6%，表示不信任的，有 6.6%。[①]同時，較之於建制中其他法律人員及制度，法官享有很高的信譽，而香港人大都認為法官審案是公正的。其次，香港人對整體法律制度公正性的評價，與其對法官的信任感及法官的公正性有顯著的正向關係。

由此，在長期的歷史發展中，似乎香港的司法界已經形成了一種挑戰意識，以挑戰而凸顯其獨立性，也標示其對香港社會生活的一種主導性，通過司法權的行使而對社會施加其影響。現在，在《基本法》的框架下，行政權佔據主導地位，但這種主導比之港英時代，已經有所縮減。同時，這種主導優勢更多地體現於立法方面，而對於司法主導因素並不強。加之香港具有司法終審權，其實際權力更具有實際效力。

有學者認為，香港的司法機構在回歸後偏於積極，「香港法院近年來有司法積極主義的傾向，法院越來越多地介入到政治性的紛爭中。」[②]但實際上，在香港歷史上，司法機構一直都不是消極的角色。但也應該看到，的確，整個香港

---

① 吳達明、關信基：〈香港人對司法的態度〉，劉兆佳、王家英、尹寶珊編：《香港社會政治的延續與變遷》，香港：香港中文大學香港亞太研究所，2004，第 159 頁。
② 董茂雲等著：《香港特別行政區法院研究》，第 139 頁。

社會對制度差異的警覺與戒備之心充分反映在香港法院的積極主義傾向中，而這種傾向導致了警覺與戒備之心更為加劇。

總體而言，香港的法治是一種非常完善的法治。曾經參加《香港基本法》立法工作的蕭蔚雲教授也認為：「香港原有的司法制度比較完善，適應香港社會的需要和經濟的發展，沒有必要改變原有的司法制度。」① 應該說，保留香港原有司法制度，一方面是因為其確實比較完善，另外一個方面也是《中英聯合聲明》的明確規定。《中英聯合聲明》本身就是雙方角力與妥協的產物，而其一旦成型，雙方就必須對其堅決履行並表示充分的尊重。

但在香港回歸後，香港法院在一些案件的審理過程中，堅持了一種過於形式化的審判方法，導致了社會上的分歧，引起了與內地之間的爭執，客觀上引發了香港與內地在社會層面上的對立。這種分歧的產生，這種對立的形成，都不利於香港民主化的穩步邁進。當然，法律不能因為要適應社會大眾的理解和要求而失去其嚴謹和恆定。我們也可以理解香港法院堅持其判案標準的堅定性。正如富勒所說：「人們發現使法律變得為大眾所容易理解的努力帶有一項潛在的成本，即：法院對法律的適用變得反覆無常並且難以理解。」② 但我們也可以要求，法官要對法律進行合乎社會需求的適用，因為富勒還說過：「在其歷史上的大部分時間，普通法基本上都努力發掘出當時社會上得到普遍接受的觀念的含義。」③

有香港法律學者認為，香港法院對於無證兒童案的判決，似乎要改變香港的司法傳統。其言：

> 終院法官正在寫作歷史。在港英時期，香港法制秉承英倫，「國會至上」規限法院的審判權及其行使。《基本法》繼承了這一體制。至於「一二九判決」則使人聯想，法官或許深受美國式法制傳統的浸淫，或得到澳大利亞式體制的啟迪，希冀在權力分配中取得更大的份額，形

---

① 蕭蔚雲：〈論香港基本法對香港特別行政區法治的保障〉，《中外法學》，1999 年第 2 期。
②〔美〕富勒：《法律的道德性》，鄭戈譯，北京：商務印書館，2005，第 54 頁。
③〔美〕富勒：《法律的道德性》，第 60 頁。

成三權分立「鼎足而三」之勢。[①]

　　雖然香港法院可以聲稱他們的判決無需考慮社會的承受問題，但由此導致的社會問題確實會影響到人權這個更為終極的社會價值。如由此導致的內地孕婦在港生產、菲傭的永久居留權，等等。這些事件不但導致社會族群間的緊張情緒，也使一部分當事人的人權遭受到衝擊。有學者指出：

　　　　許多判決雖然看似維護了法條，但是卻留給政府和社會一系列棘手的社會問題。例如，在莊豐源案中，法院裁定凡在香港所生的中國籍子女都擁有永久居留權。這一裁決結果，「鼓勵」了內地孕婦赴香港生育，甚至擠佔本地孕婦的生產資源，引發香港孕婦的抗議。[②]

　　法官的判決，除了依據法律本身以外也要考慮更加重要的內容，也就是富勒所言稱的法律的道德性。當年在紐倫堡審判過程中，納粹戰犯都宣稱自己的行為沒有違反德國的法律。但最後的判決中稱，在法律上有一個比具體條文更高的準則。所謂字句讓人死，精意叫人活。法律的目的是促進社會的和諧而不是相反。

　　因為香港有着良好的司法傳統，故受到廣大民眾的擁戴，聚集了深厚的人脈。但如果隨意改變傳統，揮霍人脈，則不但不能取得更大的份額，似乎更可能失去固有的優勢。法律是可以解決許多社會問題，但不能解決所有問題，而且其運行成本也是比較高的，在很多時候，比行政規範、社會組織規範、社會道德規範的成本要高得多。司法制度建立的初衷在很大程度上是對社會民眾予以救濟，而不是充當統治工具的角色。司法的正義與權威並非以其廟堂之高而獲取的，而是在為社會民主提供權利保護屏障的過程中贏得的。

----

① 朱國斌：《香江法政縱橫》，第 30 頁。
② 程潔：〈香港憲制發展與行政主導體制〉，《法學》，2009 年第 1 期。

三　構建香港民主化所必須的新型法治基礎

通過考察香港的民主化與香港的法治兩個方面，筆者認為，要實現香港的民主化，香港的法治要與時俱進，以使其適應香港社會的新情況，成為香港民主化發展的基礎。而要達成這一目標，主要有賴於香港社會的自我認識、自我定位，以實事求是的態度接受「一國兩制」這一社會政治生活的總原則。富勒認為「沒有任何法律制度——不論它是法官創制的，還是立法機構制定的——可以被起草得如此完美，以至於沒有留下爭論的空間。」[①] 香港的法治也是這樣，儘管其在發展過程中對香港的繁榮、穩定助益甚力；對保障香港社會的自由、民權貢獻最多。但也需在新的社會環境下與時俱進，在「一國兩制」的框架下為構建香港的民主化而提供堅實的法治基礎。

具體而言，筆者認為，要使香港的法治適應新的政治與社會環境，成為香港民主化的堅實基礎，除了必須堅持「一國兩制」這一新的憲政條件以外，還應該在以下方面進行不斷的努力。

（一）處理好因香港與內地間因社會制度、政治體制不同而導致的差異

有香港學者認為，「一國兩制」在香港是否能夠得到落實，有兩個基本條件必須滿足：

> 一是中央政府是否信守承諾，對香港內部事務不加干預，「一國兩制」中香港的制度確實能按其內部需要而自主地運作；另一方面，是香港特區政府在取代已撤退的港英政府的同時，能否展現高度自治的能力，落實有效管治。[②]

不可否認，社會制度的不同，必然會導致對《基本法》認識上的不同。

---

① 〔美〕富勒：《法律的道德性》，第 67 頁。
② 王家英、尹寶珊：〈香港的「一國兩制」實踐：特區政府和中國政府的表現認受性比較〉，劉兆佳、王家英、尹寶珊編：《香港社會政治的延續與變遷》，第 195 頁。

長期以來，中國內地一直在強調社會主義與資本主義的對立，香港社會也同樣有此認識。同時政治體制上的不同，也必然會導致內地與香港對《基本法》適用在範圍上、解釋上、司法權限的認定上的不同認識。中央政府一直在尋求消除這種認識上的對立，同時，內地的經濟發展與政治進步也在逐漸縮小這種對立。但是——

> 由於回歸前香港的市民對共產黨統治和中國政府普遍感到恐懼和不信任，他們積極提倡自由價值和建立民主制度，以防範九七回歸後中國政府對香港內部事務的可能干預。結果是，香港人身份認同的支配地位會長期繼續延續。[1]

實際上，所謂「香港人身份的認同」，在很大程度上是一種社會制度的認同。同時，由於社會制度、政治體制的不同，香港社會對於法律體現於社會制度層面上的政治理念也與內地相比有認識論上的差異。如對於《基本法》中有關「司法獨立」這一法律理念的認識。內地學者似乎更重視從行政主導方面去認識：

> 雖然司法獨立是香港特別行政區政治體制的基本原則，然而在以行政為主導的政治體制中，行政長官仍然是政治體制的核心。[2]

香港學者則更注重權力分立的精神：

> 司法獨立是香港法治的支柱，也是香港制度優點之所在。回歸之後，香港的憲制秩序經歷了根本性的改變，《基本法》明確地把行政、立法、司法權力分立，而法院在憲法解釋與合憲性審查的角色也

---

[1] 王家英、尹寶珊：〈對中國的「重新想像」：回歸後身份認同的延續與變化〉，劉兆佳、王家英、尹寶珊編：《香港社會政治的延續與變遷》，第218頁。

[2] 國務院發展研究中心港澳研究所編：《香港基本法讀本》，北京：商務印書館，2009，第116頁。

愈顯重要。^①

應該説，內地與香港在政治概念上也有認識上的差異。對內地而言，三權分立是一個特有的概念，標榜政治權力的分立，或權力的源泉不同。對中國內地而言，這是不能接受的，因為中國共產黨是中國政治權力的惟一來源。而香港社會則從權力制約的角度來認識三權分立。筆者曾在香港各大學隨機對幾十位同學進行問詢：香港是否實行三權分立制度，幾乎所有同學都給予肯定回答，而極少數同學即使沒有明確回答是三權分立，也沒有給出相反的答案。

由此可見，由於理解上的不同，香港在社會宣傳、課堂教學過程中都沒有能夠給香港政治一個比較明確的定位。而香港學者對此在認識上有着一些偏差，以至於導致對中央的不信任和誤解。馬嶽稱：「2007 年，人大委員長吳邦國曾明言香港並非三權分立，令人懷疑中央是否不尊重香港的司法獨立。」^②這種認識顯示了政治差異而導致的思想認識上的差異。需要香港與內地學者通過學理探討進行溝通，消除差異，加深理解。

（二）在法律層面上處理因法律傳統不同而導致的爭執

在這個方面主要體現為普通法系與大陸法系的不同。100 多年間，英國在香港建立了普通法制度。香港回歸後，保持香港的普通法傳統，這已被《基本法》所明確規定。普通法與大陸法有許多根本性的不同，這也導致了內地和香港對《基本法》適用性在認識論上的差異。比如，英國的普通法對程序至為重視：

> 在英國法官心目中，程序是至為重要的東西：公正的審判，遵守正當法律程序被英國法官認為與法院最終適用的實體法規則同樣重要，甚至是更為值得注意的因素。^③

---

① 吳達明、關信基：〈香港人對司法的態度〉，第 158 頁。
② 馬嶽：《香港政治：發展歷程與核心課題》，第 77 頁。
③〔法〕勒內·達維：《英國法與法國法》，潘華仿等譯，北京：清華大學出版社，2002，第 15 頁。

這種傳統雖然已在很大程度上得到改觀，但其內在精神仍然存留在法律的實際運作之中。英國法律史學家梅特蘭說：「我們雖然埋葬了訴訟形式，但它們仍然在墳墓裏統治着我們。」從這個意義上而言，香港法官眼中的《基本法》和內地學者眼中的《基本法》，有着相當大的不同。香港的法官，在一定程度上有着造法的功能：

> 因着英國的殖民統治，香港建立了普通法制度，而獨立的司法一直都是普通法的金科玉律。《基本法》亦有明文保障香港的司法獨立。普通法的司法審判過程，以爭辯為本，控方對辯方提出指控，辯方享有抗辯之權。法官的角色是中立、公正的裁判者，聆聽控辯雙方的陳詞及觀點、解釋法律再作判決。法官行使司法權時跟法院沒有從屬關係，他的司法權力應是獨立而自主的，同一法院內的其他法官，即使是較高級的法官都不能干涉，但按律例，法理之討論則除外。[1]

普通法中有一句法諺：justice must not only be done also seen to be done。正義不但要被實現，也要被彰顯。其意思是「司法行為只符合了法律或法理學的公義要求並不足夠，還應該讓人看到並相信法官及其司法過程是公正的。」[2] 從這個角度而言，香港法制注重程序的普通法傳統與內地注重實體法的大陸法傳統是有着實質性區別的，如何正確理解與適應香港法律的本質對於香港《基本法》的有效適用至關重要。這不但是法律從業人員應該充分認識的，也是立法者應該重視的：

> 香港和內地分別實行普通法和大陸法制度，在 1997 年以前，兩地的法律解釋制度（包括對憲法的解釋）之間沒有共同一致的法理和技術基礎。[3]

---

① 吳達明、關信基：〈香港人對司法的態度〉，第 157 頁。
② 吳達明、關信基：〈香港人對司法的態度〉，第 158 頁。
③ 朱國斌：《香江法政縱橫》，第 57 頁。

雖然這種論點是正確的，但也要看到，爭執的起因往往並不在這個層面上，許多香港的法律專家也認為，這種爭執並非法律技術或運作層面上的問題，而是所謂的「憲政」之爭。

實際上，內地與香港之間的法律爭執，主要有三個層次上的問題：其一是單純兩種法律體系間的衝突。解決這個問題並不難。我們看到，在整個世界上每天都會用法律技術手段解決無數這樣的問題。其二，兩種社會制度的衝突。要解決這個問題，其前提是尊重「一國兩制」。朱國斌教授指出：

> 在「一國兩制」之下，兩制必須得到平等尊重，不能以一制壓制另一制；若然如此，國家創立特別行政區的意義就會蕩然無存了。[1]

這種尊重必須是雙方面的，既不能以經濟力量、政治強權去壓制對方；也不能以制度優越感而在精神上壓制另一方。其三，完全對抗性的爭執，實質上就是不認可「一國兩制」這個憲政原則。這種爭執，已經超出了一般法律爭執的範疇，雙方沒有對話的基礎。對此，只能根據法律的規定，強制性地叫其認可法治形式層面上的現實。

筆者認為，法律層面的事情應該運用法律手段，通過法律智慧予以解決，而不宜將其政治化，以政治手段解決。甚至，在很多情況下，如果能在法律層面上解決政治問題，則香港的法治將更為健全，司法的價值更能體現。

（三）共同努力，建立、完善基本法制度

《香港基本法》是一個很複雜的法律。它既是國內法，又是一個地區的憲法性法律；既要考慮香港的普通法傳統，也要考慮內地的大陸法形式；同時，中文與英文的差異，還有其國際法的因素，都可能導致《基本法》在適用過程中出現這樣或那樣的問題。眾所周知，基本法的立法依據是《中華人民共和國憲法》，但其基本內容及主要基調被《中英聯合聲明》及其幾個附件所決定。一

---

① 朱國斌：《香江法政縱橫》，第 142 頁。

個重要的問題是如何確定《基本法》的地位，從法理上而言，《基本法》就是一部憲法性法律，與《民族區域自治法》的性質相當。但由於它確定了另一種憲政制度而顯得特殊。還必須認識到，《基本法》有着國際法的因素。其基本內容並不是單純的立法行為，而是依據國際條約而確定其基本內容的，《中英聯合公報》對其內容的確定起到了至關重要的作用。僅以適用過程中中文與英文的差異為例，雖然通過努力，《基本法》及其他成文法都被權威性地翻譯為中文。在個別案件中，如果引用了判例，這種權威性就難以實現。因為，在香港法官所作出的判決中，可以參考其他普通法國家的判例，而此判例的作用實際上等同於法律，而對此判例的翻譯需要做嚴謹而準確的判斷，這實際上是一個相當困難的工作。

　　《基本法》的內容決定了相關法律條文在適用過程中，會出現一些問題。如雙重解釋的問題。《基本法》第 158 條規定了雙重解釋制度。一方面，《基本法》的解釋權屬於全國人大常委會，全國人大常委會對《基本法》的任何條款都有權解釋。另一方面，特區法院也有權解釋《基本法》。特區法院在審理案件時對《基本法》關於特區自治範圍內的條款可以自行解釋。對於《基本法》的其他條款，特區法院也可解釋，但如需對《基本法》關於中央管理的事務或中央和特區關係的條款進行解釋，而該條款的解釋又影響到案件的判決，在對該案件作出不可上訴的終局判決前，應由終審法院提請全國人大常委會對有關條款作出解釋。如果全國人大常委會作出解釋，特區法院在引用該條款時，應以全國人大常委會的解釋為準。但在此以前作出的判決不受影響。

　　眾所周知，1991 年 6 月 8 日，香港政府頒佈《人權法案條例》，該條例把它凌駕於其他法律之上。此後，港英高等法院曾以抵觸《香港人權法案》為由，對部分條例的若干條文作出廢除的判決，開創了香港法院審查法律「合憲性」、宣佈法律無效的先河。而這種所謂法律傳統，在《基本法》的框架下是不適用的，《人權法案條例》並不在回歸後繼續適用的法律範圍內。香港法院的法律司法審查權並沒有得到確認，或起碼要通過新的法律活動加以重新確認。應該說，全國人大常委會對《基本法》的解釋一直本着極其慎重的態度。全國人大常委會對《基本法》的解釋並不可能構成對香港所享有的高度自治權的不必要

的干預，也不可能影響香港社會各界對香港實行「一國兩制」的信心。有人認為，「全國人大常委會應盡量克制《基本法》解釋權的主動行使。」①筆者以為這是一種偏頗的認識。因為全國人大常委會行使《基本法》的解釋權，不論是主動還是被動，都應該以實際需要為標準，以釐清《基本法》條文在實際運用時的真實含義為原則，無須克制，也無須區別主動與被動。

1999 年的人大釋法之後，關於《基本法》法律解釋的研究成果非常之多，大家都希望從《基本法》的法律解釋入手來解決《基本法》的問題。筆者認為，《基本法》的解釋問題固然重要，但不是問題的全部。全面理解《基本法》，建立完善的《基本法》制度，需要香港與內地同心協力。而在學術意義上，形成《基本法》學科，深入研究《基本法》適用過程中已出現的問題，並通過研究預見可能出現的問題，使《基本法》成為一部具有高度適用性的法律，也是當務之急。

（四）調整社會心態，消弭對立，取得共識

香港與內地相比，不論地域、人口、經濟實力等各個方面都屬於弱小的一方；而在政治體制、經濟制度、文化程度、專業修養等方面，香港社會又有明顯的優越感，從而形成了香港的弱者心態與優越心態。在弱者心態下，其擔心強權干預，擔心改變現狀。香港社會對改變十分擔心。不但擔心隨時被強力干預，對「五十年」以後的改變也十分擔心。從而，他們要尋求對自身利益的保障。有學者指出：

> （香港的民眾）基於種種主客觀的因素，不能接受內地社會制度和意識形態，甚至有所排斥和反對，而希望保持原有的既得利益格局並適用原有法律來保障其現實享有的權利和自由，無疑是可以理解的。②

---

① 董茂雲等著：《香港特別行政區法院研究》，第 141 頁。
② 楊允中等主編：《特別行政區制度與我國基本政治制度研究》，北京：中國民主法制出版社，2012，第 141 頁。

　　總體而言，香港社會對司法更加信任（不太信賴行政權，特別是在當下），把其視為保護自己的重要手段。其認為，在捍衛「兩制」的問題上，司法是最可信賴的。社會的政治心態也是一個不可忽視的問題。而所謂優越心態，是指香港社會普遍認為，香港的制度比較完備，專業化素質比較高。特別是其認為，香港的法治化程度遠遠高於內地，法律從業者的基本素質更是與內地不在同一水平線上。所以，凡涉及到法律專業問題，往往有優越的心態。這種情況基本上不是沒有根據的，但就個案而言，這種優越感往往無助於問題的解決。

　　香港社會對於重大社會事件難免會產生分歧。這種分歧，在新聞自由非常廣泛的社會條件下，往往會被成倍地放大。對具體社會問題所持態度的不同，從而導致對立法和司法的認識不同；特別是司法傳統的不同，產生了許多認識上的歧異。比如，在居港權案件中，如果依照香港終審法院的判決執行，香港在短時間內將增加 130 萬以上的人口，[1] 這將對香港的社會利益造成極大的危害，而依照香港政府請求人大解釋《基本法》的做法，可以有效緩解這一壓力。

　　香港中文大學為此所做的民意調查，可以看出香港社會所遵循的法律理念與我們固有的觀念有所不同。有近 50% 的社會民眾認為，為了法律正義得到伸張，可以付出重大的社會代價。而且，這 50% 的民眾集中於文化程度較高、年紀較輕的社會群體中。認同以法理原則（而非社會後果）來判決的人，僅及一半（49.9%）；而認同法律規定優於社會意向作為判決原則的香港人，亦僅及一半（49.2%）。教育程度愈高者愈認同司法的自主，他們都傾向認為，不應以社會大眾意向作為判決的準則；也不贊同以「後果邏輯」來作為判決的準則。他們認為，判決不僅僅要滿足形式上的正義，也要注重實際的社會效果。更確切地說，是注重與其本人相關的社會效果。還以居港權案件為例，大多數香港人不贊成終審法院的判決結果，實際上是從社會後果考量的。而這種實際後果與自己實際關係越大，其態度越堅決。我們看到，高收入階層對社會後果考慮的相對要少。這或多或少是因為，這個判決的後果及大批的移民入港，對高收入階層的影響比低收入階層的影響要小。憲法的本質上是權力分配的原則表述，

---

① 香港政府最初的統計為 167 萬，以後經民間機構測算，大約為 130 萬人。

《基本法》也是權力與權利確立的法律依據：

> 　　從英人治港到「港人治港」預示的重新分配權力，無可避免地帶
> 來各種新舊政治力量的摩擦和對民主化步伐的爭論，因是之故，權力
> 的爭奪與理念的衝突相互交織，構成了回歸後的特殊政治景觀。[①]

實際上，法律問題的背後也折射出權力的問題。朱國斌教授認為：

> 　　就「一國兩制」下的京港關係而言，也許契約論不合時宜；但那
> 種不承認權威、形式上表現為自由主義的觀點更不能詮釋京港關係所
> 代表的政治現實。[②]

　　香港的回歸，也是一個權力重新分配的問題。這種權力分配，在兩個層次
上進行。其一，國家間的權力分配，香港的主權從英國政府轉到中國政府手中；
其二，香港的治理權。這個層次的權力分配問題很多。港人治港是一項最基本
的原則。在此前提下，香港的治理權在很大程度上是由英國管制下的港英政府
將權力移交給特別行政區政府。在《基本法》框架下，行政主導的政治權力體
系建立起來，行政、立法和司法權都進行了明確的規定。但在民主化的過程
中，政治權力的分配實際上不能完全體現社會權力的分配。如香港的「民主派」
的自我定位就是「監察政府，對政府的所有行為或決策持質疑的、不合作的態
度。這種傳統在港英政府時代已經形成。」[③]應該認識到，民主派在很大程度上
代表了香港中產階級的政治態度，而中產階級佔香港人口的比例達到 70%，從
而，這種態度就不僅僅是一種態度，而成為一種重要的社會評價機制，其在選
舉政治中甚至體現為一種重要的社會權力。

　　在前文曾提到，在民主制度下，你不但要準備贏，也必須準備輸。只贏不
輸的心態是民主的死敵。所以，培養香港民眾民主的意識、「服輸」的心態是香

---

① 劉兆佳、王家英、尹寶珊編：《香港社會政治的延續與變遷》，序。
② 朱國斌：《香江法政縱橫》，第 209 頁。
③ 黎熙元：《香港的社會分層與社會流動》，第 213 頁。

港民主化建設的當務之急。而不斷挑動社會民眾躁狂的神經，把他們的心態鼓動得浮躁而過激，則完全有違建立民主制度的初衷。接受現實，努力爭取每一個進步的機會；把握時機，爭取把每一次來之不易的民主化進展徹底落實，將其打造成跨進下一步的立足點和堅實平台。當然，內地方面也要以這種精神去接受香港民主化過程中的現實問題。幾個言語出位的議員沒有那麼可怕，有許多人不滿意也沒有那麼可怕。整個社會成為鐵板一塊，社會民眾都噤若寒蟬才真正可怕。

　　同時，我們必須承認，內地現實的法治狀況與香港社會相比，在制度層面上還是有很大差距的。許多在香港法治下不可想像的事件屢有發生，如近期發生的湖南曾成傑案，在該案中，案犯被依法執行槍決，但在執行前居然沒有通知其近親屬，使得其子女未能在其臨終前見上最後一面。這種情況在香港的法律制度下是不可想像的。內地法治的不健全，使香港民眾對內地的法治環境產生相當多的質疑，由此也引發對處理《基本法》問題的質疑。

　　中國內地的法治化建設是實現「一國兩制」的重要保障，是其基礎。《基本法》不僅僅是針對香港的法律，作為一部全國性的法律，它需要所有的中國人都嚴格遵守，其中當然也包括中央政府和社會上的各黨派、社會組織、團體和個人。在中國的法治化得以建立的時候，影響法律問題的其他因素（對抗的情緒、弱勢心態、自大心態、優越感心態）才會消除，法律問題才能真正當作法律問題解決。如前所述，香港法律專業界普遍具有法制優越感，如法治傳統的優越感，專業素質的優越感，專業群體的優越感，體制上的優越感，自由理念的優越感，等等。這種優越感既包括制度優越感，也包括專業優越感。導致這種優越意識的原因，有些是真實存在的，有些是虛幻的。而隨着內地法治化進程的推進，這種優越感需要重新加以權衡。

　　應該承認，香港的法治水平已經達到一個較高的水準，但這並不意味着香港的法治沒有提升的空間，沒有與時俱進的必要。特別是在新的憲政框架下，香港的法治也要經歷重新定位、重新識別、重新構造的過程。陳弘毅先生認為：

　　1997 年香港回歸中國時，其法制經歷的便是一次根本規範的移

轉,亦即凱爾森意義上的法律革命:香港法制的根本規範從原有的、肯定英國憲法秩序為有效的(包括英王特權立法和英國國會立法的不可置疑的效力)規範,改變為一個肯定《中華人民共和國憲法》的權威和效力的新的根本規範。①

在這種根本規範改變之時,香港必須根據時代的要求,創建新型的法治。同時,香港的民主化的推進也需要其所依賴的法治有新的活力注入。如果只沉溺於以往的法治優越感中,以其固有的理念、單向度的思維要求香港民主化只能按照其指引的走向發展,則必然會出現不和諧的問題,這就要求:

> 香港特區全體市民、參政團體、立法會議員、香港特區政府和中央政府等各方面都能以政治智慧和勇氣堅守和尊重「一國兩制」的憲制秩序,持開放和寬容的態度對待在政制改革問題上發生的矛盾和衝突,用理性的方法處理法律問題和法律事件。②

香港回歸的十餘年間,我們看到,香港的民主化已經有了一些非常顯著的發展。當然,有些人會質疑「非常顯著」這種表達。但從客觀上而言,通過16年的發展,香港社會的民主意識已經大大提高這一點是不容置疑的。同時,從中央而言,幾乎香港每次進行選舉之時都會釋放更多的選舉權。雖然有些由於民主派的爭執而沒有落實,但選舉的格局還是發生了很大的變化。更為重要的成果是,已經確定了特首和立法會普選的時間表。有人認為,20年的時間是很長的時間段,但從架構一個社會的民主制度而言,20年確實不算緩慢。我們不能忘記,在人類歷史上,追求制度層面的躍進,後果很少是正面的。

民主具有一定的抗爭性。我們可以理解香港為了加快民主化進程所進行的抗爭。如果沒有抗爭意識,民主化就難以成為為全社會所關注、所共知、所共同參與的事業。但過度的抗爭意識並無助於民主化進程的推進。筆者認為,現

---

① 陳弘毅:《法理學的世界》,北京:中國政法大學出版社,2003,第337頁。
② 李太蓮:《香港特區基本法解釋法制對接》,北京:清華大學出版社,2011,第212頁。

在，促進香港民主化的首要之處是放下過度抗爭的心態，努力確保民主化進步的既定成果。認真研究香港民主化的具體操作層面的問題。特別是在法治的層面上與時俱進，用制度設計來調和意識形態、法律理念上的分歧。我們知道，在理念相同的情況下，法律條文可以原則化，但如果理念不同，缺乏信任，則在立法層面上就應該盡快預見可能出現的分歧，甚至對立的局面，並通過立法手段加以預防，以減少法律適用中的不確定性。如關於特首提名程序，就應該在法律層面予以研究，提出明確的立法建議。政治博弈是一種互相妥協的藝術，如果雙方都能容忍對方在自我體制下的合理行為，不觸及對方容忍的底線，則可以創造一個新的共贏局面。作為香港民主化基礎的新法治，絕對不是拋棄原有傳統的法治，它是在傳統香港法治中加入新的元素，尊重新的現實的與時俱進之產物。香港新法治的基礎必須建構在「一國兩制」這個根本性原則之上。

香港法律：在碰撞與挑戰中延續創新[1]

朱國斌[2]

「一個國家、兩種制度」是中國政府為實現中國統一提出的基本國策，是史無前例的偉大構想。在「一國兩制」之下，1997 年 7 月 1 日，中國已經成功地恢復了對香港行使主權。香港特區政府正式成立，直屬於中央人民政府（基本法第 12 條）；除國防、外交由中央負責管理之外，香港特區實行高度自治（第 12、13 條）。高度自治是主導特區政府成立及運作的憲法原則，在此原則之下，特區政府享有行政管理權、立法權、獨立的司法權和終審權（第 2 條）。

一 法律制度：延續與創新

在「一國兩制」原則之下，香港特區保留了原有的普通法制度（見基本法第 8、19 和 81 條），它從理念到制度都不同於中國內地實施的大陸法制度。《基本法》規定，香港原有法律（包括普通法），除同《基本法》相抵觸或經立法機關作出修改者外，予以保留（第 8 條）。1997 年 3 月，全國人大常委會根據《基本法》第 160 條的規定，對香港回歸前的全部法律進行了處理，普通法原則和原來的 600 多條條例絕大部分得以繼續適用於香港特區。

與此同時，1997 年 7 月 1 日，香港特區立法會通過《香港回歸條例》，使法律、法律程序、司法體系、公務員體系、財產及權利和法律責任，得以順利延續。隨後的五年中，香港特區完成了法律適應化過程，使法律進一步符合中國特區的法律地位和身份。

自回歸以來，根據《基本法》的有關規定（第 18 條），共有 11 件全國性法

---

① 原載於《紫荊》，2002 年 7 月刊，後收入朱國斌：《香江法政縱橫：香港基本法學緒論》，北京：法律出版社，2010，第 42-47 頁。

② 朱國斌，法國埃克斯馬賽大學法學博士，現任香港城市大學法律學院教授。

律被引進香港法律體系之中，其內容主要涉及國防、外交和主權事項。全國性法律的引入，豐富了香港特區的法律內容。

就司法機構而言，香港過去的司法機構基本得以延續。行政長官於回歸之日根據獨立的司法人員推薦委員會的建議，重新任命法官，當中包括外籍法官。《基本法》規定，原在香港實行的司法體制，除因設立終審法院而產生變化外，予以保留（第81條）。除此之外，特區法院法官可以援引其他普通法法域的司法判例進行斷案（第84條）。還有，國際知名的屬於普通法法院的法官作為非常任法官，參與終審法院的聆訊的數目有增無減（第82條）。這種實踐無疑鞏固了香港作為普通法法域的地位，也豐富和發展了普通法（判例法）本身，受到國際社會的肯定（如香港特區判例為其他法域所引用）。

除有關法例的過渡安排外，《中英聯合聲明》和《基本法》對於法制的延續作出了具體保證。這包括：（1）司法機關獨立運作、法官地位得到保障；（2）法院兼用中英文進行訴訟；（3）援引其他普通法司法管轄區的判例；（4）刑事檢控工作獨立運作；（5）外國律師和外國律師行得以繼續在香港執業；（6）由終審法院取代設在倫敦的樞密院司法委員會，作為香港的最終上訴法院；（7）規定適合於香港的《公民權利和政治權利國際公約》繼續有效，並通過香港特區法律施行，等等。

二　市民有權在法院質疑政府施政的合法性

絕大部分香港居民對香港的法治傳統充滿信心和信任，這也是他們引以為自豪和區別內地之處。什麼是法治？讓我們借用特區政府律政司司長梁愛詩的看法：

法治有多重含義。簡言之，法治就是必須依法辦事，事事講求合法的原則，無人能凌駕於法律之上。就政府的運作而言，其權力必須源自法律，政府也必須依法行使權力。即使政府獲賦予若干酌情權，也必須審慎行使這些權力，而法院可以阻止政府濫用這些權力。市民有權在法院質疑政府施政的合法性（包括法律的效力），有關爭議須由獨立的司法機關裁決。此外，法院審理案

件的時間和費用必須合理。如果法律程序既緩慢又昂貴，法治便會受損。法律應該公平對待政府和市民，既要維持公平有效的管治，又要維護個人可享有的權利。因此，要推行法治，便要有監察制度，代議民主是不可或缺的。堅守法治才可以建立一個法治而不是人治的政府。

香港法治概念明確，言明法治就是這樣一些基本法律原則，以規制權力和權利行使的方式。香港政府的權力源自《基本法》，受制於《基本法》。《基本法》包含着規限政府權力和保障人民權利免遭政府公權力侵害的條款。如《基本法》規定，立法機關制定的任何法律，均不得與《基本法》相抵觸（第 11 條）；香港特區政府必須遵守法律，對選出的立法會負責（第 64 條）；香港特區法院對適用於香港特區的法律審判案件（第 84 條），有權就法律和政府行為的合法性作出裁決（第 19 條）；香港特區法院獨立進行審判，不受任何干涉，司法人員履行審判職責的行為不受法律追究（第 85 條）；香港特區法院的法官，根據獨立委員會推薦，由行政長官任命（第 88 條），任期受到保障（第 89 條）；香港回歸前的法律制度維持不變（第 8 條），除全部或部分條文與《基本法》相抵觸而被廢除或修改外，香港原有法律包括普通法，被採用為香港特區法律（第 8、160 條）。《基本法》第三章訂明香港特區居民的基本權利和義務，有法可依，由此可見，《基本法》確立了法治精神。

香港特區成立以來，政府的某些施政措施受到質疑，須訴諸於法院解決。這包括以下方面：（1）臨時立法會是否合法；（2）1997 年 7 月修訂的《入境條例》是否合法；（3）行政長官是否有權以行政命令訂定公務員的服務條件；（4）立法會是否有權辯論罷免一名被裁定觸犯刑事罪行而被判監但仍可循上訴途徑提請上訴的議員；（5）禁止侮辱國旗區旗的法例是否合憲；（6）規定受資助機構只可聘請註冊社工是否恰當；（7）鄉村選舉的規定是否生效；（8）解散兩個市政局；（9）對某些發展用地徵收差餉；（10）規定資助學校不得委任 60 歲以上人士出任校長；（11）紀律部門拒絕僱用親人患有精神分裂症的申請人；（12）因男女生成長步伐不一而施行的學位編配辦法。①

---

① 上述資料均源自香港特區政府律政司梁愛詩司長之講辭。

將政府告到法庭這是當事人在行使自己的憲法權利。另一方面，這也顯示了在強大的公權力面前，政府和人民在法律面前人人平等。政府濫權或濫政應會受到法律的制裁，這是法治的基點；而政府一旦敗訴則應採取補救措施，這是法治政府的體現。重要的是，在裁判政府或普通當事人誰是誰非的過程中，法官以獨立的身份斷案，這體現了司法獨立的精髓。

三　吳嘉玲案：兩種法律制度的碰撞與銜接

就吳嘉玲案而言，終審法院的判決被認為既不符合《基本法》的立法原意，又沒有充分考慮兩地法制之協調和整合（僅就法律解釋而言），更沒有考慮到判決可能造成的社會效應。該判決受到香港社會和部分《基本法》起草委員會及法律學界的嚴厲批評。於是，特區政府提請釋法，全國人大常委會對《基本法》有關條款進行解釋（第 22 條第 4 款，第 24 條第 2 款第 3 項）。

毋庸置疑，人大釋法有別於普通法的實踐，但它並沒有動搖香港的法治根基：其一，人大釋法並沒有削弱終審法院的權力，終審權仍然為、也只能為終審法院所擁有，人大常委會有權釋法但並不等於有權斷案；其二，儘管人大常委會有絕對權力釋法（《基本法》第 158 條第 1 款），這並不等於它可以隨時就任何事項釋法，它應同時受制於第 158 條第 2 款和第 3 款的制約；其三，終審法院在第 3 款規定的情況下，應該向人大常委會提交釋法申請，片面地以司法獨立來抗衡立法解釋這一憲法體制，將可能引起新的衝突（有政治人物稱之為「憲法危機」）；其四，一旦人大常委會釋法，特區法院應接受其權威，而不應以種種理論推卻（事實上隱約已有這種傾向，參見莊豐源案）；其五，終審判決前釋法是定制，但不能絕對排除判決後由政府提請釋法。儘管特區政府一再表明它將不會輕易提請釋法，但如果終審法院拒不按第 158 條第 3 款提出釋法請求而斷案，政府提請釋法亦不失為一種救濟措施。

除上述吳嘉玲案這一引人注目的案件外，著名的涉及《基本法》的訴訟還有「回歸第一案」馬維騉案（該案確認了普通法的延續性和臨時立法會的合法

性）、吳恭劭案（又稱國旗區旗案，該案釐定了言論自由的界限及行使該權利可能受到的限制）、陳華案（平等選舉權案，確立新界非原居民的平等選舉權，從而深度地保障公民的人權）、莊豐源案（居港權系列案之一，該判決書認定中國公民在香港所生子女直接擁有居港權，儘管其父或母在其出生時並不享有居港權），以及吳曉彤案（居港權系列案之一，該案釐定了《基本法》第 22 條第 4 款和第 24 條第 2 款第 3 項的關係，認定香港永久性居民在內地所生子女的永久性居民身份，儘管該子女非法入境）。根據律政司的統計，共有 38 件與《基本法》直接相關的案例已經審理完結。

四　香港與內地的司法協助與合作

兩地在商事仲裁方面的合作初見成效。自 1999 年 6 月起，兩地互相承認對方仲裁機關的裁定，並根據各自的司法制度在兩地執行。同年 3 月，兩地司法機關還就相互委託送達民商事司法文書達成了協定。然而，民商事司法協助仍有待深化，並就民商事判決書的相互承認和執行達成諒解。

香港特區政府積極支持香港建設為亞太地區的仲裁中心，並且力爭內地企業到香港仲裁。政府建議的原則是：用香港法律和在香港仲裁。在中國「入世」和經濟全球化的大背景之下，香港政府希望在仲裁領域得到中央政府的支持，梁愛詩認為，這會「造就一個三贏的局面：對投資者、內地和香港成為亞洲金融貿易中心的目標都有好處」。

中國「入世」後，中國的法律服務業將會逐步對外開放。為此，作為中國一部分的香港特區的法律從業人員，非常渴望能進入神州大陸一展雄才。香港律師界希望，內地將來的政策會允許他們與內地律師合作，或在內地展開業務。近期以來，香港和內地有關政府部門正在磋商「更緊密經貿關係安排」。這是一種與自由貿易有關的合作措施。在這種安排實現之後，法律服務業務合作的可能性更大。特區政府希望中央政府能讓香港律師在內地執業，並享有內地律師在香港所享有的相同的權利。這些權利包括：（1）參加全國統一司法考試，以取得執業資格；（2）香港律師與內地同行結盟；（3）香港律師受聘於內地律

師行。事實上，特區政府已將上述內容納入在「更緊密安排」的框架之內了。

　　回歸五年來，香港法制完成了平穩過渡，既經歷了一些嚴峻考驗，也取得了豐富的經驗和成就。正如終審法院首席法官李國能所說：「在新的憲政秩序的初期，我們需要積累經驗。」他說：「我期待着下一個五年的到來。」

　　構建特別行政區是一項史無前例的創舉，它的存在本身就意味着開拓和創新。而特區的最高法律《基本法》又是普通法和大陸法兩種法律理念和制度的交匯點，它既體現了政治家和立法者的智慧，又包含着某些制度性的矛盾和妥協。《基本法》作為特區憲制性文件，它不是死的文字的堆積，而是活的精神的體現。應該說，在《基本法》的統率下，特區法律制度一直在進步之中；同樣在它的指引之下，法律制度將會邁向新的發展階段。

　　香港法律界元老余叔韶在見證了香港和香港特區法制變遷之後說：「你問我香港的法治情況和以往有沒有區別？答案是『有』——比以前好多了。」

主要論著目錄索引 [①]

一　檔案文獻

1. 馬沅編譯：《香港法例彙編》，香港華僑日報有限公司，1953。

2. 廣角鏡出版社編：《香港與中國：歷史文獻資料彙編》，香港廣角鏡出版社，1981。

3. 科大衞、陸鴻基、吳倫霓霞編：《香港碑銘彙編》，香港市政局，1986。

4. 楊柱才、李光文主編：《香港法律通編》，廣西民族出版社，1995。

5. 中國第一歷史檔案館編：《香港歷史問題檔案圖錄》，香港三聯書店，1996。

6. W. Tarrant, *Digest and Index of all the Ordinances of the Hong Kong Government to the Close of 1849*, Hong Kong, 1850.

7. *The Ordinances of Hong Kong, 1844 to June 1865*, London, 1866.

8. *The Ordinances of Hong Kong, July 1865 to Dec.1870*, Hong Kong, 1870.

9. *Report of the Committee of the Legislative Council to Consider Matters connected with the Police Force and Crimes*, Hong Kong, 1879.

10. *Hong Kong Telegragh*, Hong Kong, 1881-1900.

11. *Historical and Statistical Abstract of the Colony of Hong Kong, 1841-1930*, 3rd ,Hong Kong, 1932.

12. *Chinese Law and Custom in Hong Kong*, Report of a Committee appointed by the Governor in October, 1948.

13. *British Parliamentary Papers, China 23, Correspondence respecting Foreign Concessions*

---

① 論著依據首次出版年代排序，同一年份以著作權人姓氏拼音為序。

in China, 1898-1899, Irish University Press, 1971.

14. *British Parliamentary Papers, China 24, Correspondence relating to the Affairs of HongKong,1846-1860*, Irish University Press, 1971.

15. *British Parliamentary Papers, China 25, Correspondences respecting the Affairs of Hong Kong, 1862-1881*, Irish University Press, 1971.

16. *British Parliamentary Papers, China 26, Correspondence relating to the Affairs of Hong Kong, 1882-1899*, Irish University Press, 1971.

17. *British Parliamentary Papers, China 30, Correspondence relative to the Opium War in China, 1840*, Irish University Press, 1971.

18. *British Parliamentary Papers, China 31, Correspondence respecting the Opium War and Opium Trade in China, 1840-1885*, Irish University Press, 1971.

19. *Foreign and Commonwealth Office, Colonial Regulation*, 1977.

20. 〔日〕佐佐木正哉編:《鴉片戰爭研究(資料篇)》,近代中國資料委員會,1964。

二　中文編著

1. 賴連三:《香港紀略》,萬有書局,1931。

2. 黎晉偉主編《香港百年史》,香港南中編譯出版社,1948。

3. 丁又:《香港初期史話》,三聯書店,1958。

4. 林友蘭:《香港報業發展史》,台北世界書局,1977。

5. 魯言:《香港賭博史》,香港廣角鏡出版社,1978。

6. 蕭國鈞、蕭國健:《族譜與香港地方史研究》,香港顯朝書室,1982。

7. 林友蘭:《香港史話》(增訂本),上海印書館,1983。

8. 林天蔚、蕭國健:《香港前代史論集》,台北商務印書館,1985。

9. 李宗鍔:《香港合約法與公司法》,香港商務印書館,1986。

10. 蕭國健:《清初遷海前後香港之社會變遷》,台北商務印書館,1986。

11. 莊金鋒等編:《香港法律問題資料選編》,上海大學法律系,1986。

12. 港人協會編:《香港法律 18 講》,香港商務印書館,1987。

13. 李澤沛主編：《香港法律概述》，法律出版社，1987。

14. 劉澤生：《香港古今》，廣州文化出版社，1988。

15. 金應熙主編：《香港史話》，廣東人民出版社，1988。

16. 丁煥春：《香港商事活動法概論》，中國政法大學出版社，1989。

17. 莊金峰主編：《香港法簡論》，上海社會科學院出版社，1989。

18. 董立坤：《香港法的理論與實踐》，法律出版社，1990。

19. 聶振光、呂鋭鋒、曾映明：《香港廉政》，香港中華書局，1990。

20. 肖蔚雲主編：《一國兩制與香港基本法律制度》，北京大學出版社，1990。

21. 朱宗玉、楊元華、竇暉：《從香港割讓到女王訪華——中英關係 1840－1986》，福建人民出版社，1990。

22. 李啟欣主編：《香港法教程》，中山大學出版社，1991。

23. 董立坤主編：《香港法律和司法制度》，廣東人民出版社，1992。

24. 李澤沛主編：《香港法律大全》，法律出版社，1992。

25. 張學仁主編：《香港法概論》，武漢大學出版社，1992。

26. 張增強主編：《香港法制教程》，暨南大學出版社，1992。

27. 陳啟能主編：《香港與英國的殖民撤退》，中國社會科學出版社，1993。

28. 董伯先主編：《香港法概論》，山東大學出版社，1994。

29. 黃名述、趙萬一主編：《香港法要論》，成都科技大學出版社，1994。

30. 徐克恩：《香港：獨特的政制架構》，中國人民大學出版社，1994。

31. 許崇德、陳棠主編：《香港法律與律師制度》，經濟管理出版社，1994。

32. 楊奇主編：《英國撤退前的香港》，廣東人民出版社，1994。

33. 姚棟華：《法律原理》，香港中銀集團培訓中心，1994。

34. 余繩武、劉存寬主編：《十九世紀的香港》，中華書局，1994。

35. 李曙峰、柳經緯：《中港房地產法律實務》，香港商務印書館，1995。

36. 劉存寬編著：《租借新界》，香港三聯書店，1995。

37. 劉蜀永編著：《割佔九龍》，香港三聯書店，1995。

38. 劉憲權主編：《香港法律概論》，華東理工大學出版社，1995。

39. 羅德立、王貴國主編：《香港合約法綱要》，北京大學出版社，1995。

40. 譚廣奎、孫立文主編:《香港法律淺談》,中國經濟出版社,1995。

41. 余繩武編著:《割佔香港島》,香港三聯書店,1995。

42. 余繩武、劉蜀永主編:《20世紀的香港》,北京/香港,中國大百科全書出版社/麒麟書業有限公司,1995。

43. 陳穗勳:《香港雜記(外二種)》,莫世祥校注,暨南大學出版社,1996。

44. 洪金玉、關若文主編:《歷任香港總督與香港珍貴歷史圖片(1842－1997)》,香港榮譽出版有限公司,1996。

45. 梁福麟:《香港主權移交前後》,香港廣角鏡出版社,1996。

46. 羅德立、趙秉志主編:《香港刑法綱要》,北京大學出版社,1996。

47. 馬小玲編著:《香港環境保護法制管理》,中國環境科學出版社,1996。

48. 年鵬、李鳴編:《香江陰影:香港的黑社會與色情問題》,中國文聯出版公司,1996。

49. 王家英:《香港政治與中國民主化》,香港田園書屋,1996。

50. 楊春洗等編:《香港刑法與罪案》,人民法院出版社,1996。

51. 楊志主編:《香港工商與法律指南》,企業管理出版社,1996。

52. 周毅之:《香港的文化》,新華出版社,1996。

53. 胡錦光主編:《香港行政法》,河南人民出版社,1997。

54. 黃京平、姚輝主編:《香港:刑事及民商法律制度》,中國人民大學出版社,1997。

55. 賴連三:《香港紀略(外二種)》,李龍潛點校,暨南大學出版社,1997。

56. 藍天主編:《「一國兩制」法律問題研究(香港卷)》,法律出版社,1997。

57. 連繼民:《別了義律公告:香港的法制與治安》,中國友誼出版公司,1997。

58. 龍翼飛:《香港家庭法》,河南人民出版社,1997。

59. 錢俊生主編:《香港環境與環境保護》,中國環境科學出版社,1997。

60. 史際春主編:《香港知識產權法》,河南人民出版社,1997。

61. 司法部法制司編:《香港特別行政區基本法及相關法律政策彙編》,法律出版社,1997。

62. 湯華:《神聖的承諾——香港基本法的誕生》,人民文學出版社,1997。

63. 湯維建、單國軍:《香港民事訴訟法》,河南人民出版社,1997。

64. 湯樹梅、應蘇萍:《香港貨物買賣法》,河南人民出版社,1997。

65. 王庚武主編:《香港史新編》,香港三聯書店,1997。

66. 王康等主編《香港法律制度研究》，陝西旅遊出版社，1997。

67. 嚴嘉、于靜：《香港金融法》，河南人民出版社，1997。

68. 楊靜輝、李祥琴：《港澳基本法比較研究》，北京大學出版社，1997。

69. 袁求實編：《香港過渡時期重要文件彙編》，香港三聯書店，1997。

70. 袁求實編：《香港回歸大事記（1979－1997）》，香港三聯書店，1997。

71. 甄貞主編：《香港刑事訴訟法》，河南人民出版社，1997。

72. 張順洪等著：《大英帝國的瓦解——英國的非殖民化與香港問題》，社會科學文獻出版社，1997。

73. 趙秉志主編：《香港法律制度》，中國人民公安大學社，1997。

74. 趙秉志主編：《香港刑法學》，河南人民出版社，1997。

75. 趙秀文：《香港仲裁制度》，河南人民出版社，1997。

76. 朱國斌、黃輝等著《香港司法制度》，河南人民出版社，1997。

77. 許世芬主編：《香港律師執業行為規範》，法律出版社，1999。

78. 張富強主編：《香港律師制度與實務》，法律出版社，1999。

79. 張富強主編：《香港律師法規資料編譯》，法律出版社，1999。

80. 張鑫：《中港法制新論》，香港太平洋世紀出版社，1999。

81. 蔡榮芳：《香港人之香港史 1841－1945》，牛津大學出版社，2001。

82. 劉曼容：《港英政府政治制度論（1841－1985）》，社會科學文獻出版社，2001。

83. 劉義章、黃文江編：《香港社會與文化史論集》，香港中文大學聯合書院，2002。

84. 蘇亦工：《中法西用——中國傳統法律及習慣在香港》，社會科學文獻出版社，2002。

85. 徐靜琳：《演進中的香港法》，上海大學出版社，2002。

86. 徐靜琳主編：《中國入世與中國法治：內地、香港法制比較》，上海人民出版社，2002。

87. 沈樂平、雷興虎主編：《中國內地與香港民商法律問題之比較》，中山大學出版社，2003。

88. 袁求實編：《香港回歸以來大事記（1997－2002）》，香港三聯書店，2003。

89. 盧永鴻：《中國內地與香港環境犯罪的比較研究》，中國人民公安大學出版社，2005。

90. 王慧麟：《閱讀殖民地》，香港 TOM Publishing Limited 出版，2005。

91. 香港城市大學中國文化中心編：《考察香港——文化歷史個案研究》，香港三聯書店，2005。

92. 蕭國健等：《歷史與文化：香港史研究公開講座文集》，香港三聯書店，2005。

93. 曾壽喜主編：《香港和澳門審計的產生與發展》，中國時代經濟出版社，2005。

94. 何亮亮：《解密香港廉政公署》，中信出版社，2006。

95. 張學仁主編：《香港法概論》（第三版），武漢大學出版社，2006。

96. 周平：《香港政治發展：1980－2004》，中國社會科學出版社，2006。

97. 張連興：《香港二十八總督》，朝華出版社，2007。

98. 張曉輝主編：《百年香港大事快覽》，天地出版社，2007。

99. 朱世海：《香港立法機關研究》，中央編譯出版社，2007。

100. 朱興有主編：《香港的法制建設》，海天出版社，2007。

101. 陳友清：《1997－2007：一國兩制法治實踐的法理學觀察——以法制衝突為視角》，法律出版社，2008。

102. 王仲興、郭天武主編：《內地與香港刑事司法合作研究》，北京大學出版社，2008。

103. 余繩武、劉存寬、劉蜀永編著：《香港歷史問題資料選評》，香港三聯書店，2008。

104. 袁持平主編：《香港政府行為研究》，北京大學出版社，2008。

105. 張炳良：《反思香港發展模式：張炳良論管治》，香港天地圖書有限公司，2008。

106. 陳敦德：《香港問題談判始末》，香港中華書局，2009。

107. 郭天武、何邦武：《香港刑事訴訟法專論》，北京大學出版社，2009。

108. 劉曼容：《港英政治制度與香港社會變遷》，廣東人民出版社，2009。

109. 劉蜀永主編：《簡明香港史》（新版），香港三聯書店，2009。

110. 劉智鵬、周家建：《吞聲忍語——日治時期香港人的集體回憶》，香港中華書局，2009。

111. 劉祖雲主編：《香港社會的弱勢群體及其社會支持》，北京大學出版社，2009。

112. 周建華：《香港政黨與選舉政治（1997－2008）》，中山大學出版社，2009。

113. 陳弘毅：《香港特別行政區的法治軌跡》，中國民主法制出版社，2010。

114. 戴耀廷：《香港的憲政之路》，香港中華書局，2010。

115. 董茂雲、杜筠翊、李曉新：《香港特別行政區法院研究》，商務印書館，2010。

116. 傅思明：《香港特別行政區行政主導政治體制》，中國民主法制出版社，2010。

117. 強世功：《中國香港：政治與文化的視野》，三聯書店，2010。

118. 劉杏梅主編：《香港法概論》，中山大學出版社，2010。

119. 劉智鵬主編：《展拓界址：英治新界早期歷史探索》，香港中華書局，2010。

120. 馬嶽：《香港政治：發展歷程與核心課題》，香港中文大學香港亞太研究所，2010。

121. 倪延年：《中國報刊法制發展史‧台港澳卷》，南京師範大學出版社，2010。

122. 徐藍：《英國與中日戰爭：1931－1941》，首都師範大學出版社，2010。

123. 朱國斌：《香江法政縱橫：香港基本法學緒論》，法律出版社，2010。

124. 朱正紅：《香港廣角》，廣東人民出版社，2010。

125. 陳啟文：《港澳往事：繁華背後不得不說的祕密》，當代中國出版社，2011。

126. 戴耀廷、羅敏威：《香港特區的法律制度》，香港中華書局，2011。

127. 郝建臻：《香港特別行政區行政與立法的關係》，法律出版社，2011。

128. 黃棣才：《圖說香港歷史建築 1897－1919》，香港中華書局，2011。

129. 林峰：《香港地區行政訴訟：制度、立法與案例》，浙江大學出版社，2011。

130. 劉智鵬主編：《香港早期華人菁英》，香港中華書局，2011。

131. 洛楓：《流動風景：香港文化的時代記憶》，浙江大學出版社，2011。

132. 錢永祥總編輯：《思想 19——香港：解殖與回歸》，台北聯經出版公司，2011。

133. 區志堅、彭淑敏、蔡思行：《改變香港歷史的 60 篇文獻》，香港中華書局，2011。

134. 翁靜晶：《百年賣身的回憶——殖民地時代華人血淚史》，香港天地圖書有限公司，2011。

135. 鄭宏泰、黃紹倫：《一代煙王利希慎》，香港三聯書店，2011。

136. 朱世海：《香港政黨研究》，時事出版社，2011。

137. 白淨：《中國內地與香港媒體誹謗問題比較研究》，中國政法大學出版社，2012。

138. 蔡思行：《香港史 100 件大事》，香港中華書局，2012。

139. 何亮亮：《零容忍：香港廉政公署 40 年肅貪記錄》，中國友誼出版公司，2012。

140. 黃曉陽：《廉政 ICAC：香港反腐風雲》，光明日報出版社，2012。

141. 李彭廣：《管治香港：英國解密檔案的啟示》，牛津大學出版社，2012。

142. 呂大樂：《那似曾相識的七十年代》，香港中華書局，2012。

143. 阮志：《中港邊界的百年變遷：從沙頭角蓮麻坑村說起》，香港三聯書店，2012。

144. 王禹編：《香港問題重要文獻彙編》，澳門濠江法律學社，2012。

145. 陳敦德：《廢約：中英香港問題談判始末》，中國青年出版社，2013。

146. 尤韶華:《香港司法體制沿革》,知識產權出版社,2012。

147. 郭天武等著:《香港基本法實施問題研究》,中國社會科學出版社,2013。

148. 郝鐵川:《香港基本法爭議問題述評》,香港中華書局,2013。

149. 王國華主編:《中國地域文化通覽‧香港卷》,中華書局,2013。

150. 蕭國健:《簡明香港近代史》,香港三聯書店,2013。

151. 葉靈鳳:《香島滄桑錄》,江西教育出版社,2013。

152. 葉靈鳳:《香港的失落》,江西教育出版社,2013。

153. 陳志勇:《香港申訴專員制度研究——以歷史制度主義為視角》,新華出版社,2014。

154. 董立坤:《中央管治權與香港特區高度自治權的關係》,法律出版社,2014。

155. 何家騏、朱耀光、何明新:《謹以至誠:香港警察歷史影像》,香港商務印書館,2014。

156. 劉兆佳:《香港的獨特民主路》,香港商務印書館,2014。

157. 明柔佑、謝儁暉、陳天浩編著:《香江舊聞:十九世紀香港人的生活點滴》,香港中華書局,2014。

158. 阮志:《入境問禁:香港邊境禁區史》,香港三聯書店,2014。

159. 孫揚:《無果而終:戰後中英香港問題交涉(1945−1949)》,社會科學文獻出版社,2014。

160. 薛求理:《城境:香港建築 1946−2011》,香港商務印書館,2014。

161. 楊國雄:《舊書刊中的香港身世》,香港三聯書店,2014。

162. 鄒平學等著:《香港基本法實踐問題研究》,社會科學文獻出版社,2014。

163. 陳海光主編:《中國內地與香港司法制度比較》,法律出版社,2015。

164. 陳弘毅等編:《香港法概論》(第三版),香港三聯書店,2015。

165. 陳效能、何家騏:《香港女警六十年》,香港商務印書館,2015。

166. 關禮雄:《日佔時期的香港》,香港三聯書店,2015。

167. 強世功編:《香港政制發展資料彙編(一):港英時期及起草基本法》,香港三聯書店,2015。

168. 鄺健銘:《港英時代:英國殖民管治術》,香港天窗出版社,2015。

169. 鄺智文:《重光之路:日據香港與太平洋戰爭》,香港天地圖書有限公司,2015。

170. 李浩然編著:《行政長官產生辦法考:基本法第 45 條起草過程概覽》,香港三聯書

店，2015。

171. 梁美芬：《香港基本法：從理論到實踐》，法律出版社，2015。

172. 劉兆佳：《一國兩制在香港的實踐》，香港商務印書館，2015。

173. 劉智鵬、丁新豹主編：《日軍在港戰爭罪行：戰犯審判記錄及其研究》，香港中華書
    局，2015。

174. 王于漸：《香港深層次矛盾》，中國人民大學出版社，2015。

175. 蕭國健：《探本索微：香港早期歷史論集》，香港中華書局，2015。

176. 徐承恩：《鬱躁的城邦：香港民族源流史》，香港紅出版（圓桌文化），2015。

177. 許錫揮、陳麗君、朱德新：《香港簡史（1840－1997）》，廣東人民出版社，2015。

178. 薛鳳旋：《末代殖民地的香港》，香港南粵出版社，2015。

179. 薛浩然：《香港的郊野公園：發展、管理與策略》，香港新界鄉議局研究中心，2015。

180. 姚穎嘉：《群力勝天：戰前香港碼頭苦力與華人社區的管治》，香港三聯書店，2015。

181. 袁求實編：《香港回歸以來大事記（2002－2007）》，香港三聯書店，2015。

182. 張俊義、劉智鵬：《中華民國專題史第十七卷：香港與內地關係研究》，南京大學出
    版社，2015。

183. 鄭寶鴻：《幾許風雨：香港早期社會影像 1911－1950》，香港商務印書館，2015。

184. 周家建：《濁世消磨：日治時期香港人的休閒生活》，香港中華書局，2015。

185. 周家建、張順光：《坐困愁城：日佔香港的大眾生活》，香港三聯書店，2015。

186. 劉蜀永主編：《簡明香港史》（第三版），香港三聯書店，2016。

187. 朱世海：《香港行政主導制研究》，法律出版社，2016。

三　中文譯著

1. 〔英〕安德列·費爾：《香港官場醜聞——韓德回憶錄全文》，梁儒盛譯，香港快報
   有限公司，1974。

2. 〔英〕季南：《英國對華外交：1880－1885 年》，許步曾譯，商務印書館，1984。

3. 〔英〕邁因納斯：《中國與香港的前途》，楊立信、李雁琳譯，上海翻譯出版公司，
   1984。

4. 〔英〕穆麥倫:《香港政務官階層的構成》,楊立信、羅紹熙譯,上海翻譯出版公司,1984。

5. 〔英〕喬．英格蘭、約翰．里爾:《香港的勞資關係與法律》,壽進文等譯,上海翻譯出版公司,1984。

6. 〔新西蘭〕瓦萊里．安．彭林頓:《香港的法律》,毛華等譯,上海翻譯出版公司,1985。

7. 〔英〕戴維．弗勒克斯:《香港稅務——法令與施行説明》,楊小佛等譯,上海翻譯出版公司,1986。

8. 〔英〕諾曼．J．邁因納斯:《香港的政府與政治》,伍秀珊等譯,上海翻譯出版公司,1986。

9. 〔英〕P. W. 史密斯:《香港法律制度》,馬清文譯,香港三聯書店,1990。

10. 〔英〕伊恩．斯科特、約翰．P. 伯恩斯主編:《香港公務員——人事政策與實踐》,陸仁譯,上海翻譯出版公司,1990。

11. 〔英〕格拉汗．J. 格拉汗－格林、弗雷德里克．T. 赫恩:《英國律師制度和律師法》,陳庚生等譯,中國政法大學出版社,1992。

12. 洪秉鉞、關道培:《香港法律指南》,鄭振武譯,香港中銀集團培訓中心,1995。

13. 〔英〕彭定康:《東方與西方:彭定康治港經驗》,蔡維先、杜默譯,台北時代文化出版公司,1998。

14. 〔英〕鍾逸傑:《石點頭:鍾逸傑回憶錄》,陶傑譯,香港大學出版社,2004。

15. 〔英〕布萊克:《港督話神州(外一種)》,余靜嫻譯,國家圖書館出版社,2006。

16. 〔英〕杜葉錫恩:《我眼中的殖民時代香港》,隋麗君譯,中國青年出版社,2006。

17. 〔英〕弗蘭克．韋爾什:《香港史》,王皖強、黃亞紅譯,中央編譯出版社,2007。

18. 〔英〕施美夫:《五口通商城市遊記》,溫時幸譯,北京圖書館出版社,2007。

19. 〔美〕何偉亞:《英國的課業:19 世紀中國的帝國主義教程》,劉天路、鄧紅風譯,社會科學文獻出版社,2007。

20. 〔英〕詹姆士．奧朗奇:《中國通商圖:17－19 世紀西方人眼中的中國》,何高濟譯,北京理工大學出版社,2008。

21. 〔加〕卜正民、若林正編:《鴉片政權:中國、英國和日本,1839－1952 年》,弘俠

譯，黃山書社，2009。

22. 〔美〕王棟：《中國的不平等條約：國恥與民族歷史敘述》，王棟、龔志偉譯，復旦
大學出版社，2011。

23. 〔英〕J. F. 戴維斯：《崩潰前的大清帝國：第二任港督的中國筆記》，易強譯，光明
日報出版社，2013。

24. 〔英〕高馬可：《香港簡史——從殖民地至特別行政區》，林立偉譯，香港中華書局，
2013。

25. 〔美〕郭思嘉（Nicole Constable）：《基督徒心靈與華人精神：香港的一個客家社區》，
謝勝利譯，社會科學文獻出版社，2013。

26. 芮安牟：《淺談香港仲裁法》，陳星楠譯，法律出版社，2014。

27. 〔英〕夏思義：《被遺忘的六日戰爭：1899 年新界鄉民與英軍之戰》，林立偉譯，香
港中華書局，2014。

28. 〔英〕藍詩玲：《鴉片戰爭》，劉悦斌譯，新星出版社，2015。

29. 〔美〕麥高登：《香港重慶大廈：世界中心的邊緣地帶》，楊瑒譯，華東師範大學出
版社，2015。

四　外文文獻

1. George Smith, *A Narrative of an Exploratory Visit to Each of the Consular Cities of China, and to the Islands of Hong Kong and Chusan, in the Years 1844, 1845 and 1846*, London, 1847.

2. J. F. Davis, *China: During the War and Since the Peace*, London, 1852.

3. W. Lobscheid, *A Few Notices on the Extent of Chinese Education and the Government Schools of Hong Kong*, Hong Kong, 1859.

4. G. J. Wolseley, *Narrative of the War with China in 1860*, London, 1862.

5. F. S. Turner, *British Opium Policy and its Results to India and China*, London, 1876.

6. J. Leach (ed.), *Ordinances of the Legislative Council of Hong Kong, 1844-1890*. Hong Kong, 1892.

7. E. J. Eitel , *Europe in China, the History of Hong Kong from the Beginning to the Year 1882*, Hong Kong, 1895.

8. J. W. Norton-Kyshe, *The History of the Laws and Courts of Hong Kong*, London, 1898.

9. C. Algood, *China War 1860, Letters and Journal*, New York, 1901.

10. Des Voeux, *My Colonial Service in British Guiana, St.Lucia, Trinidad, Fiji, Australia, Newfoundland, and Hong Kong with Interludes*, London, 1903.

11. J. Sargent, *Anglo-Chinese Commerce and Diplomacy*, Oxford, 1907.

12. H. B. Morse, *The International Relations of the Chinese Empire*, vols.1-2, London, 1910.

13. W. Feldwick, *Present Day Impressions of the Far East and Prominent and Progressive Chinese at Home and Abroad*, London, 1917.

14. H. B. Morse, *The Chronicles of the East India Company Trading to China, 1635-1834*, Oxford, 1926.

15. David Edward Owen, *British Opium Policy in China and India*, Yale University Press, 1934.

16. W. C. Costin, *Great British and China, 1833-1860*, Oxford, 1937.

17. E. V. G. Kiernan, *British Diplomacy in China, 1880-1885*, Cambridge, 1939.

18. Irving S. Friedman, *British Relations with China, 1931-1939*, New York, 1940.

19. Martin Wight, *The Development of the Legislative Council, 1606-1945*, London, 1946.

20. C. Collins, *Public Administration in Hong Kong*, London, 1952.

21. F. S. V. Donnison, *British Military Administration in the Far East, 1943-1946*, London, 1956.

22. Arthur Waley, *The Opium War through Chinese Eyes*, London, 1958.

23. W. V. Pennell, *History of the Hong Kong General Chamber of Commerce, 1861-1961*, Hong Kong, 1961.

24. G. B. Endacott, *A Biographical Sketch-book of Early Hong Kong*, Singapore, 1962.

25. S. S. Hsueh, *Government and Administration of Hong Kong*, Hong Kong, 1962.

26. Chan Mary Man-yue, *Chinese Revolutionaries in Hong Kong, 1895-1911*, Hong Kong, 1963.

27. G. B. Endacott, *Government and People in Hong Kong, 1841-1962*, Hong Kong, 1964.

28. J. P. Hennessy, *Verandah-Some Episodes in the Crown Colonies, 1869-1889*, London, 1964.

29. G. B. Endacott (ed.), *An Eastern Entrepot, A Collection of Documents Illustrating the History of Hong Kong*, London, 1965.

30. F. S. Taylor, *Hong Kong as a Factor in British Relations with China, 1834-1860*, London, 1967.

31. J. P. Hennessy, *Half-Crown Colony, A Historical Profile of Hong Kong*, 1969.

32. G. C. Hamilton, *Government Departments in Hong Kong, 1841-1969*, Hong Kong, 1969.

33. L. K. Young, *British Policy in China, 1895-1902*, London, 1970.

34. K. Hopkins (ed.), *Industrial Hong Kong, A Political, Social and Economic Survey*, Hong Kong, 1971.

35. G. B. Endacott , *A History of Hong Kong*, 2nd , Hong Kong, 1973.

36. P. N. Chiu, *The Port of Hong Kong*, Hong Kong, 1973.

37. G. R. Sayer, *Hong Kong 1862-1919, the Years of Discretion*, Hong Kong, 1975.

38. Louis, William Roger, *Imperial at Bay, 1941-1945, the United States and the Decolonization of the British Empire*, Oxford, 1977.

39. N. Cameron, *Hong Kong, the Cultured Pearl*, Hong Kong, 1978.

40. G. B. Endacott, *Hong Kong Eclipse*, Hong Kong, 1978.

41. Peter Harris, *Hong Kong, A Study in Bureaucratic Politics*, Hong Kong, 1978.

42. H. J. Lethbridge, *Hong Kong: Stability and Change*, Hong Kong, 1978.

43. G. R. Sayer, *Hong Kong 1841-1862, Birth, Adolescence and Coming of Age*, Hong Kong, 1980.

44. Peter Wesley-smith, *Unequal Treaty 1898-1997, China, Great Britain and Hong Kong's New Territories*, Hong Kong, 1980.

45. Rance P. L. Lee (ed.), *Corruption and its Control in Hong Kong*, Hong Kong, 1981.

46. Norman Miners, *The Government and Politics of Hong Kong*, 3rd , Oxford, 1981.

47. Edwin Ride, *British Army Aid Group, Hong Kong Resistance, 1942-1945*, Hong Kong, 1981.

48. Valerie Ann Pennington, *Law in Hong Kong*, Hong Kong, 1981.

49. C. N. Crisswell, and Watson, M., *Royal Hong Kong Police, 1841-1945*, Hong Kong, 1982.

50. Lau Siu-kai, *Society and Politics in Hong Kong*, Hong Kong, 1982.

51. James Hayes, *The Rural Communities of Hong Kong, Studies and Themes*, Hong Kong, 1983.

52. G. Benton, *The Hong Kong Crisis*, London, 1983.

53. D. Faure, Hayes, J. and Brich, A. (eds.), *From Village to City: Studies in the Traditional Roots of Hong Kong Society*, Hong Kong, 1984.

54. H. J. Lethbridge, *Hard Graft in Hong Kong*, Hong Kong, 1985.

55. C. T. Smith, *Chinese Christians: Elites, Middlemen, and the Church in Hong Kong*, Hong Kong, 1985.

56. Peter Wesley-Smith, *An Introduction to the Hong Kong Legal System,* Hong Kong, 1987.

57. Steve Yui-sang Tsang, *Democracy Shelved, Great Britain, China an Attempts at Constitutional Reform in Hong Kong*, Hong Kong, 1988.

58. K. C. Fok, *Lectures on Hong Kong History: Hong Kong's Role in Modern Chinese History*, Hong Kong, 1989.

59. V. A. Penlington, *Law in Hong Kong: An Introduction*,2nd, Hong Kong, 1989.

60. Kevin Rafferty, *City on the Rocks, Hong Kong's Uncertain Future*, New York, 1989.

61. Ian Scott, *Political Change and the Crisis of Legitimacy in Hong Kong*, Hong Kong, 1989.

62. Joe England, *Industrial Relations and Law in Hong Kong*, 2nd , Hong Kong, 1989.

63. Chan Lau Kit-ching, *China, Britain and Hong Kong, 1895-1945*, Hong Kong, 1990.

64. Vanessa Stott, *Hong Kong Company Law*, Pitman, 1990.

65. Wallace, *Company Law in Hong Kong*, 2nd, Butterworth's, 1990.

66. Bernard Mellor, *Lugard in Hong Kong, Empires, Education and a Governor at Work 1907-1912*, Hong Kong, 1992.

67. Frank Welsh, *A History of Hong Kong*, London, 1993.

68. Jung-fang Tsai, *Hong Kong in Chinese History: Community and Social Unrest in the British Colony, 1842-1913*, Columbia University Press, 1993.

69. Peter Wesley-Smith, *An Introduction to the Hong Kong Legal System*, 2nd , Hong Kong, 1993.

70. Robert Cottrell, *The End of Hong Kong, the Secret Diplomacy of Imperial Retreat*, London, 1993.

71. Mark Roberti, *The Fall of Hong Kong, China's Triumph and Britain's Betrayal*, Yale University Press, 1994.

72. Michael J. Enright, Edith E. Scott & David Dodwell, *The Hong Kong Advantage*, Hong Kong, 1997.

73. Marcus Hung & Paul Kwan, *Guide to Hong Kong Law*, 3rd, Hong Kong, 1998.

74. Mario Murteira (ed.), *Hong Kong and Macau at a Time of Transitions*, Macau, 2000.

75. Vanessa Stott, *An Introduction to Hong Kong Business Law*, 3rd , Hong Kong, 2001.

76. Alice Lee SH Goo, *Land Law in Hong Kong*, 2nd, Lexis Nexis, 2003.

77. Steve Yui-Sang Tsang, *A Modern History of Hong Kong*, I. B. Tauris, 2004.

78. Cheng Po Wah, *Hong Kong Business Law*, Hong Kong, 2005.

79. John M. Carroll, *Edge of Empires, Chinese Elites and British Colonials in Hong Kong*, Hong Kong, 2005.

80. John Brewer, *The Law And Practice of Hong Kong Private Companies*, Hong Kong, 2005.

81. John M. Carroll, *A Concise History of Hong Kong*, Hong Kong, 2007.

82. Ivan Tong et al.(ed.), *The Law Society of Hong Kong 1907-2007, Celebrating A Centenary*, Hong Kong, 2007.

83. Yan Mei Ning, *Hong Kong Media Law*, Hong Kong, 2007.

84. Ratrick H. Hase, *The Six-day War of 1899, Hong Kong in the age of Imperialism*, Hong Kong, 2008.

85. Mark Gaylord (ed.), *Introduction to Crime, Law and Justice in Hong Kong*, Hong Kong, 2009.

86. James Hayes, *The Hong Kong Region, 1850-1911, Institutions and Leadership in Town and Countryside*, Hong Kong, 2012.

87. May Holdsworth & Christopher Munn (ed.), *Dictionary of Hong Kong Biography*, Hong Kong, 2012.

88. Kwong Chi Man & Tsoi Yiu Lun, *Eastern Fortress, a Military History of Hong Kong, 1840-1970*, Hong Kong, 2014.

89. Arnold Wright, *Twentieth Century Impressions of Hong Kong, Shanghai and other Treaty Ports of China*, London, 2015.

編後記

　　呈現在讀者面前的這本書，是編者執教澳門科技大學期間而以香港大學法律學院訪問學者（Leslie Wright Fellow）身份從事學術研究的一項產品，亦是兼以中國人民大學法律文化研究中心研究員身份參與學術活動的一份交代。

　　回首過往十年，受惠天時地利，編者一直關注港澳法政，前期研究側重澳門法，近期研究轉向香港法。議題切換之際，既是個人興趣轉向及境遇之使然，也可視為某種宿命或緣分之安排。背後因緣，略述一二，借此聊表對各方師友的誠摯謝忱。

　　最初與此議題發生關聯者，因緣 2013 年在北京拜訪法制史學界耆宿張晉藩先生。其時先生有意增補「中國法制史」教程體例，期望內容擴及台港澳地區法制史，遂叮囑編者在該領域多多留意，分工撰寫「香港法制史」及「澳門法制史」兩節。此後幾年時間輾轉，編者雖知力有不逮，仍願多方搜集資料，草成兩萬餘字初稿。不無遺憾的是，增補事宜因故擱淺，此類文字隨之蒙塵。但也正是此次淺嘗輒止，讓編者初次感受到香港法制史的獨特魅力。

　　再度與此議題發生關聯者，因緣 2015 年在廣州幸遇香港史學界前輩劉蜀永先生。其時先生主持香港地方志研究，十分關注香港史研究後繼事業，對編者這類冒失闖入者不以為忤，反而賜以種種勸勉嘉許，並設法推薦編者結識良師，力促編者規劃異日藍圖。正因先生如此厚愛，編者對香港法制史重新燃起熱情。研習澳門法制史的心得體會，也在不期然間顯隱起伏。原本休眠的自我挑戰意識一旦被啟動，湖湘子弟「耐得煩、霸得蠻」的秉性，便會使人煥然生機，期期奢望再造夢想。

　　進而與此議題發生關聯者，因緣 2016 年在香港拜訪香港知名法學家陳弘毅先生。其時先生鼎力關照各方來訪學者，尤其重視牽涉香港的研究領域。編

者最初怯怯致函，試探可否申請訪學，即刻獲得先生大力支持，並在最短時間費心籌劃，相關事宜辦理遂如神助，且有一筆基金可供貼補。既然蒙得如此提攜，轉戰香港法史之路，便是縱有再多艱險，也不好意思抽身而退。於是由此起步，忐忑上路，未來數年皆可能在此跋山涉水。

此後一切，在在隨緣。適逢馬小紅教授主持「法律文化研究」集刊，業已出版《中華法系專題》、《澳門法律文化專題》，正在徵尋後續專題。編者不揣譾陋，以該書自薦，期望與前述各書適成呼應。

編選工作看似尋常，個中瑣碎不足掛齒，卻是極費心思斡旋，來來往往尤多折騰。所幸緣在人心，編選工作不僅得到前述張晉藩教授（中國政法大學）、劉蜀永教授（香港嶺南大學）、陳弘毅教授（香港大學）、馬小紅教授（中國人民大學）的勉勵，更得到各界師友的熱心支持。囿於篇幅及選材規則，本書暫選華人學者著述二十篇，其餘文章另編出版。

「文章千古事，得失寸心知」。著述如斯，編選亦然。因經驗不足而能力有限，該書並非白璧，難免出現編校疏漏，編者願因之承擔學術批評，並借此砥礪後續研究。惟願方便同仁參考，共襄法律文化盛舉。

何志輝　謹識
2016 年 11 月